THE HOPE CIRCUIT
各方赞誉

国内推荐人

彭凯平

清华大学社会科学学院院长
中国积极心理学发起人

塞利格曼让身在中国的积极心理学同行们坚定地相信：积极心理学并不是横空而来的，它是人类文明进步的选择，是科学发展的前沿学科，也有助于增强人类命运共同体意识。我们的先辈们已经在第一个轴心时代引领了世界，处于第二个轴心时代的我们也应不甘人后，大步向前。这也许就是"塞利格曼幸福经典"系列图书出版的真正意义。

周仁来

南京大学
心理学系主任

成名于习得性无助，登顶于积极心理学，是塞利格曼耳熟能详的名片。这张名片的背面——《塞利格曼自传》，让你走进他的生活，品读他的心路历程，犹如坐在他位于费城西郊的伍德利后花园，见证一位实验心理学家如何迈向临床心理学家的人生之旅。

《科学美国人》
Scientific American

马丁·塞利格曼真是个天生的玩牌高手，而且从他的自传中可以清楚地看到，他总是会得到一副非常幸运的牌。也许他最大的天赋就是具备善于利用各种机会的非凡能力。无论这些机会的确切组合是什么，毫无疑问，这种协同作用最终造就了一位有史以来最复杂、最雄心勃勃、最富有成效、最具影响力，而且绝对不无聊的心理学家。

湛庐CHEERS 特别制作

国外推荐人

史蒂芬 · 平克
Steven Pinker

知名心理学家、思想家
畅销书《当下的启蒙》作者

半个世纪以来，马丁 · 塞利格曼以其引人注目的发现和远见卓识启迪并激发了人类的心智。他从不害怕探索人类心灵深处的黑暗，但也同样大胆地召唤人性中的善良。这本书既是积极心理学发展历史的写照，也是一次愉快的坦诚之旅和一本充满反思的回忆录。

芭芭拉 · 弗雷德里克森
Barbara Fredrickson

积极心理学领域领军人物之一
畅销书《积极情绪的力量》作者

马丁 · 塞利格曼带着谦逊和洞察力，带领我们走过了他迄今为止精彩的人生轨迹，也带领我们看过了他在心理学发展过程中提出的理论。在本书中，塞利格曼仔细地剖析了人性，这既令人惊讶，又令人振奋。通过这个时代极具影响力的心理学家的视角，我们得以深究一段引人入胜的学科历史。

约翰 · 瑞迪
John Ratey

哈佛大学医学院临床副教授
畅销书《运动改造大脑》作者

至今仍在世的最重要的心理学家之一，带我们踏上了一段令人惊讶的旅程。塞利格曼经历过高潮与低谷、顺遂与曲折，克服过巨大的困难，并且提出了一些心理学中极具开创性和标志性的概念。有一段时间，他提出的“习得性无助”的概念主导了整个心理学领域，因为我们都期待着拨开过去的迷雾。现在，让我们用积极心理学来调整自己的适应力，学会感恩和希望。如果你对人类的处境感兴趣，那你一定会喜欢这本书。

阿瑟·布鲁克斯
Arthur Brooks

知名经济学家、思想家
美国企业研究所所长

马丁·塞利格曼是一位知识上的巨人，读者可以从他的自传中找到他非凡影响力背后的秘密。此外，读者还会发现，这是一个关于塞利格曼的奋斗、希望和思想的故事，而且是以一种鼓舞人心的方式讲述的。本书不仅是一部自传，还是给每个致力于实现人类幸福的人的人生指南。

罗伯特·赖特
Robert Wright

普林斯顿大学进化心理学教授
畅销书《洞见》作者

本书巧妙地融合了回忆录和近代思想史，尤其是它试图讲解我们如何才能过上更丰富、更有意义的生活。因此，本书只能由在这一领域扮演重要角色、对这个问题充满热情且有写作技巧的人来书写，只有这样的人才能把这种热情带到纸上。而这一切的结果就是，塞利格曼为我们呈现了一个时而振奋人心时而令人心酸的故事，展现了自己作为一位心理学家的生活和工作。

安杰拉·达克沃思
Angela Duckworth

“性格实验室”联合创始人
畅销书《坚毅》作者

马丁·塞利格曼是一位能够深刻洞察人性的伟大思想家，而且非常善于讲故事。在这本书中，他完美地展现了这两种特质。迄今为止，这本书是塞利格曼最好的作品。

格雷琴·鲁宾

Gretchen Rubin

幸福领域研究专家

《幸福哲学书》《掌控关系》作者

马丁·塞利格曼因其对积极心理学的贡献而闻名。在这本发人深省且坦率得出人意料的自传中，他解释了自己的智慧有多么来之不易。

安德鲁·韦尔

Andrew Weil

享誉全球的医学权威

《时代周刊》“全球 100 位最具影响力人物”之一

在这部发人深省的自传中，这位积极心理学的创始人讲述了自己塑造积极心理学的经历，包括幼年的经历、后来进行的学术研究以及现在的工作。马丁·塞利格曼改变了整个心理学领域，使我们所有人都受益良多。在本书中，读者可以了解到他是如何做到这一点的，其中的故事非常有趣。

罗伊·鲍迈斯特

Roy Baumeister

意志力领域研究权威

畅销书《意志力》作者

这本温暖、生动且文笔优美的自传，讲述了一些改变了心理学的伟大思想及其发展背后的故事，以及几乎使这些思想偏离正轨的斗争、失误、冲突和误解。马丁·塞利格曼那极具感染力的激情贯穿本书始终，也激励了他对人类心灵以及如何让人类的生活更美好的探索。

陈红

西南大学
心理学部部长

马丁 · 塞利格曼的自传兼具可读性和思想深度。阅读本书，我们是在聆听一位极具影响力的心理学家讲述自己的人生故事。我们可以更清晰地认识近代心理学发展的变革史；可以理解为什么塞利格曼强调心理学不应该仅仅是一门用于化解悲伤和忧愁的学科，还应该是一门呈现幸福和快乐的学科。只研究心理障碍与精神疾病是远远不够的，从本书中，我们可以看到塞利格曼如何在心理学领域破旧立新，追求生命的快乐与意义。

盖笑松

东北师范大学
心理学院教授

作为杰出的科学家，塞利格曼关于抑郁原因和乐观本质的研究声名远播；作为卓越的活动家，塞利格曼对积极心理学的创建和传播做出了不可替代的贡献。这本自传表明，积极心理学不只是温柔的人和善者的专利，即使是一个天生坏脾气的人，也能从这种知识中受益并提升自己的精神生活品质。

赵昱鲲

清华大学
积极心理学研究中心副主任

读完本书，你不仅能了解塞利格曼是如何从研究习得性无助闯进积极心理学的，而且能“钻”到他的大脑里去，详细观察他思考的过程，学习第一流心智的推理方法和思辨演进，享受一个天才的创造性畅想。这本书是长达半个世纪的美国心理学的见证史，也是对未来心理学发展方向的探索，充满了各种奇思妙想，处处都能让你受益匪浅。

湛庐CHEERS

与最聪明的人共同进化

HERE COMES EVERYBODY

塞利格曼自传

THE HOPE CIRCUIT

塞利格曼幸福经典5
彭凯平 主编

[美] 马丁·塞利格曼
Martin E. P. Seligman 著
庞雁 译

浙江教育出版社·杭州

你知道如何充分发挥潜力与才能吗？

扫码加入书架
领取阅读激励

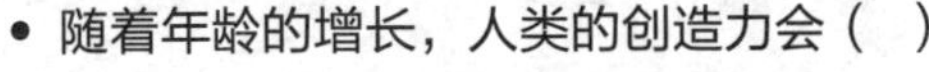

- 随着年龄的增长，人类的创造力会（　）

  A. 增强

  B. 减弱

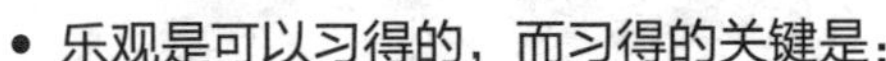

- 乐观是可以习得的，而习得的关键是：

  A. 忽视悲观的想法

  B. 接受悲观的想法

  C. 避免产生悲观的想法

  D. 识别并反驳悲观的想法

扫码获取全部测试题及答案，
一起了解塞利格曼的
成长之路

- 要想让自己的实力变成影响力，你应该在以下哪三个维度进行努力？

  A. 道德、性格和言谈

  B. 知识、研究和实践

  C. 风格、节奏和内容

  D. 创新、经营和变现

扫描左侧二维码查看本书更多测试题

献　给

献给我的父亲阿德里安·塞利格曼（Adrian Seligman）

和我的母亲艾琳·布朗·塞利格曼（Irene Brown Seligman）

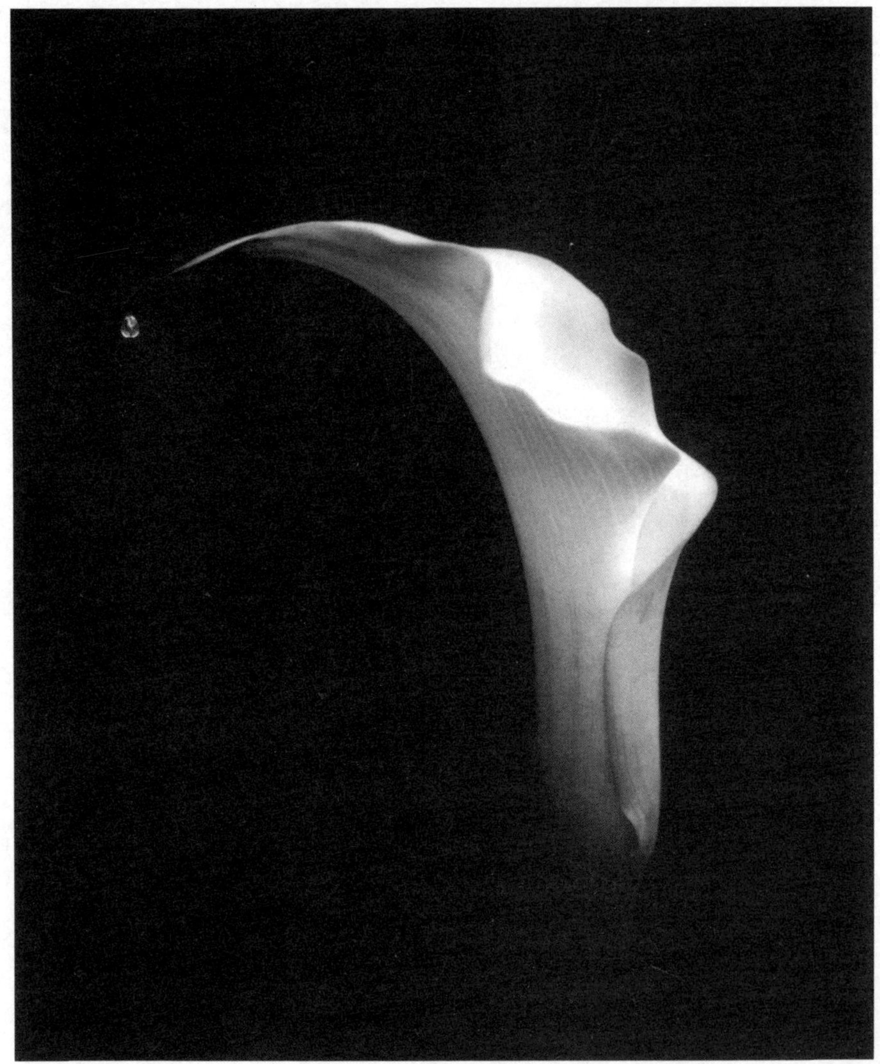

Photo courtesy of Mandy Seligman.

目　录

第二部分 成长：从研究狗到研究人

第三部分 成就：积极心理学的创建

第四部分 蓬勃：积极心理学让世界大变样

第五部分 展望：从无助到希望的变革

推荐序

希望开创“人类第二个轴心时代”的心理学巨匠

彭凯平
清华大学社会科学学院院长
中国积极心理学发起人

我是一个积极心理学的“皈依者”，在 2008 年之前，我是不相信积极心理学的。

20 世纪 70 ～ 80 年代，心理学领域掀起了一场认知革命。其中最具有影响力的研究是对人类非理性的认知误区的研究，诞生了两位获得诺贝尔经济学奖的心理学家：丹尼尔·卡尼曼（Daniel Kahneman）和理查德·H. 泰勒（Richard H. Thaler）。我的博士生导师理查德·E. 尼斯贝特（Richard E. Nisbett）教授，也是这一领域的领军人物。在这样的心理学大潮的影响下，我一直相信，帮助人类提高自己的理性和认知能力才是心理学应该追求的主流方向，所以我的主要研究兴趣一直是人类的高级认知，例如因果关系、虚假相关、价值观与行为不一致性、违背逻辑的“辩证思维”，以及文化对这些认知过程的影响等。

2008 年，应清华大学的邀请，我回国主持清华大学心理学系的复建工作。一个很深切的感受，就是中国社会的发展迅速，相较于我出国时的 1988 年，人们的生活水平在 20 年内有了明显的提高。但是我也发现，我们面临的心理挑战有增无减，社会普遍存在一些急躁、烦恼、焦虑、担忧的情绪，我们一直在追求粗放的更大、更好、更高档次、更有面子的路上义无反顾，却没有用心去体会自己内心的感受——那些精细的情感、流动的美以及大自然和人类社会遗留给我们的宁静与平和。在这样一种无比冲动的文化氛围下，焦虑症、抑郁症、躁狂症、自我封闭症等心理问题出现的概率逐年升高，并且越来越蔓延到更年轻一代的身上。是的，今天的这个社会不管从哪个角度来看都并不宁静，工业革命后几百年里人类社会的喧嚣甚至超过以往几千年所积累下来的所有喧嚣。处于这个现代化的颠覆性变革的世界中，似乎每种文化、每个国家、每个人都在努力去寻找着自己的“第二曲线”。增长成为全世界所有学科努力的方向与新的信仰。可是，到如今，也没有任何一个人可以明确给出这种关于增长的新的信仰究竟是否合适的定论。

中国也没能幸免于那些现代化的陷阱。虽然我们 5 000 多年根深蒂固的文化传统中有那么多值得并且能够让我们淡定下来的基因，但是全球化的步伐、地缘政治、军事威胁、科技与社会的颠覆式创新、人类物质财富的极大增长等诸多力量累加起来的作用力，在推动着这个蓝色星球“旋转得越来越快”。显然，在此时此刻，那些我们正在经历着的变革具备更强大的诱惑力。

然而，这种诱惑并不全都是积极的，其产生的很多结果甚至会导向人道主义的灾难。传统的心理学则非常像是一种应急的技术手段，自然而然地成为处理这些并不积极的心理结果的良方。的确，传统心理学在这方面做出了巨大的贡献。可是，这并不够。

从诞生之日起，心理学就不止有疗愈创伤这一项功能。它还有帮助人类心灵成长、认知提升与积极乐观地面对生活、追求最真实的幸福的功能。它也有造就不断适应未来的社会精英、激发人的优势潜能、改造人们的学习方式、丰富人类对世界和自己存在意义的探索的目的。无论如何，在一个更加多元、更加不确定、更加融合的新时代里，这些目的都显得如此重要。传统的心理科学和实践的研究，事实上已经不能满足飞速发展的现代社会的需求了。如何从科学心理学的角度去帮助人们获得安全感、获得感和幸福感，也许需要一些新的思路和方法，尤其是面对中国这个更加具体的全球发展引擎时，这种紧迫性更加突出。这时，我发现了积极心理学，并开始关注这一领域的奠基人马丁·塞利格曼的诸多颇有成就的研究工作。

塞利格曼的积极心理学之路

塞利格曼出生于美国纽约州奥尔巴尼，在家乡念书时，他喜好篮球运动，后因未能入选篮球队而开始研究学问。13岁那年，他开始专心读书，其中弗洛伊德的《精神分析引论》给他留下了深刻的印象。1964年，塞利格曼毕业于普林斯顿大学，随后进入宾夕法尼亚大学，师从理查德·所罗门（Richard Solomon）教授学习实验心理学。1967年，塞利格曼获得普林斯顿大学博士学位，并执教于康奈尔大学。1970年，他回到宾夕法尼亚大学，在该校的精神病学系接受了为期一年的临床培训后，于1971年重返心理学系。塞利格曼先是与布鲁斯·奥弗米埃尔（Bruce Overmier），后来又与史蒂夫·梅尔（Steve Maier）合作研究了狗在受到预置的不可避免的伤害后所表现出的被动性，这就是著名的动物的习得性无助研究。这项研究也被很多人视作改变心理学历史的“伟大心理学实验”之一。

1976年，塞利格曼晋升为教授，在此期间出版了《习得性无助：沮丧、发展和死亡》（*Helplessness: On Depression, Development, and Death*）一书。1978年，他与琳恩·艾布拉姆森（Lyn Abramson）和约翰·蒂斯代尔（John Teasdale）一起，重新系统地阐述了习得性无助感的理论模型，并发现人是有习得性无助的：当坏事发生后，那些觉得做什么都不能改变自己困境的人往往会陷入心理上的无助境地。所以，塞利格曼早期享有盛名的工作主要是关于习得性无助、抑郁、悲观主义等负面情绪的研究。也正是因为这方面的研究，美国应用与预防心理学会授予了他终身成就奖。

那么，为什么一个以研究人类负面心理出名的学者转眼便成了推崇积极心理学的大师呢？在他的自传中，塞利格曼讲了一个故事，那就是他和自己女儿的对话。

1998年，塞利格曼历史性地以最高票当选美国心理协会（APA）的主席。当选后的两个星期内，他一直在准备任职致辞。闲暇之余，他来到自己的玫瑰花园，收拾被忽视了一段时间的玫瑰花。他5岁的小女儿妮基也来到花园玩耍，不时把爸爸正在准备播种的玫瑰花籽扔到空中，引起爸爸的愤怒，受到大声的呵斥。

妮基一言不发地慢慢走开，过了一会儿，小姑娘回来郑重地说："爸爸，我得和你好好谈一谈。"爸爸不解地望着自己的女儿。妮基说："您可能还记得，从3岁到5岁，我一直是个爱哭的孩子，但是在我5岁生日的时候，我决定再也不哭了，我可以改掉爱哭的习惯，我觉得爸爸你也可以改改爱发脾气的习惯。"

女儿的一席话让塞利格曼感到震撼。多年来，塞利格曼一直在研究动物的无助和人类的抑郁。正如5岁的妮基所注意到的那样，这些工作使他变得阴郁、不耐烦和挑剔。

塞利格曼开始反省，如果他研究的是幸福而不是不幸，是成就而不是失败，是力量而不是疾病，是不是会对他、他的孩子，甚至对他的患者有完全不同的影响呢？在他的自传中，塞利格曼描述了他的个人变化。他是一个不断自我超越的人，他广泛阅读，听古典音乐，并广交不同领域的朋友。为了放松，他打桥牌。在第一次婚姻失败后，他在1988年与曼迪·麦卡锡（Mandy McCarthy）结为夫妻。曼迪来自英国，她给了塞利格曼无条件的爱，又与他生育了5个孩子，这是他自认为的幸福的源泉。在遇到曼迪之前，他根本看不起"幸福"这个词，欣赏的是叔本华、尼采、弗洛伊德的观点，即"生活的目的是减少痛苦"。现在，他渴望"更快乐"，而不仅仅是"不要不快乐"。

与此同时，塞利格曼渐渐得出结论：弗洛伊德的治疗和药物并不能解决抑郁症的流行，它们可能会暂时缓解痛苦，但都不能让患者重获新生。他开始反抗心理学界对病理心理学的执着和对应用研究的蔑视。他开始反思，也许心理学可以减少对病理心理学的关注，减少对传统的心理治疗的依赖，相信人类积极心理的能力，培养自身的优势和美德，从人类内在的积极方向上去引导他们，启发他们，帮助他们，激励他们。他开始提出，为什么我们不能科学地研究适应良好、快乐幸福的人呢？为什么我们不能去发现他们是如何兴旺发达的？为什么我们不能将这些人的成功秘诀变成普通人学习的榜样呢？他写道："积极的心理学召唤着我，就像燃烧的灌木召唤摩西一样。"

正是带着这种宗教般的激情，塞利格曼变成了一个社会活动家。他奔波于世界各地，不断向各种基金会、董事会、心理学同行、非专业团体，尤其是普通公众表达他的见解，介绍他的研究，推广积极心理学。在长达30年的不断努力的过程中，他发表了40多篇论文，撰写了5本畅销书——《活出最乐观的自己》《认识自己，接纳自己》《真实的幸福》《教出乐观的孩子》《持续的幸福》，用精辟且通俗易懂的语言来宣传他的理念，用独创和令人信服的新概念赋予了传统智慧新的意义。他创建了世界上第一个积极心理学研究中心，在宾夕法尼亚大学开设了第一个应用积极心理学的研究生培养项目，领导建立了国际积极心理协会和国际积极教育联盟（IPEN），并将积极心理学引入企业、学校、医学界、军队和政府部门。在他的领导之下，积极心理学已经成为心理学一个活跃的研究领域，三个国际积极心理学学术杂志也相继诞生，包括《幸福研究杂志》（*Journal of Happiness Studies*）、《积极心理学杂志》（*The Journal of Positive Psychology*）、《幸福评估杂志》（*Journal of Well-Being Assessment*），成千上万的研究人员投身这一领域，发表了数千篇学术研究论文，出版了上百本关于积极心理学的图书。

塞利格曼也是中国积极心理学的支持者和引路人。他派出了他的学生赵昱鲲、曾光、安妮来清华大学心理学系完成博士学位教育，同时也成为中国积极心理学最早的宣传者。他也是第一届和第五届国际积极心理学大会的演讲嘉宾，并以70多岁的高龄来中国宣讲。每一次国际积极心理学大会，他都积极参与我们组织的中国论坛并出席讲话。更重要的是，他相信中国的积极心理学是国际积极心理学领域能够领导世界潮流的力量，甚至是积极心理学影响社会的最重要的实验地，能产生影响人类未来的研究和实践。他对习近平主席提出的“中国梦”“人类命运共同体”以及以人民的“幸福感、获得感、安全感”为社会发展指标的观点极为欣赏、支持，并认为这一观点与积极心理学的理念一脉相通。可以说，塞利格曼不仅是世界积极心理学之父，也是中国积极心理学的奠基人之一。

塞利格曼的积极心理学研究

塞利格曼是积极心理学的倡导者，但本质上，他更是人类积极心态的专业研究者。他一如既往地应用心理学的科学研究方法，探索曾经被认为是哲学甚至是神学研究的种种话题，我个人认为其突出的研究贡献体现在以下4个重要领域。

对幸福研究的科学探索

积极心理学得到迅猛发展的一个重要原因是它对幸福这一古老话题的科学探

索。积极心理学认为，幸福不仅是一个美好的目标，也是人心的主观感受，因此幸福感是可以被定义、测量、传授和提升的，提高人的主观幸福感可以使个人更加充实，家庭更加和谐，公司更有生产力，士兵更有战斗力，学生更好学，婚姻更幸福。问题是，这些承诺真的能兑现吗？与以往其他学科对幸福的探索不同，塞利格曼认为，幸福的积极意义是有客观证据的，幸福也是可以被科学研究的。他带领的科研团队利用了当代社会科学的各种研究方法，如调查方法、纵向研究、聚类分析、动物实验、大脑成像、激素测量和案例研究，对人的幸福感进行了系统研究。例如，塞利格曼及其团队是世界上最早对脸书（Facebook）等社交媒体上的文本进行大数据分析的，发现人的幸福感的变化与健康、财富、学习、成就、婚姻等美好生活的指标密切相关。

心理学界对负面心理的加工强势效应一直怀有一种信念，这种信念也被很多研究证实，例如，我们更容易记住未解决的问题、遇到的挫折和痛心的失败，以及没有得到的金钱、地位、爱情和快乐。2019 年，心理学家约翰 · 蒂尔尼（John Tierney）和罗伊 · 鲍迈斯特在专著《坏的力量》（*The Power of Bad*）中，总结了这方面的大量研究。还有不少人把“幸福”看成“愚蠢”的近义词，认为一谈论幸福就显得人肤浅没有深度，毕竟悲观主义在学术界的影响根深蒂固，门徒众多，大多数人相信，悲伤、痛苦、愤怒产生智慧，快乐则让人愚蠢。塞缪尔 · 约翰逊的结论是：“我们不是为幸福而生的。”弗洛伊德的追随者们坚持认为，在人的内心深处，侵略性和冲突性是本质，幸福是不存在的理想。

但塞利格曼坚持认为：与悲观做斗争，记住好的一面，感恩自己的幸福，专注于自己的优势，重塑人看待现实和生活的方式，是一种进化选择出来的人的竞争优势，是对石器时代人类的先祖所常备的灾难性思维的一种升华。他认为，人类社会需要减少对 GDP 的关注，而应该更多地关注国民福祉。2000 年 1 月，塞利格曼和他的同事在《美国心理学家》（*American Psychologist*）杂志上发表了一份宣言，其中讲道：“心理学不仅仅是一个与疾病或健康有关的医学分支，它的规模要大得多。它关乎工作、教育、洞察力、爱、成长和幸福。”这份宣言正式宣告了积极心理学的诞生。

对人类积极品德的科学探索

塞利格曼本质上是很有哲学家气质的，但他的哲学是基于证据的、实证的、科学的理论。

心理学家的书架上通常都有一本《精神障碍诊断与统计手册》（DSM），这本书列出了人的各种精神疾病的种类。但塞利格曼觉得，为什么不能写一本人类心理的“健康手册”？为什么不能有关于人类美德的分类呢？从 2000 年开始的 3 年时间里，塞利格曼和他的团队仔细研究了从孔子和苏格拉底到惠特曼和弗洛伊德的文章，以及当代社会科学研究人员的研究报告，最终编撰了一本 814 页的百科全书，书名是《性格优势与美德》（*Character Strengths and Virtues*）。书中列举了智慧、勇气、人性、正义、节制、超越等六大核心美德，以及 24 种性格优势。其中的优势包括勇敢、谦虚、坚持、活力、好奇心、社会智慧、灵性、领导能力，以及专家们经过多次辩论后认同的幽默。

基于性格优势和美德研究，塞利格曼还开发出了包括一项行动价值观（VIA）的显著性优势调查，调查对象超过 1 100 万人。这项测试对一个人的性格优势进行排列，并能引导他们进行自我认知和职业指导。它被广泛应用于商业、教育和治疗。这本书是一本密集而富有启发性的概要，提升了塞利格曼的学术声誉，吸引了更多的“皈依者”。

对习得性乐观主义的探索

塞利格曼认为，人的乐观主义的态度是可以培养和学习的。他自己也从一个悲观主义的心理学家，变化成一个积极心理学家。他相信人类的生存环境正在变得更好，习得性乐观将使人类快乐幸福、兴旺发达。他同意哈佛大学著名心理学家史蒂芬·平克[①]的论点，即人类的暴力在减少，寿命在增加，人道主义在上升，舒适性和便利性在提高，女性地位在提升。50 年前的心理学研究领域，男性占绝对统治地位，研究冲突、压力和支配的学者很多；如今，女性占主导地位，研究合作、

① 史蒂芬·平克是当代著名思想家、语言学家和认知心理学家，他的作品《语言本能》是一扇了解语言器官、破解语法基因、开启人类心智的大门。该书中文简体字版已于 2015 年由湛庐引进、浙江人民出版社出版。——编者注

积极情绪、参与、信任和人际关系的学者越来越多。

塞利格曼还利用乐观主义预测收入、关系、成就甚至总统选举，得出结论：乐观主义突出的人有竞争优势，甚至作为总统候选人时通常也会获胜。他预言，人类社会会越来越好。但是，塞利格曼也提醒我们要小心盲目乐观主义带来的伤害，例如股市的非理性繁荣往往是由过度的乐观主义导致的，忽视和包容各种形式的不平等容易让社会的不公平合法化，盲目的乐观主义往往也是独裁者惯用的宣传伎俩。

对人类憧憬未来天性的探索

塞利格曼认为，人的大脑中有一个“希望回路”，所以我们不是简单的智人（Homo Sapiens）——学习经验，利用工具，解决问题；我们更像是计划人（Homo Prospectus）——我们不是由过去的经验决定，而是由未来召唤。他认为，很多心理学研究的根本问题其实都与未来认识有关，例如人的主观性反映的是每个人对未来的想象不一样、意义判断不一样、价值观不一样，所带来的分析和行为不一样。人的自由意志无非是我们期望、模拟、比较将来的各种可能性，然后在这些不同的可能性中做出选择。人类的大脑最大的用途并不是用来判断过去信息的对或错，而是让人思考如何去说服和影响别人，从而形成良好的社会关系。

他的研究发现，心理健康问题不仅仅是对过去问题的一种困扰和纠结，也是对现在或未来的困扰和纠结。所以，那些经常憧憬未来的人的身心更健康，学习习惯更好，成绩更好，不良习惯更少（抽烟、酗酒、吸毒的行为都较少），锻炼更多，更想存钱，有投资。有意思的是，他还发现，健康、年轻、富有的人喜欢谈未来，年老的人和有病的人则喜欢谈论过去。

因此，积极心理学是未来导向，它和弗洛伊德的精神分析学说、原生家庭原罪学说、出身论等学说有很大的区别。

积极心理学，带着心灵温度的科学

我们说塞利格曼是积极心理学之父，并不是说他的观点以前没有人提过。人本主义大师亚伯拉罕 · 马斯洛（Abraham Maslow）第一个提出了积极心理学这个概念，并以爱因斯坦和梭罗等心理健康人士来代表心理健康的人。亚伦 · T. 贝克

（Aaron T. Beck）普及了认知行为疗法，这一方式提供了基于证据的策略来对抗灾难性思维。

积极心理学是一门贴近普通民众的科学。因为一般的知识精英，包括我的心理学同事们，其实曾经在某种程度上，在某一个阶段，在心底都不是特别看得起这门新兴的学问。也有不少积极心理学的批评者经常说，积极心理学说的都是一些常识性的格言，和典型的心灵鸡汤有什么区别？我们真的需要心理学家告诉我们要快乐、要活在当下、要锻炼吗？这些道理，连健身教练都可以说得头头是道。这些所谓的积极心理学家真的就比健身教练更懂健康吗？

这当然是这门新兴学科面对普罗大众时绕不开的一个问题。在中国推广积极心理学 10 多年的亲身经历让我发现，那些需要心理学家关怀的有心理问题的人，那些每天努力工作但感觉“压力山大”的上班族，那些被无聊的工作、没有感情的婚姻、没有意义的娱乐等烦恼所困所累的芸芸众生，真的是需要积极心理学的。因为积极心理学是研究如何给人们希望的科学，是研究如何让人们走出人生冰河的科学。它是科学，是温暖的科学，是带着心灵温度的科学，是有着丰富人文关怀的慈悲的科学。这门学科对人类美好生活的向往与它对美好生活的表达一样激动人心，一样充满感情。所以，很多人会误认为积极心理学是心灵鸡汤。但事实上，两者最本质的区别在于：心灵鸡汤味道挺好，我们却不知道里面是对人没有太大益处的鸡精添加剂，还是真的炖了几个小时的鸡肉；而积极心理学是科学，每一项看似心灵鸡汤的结论都有着严谨的科学实证支撑，并经历了岁月与文化的种种检验。而这些，也是人类 2 000 多年以来的哲学所推崇的纯逻辑式的演绎法所提供不了的事实证明。

心理学，是经验主义的科学，它不接受没有实践，仅凭感受与想象，甚至是仅凭逻辑推理出来的结论。因为心理学在本质上从来都相信，并且只相信一种科学伦理，那就是只有那些能够被验证的假设才可以被认为是某种事关人类的事实。心理学也正一往无前地走在用科学方法为传统哲学中提出来的反思提供证实与证伪的路上。

2019 年 7 月 19 日，第六届世界积极心理学大会在澳大利亚墨尔本市国际会展中心开幕。人们用澳大利亚传统乐器演奏着悠扬的旋律，欢迎来自世界各地的

1 500 名积极心理学家。在开幕式上，塞利格曼教授进行了主旨发言。他在发言中提道：在人类进化的历程中，有四次伟大的心智革命，积极心理学的发展恰好顺应了这第四次心智革命。

第一次革命大约发生在 3 000 多年前。这次革命让人类首次意识到自己的思想和智慧其实比力气和凶狠更有生存价值。

第二次革命大约发生在公元前 800 年至公元前 200 年之间。人类对世界的思考正式开始摆脱神的旨意而经由理性展开对世界与人性的全面理解。

第三次革命发生在 19 世纪初至 2000 年。这是一个科学与知识大规模发展的时代，覆盖了各个知识领域，如自然科学、社会科学、哲学、伦理学、文学、教育学等。它强调不受束缚、不加批判地使用理性，勇于质疑权威与传统教条，朝个人主义发展，强调人类的进步观念，促进了资本主义和社会主义的发展。这一次革命的成就是巨大的：近 200 年之间，人类赤贫人口的比例大幅下降，识字率上升，女性选举权得到发展，现代科技还让人类的死亡率下降、寿命延长、工作效率提高、福利得以改善。

第四次革命正在进行中。20 世纪 90 年代冷战结束后，人类的生存环境得到了很大的改善，但是物质生活的改变并没有改善人类的心理状况。抑郁症、焦虑症以及愤怒、自杀等的发生概率依然很高。因此，改善人类的心理体验已经成为世界人民的共识——联合国宣布每年的 3 月 20 日为“国际幸福日”就是为了呼吁世界各国政府和人民关注人类的心理健康和幸福生活。

在《历史的起源与目标》（*Vom Ursprung und Ziel der Geschichte*）一书中，德国思想家卡尔 · 雅斯贝斯（Karl Jaspers）第一次将公元前 800 年至公元前 200 年之间，尤其是公元前 600 年至公元前 300 年之间，在北纬 25 度至 35 度区间所发生的人类精神文明的重大突破称为“轴心时代”。那一时期，在古希腊有苏格拉底、柏拉图，在古代以色列有犹太教的先知们，在古印度有释迦牟尼，在中国有孔子、老子……他们提出的思想原则塑造了不同的文化传统，并一直影响着人类的生活。那个时期，也就是塞利格曼认为第二次心智革命发生的时期。

塞利格曼还认为，第四次心智革命正在发生的现在，或许即将进入人类精神文明的第二个轴心时代。这第二个轴心时代与第一个轴心时代的区别主要体现在人类心理需求的三大变化上：从减轻痛苦到创造幸福，从自我主义到集体主义，从过去导向到未来导向。而积极心理学在很大程度上可以为这第二个轴心时代提供理论指导。

塞利格曼让身在中国的积极心理学同行们坚定地相信：积极心理学并不是横空而来的，它是人类文明进步的选择，是科学发展的前沿学科，也有助于增强人类命运共同体意识。我们的先辈们已经在第一个轴心时代引领了世界，处于第二个轴心时代的我们也应不甘人后，大步向前！

伟大的人之所以伟大，是因为他能够开创一项伟大的事业。塞利格曼对人类第二个轴心时代的憧憬，正是推动人类从思想启蒙向积极的科学心理启蒙的宣言，成为感召新人类的铿锵的倡议书！

这也许就是“塞利格曼幸福经典”系列图书出版的真正意义：让我们一起走向人类第二个伟大的轴心时代。这一次，参与者是全人类。

2020 年 8 月

清华大学双清苑

引　言

希望之路

1996 年的暮春，我和家人正驱车穿行在黄石公园里，突然，我收到了一条足以改变我人生轨迹的消息。我通过一部公用电话，得知自己当选了美国心理协会（American Psychological Association，APA）主席。自彼时起，直至今日，这依然是我一生中所获得的最高荣誉之一。

数月后，作为下下届当选主席（第二年我将成为候任主席，第三年方上任就职），我出席了在多伦多举行的 APA 年会。年会上，我被告知学会理事会并没有我的席位。尽管多数学会会员待我很友好，甚至有些过分热情，但学会的权威大佬们个个都很冷漠，因为在学会主席的竞选中，我以压倒性的优势击败了他们所指定的候选人。离开多伦多时，我非常沮丧，不知道自己在这样一个国家级的平台上能否有所作为。

后来，一次偶然的机会让我顿悟了。

“没做错”不等于“做得对”

“赶紧干活去，妮基·塞利格曼（Nikki Seligman）！”我不耐烦地咆哮着。那时，多伦多年会已经过去三周了，我依旧情绪低落。当时，家里正忙着除草，可妮基玩得正欢，她不停地跳着、唱着，还把杂草抛向空中。听到我的怒吼，妮基又惊又怕，连忙转身跑开。过了一会儿，她又慢慢地走了过来。

“爸爸，我可以跟您说会儿话吗？”

我点了点头。

“爸爸，您还记不记得，5 岁前，我一直是个爱哭鬼，每天都哭个不停？”

我又点了点头。

“那您有没有发现，从 5 岁生日以后，我就一次都没有哭过了？”

我再次点了点头。

“在我生日那天，我下定了决心，以后再也不要哭哭啼啼的了。后来我做到了，这对我来说是很难的事。所以，如果我都能做到不哭，您肯定也可以做到不发脾气。”

我听得目瞪口呆，因为妮基说得对极了。

首先，那时我脾气不好，还为此扬扬得意。但我破天荒地第一次意识到，我以往之所以会成功，或许并非因为自己拥有所谓能够觉察每一个瑕疵的“关键能力”，而是这种能力没有影响我取得成功。如果妮基能够改变自己，我应该也能。所以，我决定做出改变。

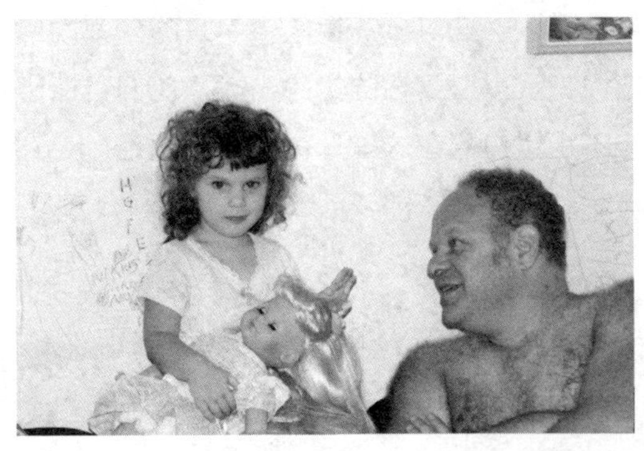

妮基 · 塞利格曼与作者，摄于 1996 年。

Photo courtesy of Mandy Seligman.

其次，我的这种“矫正”式的育儿观是错误的。如果我能够纠正孩子所有的错误，比如通过训斥让妮基不再懒惰，那我理应培养出一个完美无瑕的孩子才对。不过，这真是一派胡言。相反，我应该挖掘妮基的长处。正如我所了解的，妮基善于洞察人心，我应该对这一点大加赞许，这样能够帮助妮基扬其所长，而不必将大量的时间浪费在弥补她的短板上。

最后，也最重要的是，我悟到了在今后始终激励自己的信念：在构建美好生活方面，心理学应该发挥显而易见的作用。现行的心理学科学和理论实践还不够成熟。心理学始于这样一个前提："没做错"等于"做得对"。可是，如果心理学在某种程度上能够消除世间所有的弊病，诸如精神疾病、偏见、无知、悲观、孤独等，那么人类的生活理应是完美无缺的。但是，弊病的消除并不等于幸福的降临。**心理学不应该仅仅是一门用于化解悲伤和忧愁的学科，还应该是一门呈现幸福和快乐的学科。**

所以我要再次强调，"没做错"并不等于"做得对"。

积极心理学的愿景

1997 年 1 月，我以 APA 候任主席的身份开始任职。与此同时，创办一门名为"积极心理学"的新学科的想法也在我脑海中酝酿起来。我还有很长的路要走，加上我也希望能够在自己的任期内留下浓墨重彩的一笔，于是在上任的那一天，我先迅速启动了另外一个没那么冒险和激进的计划。我去拜访了斯蒂夫·海曼（Steve Hyman）。海曼年轻有为，时任美国国家精神健康研究所（National Institute of Mental Health，NIMH）所长，但他绝非寡淡无趣的华盛顿官僚，而是一位世界级的才子，曾任哈佛大学神经精神病学教授。我和海曼均热衷于一种治疗方法：循证治疗。

"海曼，"我说道，"我赢得了 APA 史上最多的选票，我现在肩负着一个使命。我们如今有机会改变 APA 的航向，让我们共同启动循证心理治疗的计划吧。"

"如果你能搞定 APA 那帮顽固不化的老家伙们，马丁，"海曼回应道，"我就负责筹集 4 000 万美元来支持你的这项研究计划。"

科学理论与实践的结合，以及有志于重鼓 APA 的士气，此番愿景同时在我的脑海中跃动。我申请出席个人实践与科学促进委员会（Council for the Advancement of Private Practice and Science，CAPPS）的会议，该委员会曾在 APA 主席竞选中支持败于我的候选人，但于我而言，更重要的是向委员会阐述我的愿景。委员会惠允我做 15 分钟的发言，那是我首次与机构里的权威们正面交锋。

然而，事情进展得并不顺利。

APA 新落成的办公大楼奢华气派，会议室众多且设施齐全，在其中一间会议室里，大约有 20 位委员围坐在一张巨大的圆桌边，他们个个面无表情。APA 的财务主管杰克 · 麦凯（Jack MacKay）明智地在华盛顿特区投资了房地产，使 APA 的市值达到了一亿美元。在当时所有的美国国家级专业组织中，APA 或许是唯一一家盈利良好的协会。

我开始发言了。委员会的这帮大佬目不转睛地盯着我，仿佛我是一只来自外星球的奇怪大鸟。我的嗓门不由自主地越来越大。大佬们还在盯着我，我没法让自己的声音多些柔和，少点尖锐。“这帮家伙讨厌我，”我思忖着，“我在竞选中打败了他们，他们一定会报复我的。”在我描述将心理疗法放置在一个持久的循证平台上的可行性时，大佬们的脸色愈发黯淡，眼神也愈发充满敌意。最后，我总结道，NIMH 愿意投入 4 000 万美元来为这项工作提供资助，这可是前所未有的事。

这本是能引起鼓掌喝彩的一句话，现场却是死一般的沉寂。最终，即将上任的下一届委员会主席斯坦 · 莫多斯基（Stan Moldawsky）用一个问题打破了沉寂：“如果出来的证据对我们不利，怎么办？”

会后，莫多斯基的得力干将罗恩 · 勒旺（Ron Levant）邀我出去喝了一杯。在一番觥筹交错、推杯换盏后，勒旺说道：“马丁，你小子麻烦大了。”

一生当中，我曾听过诸多金玉良言，但自学生时代起，能称得上良师益友的只有一位，那就是雷 · 福勒（Ray Fowler）。福勒曾担任 APA 的 CEO，与那些走马灯式的主席不同，他对 APA 产生了深刻的影响。他认为自己最大的职责便是帮助 APA 培养最好的主席。在参加那次 CAPPS 的会议多年后，福勒悄悄告诉我，他最大的长处便是乐于与蠢人周旋，在那一刻，我明白了他说的是什么人。

福勒来自亚拉巴马州，是当地著名的人格心理学家，曾对很多名人进行过人格分析，并在亚拉巴马州的大学担任过心理系主任，随后被选为 APA 主席。那个时候，APA 遭遇了解体危机。由于为杂志《今日心理学》（*Psychology Today*）投入了重金，APA 山穷水尽。当时，APA 的整个管理层被解雇，福勒临危受命担任 CEO。他的确不辱使命，拯救了整个协会，最终成为 APA 任期最长的 CEO 之一。

福勒极其诲人不倦、平易近人。在我竞选 APA 主席时，他是 APA 高层中唯一对我抱有希望并鼓励我勇于尝试的人。

如今，深陷困境的我找到了福勒，希望他能提供帮助。

“这世界上有两种类型的领导，”在耐心地听完我那场大溃败的故事后，福勒告诉我，“一种是锱铢必较事务型，另一种是大刀阔斧变革型。你不大可能把委员会的这帮人完全扫地出门。他们位高权重。与你相比，他们在如今的位置上会坐得更长久、更稳固。如果不想落败，你就必须成为一个‘大刀阔斧变革型’主席。马丁，你的职责就是要让美国的心理学从此走上新的道路。”

从我首次接触心理学到成为 APA 主席的 30 多年里，心理学领域的两个敌对派系——行为主义学派和精神分析学派，始终处于对峙状态。虽然他们各执己见，但有着诸多相同的信条。二者皆聚焦于对痛苦的研究，却从未认真、严谨地考虑过“进化”这个概念；二者均笃信往昔，尤其相信童年创伤所带来的影响；二者皆把思考和意识视为梦幻泡影；此外，二者皆在幸福、美德、自由意志、意义、创造力和成功等诸多认知领域存在共同的盲点。简而言之，行为主义学派和精神分析学派都遗漏了让人生有意义的东西。

我本人见证了心理学的变革，并在诸多紧要关头引领了这些变革。**在我的职业生涯中，心理学否定了诸多假设，清除了四大认知盲点。第一，摒弃行为主义学派的戒律，接纳认知和意识；第二，接纳进化论并认识到大脑对人类学习的限制；第三，不再局限于对错误的一面予以治疗，还构建了引领人们走向正确与积极的体系；第四，着眼于未来，而非仅执着于往昔。**

综上所述，这些内容构成了令人满怀憧憬与向往的全新心理学。

本书将讲述在过去 50 多年中，心理学领域发生的诸多巨大变化，并以我是如何改变的为例子，来讲述心理学这个领域是如何被改造的。

测一测　　关于积极心理学，你了解多少？

1. 塞利格曼教授认为，幸福包含 5 个要素，以下哪一个不是其中之一？

A. 良好的经济状况
B. 积极情绪
C. 良好的人际关系
D. 意义和成就

2. 积极教育的目标是教会孩子 10 种生活技能，以下哪一项不是其中的内容？

A. 正念和自我意识
B. 创造性思维和批判性思维
C. 同理心和处理人际关系的能力
D. 成功意识和实践能力

3. 大脑中的希望回路与以下哪两个结构密切相关？

A. 杏仁核和北侧中脑导水管
B. 中缝背核和内侧前额叶皮层
C. 杏仁核和前额叶
D. 中缝背核和前额叶

4. 塞利格曼推动了当代心理学的四大变革，其中不包括以下哪一项？

A. 摒弃了行为主义，提高了对认知的重视程度
B. 不再关注进化论，转而关注大脑的运作机制
C. 不再局限于研究痛苦，也开始研究幸福
D. 不再执着于过去，转而着眼于未来

扫码下载“湛庐阅读”App，
搜索“塞利格曼自传”，
获取答案。

第一部分

起点：初识心理学

The Hope Circuit

在心理学领域，

两场大风已在空中飞扬，

汇聚成认知革命的风暴。

第 1 章

童年：我是父母的乐观主义宣言（1942—1955）

与同时代的众多心理学家一样，我与心理学也是结缘于弗洛伊德的著作。那一年我 13 岁，姐姐贝丝（Beth）从罗切斯特大学回家过暑假。从我 6 岁起，贝丝便是我的良师益友，她活力四射，对我也钟爱有加。7 岁的时候，贝丝教会了我什么是阶乘，为此我还在二年级的同学面前炫耀过，这或许是我今生第一次展露自己的“学霸范儿”。9 岁的时候，也是贝丝把科幻小说《平面国》（*Flatland*）读给我听[1]，让我首次领略了几何世界的美妙。当 12 岁的我向贝丝坦白自己从来没有从头到尾读完过一本书，只是装模作样地看了一遍七年级的读书笔记时，贝丝把我锁进了卧室，责令我必须把《基督山伯爵》读完，否则不放我出来。过了整整 18 个小时后，我才从卧室走出来，撒了长长的一泡尿。所幸，我最终通过了贝丝的测验。不过自那以后，对我来说，生命中不可再无书。

13 岁那年的夏天，贝丝带了一本弗洛伊德的《精神分析引论》回家[2]。家人带着我们在纽约州的卢泽恩湖（Lake Luzerne）畔宿营。营地外，一张深蓝色的吊床挂在两棵细长的小松树之间，我躺在那张吊床上，捧着弗洛伊德的这本书，爱不释手。

处于经济大萧条时代的父母

我生于 1942 年 8 月的一天。据我个人揣测，母亲怀上我，让我父母对未来重新燃起了希望。当时他们俩的生活可以说是举步维艰，而乐观更无从谈起。

我的母亲艾琳·布朗 1905 年出生于奥拉迪亚（Nagyvárad）[①]。1931 年嫁给父亲时，她把自己的出生年份改成了 1906 年，这么做是因为在当时，新娘比新郎年长是件颇为尴尬的事情。奥拉迪亚一直都是一座较为繁华的城市，同时也是犹太人的主要居住地之一。我的外祖母在生我母亲的时候不幸去世。那是 1905 年 12 月，在喀尔巴阡山区，我的母亲是一个早产儿，靠着家里的火炉还有外祖父的照料才得以存活下来。由于外祖母的过世，外祖父对羸弱瘦小的女儿倾注了全部的爱。沐浴在浓浓父爱中的母亲，在生命头三年过得犹如田园诗般美好而幸福。但之后母亲所受到的创伤，却足以将她从天堂直接抛进地狱。

外祖父是位胸怀大志的女装裁缝。刚迈入 20 世纪的维也纳正值太平盛世，是全球的文化和艺术中心之一[②]。当时年仅 25 岁的外祖父，想必也很渴望过上维也纳人的生活，于是他申请就读维也纳艺术学院，希望能在那儿学习设计高级女装的课程。区区一个来自乡下的犹太人，自然而然地被拒之门外。于是，外祖父带着那时还很年幼的母亲，决定去柏林碰碰运气。

来到柏林后，外祖父娶了第二任妻子。我只知道应该叫她“布朗外婆”。布朗外婆个头不高、体格壮实、口无遮拦、脾气暴躁……还是个醋坛子。她就是灰姑娘继母的现实版，毫不掩饰自己对继女的厌恶。自那以后，母亲再也没有得到过父爱。

事实上，外祖父在柏林的发展前景并没有比在维也纳好多少，他的高级女装设计师梦想再一次破灭了。1911 年，外祖父带着 6 岁的女儿和怀孕的妻子来到了纽约，把家安在了纽约以北几公里的塔卡霍镇（Tuckahoe）。外祖父在小镇上开了一家裁缝铺。母亲上学的时候可谓苦乐参半。那个时候的美国，恰逢大批移民蜂拥而

① 奥拉迪亚在第一次世界大战之前一直属于匈牙利王国，第一次世界大战后被划入罗马尼亚，第二次世界大战中又被划入匈牙利，但在战后重返罗马尼亚，现为罗马尼亚最繁华的城市之一。——译者注

② 20 世纪初的维也纳，同时也是弗洛伊德、路德维希 · 维特根斯坦（Ludwig Wittgenstein）、古斯塔夫 · 马勒（Gustav Mahler）、古斯塔夫 · 克里姆特（Gustav Klimt）、卡尔 · 克劳斯（Karl Kraus）和施特劳斯家族曾待过的城市。那时，维也纳掀起了反犹浪潮。——译者注

至，母亲所在的班上几乎都是新移民的孩子。可是因为不会说英文，母亲总是被老师忽略。

待母亲步入青春期后，她再也不会让人视而不见了。那时的母亲相当出众，她虽个子不高，但风姿绰约——金发碧眼、谈吐文雅、温柔敦厚，是一位让人愿意与之说心里话的好姑娘。可贫穷让母亲命途多舛。外祖父的裁缝铺被一把大火烧得一干二净，于是母亲不得不从高中辍学，去做法律秘书，帮助外祖父养家糊口。

在“咆哮的二十年代”（Roaring Twenties）[①]，母亲拥有众多追求者，这或许是命运给予她的一笔补偿。在追求者中，有一位学法律的年轻小伙子，尽管母亲一再拒绝他，但他还是锲而不舍。在母亲与一位富有的牙医订婚之际（家里曾传言母亲订过 6 次婚），“经济大萧条”开始了。一天晚上，也许因为那时正值母亲最为脆弱的时刻，这位小伙子终于对母亲追求成功了。小伙子突袭成功，他与母亲的罗曼史也就此拉开了帷幕。当然，这个小伙子就是我的父亲阿德里安。

锲而不舍只是父亲的优点之一。他英俊帅气，金发碧眼，胸肌发达，脸颊上有深深的酒窝。同样，他还很聪明，为人机灵，思维敏捷。我的祖父和祖母在 19 世纪 90 年代分别从德荷交界处和法国的阿尔萨斯（Alsace）移民到了美国，在 19 世纪末，二人在纽约结婚。他们的长子，也就是我的伯父伯特，是个身材魁梧、面颊红润、年轻气盛的小伙子。伯父在华尔街成立了一家贸易公司，在“经济大萧条”前夕，20 多岁的他就已经是一位腰缠万贯的富翁了。由于娶了一位信奉天主教的姑娘，让塞利格曼家族感到蒙了羞，伯父后来被家族排斥在外。与伯父不同，父亲自幼多病，经常赖在家里不去上学。

但是后来，父亲连跳四级，以极快的速度念完了纽约城市大学的课程，并拿到了纽约大学的法学学士学位，之后又获得了哥伦比亚大学的法学博士学位。父亲和母亲在一起后，二人于 1931 年成婚，在当时一流的旅游胜地大西洋城（Atlantic City）度了蜜月。

---

① 指北美地区 20 世纪 20 年代这一时期。十年间发生了数不胜数的激动人心的事件，因而也被当地人称为“历史上最为多彩的年代”。——编者注

随后不久，父亲做出了他生命中至关重要的一项决定。

拥有法学博士学位的父亲本该成为一名才华横溢的年轻律师，然而，当时正值“经济大萧条”的第二年。虽然律师并没有失业的风险，但全美大部分的行业都不景气，客户们甚至都付不起款。尽管还能拿到薪水，但大多数律师还是极为贫穷的。父亲刚结婚不久，在他和我母亲的眼里，未来是隐约可见的灾难，而非繁花似锦的康庄大道。于是父亲选择了一条安稳之路——去做公务员。这份工作的薪水低，没有大富大贵的机遇，但稳定，没有失业的风险。自然地，父亲也失去了与伯特伯父平起平坐的机会。

父亲的这份工作，是在纽约州最高法院担任撰写法官判决书的书记员。于是，父亲带着母亲搬离了权力中心曼哈顿，来到了纽约州首府奥尔巴尼（Albany）。

奥尔巴尼并非一座新兴之城。尽管它是纽约州首府，也是西奥多 · 罗斯福和富兰克林 · 罗斯福这两位美国总统的居住地，但每到周末，那些当时冉冉上升的政治新星们都会搭乘特快列车，从繁忙的奥尔巴尼逃离，回到曼哈顿的中央车站。

17 世纪 20 年代，荷兰移民最先落脚于奥尔巴尼，因而当时这里的一些声名显赫的富贵家族都叫坦恩·艾克（Ten Eyck）、斯凯勒（Schuyler）、范德齐（VanDerZee）、普鲁恩（Pruyn）和范 · 伦斯勒（Van Renselaer），还有一些叫汤森（Townsend）和利文斯顿（Livingston）。记载了当时庄园主衰败历程的庄园仍然耸立在哈得孙河（Hudson River）的上游。然而，这些古老家族最终还是被爱尔兰人夺去了政治权力。大批爱尔兰人在 1845—1852 年的马铃薯饥荒之后，作为劳工蜂拥而至。到了 1920 年，无所不能、所向披靡的政界人物丹 · 奥康奈尔（Dan O’Connell）让泽西市和芝加哥看上去宛如实现了民主一般，同时也控制住了奥尔巴尼。在奥尔巴尼近郊的科隆尼（Colonie），奥康奈尔在自家那简朴的客厅里，向穷困的选民们分发着 20 美元的钞票，而作为这台政治机器的挂名负责人，市长伊拉斯塔斯·科宁四世（Erastus Corning IV）则给这一切披上了一件绅士风度的外衣。

那时的奥尔巴尼，政治腐败，环境也肮脏不堪，“经济大萧条”使这一切更是雪上加霜。大批失业的“流浪汉”四处寻找工作。“流浪汉”们白天在街头游荡，夜晚则睡在哈得孙河岸边的硬纸板箱里——这还是在天气好的时候。在冬天，积雪可能会有一米多厚，气温在长达一周的时间里都保持在零度以下，那时对于“流浪汉”而言，生活就是如此残酷无情，那时的普通人也同样过得异常艰难。

公务员和商人构成了中产阶级，这其中有一些人来自奥尔巴尼颇具规模的犹太人聚居区。这个聚居区里有众多古老的犹太家族，他们属于犹太社会的上流阶层。他们在 19 世纪中期来到奥尔巴尼，在美国创建了改革派犹太教并建厂开店，成了犹太聚居区的中流砥柱，但是他们依然无法加入青睐上层人士的“福特·奥林奇俱乐部”（the Fort Orange Club）。接下来是那些一夜暴富的犹太家庭，他们初来乍到，买卖做得风生水起。他们在中产阶级中属于上层，能够加入“科隆尼乡间俱乐部”（the Colonie Country Club），但无法加入“沃尔弗特的罗斯特俱乐部”（Wolfert’s Roost）。再接着就是我们了，即公务员和勉强维持生计的商贩，我们这个阶层是不能进入“科隆尼乡间俱乐部”的，但是可以加入犹太教会。

因此，父母加入了保守的特菲瑞斯·以色列教会（T’Firith Israel）。我后来才知道，父亲其实是无神论者，只是迫于当时的形势才入了教会，母亲则极其痴迷于犹太教。父亲之所以选择信仰犹太教，其实是出于政治目的。后来，父亲在教会中的作用举足轻重，他不仅担任了教会的会长，还在把特菲瑞斯·以色列教会改造为以色列圣殿教会（Temple Israel）的过程中发挥了重要作用，以色列圣殿教会后来成为奥尔巴尼最具规模和影响力的犹太教组织。

各位现在应该基本知晓我出生之前林林总总的境况了吧。

塞利格曼一家，摄于 1945 年，纽约州北部富尔顿湖区（Fulton Chain of Lakes）。从左至右：马丁（3 岁）、父亲、贝丝（10 岁）、母亲。

Courtesy of the author.

曾经的问题学生

“正好赶上吃午饭。”这是1942年8月12日上午11点58分，母亲在生下我时听到的第一句话。威廉·詹姆斯（William James）[①]很快也会在一个更为重要的场合说出同样的话。我属于过了预产期才出生的那种姗姗来迟的孩子，这使母亲在生我之前不得不来来回回地走动以便于分娩。想来这一定让我觉得很痛苦，因为自出生后，我就再没有迟到过，而且我做任何事情都渴望一气呵成、先声夺人，这也是我一生引以为豪的一个特质。

在我儿时的记忆中，第二次世界大战直至尾声前，并没有给我留下什么太深的印象。可我对这段时间的记忆抱有一种不安的感觉。记得那是在1945年的4月，那时战争已临近尾声，一个有着一双蓝眼睛、顶着一头浅金色卷发的小男孩正坐在自家厨房的地板上玩耍。我记得那时，家里大概有上百张出自父亲之手的照片，在所有的这些照片中，我都是无忧无虑、天真烂漫的。

突然有一天，我听见隔壁房间传来了伤心欲绝的啜泣声和喘息声，没过一会儿，我便看见母亲坐在屋里楼梯的台阶上，以手掩面地哭泣着。我尽力安慰着母亲，但没有什么用。母亲一直哭个不停，一直抽泣着。

发生了什么啊？这让当时仅仅32个月大的小男孩困惑不已，他唯一知道的是，生命中最重要的人正深陷悲伤和痛苦，而他束手无策。多年以后，母亲向我解释，当时她应该是听到了富兰克林·罗斯福去世的消息，也可能是因为更为糟糕的事——她得知所有留在匈牙利的犹太人全都被杀害了，这其中包括她大部分的家人。

或许二者兼具吧。

我无法确切地说阳光是否自那天起便从我的生命中消失了，但儿时的那些无忧无虑、天真烂漫的照片，的确与在这件事之后所拍的其他照片，包括我少年时期的照片都截然不同。3岁以后，笑容便甚少浮现在我的脸庞上，更不用说灿烂地开怀

① 美国心理学之父，美国本土第一位哲学家和心理学家，同时也是一位教育学家，一名实用主义倡导者，美国机能主义心理学派创始人之一，美国最早的实验心理学家之一。1904年当选为APA主席，1906年当选为美国国家科学院院士。——译者注

大笑了，整个童年，我都紧闭着双唇，不苟言笑。想到我这一生都在与抑郁症抗争，而且从很早开始便聚焦于习得性无助和抑郁症方面的心理学研究工作，我不禁猜测，两岁时的那段遭遇一定是我人生中的一个转折点。

1946 年的马丁是个有着一双蓝眼睛、顶着一头浅金色卷发的小男生。

Photo by Adrian Seligman.

事实上，从开始上学起我就是一名问题学生。4 岁时，父母第一次尝试着把我送进幼儿园，但母亲刚一转身，我便号啕大哭，除非他们把我带回去，否则我会没完没了地哭闹。就这样，一直拖到 5 岁，我才正式迈进了学校的大门。

第 16 学校坐落在南大街，离我家仅有两个街区。它教给我们的是……好吧，什么也没有。让她们在奥尔巴尼的公立学校教书，是奥康奈尔这台政治机器针对女性群体采取的一项政治手段，如同他们也雇用了许多男性在华盛顿公园优哉游哉地栽种郁金香一样。当时，除了四处找寻工作的多如牛毛的“流浪汉”，还有众多亟须养家糊口的无业女性，而她们，便是我在第 16 学校里的老师。

记不清有多少时间了，我们一直都在唱关于爱尔兰的歌曲。后来，爱尔兰歌曲被一首美国民谣取代。我们在地下室上舞蹈课，围着硕大无比的焦煤火炉，边跳边唱。

我们背会了乘法表，练习了书法。“卧倒，掩护！”躲在课桌下，双手护着脑袋，以此躲避想象中的核攻击。在那些百无聊赖的日子里，这是课间休息最好玩的游戏了。不管我怎么努力回想，都记不起在四年级之前我是否曾正襟危坐地学习过片刻。

虽然在这期间，我也徜徉在知识的海洋中，可这些知识并非源自学校。我从一本集邮册中自然而然地获得了关于这个世界地理和文化方面的知识。1920 年的德国通货膨胀让我感同身受，因为我粘在集邮册里的邮票先是 100 万马克的，但紧接着就是 10 亿马克的了。从一张印着年轻国王乔治六世庄严面容的英国邮票上，我似乎看到了叱咤风云的大英帝国，而当时知道这个帝国的其他孩子都在更好的学校里上学，他们是通过阅读吉卜林的书才对此有所了解。我没费任何工夫便从一套美国总统系列的邮票中了解了美国的历史。1 美元的邮票上印着伍德罗 · 威尔逊，2 美元的邮票上印着沃伦 · 哈丁，5 美元的邮票上印着卡尔文 · 柯立芝。我还曾经有满满一抽屉的漫画书，从这些漫画书中，依旧是潜移默化般地，我获得了空间科学的入门知识，提前欣赏了经典名著的一些情节，比如是什么造成了故事主人公的痛苦、是什么让其成了一名受害者，以及是什么让其获得了勇气，等等。

神童大赛与希伯来语学校

> “现在进行的是冠亚军决赛。获胜的四年级学生将获得‘奥尔巴尼神童’的称号。”在麦迪逊剧院，主持人对着台下的观众说道。而此时台下坐着的家长、老师和学生多达 200 人，他们每个人的脸上都满是期待。
>
> “现在就剩下你们两位了。马丁 · 塞利格曼，你有 10 秒钟的时间来回答问题。请问，哪个州的州名是以‘ut’结尾的？”
>
> “康涅狄格州（Connecticut）。”我迅速地做出了回答。

当时是 1952 年，我们一家心中的英雄不是被其他人津津乐道的道格拉斯 · 麦克阿瑟（Douglas MacArthur），不是艾森豪威尔，不是甘地，甚至也不是爱因斯坦和罗伯特 · 奥本海默（Robert Oppenheimer）。我们心中的英雄是乔尔 · 库珀曼（Joel Kupperman）、琼·阿丽兹艾尔（Joan Alizier）和迪基·弗里曼（Dickie Freeman），因为他们三个是“神童”。每周，家里都会出现这样一个场景：贝丝和我坐在厨房的凳子上，我们竖着双耳，一字不落地收听芝加哥最火爆的广播节目。5 名参赛小选手需要通过抢答听众的问题，从而争夺“智商之王”“冷静之王”“机智之王”的称号。

我在收音机这头抢答着“神童大赛”的问题，并且总能赢得贝丝的喝彩。收音机里宣布，参加芝加哥“神童大赛”的决赛者必须是来自美国各地的选拔赛冠军。想象一下吧，马丁，你也可以赢得奥尔巴尼的选拔赛，然后挺进芝加哥决赛。

这一刻终于来临了。

> “康涅狄格州，马丁回答正确。接下来，由罗科·贾科米诺（Rocco Giaccomino）来回答问题。请问，在《小辣椒》（*Little Peppers*）书中，一共有多少个小辣椒？”
>
> 罗科来自奥尔巴尼下辖的一个交通闭塞的偏远之地，他听到这个问题后，苦思冥想了一会儿。
>
> “5 个小辣椒。”罗科壮着胆子给出了答案。我敢保证罗科绝对是猜的，尽管我并不知道个中缘由，但换我来回答这个问题，我也会说“5 个小辣椒”。
>
> “回答正确！”
>
> 于是，竞赛进入了第 6 个回合。
>
> “请问马丁，《流过甜蜜的艾菲顿》（*Flow Gently Sweet Afton*）这首诗的作者是谁，艾菲顿这个地方在哪里？”我长这么大，从来没有听说过艾菲顿，艾菲顿应该是条河吧，它是在爱尔兰吗？但在第 16 学校我们唱过的那些歌曲中，并没有提到过呀。
>
> “在英格兰。”在倒计时铃响之前，我喊出了自己的答案。

“错误！罗科，你的答案是什么？”

“是在苏格兰。《流过甜蜜的艾菲顿》这首诗是罗伯特 · 彭斯（Robert Burns）写的。”罗科的这句话为这场决赛画上了句号。

在离开剧院时，贝丝伤心地说道：“这帮组委会的人，怎么能指望一个 10 岁的孩子知道彭斯呢？”

我带回家的奖品是一块有着一条红色表链的米老鼠手表。而 11 岁的罗科赢得了比赛，最后去芝加哥参加了“神童大赛”。

1950 年的奥尔巴尼神童大赛决赛上，罗科 · 贾科米诺最终获胜。

Photo courtesy by Adrian Seligman.

希伯来语学校位于联邦大道犹太教堂的地下室里。教我们犹太史的老师个子矮矮的，有一头染成橘红色的头发，脸颊上布满了坑坑洼洼的疤。地下室的墙壁上画满了一幅幅古犹太人征服世界的粉笔画，有拔剑问天的亚玛力人，有扬帆远航的腓尼基人，还有最终倒在了犹太人长矛下的侵略者腓力斯人。

这间地下室弥漫着一种集中营特有的炼狱般的感觉。教我们的老师都是脱离了希特勒魔掌的难民。来到希伯来语学校后，我们很快便背会了以色列十二支派[①]，努力背诵着希伯来语，并轮番唱着希伯来语歌和英语歌。

---

① 以色列十二支派是由以色列第三代始祖雅各的十二个儿子命名的。支派如下：流便支派，西缅支派，利未支派，犹大支派，西布伦支派，以萨迦支派，但支派，迦得支派，亚设支派，拿弗他利支派，玛拿西半支派和以法莲半支派（约瑟的两个儿子各得一半产业），便雅悯支派。——译者注

如果我们背会了足够多的希伯来语词汇，就可以升一级去背诵赖施（Rashi）的作品，他是 15 世纪时用希伯来语解读《圣经》的解经人，可赖施用的是另一种希伯来语，我们虽云里雾里地不知其意，但还是要老老实实地大声朗读。那天，那位上了岁数、头发斑白的老师身着一套破旧的黑色西装，握着一块有着一条银色链子的怀表，双目圆睁地站在我的身边，俯视着我，而我则继续朗读着，碰到了一个之前从未见过的单词，然而我还是大声把它读了出来："耶……和华。"

我被拎了起来并被扔出教室，最后趴在了走廊里那锃亮的木地板上。后来我才得知自己犯了罪，因为我大声地说出了上帝的名字，而我们在之前就已经被老师告诫过不能直呼上帝的名字。

在希伯来语学校的美妙时光就此戛然而止。

父亲被选为特菲瑞斯・以色列教会的会长，他把教会所在的那栋老楼卖给了"耶和华见证会"，并把特菲瑞斯・以色列教会和"耶和华见证会"合并在一起。父亲那时正忙于竞选新组成的"以色列圣殿"教会的会长。那是一场激烈无比的竞选，家里每次就餐时的话题总是围绕着绰号是"笨蛋"的基比・科布伦茨（Kibby Koblenz）。我的犹太教受戒礼被安排在 1955 年 10 月，准备在一幢新落成的大楼里举行。

随后，我的小天地将发生翻天覆地的变化。

第 2 章

青春：阶层割裂下的无助与自卑（1955—1960）

我长高了，穿过狭窄的走廊，
我被钉在了十字架上，
我那如凝胶一般的思想被刺穿了，
我那如凝胶一般的心脏被凝固了[1]。

12 岁的我，因为机灵聪明而颇受老师们的喜爱。四年级的时候，一位老师给我报名参加了“神童大赛”。课堂上的我总是反应敏捷且自信满满，只要不是在大街上或在少年棒球钻石联赛上，我都乐于炫耀自己的聪明才智。在整个班级中，除了加里·霍克（Gary Hoke），我就是最厉害的那一个，好在霍克转学去了克利夫兰（Cleveland）。种种事实让我相信，学习于我而言易如反掌。但学习真的是件需要付出努力的事，譬如要从头到尾认真地读完每一本书，而我并没有做到这一点。很长一段时间里，我只是靠着小聪明在学习上敷衍了事。

我强烈地认为自己是一名犹太人，甚至是带着些许挑衅意味来下的这个定义，因为我的脑海中并没有留下任何正面的相关回忆。种族意识肯定不会出现在美好的时光中，它在我的灵魂深处已经深深地留下了烙印。我是犹太民族的一员，这个民族曾在某个时期因某些特殊原因备受迫害。作为犹太人，在第二次世界大战期间，我们处处面临着危机。或许我们会在午夜时分被突袭，然后被押上车送到毒气室里。那时，我还是一名胆小如鼠的犹太人，不像我在希伯来语学校的老师们那般傲骨铮铮。我们家的左邻右舍大多数是天主教徒，虽然他们也带有种族意识，但他们对我们并没有什么敌意，反而持包容接纳的态度，至少在表面上是这样的。我从没被人污蔑为“肮脏的犹太人”，但这并不能削弱我潜意识中的偏执。每逢圣诞节和复活节，尤其是每个礼拜日，我们家与其他人家的不同还是显而易见的。我的父母几乎从不与非犹太人来往，而且与改革派的犹太教朋友不一样，我们家也从来不过光明节。

总而言之，我当时属于社会的下等阶层。没过多久，我就明白了这句话的含义。

奥尔巴尼男子学院的生活

父亲把我送到一座宏伟的乔治王时代建筑大楼的环形车道尽头，车道两旁榆树成荫，四周环绕着绿油油的网球场和橄榄球场。我没有被允许踏上由白色大理石铺就的石阶、从大楼的正门进去，而是被引到了侧门，从那里进入了一间“食品储藏室”。这间“储藏室”如大洞穴一般又大又深，天花板很低，地面铺着木地板。我坐在一把长条凳上，眼前是一张油亮发光的实木桌子。大概有 50 个与我年岁相仿的男孩和我坐在一起。时间一到，我们每人都领到了一本小册子、一支铅笔和一张空白的答题纸。这是奥尔巴尼男子学院的入学考试，其实（我现在知道了）这只是一场智商测验。我轻轻松松地做完了全部的试题，比其他男孩都要早几分钟交卷。

几周之后，父母告诉我，我将在 1955 年的秋季就读奥尔巴尼男子学院二年级[①]。父亲极为骄傲，在他和母亲看来，为了我的前程，就算是做出巨大的牺牲，他们也毫无怨言。父亲在纽约州最高法院担任书记员，税前的年收入不到 7 500 美元，而我每年的学费就高达 600 美元，这还不包括校服费、午餐费、校车费和其他杂费。

为什么要做出这样的牺牲呢？不仅是因为第 16 学校的老师们误人子弟，大学的招生考官也对第 16 学校嗤之以鼻。在奥尔巴尼公立学校，即便是最优秀的毕业生代表，如果想要进入公立学校所有学生的终极目标——康奈尔大学，拼尽全力也

① 相当于中国的初中二年级。——译者注

不一定能如愿，而哈佛大学、耶鲁大学和普林斯顿大学，对公立学校的学生而言更是遥不可及。贝丝被拉德克利夫学院（Radcliffe College）[①] 录取，但我的父母不愿为女孩支付高昂的学费，所以贝丝只能先去免费的罗切斯特大学就读一年，之后再回到奥尔巴尼的纽约州立师范学院。相比于公立学校，奥尔巴尼男子学院不时有优秀毕业生进入美国最好的大学。我想到了外祖父被维也纳艺术学院拒之门外，想到了百万富翁伯特伯父，想到了经济大萧条中前途暗淡无光的公务员父亲，我觉得自己身上肩负着打破家族桎梏的重任。

当然，当时并没有人告诉我这些，甚至也没有人告诉过我贝丝被拉德克利夫学院录取的事情。

时光往后推至 1998 年，那一年我的儿子达里尔（Darryl）4 岁。我的夫人曼迪（Mandy）和我告诉达里尔，他需要做一次探查性的结肠活检。达里尔被吓得够呛，有点不知所措，于是跑出厨房，坐在院子里的矮墙上，一遍又一遍地抓起一把石头放在自己的手里，然后松开，再抓起来。一个小时里，达里尔一直重复着这个动作，之后他走了回来。

“我准备好啦。”达里尔说道。儿子的这句话犹如一道光，照亮了我脑海深处的某段记忆。

1955 年 8 月的最后一天，我记得自己也被吓得够呛并且不知所措。那一天，我将搭乘校车去奥尔巴尼男子学院上学。学校里不仅全都是男生，而且只有男老师，学生们都穿着统一的校服待在军营里，我的同学都是富家子弟，我一个人都不认识。从早上到下午 5 点，我都要待在那里。再过两个月就要给我举行犹太教受戒礼了。我身体的每一处在那段时间里都不断发生着变化。灰蒙蒙的细雨中，连续两个小时，我不停地投着篮。伴随着篮球一次次碰触篮板所发出的砰砰声，我童年时期的阴霾也渐渐消散了。

“我准备好啦！”我大声地喊道。

---

① 拉德克利夫学院，海伦 · 凯勒的母校，曾是位于美国马萨诸塞州剑桥的一所女子文理学院，创建于 1879 年，为美国七姐妹学院之一。1963 年始授予其毕业生哈佛 - 拉德克利夫联合文凭；1977 年与哈佛签署正式合并协议；1999 年全面整合到哈佛大学。——译者注

奥尔巴尼男子学院。

Photo from *Cue,* 1960 yearbook.

与以前在第 16 学校上学时一样，我走出了家门。但与之前不一样的是，我要在一个街角等校车。那天，我穿着校服，黑色的毛衣塞在深灰色的羊毛西裤里。街角处，还有一位身着校服的男孩子也站在那里等车。

“嗨！我叫杰里 · 斯佩克特（Jerry Spector），”男孩说道，“你把毛衣穿错了，不能把它塞进裤子里。”我的脸唰地一下红了，我赶紧把毛衣从裤子里拽了出来。校车还没到，这时，一辆巨大的、带有尾鳍的凯迪拉克轿车停靠在了路边，我们获邀搭便车。杰里率先上了车，我也胆怯地随着杰里上了车。驾车的是泰特斯（Titus）先生，坐在前排副座的是他的儿子戴维（David），戴维与杰里是奥尔巴尼男子学院四年级的学生。

在新学校的第一天是在橄榄球场结束的。让我惊喜的是，我认出了鲍勃 · 奥尔科特（Bob Olcott）教练。1954 年夏天，身材魁梧的鲍勃教练是我们斯特拉顿山（Stratton Mountain）童子军夏令营的游泳教练，他对我们非常友好。

“你好，鲍勃。”我向鲍勃教练打招呼，鲍勃教练则一脸惊愕地看着我，与此同时，所有在橄榄球场上听到我这句话的孩子们也都一脸愕然，面面相觑。

“请称呼我‘奥尔科特先生’，你还可以称呼我‘长官’。”鲍勃教练回应道。

总之，我在奥尔巴尼男子学院 5 年的求学之路并没有一个完美的开始。

入学后的头两周，我交到了一些新朋友：一个是红头发的查利 · 威瑟雷尔（Charlie Witherell），在第一年的拉丁语课上，他坐在我后面，总是大声嚷嚷，而查利的哥哥是一名著名的滑水运动员；另一个新朋友是查尔斯 · 汤森（Charles Townsend），他是学校的一名明星球员。与查利一模一样的名字也出现在奥尔巴尼男子学院 1927 年的红木牌匾上，牌匾上列了过去 140 年以来优秀毕业生的名字。照此推测，那应该是查利父亲的名字。

有一个男同学在头两周莫名其妙地一直没来学校上课，可大家的态度都有点胆怯敬畏，只是小声地议论着他。因为这位男同学是一名优秀的学生、诗人和球队后卫，他的父亲在奥尔巴尼和特洛伊（Troy）市中心拥有大片的地产。连面都没见，我就已经成为这位男同学的粉丝了。

终于，这位男同学露面了，之前没来是因为他和家人去度假了。这位男同学英气逼人，左眼上方有一小缕浓密的棕红色头发，比起其他还没有步入青春期的同学，他显得更为成熟、超然脱俗而又神秘莫测。如果说奥尔巴尼男子学院二年级曾经出现如明星一般的人物，那一定非杰弗里 · 艾伯特（Jeffrey Albert）莫属。

带着这种崇拜之情，我专注于与杰弗里交往。我们提出了关于上帝、真理、意义和死亡的深奥问题（二年级的学生讨论这些问题还是为时过早，但还不至于对此完全不了解），因此我们都瞧不起那些不如我们思想深刻的同学。但是，在花钱、受欢迎程度、运动能力、剪裁讲究的制服、英俊的外表，以及吸引奥尔巴尼女子学院一群二年级女生方面，我比不上杰弗里，唯有杰弗里拥有上述所有的一切。

杰弗里住在一栋豪宅里。周日散步时，父母曾与我走到他家所在的那条街上，想象着另一类人所拥有的生活。

我受邀参加杰弗里家的晚宴。杰弗里家有一位全职的黑人女仆，她给我们每人端来了一整只加了葡萄干的珍珠鸡。我们在享用的同时不时小口抿着法国红酒。杰弗里的妈妈比阿特丽斯 · 艾伯特（Beatrice Albert）夫人主持着晚宴，她骨瘦如柴，皮肤晒成了古铜色，乌黑发亮的头发一看就是精心打理过的，艾伯特夫人操着一腔南方口音，说话很冲。席间的谈话是关于在科隆尼乡间俱乐部举行的高尔夫球赛，以及有关奥尔巴尼的传统犹太家族的八卦。那时我还不知道“暴发户”这个词，甚至对这个概念也一无所知。

杰弗里家的地下室里摆放了几碗新鲜的水果、一张台球桌、一张乒乓球台和一台弹球机。我当时并不知道艾伯特夫人是一步一步从贫困的南方地区挣扎出来，嫁给了奥尔巴尼最富有的律师的。艾伯特夫人迅速地感知到了我真实的社会地位，几乎是通过心灵感应把她对我的感知传递给了我，这让我面红耳赤，浑身不自在，好像自己不属于这个小群体。

2013 年 5 月末一个春意盎然的日子，华盛顿公园里的郁金香争相斗艳。这一天是奥尔巴尼男子学院成立 200 周年的纪念日。我荣获杰出校友奖，并获邀发表演讲。奥尔巴尼男子学院的校长介绍我是“自赫尔曼·梅尔维尔（Herman Melville）[①]以来最为重要的毕业生”。我有些飘飘然，于是决定来一次奥尔巴尼回忆之旅。我步行了将近 5 公里，最后走到了杰弗里的家。他家楼的西边又修了一栋侧楼。我抬头凝望着这座巨大的建筑物，那一刻我真想按响门铃，跟艾伯特夫人说说梅尔维尔和我的事。

我站在那里足足一分钟，全身颤抖着，最后我慢慢转身离开了。比阿特丽斯·艾伯特夫人，她的名字我一生都无法忘却。

割裂的阶层与世界

我的犹太教受戒礼不同寻常，因为我不得不与格里·谢伊（Gerry Shay）一起受戒。基比·科布伦茨一伙从父亲手中夺取了“以色列圣殿”教会的控制权，他们复仇心切，更是不把即将卸任的“以色列圣殿”教会前会长的儿子放在眼里，借此向外界传达他们获胜的信息。几十年后，姐姐贝丝告诉我，父亲的名字甚至都没有出现在纪念“以色列圣殿”教会前几任会长的牌匾上。

没有人告诉我发生的一切，但我能够察觉到父亲的沮丧和无助……更糟糕的是，一种要爆炸的感觉一触即发。

---

① 美国小说家、散文家和诗人，著有《白鲸记》（*Moby Dick*）。——编者注

虽然宴会呈现了一种水火不相容的境况，但是热情洋溢的我却做了一件傻事。我不仅邀请了第 16 学校和童子军夏令营的老友，还邀请了奥尔巴尼男子学院的新朋友。因此，犹太人和非犹太人、富家子弟与寒门子弟、当地的名门望族与新搬来的平民同时出现在宴会上。参加宴会的姑娘们也来自各个阶层，除了漂亮的女孩吸引了一两个愿意为爱情冒险的男孩之外，宴会上的其他人基本互不沟通。新朋老友几乎不在一起跳欢快的吉特巴舞，也不在一起跳慢舞，这真是一个尴尬的下午。奥尔巴尼男子学院的男孩和女孩都看到了艾伯特夫人一眼就能认出来的东西：我不属于他们这个阶层。

那天晚上，母亲问我是否会继续接受犹太教育。我郑重其事地告诉她，这将是我在犹太教会的最后一天，我不信仰上帝。那天深夜，我听到母亲在隔壁卧室里轻轻地抽泣。

1955 年，父亲迎来了人生的转折点。这对赶上过经济大萧条时期的年轻新婚夫妇选择了一条安稳之路：做公务员，端上有终身就业保障的铁饭碗。可第二次世界大战结束后，他们惊讶地发现经济开始复苏并蓬勃发展，这一状况一直持续到了 20 世纪 50 年代。经济萧条并未卷土重来。那些被父母称为“笨蛋”的同龄人并没有成为笨蛋，并且他们中的很多人变得越来越富有，把我们家甩在了身后。但好在当时政府机构曾承诺会提拔那些才华横溢的律师，而父亲也的确颇具才华。父亲那时 49 岁，有一份重要的工作机会近在咫尺——担任纽约州最高法院的书记员。从事这份工作的话，父亲还很有可能成为纽约州最高法院的法官。那时，一切都如晴空万里般美好，父亲稳操胜券，因为几乎没有人能与父亲的天赋和能力相抗衡。

在我的受戒礼举行之后不久，有一天中午，父亲回到家里，表情阴郁，几乎快要失声痛哭了。父亲没有得到爱尔兰一派的支持。奥康奈尔麾下的一位宠儿取代父亲得到了晋升。就像小时候一样，父亲选择了逃避，他因“感冒”而在家里待了好几周。

但父亲从无助的黑暗当中走了出来，他又有了另一个抱负：参与竞选公职。这不是一般的竞选，而是竞选审计长，这是纽约州排名第二的最高权力机构的职位。父亲是一名天生的政治家，我看过他在卢泽恩湖畔工作时的情形，父亲不时地与路人沟通着，向他们征询一些问题，尽管他对这些问题已有答案，但父亲这样做可以让这些民众滔滔不绝、各抒己见。15 分钟后，父亲便会与这些民众结为好友。他向这些新朋友募集竞选资金，并着手成立了一家竞选基金会。那时的父亲很容易就会激情澎湃起来，对各类社会活动都极为热衷。

我在学业方面的表现一直很出色。在我们学校，A 是一个很少见的成绩，但我拿到手软，即便是美国历史课，我也拿到了 A。

但我在社交方面却没有那么得心应手。我鼓足勇气邀请到了玛丽·费希尔（Mary Fisher）去看电影。一切看上去还不错，玛丽的母亲还告诉我母亲，说我是一个“完美的绅士”。一个月后，玛丽举办了一场大型派对并邀请了“所有”的人，这可是那个秋天最为盛大的社交活动，而我被玛丽直接点名不能参加。除了那场即将降临在我身上的厄运，这是我在二年级时所经历的最糟糕的一件事情。

不仅如此，我与男同学的相处也不融洽。我是个“吃货”，从早上 8 点到下午 5 点的在校时间里，在学校食堂吃白面包配棕色鸡骨肉汁的午餐，无疑是最为幸福的小憩时刻。我会一边大快朵颐，一边快乐地哼哼唧唧。一个严寒的冬日中午，我正津津有味地吃着午饭，突然感觉整个食堂其他人都鸦雀无声了。我环顾四周，发现每个人都在盯着我，听着我哼哼唧唧。随后，身边那些稍年长的男孩们恣意大笑，我满脸通红，恨不能马上死去。

二年级还有一位新同学与我的情况很相似：他拥有一半的犹太血统，出自寒门，聪明机灵，没有运动特长，爱玩，父亲是公务员。这位新同学叫罗伯特·凯泽（Robert Kaiser），他的父亲是州长助理。罗伯特与我无话不谈，我们总是在周末一起玩。州长长得像个长柄扫帚，僵硬呆板，说起话来小心翼翼，有一次我到罗伯特家吃晚饭时见到了他，那是我有史以来第一次见到显要人物。

罗伯特家有一个有点破旧的农庄，农庄有一大片空荡荡的牧场。罗伯特和我东拼西凑了 50 美元，弄到了一辆 1948 年出厂的绿色福特汽车。我们在牧场上弄出一条椭圆形的赛道，围着那条小小的赛道全速开着车，度过了一个如神仙般美妙的下午。在星期六的晚上，我们还参加了汽车加速赛。

在 5 月那个完美的周六，父亲驾驶着我们家那辆 1950 年产的黑色雪佛兰车，载着罗伯特和我去上高尔夫球课。途中，父亲随口说起他的左胳膊没有知觉了。我听到父亲紧张地笑着，而我整个下午一直忧心忡忡。但父亲来接我们的时候，我发现由于他一下午都忙于竞选，气色看上去还不错。

后来，父亲去了街角处的诊所。他的血压高得吓人：高压 300mmHg，低压 180mmHg！大夫开的处方是“放轻松”。

第二周的星期五放学后，我留宿在杰弗里家。第二天早上我步行回家，当走到家附近街道的拐角处时，我看见自家门口有一盏红灯闪烁着。我冲过去，看见父亲躺在救护床上，被抬进了救护车。我能够听见父亲在说着话，但无法听清楚他说的是什么。很明显，父亲试图装作自己没什么事，而医护人员也配合他，假装在笑。很快，救护车发出刺耳的笛声，飞驰而过。

父亲中风了，他得了脑血栓症，尽管很严重，但没有生命危险。去医院探望过父亲之后，我害怕极了，事实上我被吓傻了。我无法接受父亲被疾病击倒的事实。伯特伯父从曼哈顿急匆匆地赶了过来，在医院陪了父亲两个小时。母亲听到了他们在病房里大声地争吵，随后伯特伯父冲出了房门并扭头离开。母亲冲进病房，发现父亲已经不省人事。父亲遭受了第二次中风，这次中风面积更大且不可逆转。我们永远不知道父亲和伯特伯父究竟为了什么而大动干戈。

过了几天，父亲苏醒了过来，但他身体左侧完全失去了知觉，医生也断定他没有什么生存的希望。尽管病情如此糟糕，父亲还是活了下来，并在奥尔巴尼医院接受了两周的治疗，随后他被转到了一家私人疗养院，在那里又住了两个月，但没有任何好转。

父亲再也没有康复过来。到了夏末，他被送回了家，依旧瘫痪在床，依旧情绪多变，完全丧失了昔日的活力。

罗伯特·凯泽在《纽约人新闻》(*Knickerbocker News*) 看见了一则广告，他们要招聘一些 13 岁以上的男孩。那时我们家急需钱，母亲召开了家庭会议。她告诉我们，疗养院的费用几乎耗尽了家里的所有存款和保险赔款，现在父亲回家后还需要全天候的护理。贝丝急切地建议我转回公立学校，这样可以节省将近 1 000 美元，母亲勉强同意了。如果在一年前，我肯定会泪如雨下，但现在我是个男人了，是家里的顶梁柱了，所以我悄悄决定与罗伯特一起去找份工作。

罗伯特和我在奥尔巴尼下城区的一栋破旧办公楼的 5 层参加了面试。其实没什么面试，到场的所有男孩都会被当场录用。这份工作没有薪水，只有佣金，一单成交价是 36 美元，给我们 4 美元的佣金。我们挨家挨户地兜售杂志，说服客户订阅 4 种三年期的杂志。

罗伯特 · 凯泽干了一周就烦得辞去了这份工作。而我卖了 40 张卡片，拿到了 8 张 20 美元的钞票，160 美元啊！这比父亲从最高法院工作一周拿到的薪水还要多，要知道父亲可是法学博士。就这样，5 个暑假里，我都在打这份工，一直到中学快毕业时，我拿到了驾照，并且还有了自己的销售团队。卖杂志让我赚了很多钱，以至于在成为副教授之前，我一直都希望重操旧业。

1956 年 9 月下旬，奥尔巴尼男子学院开学了，校长哈里 · E. P. 迈斯拉恩（Harry E. P. Meislahn）把我叫到了他的办公室，告诉我将被授予全额奖学金。贝丝和我的朋友杰里 · 斯佩克特之前拜访过他，告诉他由于家境贫寒，我不得不退学。尽管在午餐时间我得负责洗盘子，但如此一来，加上我卖杂志的钱，我终于得救了。

犹太人的身份，让我被哈佛拒之门外

彼时，我已经是三年级的学生了。我的学习成绩名列前茅，但我依旧不自信，甚至非常自卑，这是因为父亲的无助影响了我，这种影响让我无法摆脱。我雄心勃勃地想要获得学校的最高荣誉，成为学生军的一名少校，最起码也是一名上尉。三年级时，大约会有 8 名学生晋升为上等兵，他们都是富家子弟。

后来，罗伯特 · 凯泽转学去了康涅狄格州的一所学校，因为他的父母在那儿人脉更广。罗伯特走后，丹 · 希罗（Dan Chirot）取代了他，成了我的密友。

丹 · 希罗是学校里最具异域情调的孩子。他是法国人，顶着一头乱糟糟的金发，说起话来带有一点儿口音。丹的父亲是特洛伊市的麻醉师，尽管出自中产阶级家庭，但丹相当傲慢。不知何故，当丹“屈尊”与我交谈时，我会备感荣幸。甚至连比特阿丽斯 · 艾伯特夫人都被丹唬住了。那天，丹和我一起去马里恩大街的豪宅参加晚宴，艾伯特夫人看见丹时，眼睛都发光了，并给了丹一个大大的拥抱。

艾伯特先生开了瓶波尔多红酒，邀请那时刚 14 岁的丹试饮，“味道相当不错。”丹说道。

而我，则是无关紧要的小卒。

丹超级聪明。奥尔巴尼男子学院的最高分是 A，而丹的法语成绩一下子拿到了 A+，并受到了公开嘉奖。在四年级期中，丹成了建校 140 年来取得全科 A+ 成绩的第一人，《鱼和南瓜报》（*Fish and Pumpkin*）的头版头条报道了这一消息。我的成绩也不错，但没有超过丹，没过多久，我成了奥尔巴尼男子学院第二个拿到全科 A+ 的孩子。

丹加入了杰弗里和我的“知识分子”小组。丹饱览群书、知识面极广。他阅览《法国世界报》（*Le Monde*），告诉我们这份报纸有注释说明。电影《日瓦戈医生》（*Doctor Zhivago*）刚刚上映，他就看过了。他对拿破仑的流亡和法国的社会主义也了如指掌。由于我们俩的优异成绩，我们可以免修自习课，而且作为“书呆子”，我们不会去玩橄榄球，每天都下国际象棋。丹看了很多棋谱，我则横冲直撞、毫无章法，所以经常是输多胜少。

这是四年级开学的第一天，学生军的晋升名单张榜公布了。我跑下白色大理石台阶，冲向地下室的公告板。班里应该有一半的同学会被晋升为下士，这是成为学生领袖的必经之路。我对自己的晋升十拿九稳，因为我是班里的班长，学习成绩也紧随第一名之后。我迅速扫视了一遍下士的名单，没有塞利格曼。这份名单肯定不对，但并没有错，在下士名单的下面，我的名字出现在上等兵的晋升名单中。对我而言，这或许是我一生当中最失望的一天。

35 年后，我参加了在费城举行的校友联盟会。演讲嘉宾是厄尼·斯特克（Ernie Steck）先生和鲍勃 · 奥尔科特先生，他们两位都是传奇教师，现在都已年近耄耋。我邀请他们到我家里做客，两位老师欣然前来。第二天清早，奥尔科特先生还没有起床，斯特克和我共进了早餐。

“马丁，你是不是一直都很困惑，”斯特克先生开口说道，“为什么你在四年级的时候没有被晋升为下士？”

杰弗里·艾伯特、丹·希罗和我（从上至下）。

From *Cue*, 1960 yearbook. Photo courtesy of Ruth Andrus.

我大吃一惊，心想，斯特克先生怎么知道我这个一直秘而不宣的创伤呢？“实际上这件事令我颇为受挫，而且这么多年来也一直让我百思不得其解。”我对斯特克先生倾诉着。

“你可能不知道这所学校在20世纪50年代是多么反犹太主义啊。当时，我是艾奥瓦州刚刚毕业的一名新教师，比你早三年来到这里。桑蒂（Santees）夫妇邀请我们共进晚餐，后来当上校长的哈罗德（Harlod）问我去哪所教堂做礼拜。我告诉他，我有时会去犹太教改革派的教堂。说完这句话，哈罗德立刻离开了餐桌，那天晚上他再没有出现。顺便说一句，马丁，这也是你被哈佛大学拒之门外的原因。”

我从来没有，甚至一次都没有想到过斯特克先生是一名犹太人。

毕业对我来说是一件令人沮丧的事情。丹是我们那个班级致告别辞的毕业生代表，50年过去后，我的朋友道格 · 诺思（Doug North）给我寄来了一份官方成绩单，上面写着我实际上是以全班第一名的成绩毕业的。诺思是1958届致告别辞的毕业生代表，也是如今的新校长。尽管我当时感觉自己胜券在握，但我并没有获得任何学术奖项，相反，这些奖项都被颁发给了那些富家子弟，可能因为他们的家庭在未来会给予学校更多财力上的支持与援助。我觉得自己更像一个落荒而逃者，而非一个即将扬帆远航、征服新世界的志得意满者。

最终，我被普林斯顿大学录取了，按理说这很值得庆祝一番，但光我们班就有4人被普林斯顿大学录取，而我毕竟是哈佛大学的弃儿。贝丝和母亲在后院为我举办了一场我暗自觉得死气沉沉的派对，围着我们家的酸樱桃树摆放了几张桌子。我的表兄弟们、姨妈们还有舅舅们悉数出席，我则是一个装模作样的“僵尸”。我的父亲引人注目，他步履蹒跚，情绪起伏不定。父亲为我感到自豪，因为他的牺牲与付出获得了回报，而我也不再是进入奥尔巴尼男子学院之前的那个可怜的犹太小男孩了。

第 3 章

普林斯顿求学生涯：沦为悲观主义者（1960—1964）

18 岁的我依旧头脑聪明，但彼时彼刻，我身处群英荟萃的普林斯顿大学，与其他优秀的新生相比，我对自己并没有多大的信心。他们要么是“美国优秀学生奖学金”的获得者，要么是美国科学竞赛的获奖者，要么是已经发表过论文的数学天才和物理天才，甚至还有速读者。我曾问过后来的舍友鲍勃·达林（Bob Darling）可以花多长时间读完托马斯·曼（Thomas Mann）的短篇小说《托尼奥·克律格》（*Tonio Kruger*），他回答道：“大概 3 分钟。”我则需要 5 个小时才能看完。

尽管我不再信奉犹太教，但我的社会地位依旧很低下，不过，我并不清楚自己属于哪一种低下的阶层。我走过了“常春藤俱乐部”（Ivy Club），该俱乐部募集的资金甚至超过了宾夕法尼亚大学募集的，我明白自己永远都无法走进这扇大门。与奥尔巴尼的社会阶层比起来，普林斯顿大学的社会阶层更难以逾越。我拼命挣扎，期盼着自己能够逃脱普林斯顿大学这个令人厌恶的地方，可我不知所措，无从下手。

那时，我万念俱灰，可以说是一名彻头彻尾的悲观主义者。我开始玩世不恭地写一些关于死亡的文章，我写下了大量晦暗的文字。大一的时候，我近乎病态般地不断自省，日记里的文字充斥着灰暗、压抑的念头。

我雄心勃勃又迫不及待，无比渴望艾伯特夫人能够记住我的大名。

我是一名受过良好教育的知识分子，对自己的精神世界了如指掌。我能够一眼看透自己在社会地位方面面临的尴尬境地，也能察觉自己对精神世界的渴求。达尔文 · 拉巴尔特（Darwin Labarthe）是我的学长，也是1961届的班长。本科期间，我从未与拉巴尔特有过正面接触，但他是我心中的英雄。还记得当时正值新生报到的第一天，我们聚集在那座华美的维多利亚式亚历山大礼堂。拉巴尔特大声地向我们宣读着学校的各项准则，比如在考试中作弊会被开除。他还宣读了学校对新生的期望：普林斯顿大学的学生要为国家服务。那是一场震撼人心的演讲，但拉巴尔特远不仅是一名演讲者。

对普林斯顿大学而言，1958年是声誉受损的一年。比克尔（Bicker）是普林斯顿大学的一个兄弟会，把持着15家饮食俱乐部，大二学生若想加入进来，需要在一周的时间里经历轮番面试。此类饮食俱乐部是美国大学高年级学生的社交中心。俱乐部成员都要经过严格的甄选，每年都有一些倒霉的大二学生被所有的俱乐部拒之门外。当时有这样一条不成文的协定：每个俱乐部都要接纳一名落选者。1958年，23名大二学生落选了，他们大部分是犹太人，且大多数是美国优秀学生奖学金的获得者。没有任何一个俱乐部愿意接纳他们，普林斯顿大学的反智主义和种族歧视因此成了全球的头条新闻。

对于普林斯顿大学的校长而言，尝试围绕这些俱乐部开展工作的历史是漫长而艰辛的。伍德罗 · 威尔逊曾试图关闭这些俱乐部，但遭到了学校董事们的集体反对，威尔逊还被要求辞去校长一职。后来，威尔逊担任了新泽西州的州长，他也是美国第28任总统。直至离世，威尔逊都对其在普林斯顿大学时的反对者怀有深深的敌意。

拉巴尔特找到了罗伯特 · 戈欣（Robert Goheen），戈欣是普林斯顿大学有史以来最年轻的校长。1957年，在极短的时间内，戈欣连升数级，从一位名不见经传的希腊语与拉丁语助理教授晋升为副教授，获得终身教职，后又成为正教授，直至被选为校长。正是他那种有条不紊的南方绅士做派，使普林斯顿大学渐渐与20世纪的黑人民权运动挂上了钩。

戈欣与拉巴尔特的相遇至关重要。拉巴尔特要求校长同意拨款以构建一个可以与那些饮食俱乐部相抗衡的体系，一个无须对进餐人员进行仔细甄选的饮食服务设施，使之成为本科生求学生涯中的一个活动中心。有了威尔逊校长的前车之鉴，戈欣最开始并没有采纳拉巴尔特的提议。但拉巴尔特锲而不舍，他联合优秀毕业生代表，把象征着人人平等的、普林斯顿大学著名的老虎吉祥物带到了戈欣的校长办公室，并威胁说要从俱乐部体系中公开退出。戈欣校长终于看到了拉巴尔特提议的价值，并最终全面采纳和支持。因此，新的“备用服务设施”以威尔逊命名。

威尔逊馆（Wilson Lodge）一开放便人流如潮，来此吃饭的不仅有本科生，还有许多著名的学术大家。与此同时，我的难题也得到了解决。在大二的时候，我加入了这个新成立的组织，发现身边的伙伴们与我的境况竟如出一辙。我们每天晚上都聚在一起，热烈探讨着人生的诸多话题。几乎每个晚上，我都能看见包括戈欣校长本人在内的 50 多位老师，看见他们与学生们共进晚餐，这让我们这些本科生心驰神往。在我的学术生涯中，我一直倾力去创造这样的晚餐时刻，因为这才是一所大学的精髓。

醉心于哲学

从高中到我进入普林斯顿大学学习的第一年，弗洛伊德的思想一直陪伴着我。我本科的时候没有修过心理学课程，而是醉心于哲学系的课程。我之所以没有选修心理学课程，一方面，是因为有经验的学长们对这门课的评价不高，认为只有体育特长生和成绩平平的学生才会选择这门课；另一方面，是因为 20 世纪 60 年代初，普林斯顿大学的心理学系并不知名，没有什么学术大腕，哲学系则群贤毕至、大腕云集。

在这些大腕中，成为我挚友的是罗伯特·诺齐克（Robert Nozick）。当时诺齐克只是一名研究生，仅比我年长 3 岁，但即使在当时，诺齐克也是才华横溢、盖世无双的。当时，研究生就餐时需要身着学位服，上课时则需要西装革履，而诺齐克总是穿着一套松松垮垮的棕色西装走来走去。诺齐克告诉我们这些大一的新生，笛卡尔的学说纯属谬论，亚里士多德的学说有着巨大的改进空间。诺齐克的想法令人瞠目，他说哲学是如此生动，让人乐于付诸行动，而非仅仅停留在研读上。诺齐克后来成了 20 世纪最杰出的哲学家之一，从逻辑学的搭建到对幸福、自由、伦理的阐释，诺齐克都做了一系列的贡献。2002 年，诺齐克因肠癌病逝，享年 63 岁。

在母校的怀抱中，我不仅与世界上一流的学术大家相聚相识，而且从中获得了两个不言而喻的原则。

我从普林斯顿大学哲学系收获的第一个原则是严谨。仅仅知晓什么是正确的还远远不够，你必须通过严谨和令人信服的论据来论证其正确性。

以可怜的弗洛伊德为例。他的研究成果颇为丰富，同时也拥有深邃的洞察力，其思想的纬度更是广袤无垠。弗洛伊德思想的直觉纵横驰骋于群山之巅，然而山被迷雾笼罩，无法一露真容。这样的弗洛伊德与严谨并无关联，所以他只获得了诺贝尔文学奖的提名，而非生理学或医学奖提名。我很好奇，我的一些导师所珍视的严谨之法，能否回答弗洛伊德所研究的那些伟大问题？

与诸多学科一样，在心理学中，通常而言，一个问题的严谨性和重要性往往是相互矛盾的。这种矛盾的困境被称为"内在效度与外在效度"，换言之，就是"严谨与现实"。越能捕捉现实世界的问题（外在效度），它的严谨性（内在效度）就越低。反之，方法越严谨，它捕捉现实世界问题的能力就越差。这是多么悲哀啊！这就是"小白鼠和大二学生"的问题：研究人员可以控制和测验小白鼠与大二学生在实验室里的行为，但将任何实验结果应用到人类身上都是难题。比如，遭到电击的老鼠患上胃溃疡和一个失业女性患上十二指肠溃疡，两者可以同日而语吗？

弗洛伊德意识到了这一困境，而他所说的一位男士站在明亮的街灯下四处寻找遗失于其他地方的手表，仅仅因为灯下光线更好的故事，就是关于这一点的。我们可以借此看出，弗洛伊德认为外在效度比内在效度更重要。

与之形成鲜明对比的是行为主义者，他们的态度很激进：即使最终找不到丢失的手表，也要去寻找光线充足的地方。这些行为主义者被我称为"原子主义者的直系后裔"。

"原子主义"是我在普林斯顿大学收获的第二个，也是更为狡猾的原则，也就是想真正理解万物只能从头开始。只有当先发现和分析复杂现实世界的单一构件，再将它们重新组合起来以重建现实，我们才能对现实世界的问题有清晰的认知。这个模型的典型代表是元素周期表。在各个元素之间的关系首次被揭示并编入元素周期表之前，化学一直是个混乱的领域。元素周期表出现后，人们终于理解了各种分子之间的关系，化学才得以飞速发展。

哲学的逻辑原子主义始于 20 世纪初，随着罗素和维特根斯坦的著作问世，他们在逻辑实证主义和行为主义领域得到了充分的发展。罗素和阿尔弗雷德·诺思·怀特海（Alfred North Whitehead）[1] 证明，看似很草率的算术其实可以从几个逻辑前提中推导出来，从而建立在更坚实的基础上。只有在这样坚实的基础上，不容置疑的真理方可存在。维特根斯坦在《逻辑哲学论》（*Tractatus logico-philosophicus*）[2] 中对此进行了更深入的探讨。他认为，要理解现实，就必须发现它的“逻辑原子”以及理解它们是如何组合在一起的。如果缺乏这样的基础，所谓的理解就只是一种困惑。在带有瓦格纳歌剧风格的《逻辑哲学论》末尾，有这样一句经典的结束语，恰如其分地体现了这一理念：

> 不可言说之事，必将无言以对。

维特根斯坦认为，因为善良与邪恶、美丽、政治、科学、宗教的问题都缺乏坚实的基础，所以人们无法严谨和彻底地理解它们。人们普遍认为，维特根斯坦是在描绘“已知岛屿的边界”。但他的一位追随者给出了一个更浪漫的诠释：维特根斯坦是在“描绘海洋的边界线”。

一种更为粗糙的解释是逻辑实证主义，它将《逻辑哲学论》结尾的警句转为“验证原则”，即只有能够被经验验证或（逻辑上的）同义反复的陈述才是有意义的。逻辑实证主义曾在 20 世纪 50 年代大放异彩，但后来逐渐不再被追捧，原因之一在于它无法应用于自身：验证原则本身既不是（逻辑上的）同义反复，也不是可验证的。

当应用到哲学理应研究的问题上时，原子主义主张，在解决现实世界的问题，诸如伦理、科学、政治、道德、美、幸福等相关的问题之前，必须先着手解决关于语言、知识和思想方面的基本哲学困惑。

这个问题构成了那充满戏剧性的“维特根斯坦的拨火棍”（Wittgenstein's poker）的核心。1946 年，在大屠杀的阴影下，哲学家卡尔·波普尔（Karl Popper）对剑桥的道德哲学俱乐部（Moral Philosophy Club）的成员们进行了抨击，而这个俱乐部恰好是维特根斯坦及其拥趸的聚集地。那时，维特根斯坦已经是世界上最杰出的“分析型”哲学家之一，被其追随者视若神明。波普尔认为，世界上确实存在一些问题，解决这些问题是哲学的分内之事。波普尔认为，维特根斯坦教唆整整一代哲学家去研究低级的问题而非真正的难题，从而征服了他们。维特根斯坦对此的反应是向波普尔挥舞壁炉里的拨火棍，然后摔门而去。

我就读普林斯顿大学时的大多数老师都深受维特根斯坦的影响，那些对谜题进行细致和合理分析的工作都会被分配给学校里的优等生。那些提倡打破旧习的老师，比如研究无神论和道德的沃尔特 · 考夫曼（Walter Kaufman）教授，以及研究美学的阿瑟 · 赛兹莫利（Arthur Szathmary）教授，全部被排斥孤立。诺齐克之所以能够幸存，是因为他和其他人一样善于分析。但正如我们即将看到的，这并不是他唯一一场打得出色的比赛。

在哲学领域，逻辑原子主义和逻辑实证主义最终从人们的视野里淡出，然而，它们在科学心理学领域依旧受到人们的青睐。它们在操作主义中拥有了话语权，操作主义是心理学模仿物理学的一种尝试。像“智力”这样的概念对科学而言实在过于模糊，但是如果把它“翻译”成一个智商测试分数，使其可操作化，智力就瞬间成了一个可研究对象，该对象的存在或消失，甚至是数量，都可以用科学的方法客观地进行测量。

罗伯特 · 诺齐克。该照片摄于他在普林斯顿大学读研二的时候。1961 年，诺齐克成为我哲学课的首任老师。之后，他成为世界著名哲学家之一。35 年后，他在积极心理学的构建方面发挥了至关重要的作用。

Courtesy of Getty Images.

我的哲学毕业论文解决了一个小难题。这是一篇仔细分析“同样”和“同一”之间差异的论文，这是在反对“心智和身体是同一的”这一论点的道路上迈出的一步，因为“同一”意味着具有一模一样的时空坐标。心智和身体有着相同的时间坐标（二者可以同时发生），但空间坐标不同（二者不会出现在同一个地方），所以心智和身体是不同一的，论证完毕。毕业时，我的这篇论文还获得了哲学奖。

走进心理学

在大三升大四的那个暑假，我做了第一份心理学实验工作。在拜伦·坎贝尔（Byron Campbell）的实验室里，我研究了电击作为惩罚措施的效果。通过证明老鼠会逃避电击，而且电击越强，它们越想逃，证明了当时关于老鼠的马索克现象理论[①]不成立。我的毕业论文和这次初涉心理学领域的实验，都采用了原子主义和严谨的方法来解决定义明确的问题。这两篇论文都达到了在学术期刊上发表的水准。研究老鼠的那篇论文让我第一次在顶级学术期刊上公开发表了文章，同时我的毕业论文也成了哲学文献的一部分，但是没有署我的名字，而是署了导师乔治·皮彻（George Pitcher）之名。这两篇论文只是我在职业学术生涯中迈出的第一步，但我对此颇为自豪。

不过，我对这种研究方法并不是特别满意。我想知道，它究竟有多严谨？究竟有多实用？这是心理学在未来的 50 年里转变的中心，也是我在这个过程中要扮演的角色。

尽管当时我无法洞见症结，但发表这两篇论文的确都是最初步的准备，而且都没有说清楚我把“手表”遗失在了什么地方。

当然，我的生活并不是只有哲学和心理学。与女生交往约会对我产生的影响也非常大，这让我心旷神怡，但我并没有做好准备。从青春期开始直至大学毕业，我一直被困在全是男性的环境中[②]，觉得女人既神秘莫测，又充满异国情调，和她们

① 19 世纪奥地利的一位小说家名叫马索克（Masoch），他本人是一个被动虐待症患者，在他的作品里描述了许多这类变态的性活动。因此，被动虐待症就被命名为马索克现象（Masochism），即受虐症。——译者注

② 普林斯顿大学曾经只招收男生，直到 1969 年，才开始招收女生，实现男女同校。——编者注

相处时我感觉很不自在。

我在加州大学伯克利分校度过了大二升大三的那个暑假。大多数的时间里，我都在酒店里一边打着桥牌，一边害羞地打量着女人。但正是在那里，我第一次选修了心理学课程。马丁·奥恩（Martin Orne）是一名社会心理学家，也是一名开明的精神分析学家，备受我们的推崇。奥恩虎背熊腰，身高接近 2 米，体重 100 多公斤，说起话来带有一丝维也纳人的口音。奥恩举办了一场名为“社会心理实验中的需求特征”的小型研讨会，虽然这个题目非常晦涩难懂，但我还是报名参加了。

“需求特征”是一种人为因素，它使被试偏向于做实验者想让他们做的事情。如果被试走进一间标有“感官剥夺实验室”的房间，迎接他的是一个穿着白大褂、戴着听诊器的研究人员，之后让被试签署一堆放弃法律追责权利的文件，这些文件全部与心理幻觉和死亡的风险相关，毫无疑问，在被剥夺了视觉和听觉几个小时后，被试真的会出现幻觉。如果这个房间门口写的是“意义剥夺实验室”，迎接被试的是穿着牛仔裤的研究人员，并且不让被试签署任何放弃法律追责权利的文件，那他根本不会出现幻觉。这种真相的揭露，对我的批判性思维、消极性以及对“相关”科学的探索都颇具吸引力。那场研讨会刚开场半个小时，我就已经完全被吸引了。奥恩完美地把诊所和实验室结合在了一起，后来，奥恩成为宾夕法尼亚大学的精神病学教授。令人遗憾的是，奥恩于 2000 年英年早逝。

我与布林莫尔女子学院（Bryn Mawr College）的女生们也是颇有缘分。我的室友兼桥牌搭档布莱恩·X. 施密特（Brian X. Schmidt）把我介绍给了他的高中朋友克丽·米勒（Kerry Mueller），然后我们就在周末开始约会了。克丽是布林莫尔学院希腊语和拉丁语专业的大二学生，她向我详细讲述了她对希腊神话的研究，以及她那令人称奇的教授梅布尔·朗（Mabel Lang）。我被克丽深深地吸引了，实际上，她是我认识的第一位既漂亮又与我一样对学术研究非常认真用心的女性。

真是缘分天注定。两周后，我搭乘火车前往费城，在车上与一位不修边幅的中年女士攀谈了起来。她告诉我，她是布林莫尔学院的一位教授。

“您认识一位叫梅布尔·朗的教授吗？我认识她的一位学生，那位学生对她非常推崇。”我问道。

“我就是梅布尔·朗，”她回答道，“是谁说了我这么多的好话啊？”

“克丽·米勒。”

“哦，是克丽呀。我真高兴我有这么一位对希腊语满怀热情的学生，因为我的教学内容非常晦涩难懂，我的大多数学生，即便是布林莫尔学院最聪明的女孩子也不怎么喜欢我的这门课程，但现在发现一位本科生这么全情投入……”梅布尔·朗教授自顾自地一直说着。

我被深深地迷住了，不是被梅布尔·朗教授（克丽很崇拜她），而是被克丽，我深陷爱河不能自拔。我们俩一起经历了两次国家创伤。

“我看这个周末我们都将死去。”室友威尔弗雷德·施密德（Wilfrid Schmid）在我们公寓的顶层对我和克丽大声说道。施密德是我认识的本科生中最老成持重的人，他对当时发生的古巴导弹危机发表了见解。我们一连几天都趴在收音机旁，等待着危机的结束，但那场危机迟迟没有得到解决，在飘摇不定当中，我们迎来了 1963 年的 11 月。

“你们的总统中枪了。”当我穿过华盛顿路去心理实验室时，一位德国研究生对着我喊道。

当我回首往昔，扪心自问什么是这一生中最令我悲伤的事情时，我惊愕地发现不是我母亲的去世，也不是我妻子的流产，而是约翰·肯尼迪和罗伯特·肯尼迪遭遇的暗杀。克丽和我蹲在威尔逊馆那台超大的黑白电视机前，和我们挤在一起观看电视新闻的还有普林斯顿大学 100 多名同学和他们的约会女友（记得那天应该是有个周末派对）以及十几位老师，所有人都哭红了双眼。那时，在肯尼迪总统的私生活未被泄露之前，他是我们的英雄。从个人情感上说，我们无比热爱肯尼迪总统，以至于无法再认同他的前任或继任者。

不久，接踵而来的是另外一个令人伤心的消息。我们的室友艾伦·托尔·邓纳姆（Alan Toll Dunham），一位来自科罗拉多州托尔溪谷（Toll Valley）的金发单纯男生，他的尸体被人从哈得孙河打捞了上来。那是在 11 月 22 日，邓纳姆从乔治·华盛顿大桥纵身一跃，头部朝下，就这样结束了自己的生命。我百思不得其解，即便是 50 年后的今天，我依旧会回忆起他行色匆匆地走在大街上，我一下子扑上去搂住他的画面，就如那天我在普林斯顿大学见到他的最后一面那样。

克丽和我的感情并没有被接二连三的事件湮没。就在第二个周末，我们俩驱车回到了奥尔巴尼，向父母宣布我们订婚了。在毕业的前一天，克丽和我结婚了。

彼得 · 麦迪逊（Peter Madison）曾试图帮我找到我的“手表”掉在了哪里。我读大二的时候，普林斯顿大学聘用了麦迪逊，在教师队伍中，麦迪逊如离水之鱼，过得并不自在。这个院系的其他同事几乎都是实验心理学家，各个都倾向于按部就班地行事而非灵活地应对现实，这似乎是当时所有知名的美国心理学院系教师的写照。我曾经想探寻这个局面是如何形成的，所以我问了杰尔姆 · 布鲁纳（Jerome Bruner），当时他是美国众多实验心理学系主任之一。

布鲁纳前几年刚刚离世，享年 100 岁。他曾经说过：“这种局面形成于 1946 年，当时我也置身其中。”这个决定性的时刻发生在一个烟雾缭绕的房间里，当时实验心理学学会（Society of Experimental Psychology）的年度秘密会议正在这个房间举行，这个学会类似于荣誉兄弟会，是由该领域一群最资深、最刻板的教授组成的。我是该学会的一名会员，但越来越被边缘化，这一点将会变得很明显。

1946 年，这群人开始宣扬操作主义，希望通过模仿科学金字塔的塔尖学科——物理学，来帮助心理学获得真正的科学地位，并赢得渴望已久的声望和资金。但是压力也在另一个方面聚集起来：美国士兵正从战场上归来，他们的身心遭受了无尽的创伤。1946 年颁布的《退伍军人管理法案》（*Veterans Administration Act*）承诺为心理学家优先提供就业和津贴，如此一来，之前犹如一潭死水的心理学一下被归入医疗保健行业（即疾病护理）。三位颇具影响力的心理学院系主任——哈佛大学的加里 · 博林（Gary Boring）、宾夕法尼亚大学的塞缪尔 · 费恩伯格（Samuel Fernberger）和普林斯顿大学的赫伯特 · 朗费尔特（Herbert Langfeldt），他们齐聚一起，共同宣布，他们伟大的院系未来将“不再聘任应用心理学家”。心理学将是关乎心理的物理学。

彼得 · 麦迪逊是一名人格心理学家，而非实验心理学家，当然，他也不会研究关于心理的物理学。要不是普林斯顿大学心理咨询中心需要一位新的负责人，要不是懵懂无知的本科生要求讲授诸如精神疾病和性问题等“相关”问题的课程，普林斯顿大学是不会聘用麦迪逊的。麦迪逊是从斯沃斯莫尔学院（Swarthmore College）过来的，他在那里对每个大学生的个人生活进行了广泛且深入的研究，随后这个项目继续在普林斯顿大学进行。我自愿参与了这个项目。当时，这个项目要求每人写一本自传，但如今我找不到当年写的自传了，现在这本书则是我人生中的第二次尝试。

当时在撰写自传时，我需要为自己挑选一个笔名，于是选择了“杰弗里”。麦迪逊问我为何选择这个名字。我向他讲述了杰弗里·艾伯特的故事。故事说了一半，麦迪逊就打断了我，这让我大惑不解。原来，麦迪逊听说过杰弗里。杰弗里与我一起入读普林斯顿大学，但在大二的时候，他开始自甘堕落，成绩一落千丈，最后因为吸毒被学校开除，并被送去了一家昂贵的私人疗养院接受治疗。麦迪逊问我为什么要用这样一艘“沉船”的名字作为自己的笔名。这真是个犀利的问题，是啊，为什么在我的人生渐入佳境的时候，我却依旧对杰弗里满怀嫉妒之情？

麦迪逊是我在普林斯顿大学的人格心理学老师，并在我面临职业选择的关键时刻，帮助我走上了心理学的道路而非哲学的道路。

Photo courtesy of David Madison.

我参加了所有的人格测试和智力测试，最终参加了麦迪逊的“高级人格”课程班的面试。我这么做不仅仅是出于自恋和对自己的好奇；上这门课程似乎是一种更好的发自内心学习“柔软”心理学的方法，而不是上一门声名狼藉的被冠之“勇气”的课程。麦迪逊所列的一份人格清单中曾有一个问题，询问我所期许的未来自我是什么样子的，我写道：“要像维特根斯坦一样，被忠实的学生和追随者簇拥。”另一项是对我的智商进行测试，很明显，测试得分到了高分段的顶部。麦迪逊告诉我，我的智商得分是 185 分。

我很了解麦迪逊。他个头高大，说话轻声细语，待人谦逊有礼，但与现在的我一样，听力很差。在大四即将结束的时候，我迫切地向麦迪逊寻求个人发展建议。1964 年 4 月，我打开了一个大大的信封，喜出望外地发现自己拿到了国家科学基金会（National Science Foundation）的研究生奖学金，我可以任意选择一所大学学习实验心理学。但没过多久，我又收到了另一个大大的信封，我获得了富布赖特奖学金（Fulbright Fellowship），我可以跟随牛津大学莫德林学院（Magdalen College）的杰弗里 · 沃诺克（Geoffrey Warnock）学习分析哲学。那么问题来了，是做一名心理学家还是当一名哲学家？

哲学还是心理学？

实际上，我陷入了三难选择的困境。从十几岁起，我就对桥牌极为痴迷，并且我当时还是普林斯顿大学桥牌冠军队的队长。（事实上，在写这段话的时候，我正在参加一个大型的互联网桥牌比赛，等着对手出牌。）几乎是在接到两个大信封的同时，宾夕法尼亚大学桥牌亚军队的队长邀请我和他一起转为职业桥牌运动员。由于我真的很热爱桥牌，我认真地思考了这个提议。

与学术界不同的是，桥牌有明确的结果：要么赢，要么输。更妙的是，打桥牌的知识是日积月累的，它可能比心理学或哲学更像一门科学。在那个年代，叫牌体系正在逐步完善，并且桥牌拥有几乎和心理学一样多的正规的学术期刊。

但有三个现实的问题打消了我成为职业桥牌运动员的念头。首先，我真的不那么擅长打桥牌。有些人天生是桥牌高手，而我只是一名“学生”。我通常要冥思苦想，有时会花几分钟的时间思考怎样出牌，但仍然经常出错。其次，把桥牌作为谋生的方式是一种冒险。如果到不了顶尖级别，一般的职业桥牌运动员会把车当成家，只要能找到一个每天肯付给自己 25 美元的新手搭档就已经是件令人感激的事了。相反，从事学术研究，即便沦为二流的教授，最起码我也能够获得一笔可以勉强养家糊口的工资。最后，这一点对我而言具有决定意义，即使桥牌在我看来是最好的游戏，但也只是游戏；我想帮助人类，而不仅仅是玩耍。

这么一来，我面临的选择就是研究心理学还是研究哲学。我找到罗伯特·诺齐克，问他我该做出何种选择，结果我得到的是最残酷也最善意的建议："马丁，哲学只是从事其他工作的基石。"诺齐克认为，我永远都无法登上哲学的最高峰，即使在那时，诺齐克自己也没有登上哲学的最高峰。

我最终没有选择走上研究哲学的道路。就在完成这本自传之际，在细细斟酌了诺齐克的忠告 50 多年后，我以英国著名的临床心理学家戴维·克拉克（David Clark）的特邀客人的身份，第一次走进了牛津大学莫德林学院。这个世上，是否真的存在"昔日重现"，能够让我们再度体验另一种人生呢？如果真存在的话，那么我体验到了。

我坐在贵宾席，与一位哲学教授唇枪舌剑起来，这场景犹如维特根斯坦向敢于蔑视他的波普尔挥舞拨火棍一样；之后，我一边品尝着一瓶古老的马德拉葡萄酒，一边与一位英国教授探讨是否可以运用我的大数据方法来测量亨利·詹姆斯（Henry James）的幸福或不幸指数。我对如何在贵宾席上表现得风度翩翩、如何融入牛津大学的哲学圈了然于胸，而这得益于普林斯顿大学哲学系和威尔逊学会举办的晚宴。

可在 1964 年，作为一名实验心理学的学生，我对于如何做到彬彬有礼浑然不知，当年的我与如今的我有着天壤之别。考虑到诺齐克的建议，我决定省去漂洋过海的麻烦和支出，本来在 4 月的时候我应该去一趟莫德林学院实地看一看的。

我问彼得·麦迪逊自己该何去何从。麦迪逊告诉我，在他看来，我生来就是一名心理学家。当麦迪逊告诉我这句话的时候，我自己也颇为认同：在心理学方面，我可以做到游刃有余。聆听一场讲座或倾听一位同事的困惑，通常我很快就能"未卜先知"，在我还没来得及解释自己是怎么获知答案之前，答案就已经有了。但在哲学方面我没有这种直觉，就像打桥牌一样，哲学也同样让我绞尽脑汁而不得其解，而且我经常会得出错误的答案。我很重视直觉作为一种认知方式所产生的作用。简而言之，在我生命中最关键的时刻，我通过顿悟和直觉选择了心理学。

从普林斯顿大学毕业之际，我的精神世界已然发生了变化。我认识到科学直觉的作用，并极为重视自己最初的直觉。我不分昼夜地不断探究着科学方面的问题，就像人们能够绕着一个复杂的三维体来回审视。我每天“白加黑”、每周“五加二”地工作，乐在其中，对一切稀奇古怪甚至匪夷所思的观点都非常欢迎，尤其渴望一种“千真万确”的感觉来激发我。在我的那些梦中，我所做的是“搭建框架”，对那些我重复面对的问题去构建解决的捷径和模块。与打桥牌或进行哲学思考不一样的是，于我而言，完成这些工作易如反掌。

1964 年 4 月末的一个清晨，麦迪逊在我们离别之际告诉我：“人们选择心理学往往出于两种原因，第一种是不求有功、但求无过，第二种是不想碌碌无为。我希望你选择心理学是出于第二种原因。”

在麦迪逊和诺齐克的建议下，在大四下学期的 4 月底，我决定去读实验心理学的研究生。当时我要在耶鲁大学和宾夕法尼亚大学之间做出选择，于是我分别去了这两所学校。我的第一站是纽黑文市，我去拜访了著名的尼尔 · 米勒（Neal Miller）实验室。米勒接待了我，他面色红润、身材魁梧、待人热情，且自信满满，犹如统治着实验心理学的君王。他将动物实验室和精神分析结合了起来，并因为试着把弗洛伊德的理念应用在老鼠身上而享有盛名。对我来说，这样的研究与我的志向非常契合：从实验室获取临床认知，然后进入可被测试的环境之中来予以验证。

但我还是对米勒心存疑虑。他对自己下一步要做的事情以及他和学生将要做哪方面的事情都胸有成竹。米勒告诉我，在学习中，有两个基本过程。一个是操作性学习，在这个过程中，有一个明显的“自愿”反应，比如按下一个按钮，可以获得食物作为奖励，于是体力就会增强；另一个是经典条件反射，在这种条件反射中，有一个明显的“非自愿”反应，比如高心率，而在这种反应出现之前会有一种条件刺激，比如声音。但他认为，这两个学习过程本质上是一回事，并没有什么区别二致。为了证明这个观点，你需要观察自己是否可以通过奖励来增加非自愿反应，比如提高心率；或者是否可以通过惩罚来降低心率。米勒拥有一支由优秀的博士后和研究生组成的研究团队，他们正在努力证明这个观点。如果他们成功了，米勒将会因发现所有学习模式的共性而被载入史册。

米勒邀请我加入他的研究团队，并额外向我提供每月 500 美元的国家科学基金会研究生奖学金。这很吸引我，因为当时我每月的奖学金只有 200 美元。但如果加入的话，我就只是这台大机器上一颗微不足道的小齿轮，这台大机器所研究的理念并非源于我自己的思想，并且我对这样的理念也不是完全接受，因为我觉得无论是操作性学习还是经典条件反射都没有触及学习的本质。

我的下一站是宾夕法尼亚大学，理查德·所罗门在他的办公室接待了我。所罗门皮肤黝黑，头发稀疏，衣着得体，穿着一件棕色的粗花呢夹克，他整个人都流露出那种开明的态度。所罗门是宾夕法尼亚大学从哈佛大学抢走的青年心理学家之一。作为首位获得哈佛大学终身教职的犹太科学家，所罗门以研究对恐惧的条件反射的不可逆性而闻名。20 世纪 50 年代早期，他训练狗在听到预示着电击的声音时跳过障碍物以躲避电击。首先，动物们通过跳过障碍物来躲避电击，但它们很快就知道，如果在听到声音的时候（受到电击之前）就能跳过障碍物，那么它们就能完全躲避电击。于是，即便不再有电击，狗狗也会在听到声音时跳个不停，躲避危险的想法永远不会消失。所罗门认为，对恐惧的习得可能是不可逆转的。如果真是如此，那么这将对治疗恐惧症等问题产生深远的临床意义，而严谨的实验研究与治疗精神疾病之间的关联，使所罗门成了一位颇具吸引力的导师。

与尼尔·米勒不同，所罗门对自己以及所从事的研究项目并没有夸夸其谈，他总是试图引出我的观点，尽管有时候我并没有观点。所罗门会用一种非指导性的、生动活泼的语气在实验室谈论着困扰他的问题，希望我能提出创造性的观点，把他从困惑中解放出来。

然而，我非但没有说出任何特别有价值的东西，还犯了一个错误，我问所罗门是否愿意将给我的奖学金增加到 500 美元。他同意了，但多年以后，在所罗门去世后，他的女儿告诉我，所罗门永远不会原谅我居然向他提出这样一个“不学无术”的请求。不管怎么说，我对所罗门所谈及的内容都留下了极为深刻的印象，同时，与所罗门的一次闲聊令我终生难忘。

理查德 · 所罗门是我的博士生导师，也是他那个时代最具影响力的学习理论家之一。他的最高成就是当选美国国家科学院院士。

所罗门说："我发现实验室里的那些狗都相当无助，可我也不知道这究竟是怎么一回事。"

第 4 章

心理学界最轰动的闹剧（1964）

60 年前，心理学界最轰动的闹剧之一就发生在我读研究生时的那个大教室：埃德温 · B. 特维特迈尔（Edwin B. Twitmyer）宣布了他在心理学领域的重大发现。我的课桌真真切切地就摆在那间教室里，这可真不是什么吉兆。

1904 年 12 月 29 日上午，在 APA 第 13 届年会上，美国心理学界的领军人物聚集在一起交流彼此的论文。1887 年，美国第一个心理学系在宾夕法尼亚大学诞生。其创建者的灵感源自威廉 · 冯特（Wilhelm Wundt）和他所带领的那些勇敢无畏的德国科学家。说他们勇敢无畏，是因为这些德国科学家致力于钻研的不过是一门关于心理状态的科学，即心理学科学。学院大厅是一座由绿色和棕色石头修建而成的维多利亚式风格的建筑，坐落在宾夕法尼亚大学几栋建筑的正中央，而这些建筑组成了宾夕法尼亚大学的整个校园。为了宣读自己的论文，这些教授身着厚重的深色西装、白色圆领衬衫，系着黑色的领带，步履沉重地迈上 12 级水泥台阶，推开厚厚的双扇大门。引人注目的是，这一群人里不是只有男性的身影，下一任 APA 主席玛丽 · W. 柯尔金斯（Mary W. Calkins）也跻身其中。他们向右一拐，阔步走过层高足有 5 米多的走廊，最后走进了那间大教室。

讲台上坐着的是刚刚就职的 APA 主席威廉 · 詹姆斯，这是他第二次当选该协会主席。威廉是美国心理学的创始人，1875 年，他在哈佛大学建立了美国第一个心理实验室，还同时教授生理学。威廉气场强大，令人敬畏。他身材笔挺、瘦削结实，有着一双摄人心魄的蓝眼睛，留着淡淡的花白胡须，说起话来和蔼可亲、诙谐睿智。与此同时，他还是一位高产的作家，他那部备受赞誉的 1 200 页的《心理学原理》（*Principles of Psychology*）已经成为经典的教科书，而他那篇颇具影响力的文章《意识存在吗？》（Does Consciousness Exist?）当时刚刚发表[1]。

威廉宣布了上午的会议议程，之后开始宣读论文。会议非常枯燥，尽管对即将发生的事情一无所知，但我们宁愿透过那些快 4 米高的窗户向外眺望绿色的田野。R. S. 伍德沃思（R. S. Woodworth）报告说，右手和左手的力量之间存在高度相关性。玛格丽特 · 沃什伯恩（Margaret Washburn）论述了"感觉"和"感知"之间的区别。雨果 · 明斯特贝格（Hugo Muensterberg）用某种方式把算术的真理与道德和宗教的价值观结合在了一起。宾夕法尼亚大学的心理诊所主任莱特纳 · 威特默（Lightner Witmer）则做了关于猜测相似物体重量准确性的报告。每篇论文读完之后，在场的各位都会小声进行一场礼貌的讨论，时间持续 10 分钟左右。

观众中至少有一个人兴奋异常，几乎无法控制自己。他就是 31 岁的特维特迈尔，他马上要宣读自己在 1902 年写完的博士论文。特维特迈尔认为自己掌握了学习的本质。

这是一项历史悠久的伟大冒险。联想主义心理学的创始人大卫 · 休谟（David Hume）声称我们永远都无法直接观察到原因，只能观察到两个事件在时间上的关联性。例如，一枚红色的台球击中了白球，白球落袋。我们推断红球的运动导致了白球的运动，但我们只能看到时间上的关联性。这样的联想是所有学习的基石，因为对英国的经验主义者而言（休谟是其中的领军人物），心智不过是一块"白板"，上面写着经验。经验在"白板"上写的是什么呢？只有这些关联性。因此，我们所学习和所知晓的一切，都不过是无数配对的组合。

这成了科学心理学的一个研究项目。如果科学能够在实验室中分离并测量这些关联性，那它也能客观地测量学习，并着手解开所有知识的奥秘。能够发现并知晓该如何做到这一点的科学家，将流芳百世。

特维特迈尔坚信他已经做到了这一点。当人的膝盖被橡皮锤敲击时，小腿会不由自主地产生急速前踢反应，这被称为膝跳反射。反射不是后天习得的，而是神经系统对刺激产生的不可避免的无意识的反应。特维特迈尔非常聪明地在每次锤击前半秒开始摇铃。果然，在 150 次或更多次之后，每当摇铃一响，前踢动作就会出现，有时甚至是在锤击之前就会出现前踢的动作。特维特迈尔实验中的 6 个被试都出现了这样的情况。

这一切听起来应该颇为熟悉，因为在圣彼得堡，在同一时间，出于类似的原因，作为一名消化外科医生而不是心理学家的巴甫洛夫也在独自做着本质上相同的事情。他将节拍器的嘀嗒声与给狗喂食进行了配对，结果发现，只要发出这种嘀嗒声就能让狗分泌唾液。巴甫洛夫还通过手术给狗的唾液腺安装导管，以便精确地计算由嘀嗒声所引起的唾液滴数，而不只是去称量一些糊状的食物。1904 年，因为在消化生理学方面的杰出研究，巴甫洛夫获得了诺贝尔生理学或医学奖，也因为发现了这种条件反射[2]现象而流芳百世。

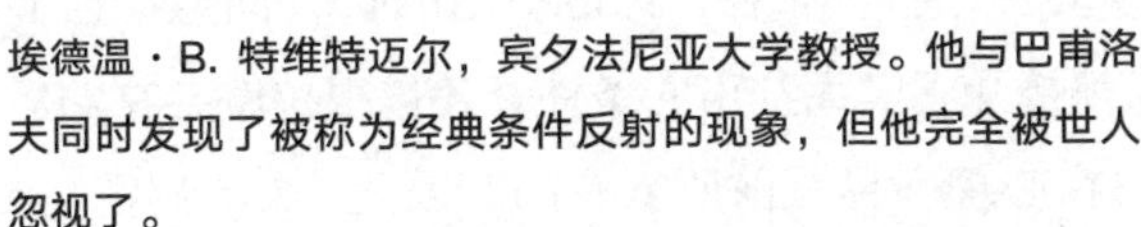

埃德温 · B. 特维特迈尔，宾夕法尼亚大学教授。他与巴甫洛夫同时发现了被称为经典条件反射的现象，但他完全被世人忽视了。

Photo courtesy of University Archives, University of Pennsylvania.

为什么特维特迈尔没有因为这个重要的发现而获得任何荣誉呢？一方面，特维特迈尔的论文是他在 1902 年自费发表的，这与巴甫洛夫有着天壤之别。当时巴甫洛夫已经蜚声全球，是一位国际大咖，可以在发表诺贝尔奖获奖感言的过程中最大力度地传播自己的最新发现。相比之下，特维特迈尔是一个新手，他似乎对任何带有自我推销的事情都很害羞，并竭力避免。另一方面，当时的美国心理学家关注的是意识，而反射仅仅是身体反应，被认为与物理中的力学有关，他们并没有把反射视为开启心智的钥匙。更让人感到悲哀的事实是，威廉 · 詹姆斯当时又饿又无聊，而且对特维特迈尔的论文毫无兴趣[3]。

落魄失望当中，特维特迈尔放弃了之前的研究工作，转而关注自己妻子的专长——儿童的语言缺陷。

60 年后，这件事对宾夕法尼亚大学引以为豪的心理学系造成的创伤仍未痊愈，当弗朗西斯 · W. 欧文（Francis W. Irwin）教授向我们讲述特维特迈尔的故事时，我依旧可以感受到这一点。当时，欧文是 20 世纪唯一一场心理学变革的核心人物。从特维特迈尔所处的那个年代起，宾大的心理学系越来越沉寂，到了 1955 年，它仍旧"酣睡如泥"。作为久负盛名的《实验心理学期刊》（*Journal of Experimental Psychology*）的资深主编，欧文是仍能把握生命科学领域脉搏的教员之一。他说服了宾大的高层管理人员暗中采取行动，首要目标就是哈佛大学的心理学系。当时，哈佛大学心理学系被两个针锋相对的学术权威统治着：一个是 20 世纪 50 年代行为主义的领头人 B. F. 斯金纳（B. F. Skinner）；另一个是 S. S. 史蒂文斯（S. S. Stevens），他是世界顶尖的数学心理生理学家。或许你会问宾大采取了什么行动，答案马上就会揭晓了。

与此同时，6 位才华横溢的青年心理学家对哈佛的学术"暴君"发起了挑战。宾大联系了这帮心理学家的政治领袖罗伯特 · 布什（Robert Bush），同意向他们授予教授职位。这几位心理学家全都接受了宾大开出的条件，各位很快就会在随后的章节见到这些人物。这样的事情在心理学界是前所未有的。因此，1958 年，一个由罗伯特 · 布什所领导的崭新院系突然出现。在一夜之间，宾大重返心理学界的领军地位。

欧文在专题课的第一天就给我们讲述了特维特迈尔的故事。这个为期一年、每周 5 天的课程让人精疲力竭，每门课逐一由一位老师讲授，他们会详细讲解个人研究的内容。欧文是宾大 1931 届博士，是一位非常资深的教师，他其实也认识特维特迈尔。欧文衣着简朴，身穿一套破旧的灰色西装，打着灰蓝色领带。尽管在我眼里，当时 50 岁以上的人都很显老，但是欧文看起来比他 60 岁的实际年龄要老得多。欧文一根接一根地吸烟，有时甚至会连吸三根烟以缓解紧张情绪，但这让刚到这里就读的 20 名研究生也开始紧张起来。

欧文感到紧张不是平白无故的，因为他正在向一群吹毛求疵的听众展示他 40 年来的有关学习理论的研究成果。尽管我们很年轻，但我们很了解学习理论的最新趋势，欧文对这一点深表怀疑。尽管当时刺激 - 反应 - 强化理论在学习领域占据垄断地位，但他依然不相信。

随着这种垄断的蔓延，欧文逐渐成熟起来。为了理解行为主义为何在心理学领域占据如此重要的地位，欧文倾其一生都在进行研究。现在，让我们再把视角切换到对此感到厌烦的威廉·詹姆斯身上吧。

威廉之所以这样是有原因的。联想主义者是彻头彻尾的心理论者：联想是两种心理状态的配对，例如木制假牙让人想起不苟言笑的乔治·华盛顿。威廉认为诸如思想、图像、知识、注意力和意识等心理状态是心理学的真正主题。我可以打赌，在特维特迈尔开始发言后不久，威廉就凝视窗外，心想：这个蠢货的论文真是一派胡言，任何心智科学都不会源自低级别的身体反射。

但是威廉没有考虑到行为主义，这是一种新兴的流派，它完全摒弃了心理生活，理由是只有行为才能被精确地测量。

如果美国心理学界的人没有听到特维特迈尔的论文，而是听到了巴甫洛夫的研究报告，他们一定会兴致盎然，并产生极大的兴趣。在 20 世纪最初的 10 年里，心理学领域人们各种不满情绪泛滥。在 1904 年的会议中，唯心主义盛行，唯心主义与唯物主义之间的冲突愈演愈烈，这是受到爱因斯坦在 20 世纪头 20 年于物理学界取得的非凡成功的推动。如果两名内省者在看到特定波长的光变成蓝色、深蓝色、紫红色或深紫色的景象时有不同意见，那么在对图像和思想进行内省时，他们之间更大的分歧又会是什么呢？

行为主义是优雅的，它试图使心理学摆脱思维层面的东西，并将可测量的行为视为真正的科学所需的具体基础。一只在迷宫中团团打转的老鼠，比我们感到的黏滑感更容易被测量和复制，因为后者是一种感觉，仅停留在思维层面。1913 年，约翰 · B. 华生（John B. Watson）在哥伦比亚大学点燃了一场革命[4]，他认为心理学应该是“一门纯粹客观的自然科学实验分支”，其目的不在于理解意识上的细微差别，而在于预测和控制行为。自我内省是毫无根据的，行为才是科学分析的正确入口。

在接下去的 20 年时间里，行为主义彻底扫除了内省，行为实验心理学家也纷纷成为美国心理学领域的顶级教授。心智科学已经转变为行为科学，学习理论又坐在了宝座之上。学习理论有三个基本要素：刺激、反应和强化。前两个是美国人对巴甫洛夫研究工作的一种衍生，巴甫洛夫的研究是优秀行为科学的主要范例。食物是非条件刺激，唾液分泌是食物引起的非条件反应。当节拍器与食物配对时，嘀嗒声变成了条件刺激，而作为回应的唾液分泌就是条件反应。

强化是行为主义三要素中的第三个要素，源自爱德华 · 桑代克（Edward Thorndike）的研究成果。他反复把猫放进迷笼，只要拉动一根绳子，就能打开一扇通往食物和笼外的门。猫的学习过程是循序渐进的，不是靠顿悟，桑代克因此提出了效果律：找到其中玄机的“满足者”的联想能力得到加强，而那些未能有所发现的“烦恼者”的联想能力则被削弱[5]。

因此，除去桑代克的唯心主义，强化物是一种事件，当它以反应为条件时，增加了反应的可能性，这种可能性不需要假设心理满足或奖励。根据这些简单的因素，整个学习体系被搭建起来了。有一次我回到奥尔巴尼，父母问起我的专业是研究什么的，我尤为自豪地回答：“我是一名学习理论家。”

欧文也会说“我是一名学习理论家”。欧文在第一天授课时告诉我们，刺激、反应和强化都是废话。操作性行为不受盲目强化支配，而是由意识控制的，即便在老鼠身上也是如此。老鼠（当然还包括人类）是具有认知能力的，它们会选择自己最喜欢的结果。我对欧文的这番质疑是相当认同的，当我后来着手研究习得性无助时，我一直在想动物可能具有认知能力。

所以，我第一次知晓心理学的一个核心前提是这个学科可以理所当然地忽略思想和意识，可以忽略所有的心智。对行为主义者而言，行为毫无疑问能够得到全方位的测量和研究，但心智则不能，所以心智不属于科学的范畴，行为主义者在规避心智。对弗洛伊德学派来说，弗洛伊德用“灵魂”一词来描述他的研究方向绝非偶然。从那以后，灵魂被草草地错译为“心灵”，这根本不是弗洛伊德的本意。对弗洛伊德学派来说，心灵只不过是卡布奇诺咖啡的泡沫，而弗洛伊德对这并不感兴趣。弗洛伊德追求的是“浓缩咖啡”，那是一种强烈的负面情绪在激荡，是它驱动着意识的扭曲。

这些对认知的激进否认导致了盲点：意识并不归属于因果关系，想象没有作用，自由意志只是一种幻觉。当我进入研究生院时，我无法阐明这些盲点，但与 1964 年的主流观点截然相反，50 多年后的今天，我们知道了以下事实。

- 有意识的想法会强烈地影响情绪：无助的想法会导致被动；想到某种缺失就会引起悲伤；冒犯的想法会引起愤怒；对更美好未来的憧憬能让人产生希望；没有思想的行为科学是远远不够的。
- 我们会对未来的不同设想进行评估，并从中甄选。不管怎么努力，我们都无法摆脱自由意志。只研究过去（记忆）和现在（感知）而不考虑未来的科学是远远不够的。
- 只研究负面情绪的科学是远远不够的。

在接下来的 50 年里，我自己的故事大多都是关于如何努力探索出一门与这些真理相契合的科学心理学。

尽管我的研究生同学大多是下一代行为主义的精英，但其中有一位与我同样对此持怀疑态度，他就是史蒂夫·梅尔。

在宾大开学的第一天，我们就碰上了，当时我们站在心理学系的接待处，等着早已经疲惫不堪的系行政负责人把课程表给我们。梅尔告诉我，他本科毕业于纽约城市学院，高中毕业于布朗克斯科学学校（Bronx Science），那可是一所传奇般的高中，聚集了纽约最聪明的孩子。我们的交谈还没有超过三分钟，梅尔就告诉我，他在高中时就靠分析数据来赚钱，这让我惊讶无比。梅尔想让我知道他是一名坚强的纽约街头硬汉。当梅尔表明一个观点时，他总是言简意赅，倾向于重复同样的话来强调重点。我们谈到了学习理论，梅尔笑个不停，和我一同探讨传统思维的弊端。在足足等了 30 分钟后，我说道："咱们合作吧。"

"当然。"梅尔毫不犹豫便回应了我。就这样，梅尔和我成了挚友和合作伙伴。40 年之后，梅尔取得了我认为是情感神经科学史上最重要的发现——"希望回路"。

第 5 章

对习得性无助的研究（1964—1967）

在史蒂夫·梅尔和我于 1964 年来到宾夕法尼亚大学报到的那天之前，关于习得性无助的故事其实早就存在了。当梅尔和我在寻找一个合作研究项目时，我想起理查德·所罗门曾提到“无助”这个词。于是，我和所罗门研究生团队里最资深的研究生布鲁斯·奥弗米埃尔聊了聊，据我所知，奥弗米埃尔是第一个发现“习得性无助”这个问题的人。

对奥弗米埃尔来说，在 1962 年，无助感是一种烦恼，而不是一个需要调查和研究的现象。读研一的时候，奥弗米埃尔像许多学习成绩优秀的学生一样，想要知道两个“基本”的学习过程是如何相互作用的，以及它们能否相互统一起来。奥弗米埃尔的问题是：如果在播放一个声音后马上给狗施加电击，经过反复配对后，这只狗学会了在听到声音时就跳过障碍物来躲避电击，也就是巴甫洛夫的经典条件反射。那么这个声音是否会增加狗的恐惧感并促使它更快地做出反应？

这是一个非常简单的问题，奥弗米埃尔和当时读研四的拉斯·利夫（Russ Leaf）制作了设备并进行了这项研究。实验的第一部分是利用一张舒适的橡胶吊床，狗躺在上面，后爪连着电极。之后，一个响亮的声音响起，5 秒钟后，电击开始了，且持续了 5 秒钟，这足以使狗吠叫，但电击很弱，不会对狗造成任何损伤。他们在 1 个小时里重复了 64 次，这一实验足以让狗对这种声音产生恐惧。实验的第一部分与预期相符。

实验的第二部分则引出了一个出乎意料的大难题。利夫和奥弗米埃尔搭建了一个穿梭箱，箱子大概有 2 米长，内部有两个隔间，箱子底部是钢筋网格，两个隔间中有一道低矮的屏障。在穿梭箱里，狗很容易学会如何躲避电击：灯光变暗，5 秒钟后，网格地板通电，这是一次轻微的中等强度电击，这个强度刚好可以让狗跳过障碍物逃跑。利夫和奥弗米埃尔实验的初衷是播放狗躺在橡胶吊床上时听到的声音，来观察这一声音是否能让它们跳得更快一些。

然而，实验失败了。经历了在吊床上的实验的狗没有跳过障碍物，它们只是躺在那儿，并没有试图躲避电击。这对研究人员而言是前所未有的现象，也让研究人员非常沮丧。

我在宾大研究生院报到的第一天遇见了史蒂夫 · 梅尔，我们一拍即合。后来，他成为一名严谨的神经学家，颠覆了我们以往关于习得性无助的理论。拍摄这张照片时，正值梅尔有了重大发现、推翻了我们旧有理论的时候。

Photo courtesy of Steve Maier.

我必须实地去看一下。于是，奥弗米埃尔领着梅尔和我来到了实验室，我在这里看到了那些狗。的确，这些狗看起来很无助，不管“无助”这个词在科学术语中意味着什么。

奥弗米埃尔和利夫所认为的恼人之处[1]，在梅尔和我看来则是一种重要的现象，这比把经典条件反射和操作性学习结合起来更重要。人类的无助感随时都会出现，它是无尽痛苦的一个根源。我们能在实验室里捕捉到它吗？我们能找出引发无助的原因吗？我们能发现摆脱无助的方法吗？我们能发现它的大脑生理机制吗？我们能发现预防无助的方法吗？

这，就是我要成为一名心理学家的原因。

从一开始我就认为这种现象看起来像无助。但令我们困惑的是，无助的因素是什么？它是怎么发生的？我们该如何测试它呢？它会产生何种后果？它与精神疾病有什么关系？仅凭“狗变得无助”的直觉，我们如何开始进行严谨的科学研究呢？

无助感是怎么产生的

首先从定义无助着手。我们认为无助的核心是，一个人或动物认为自己做什么都无关紧要。这是一种主观上的无助，但是什么客观条件导致了这种无助呢？这是一个棘手的问题，因为它的解答与统治学术界的学习理论中最神圣的原则是相互冲突的。客观地说，如果一个动物或一个人无法对一个重要的结果产生影响，当所有的反应都是这样时，客观的无助就出现了。

值得注意的是，正如每一位学习理论家之前都没有意识到的，所有的经典条件反射都与无助有关：动物的任何反应都不会对结果产生任何影响。不管狗是否流口水，食物都摆上来了；不管老鼠的心跳是否加快，电击都会随着声响而来。根据定义，经典条件反射意味着客观的无助感，似乎从来没有人意识到动物可能会认识到这一点，而且这一发现可能比巴甫洛夫的实验本身更重要。一个强大的理论能够引导科学家该钻研什么、该忽略什么，因此，巴甫洛夫的经典条件反射理论成功地让人们忽略了某些东西。

一旦理解了“一个人或动物做什么都无关紧要”这句话的含义，你就会发现，无助感似乎来得很直接，狗身上所发生的一切和它的行为都没有任何联系。因此，我们认为动物能够感知自己的无助。为了验证这一点，动物必须意识到这种缺乏联系的状态，同时也必须了解到电击的消失与否与它们的反应并无关联。在 20 世纪 60 年代，这是一个激进的想法。那个时代的学习理论家继承了早期行为主义的理念，是顽固的联想主义者和激进的反唯心主义者。他们不会考虑个体的认知，并认为实验的根本目的是证明认知的“幻觉”仅仅与简单的刺激反应联想有关。动物只能学会配对，举例而言，与电击配对的反应，强化联想（习得）；没有与电击配对的反应，削弱联想（消失）。这些配对是仅有的两种能产生学习效果的“魔法时刻”。在我们看来，这两种条件概率的结合，无论是给定反应的电击概率，还是没有给定反应的电击概率，是需要脑力的行为，而不仅仅是依靠身体的行为。基于这个原因，我们把该理论命名为“习得性”无助，而不是“条件性”无助，在这个过程中，我们摒弃了经典条件反射和操作性学习都非常重视的简单原则。

在现实中，学习理论和认知理论有一次陷入了僵局，那是在第一年的学习研讨会上，我和年轻的激进行为主义教授戴夫·威廉斯（Dave Williams）争论起来了。

“那么马丁，你认为动物拥有丰富的精神生活，是吗？”戴夫带着嘲讽的口气问道，仿佛认为这样的争论是非常荒谬的。我确实认为高级哺乳动物拥有丰富的认知能力，对未来抱以期待能够使我们在永无止境的生存竞争中处于优势，得以生存下来。但是，这些信念和行为主义的认知是格格不入的，以至于人们要么闭嘴，要么忍受嘲弄。但我没有闭嘴，梅尔也没有。

最终，我们遭到驱逐，被划归到一个随后被称为认知心理学的阵营。两场大风已在空中飞扬，汇聚成认知革命的风暴。第一场大风是让·皮亚杰（Jean Piaget）对儿童心理过程的科学观察。第二场大风由诺姆·乔姆斯基（Noam Chomsky）掀起，起因是斯金纳在那部被大众期盼甚久的巨作《言语行为》（*Verbal Behavior*）[2] 中宣称，语言完全能够用行为主义术语来诠释和理解，而乔姆斯基把斯金纳的这部大部头作品批评得一文不值[3]。乔姆斯基是一位特立独行的语言学家，也是一位才华横溢的辩论家，他认为语言的本质不是强化，不是重复旧的语言习惯，而是一种创造：说话者可以创造和理解之前没有听说过的话，比如“厨房里有一只紫色的吉拉毒蜥正爬来爬去”，这句话是人们闻所未闻的，但人们可以理解。习得性无助认为动物是有认知能力的，这是第三场大风；第四场大风则将这一观点演变为一场飓风，它始于1965年的宾夕法尼亚大学。

1965—1966年，布兰迪斯大学心理学系的乌尔里克·奈塞尔（Ulric Neisser）在宾夕法尼亚大学休假时，撰写了那部伟大的著作《认知心理学》（*Cognitive Psychology*）[4]。奈塞尔认为行为主义在某种程度上说服了心理学家，使他们相信不可能对意识世界进行客观的科学研究。但新的实验表明他们错了，而这也证明了一种新的观念是正确的。对此，我们仅举一个例子就足够了。

屏幕上短暂地闪现一个明亮的10×10随机字母矩阵。两秒钟后关掉屏幕，这个矩阵从屏幕上消失了，但被试仍能看到这个矩阵的余像。现在，在矩阵的第三行画一个箭头，要求被试读出余像中这一行的字母。被试答对了 10 道题中的 7 道，这就量化了在客观刺激消失两秒钟后，大脑中还留存了多少信息。余像会持续多久？与其等待两秒钟，不如看看余像彻底消失的速率。这是一种有效测量大脑意象衰减速率的方法。

科学家甚至能够准确地说出大脑中余像的亮度。在这段间隔期内，闪烁不同强度的掩蔽光，可以发现余像被精确掩蔽的亮度。持续时间、信息量和大脑对字母的记忆强度都可以被精确测量。由此可见，意识可以用极为精细且定量的科学来进行研究。

奈塞尔在第二年出版了那本轰动四方的畅销书，即便到了今天，认知革命仍然如影随形，它开始清除行为主义的影响力，势头犹如行为主义在威廉·詹姆斯生命的最后阶段席卷了所有人的意识世界一样。

我和梅尔因为同样在深入研究动物是否具有认知能力，所以被深深地触动了。我们想知道如何证明狗没有急于从穿梭箱逃生是因为反应和逃避电击之间缺乏偶然性，而与电击本身无关？我们又怎么证实动物是否真的知道它们所做的一切都无关紧要呢？

为了评估这个问题，我们必须将非偶然性与电击区隔开来，因此需要三组实验。第一组是可逃脱电击组（ESC），这组电击的停止取决于动物的反应。在我们第一个关于无助感的实验中[5]，这些狗在吊床上学会了用鼻子按压面板来关闭电击。第二组与第一组受到的电击的时间、强度和模式完全相同，但电击不会因狗的反应而停止。在这个不可逃脱电击组（INESC）中，电击的停止和狗的所有反应没有关联。第三组则完全没有受到电击。

第二天，研究人员对 24 只狗进行了穿梭箱逃生测试。我们发现第一组和第三组的狗在穿梭箱里十分轻松地学会了躲避电击，但在第二组里，8 只狗中有 5 只没有躲避电击。重要的是，第一组和第三组的狗学习逃跑的能力是一致的。我们得出的结论是，第二组的狗在吊床上认识到电击是否停止与自己的反应无关，当第二天在穿梭箱里受到电击时，它们同样认为电击是否停止与自己的反应无关。这种想法阻碍了它们从穿梭箱逃出去（“反应引发”），这些狗最终产生了习得性无助。

我们的第一篇关于习得性无助的文章概述了我们的认知理论，但意外的是，它竟然作为封面文章被刊登在了享有声望却又极端保守的《实验心理学期刊》[6]上。这篇文章只获得了一个批评："文中 paralyse 这个词通常拼为 paralyze。"我们曾一度抱有一种错觉，认为习得性无助会被广泛接受，从此以后会盛行起来。但是学习理论家已经感受到日渐蔓延的风暴会对他们造成致命的威胁，所以他们团结一致，对任何形式尤其是在动物研究方面的认知理论群起而攻之。在普林斯顿大学的一次会议上，我和梅尔第一次向一些著名的学习理论家阐述了习得性无助理论[7]。斯金纳的得力干将理查德 · J. 赫恩斯坦（Richard J. Herrnstein）反驳道："你们的见解是让动物知道反应是无效的。动物只认识到了反应，除此之外，它们什么都没学到。"对行为主义者而言，动物是接收刺激并做出反应的机器，而不是拥有意识和思想的生命。

我们定义了一个维度并把它称为"对结果的控制"，只要一个结果在做出反应和不做出反应时出现的概率不同，控制就会出现。很明显，可逃避电击组的被试控制了自己厌恶的事件的一个方面（当电击发生时），不可逃避电击组的被试则没有。这是为什么我们进行三组实验，并将可以逃避电击的被试分为对照组和无电击组，这样也把不可控的因素分离了出来：如果未能在穿梭箱里成功逃避电击是因为学习上的不可控性，那么，如果不可控性已经被消除，但电击保持不变，被试没能逃避电击的情况就不会发生。也就是说，我们假设不可控性是产生被动反应的有效成分，而可逃避电击组的被试之所以随后在穿梭箱里正常地躲避电击，是因为它们缺乏这种关键的学习成分。

将近 50 年后，当梅尔最终揭开了大脑的运作过程时，我们发现当时的理论完全是错误的。梅尔发现无助并不是后天习得的，相反，这是哺乳动物对长期不良事件的默认反应。

我和梅尔在研究生院做的大部分工作都是检验习得性无助理论。但我成为一名心理学家，不是为了检验理论，而是为了减轻痛苦。因此，动物实验对我来说真正重要的是它们能否减轻各种生物的痛苦。我确信我们在狗身上的所见所得的意义更为重大。所以我开始在吉姆 · 吉尔（Jim Geer）的指导下学习变态心理学。吉尔是一名行为治疗师，他当时刚到宾夕法尼亚大学担任助理教授。我把我们对狗进行实验的事告诉了吉尔后，他到实验室来看这些狗。

“这些狗很抑郁。”吉尔告诉我。

“抑郁是什么意思？”我问吉尔。在接下来的十年里，我花了很多时间试图回答这个问题。

因此，除了理论测试，我们还做了两种实验来预测习得性无助理论在临床上的应用。首先，受到能有效预防脊髓灰质炎的疫苗影响，我们也希望从中可以获得关于预防方面的答案，也就是“免疫”。如果实验中的狗先学会了控制电击，然后受到不可逃避的电击，它们还会变得无助吗？在这当中，免疫发挥了作用：先让狗学会用鼻子推动面板来关闭吊床上的电击，然后给它们施加不可避免的足以让它们变得无助的电击，再随后，它们能很容易学会在穿梭箱里跳过障碍物以逃避电击。我们认为，这些狗相信自己能够控制电击，于是不会放弃。它们对无助具有免疫力。

其次，我们还在治疗方面进行了研究。如果一只狗在穿梭箱里束手无策，我们该如何对其进行治疗呢？我们从行为疗法中获得了一些灵感。例如，患有蜘蛛恐惧症的患者被迫忍受蜘蛛出现在面前，直到发现并没有什么不好的事情发生，他们就被治愈了。所以我们决定让那些无助的狗知道自己能够控制电击。我们在穿梭箱里来回拖拽它们，让它们脱离被动承受电击的状态，让它们明白跑到箱子另一边是可以有效躲避电击的。经过几次拖拽后，狗狗们活跃了起来，并开始自发地行动起来。最终，每只狗都发生了变化，它们被治愈了[8]。

动物实验的伦理性

实验室里有一只雪白的长毛狗。我总是和它待在一起，因为我喜欢它，它也喜欢我。虽然我想收养它，但是我和梅尔所住的公寓不允许养宠物。所以在实验结束后，我们带着这只狗坐上了梅尔的那辆老爷车来到了费尔蒙特（Fairmont）公园，这座公园位于费城中部，大小与曼哈顿公园相仿，我们决定把这只狗放养在这里。但两周后，这只狗再次出现在我们的实验室，它被那些围捕流浪狗并将流浪狗卖给实验室的人捉到了。我不知道它经历了什么，但从此以后，至少每个月我都会梦到它一次。

对我们来说，用狗做实验很痛苦。我们都是爱狗之人，如果前人没有用狗来做实验，毫无疑问，我们也不会选择这个方法。我尽可能不用狗来做实验，而改用老鼠，然后用人来做关于习得性无助的实验，所得结果其实和用狗做的实验结果完全一样。我已经有 40 多年没有做过动物实验了，我一直都对动物实验有很多想法。

关于动物实验的伦理性，有三种类型的问题。第一个问题是感性层面的。做这些实验的感觉很糟糕，我一直非常不适应。当初用它们做实验时我就很畏首畏尾，时至今日，我仍然会纠结地想起它们。我仍然会梦见那只白狗，心中有对它的爱，也有内疚。

第二个问题是道德层面的。习得性无助实验的批评者彼得 · 辛格（Peter Singer）有句话说得很好[9]：“所有生命都是神圣的，文明的道德将从人类的道德圈延伸到动物身上。”动物和人类一样，同样应该得到同情和保护。在这种观点下，即使实验中的电击是轻度至中度的（我拿自己测试过，虽然会突然受到惊吓，但没有痛感），电击动物这一做法也的确是错误的。

我强烈反对这种道德绝对主义。对动物或人类施加痛苦是错误的，但并非绝对错误的。在一个价值观彼此冲突的复杂世界中，这仅仅是一种价值观。抑制抑郁症、自杀和创伤后应激障碍的蔓延是另一种价值观。对我和大多数人而言，减少人类遭受的痛苦更重要。这些都是很艰难的选择，尤其是当那些令人畏缩的因素是如此难以忽视，人们无法清楚地看到未来的时候。在接下来的几十年里，我们在治疗和预防精神疾病方面所取得的进步（我将在后文中展开这些内容）告诉我，我们对未来的认知是极为精准的。

第三个问题是科学层面的。所有试图对人类行为做出推论的动物实验都必须与外在效度的问题相关联。这是一个至关重要，却又被忽视且极其棘手的问题。实验心理学的严谨性及其内在效度把我吸引到了这个领域。控制实验是内在效度的黄金标准，因为它能发现是什么导致了什么。火会使水沸腾吗？有了火，水就沸腾了；没有火（控制），水就不会沸腾。不可控的不良事件会刺激肿瘤生长吗？在老鼠体内植入肿瘤，然后给一组老鼠施加不可躲避的电击，给另一组老鼠施加同等强度但可躲避的电击，并将它们与没有受到电击的一组老鼠进行比较。受到不可躲避电击的老鼠，其体内肿瘤的生长速度最快。因此，不可躲避的电击会导致老鼠体内肿瘤的生长[10]。

但这样的实验结果是告诉了我们人类癌症的起因，还是告诉了我们无助是如何影响人类的癌症的？这就是外在效度的问题。当非专业人士抱怨用白鼠和大二学生做心理学实验时，这便是在争论外在效度。这看起来轻描淡写，但其中包含着极大的不满情绪。人类与实验室里的老鼠有很大的不同，受到不可躲避的电击与发现自己的孩子在一次划船事故中溺水身亡有很大的不同，被移植到老鼠体内的肿瘤与折磨人类的、自然生长的肿瘤也有很大的不同。因此，即使内在效度完美无缺，即使有严谨的实验设计、恰如其分的精确对照组、足够大的数据范围来确保随机化，有无可挑剔的统计数据，我们也不能信心满满地推断，不可控制的不良事件会对人类的癌症产生影响。

我逐渐认识到建立外在效度甚至比建立内在效度更重要、更科学，但也更麻烦。理论心理学要求所有心理学学生必须修完有关内在效度的所有课程。这些方法论课程完全是关于内在效度的，而且几乎从不触及外在效度的内容，而且外在效度往往被一些无知的外行误认为是一种庸俗的科学。

数以百计的心理学教授，其谋生之计就是在教学中讲授系统的方法和统计数据，这些都是内在效度的标志，但没有人能通过讲授外在效度谋生。不幸的是，公众对基本的、严谨的科学适用性的质疑通常是有根据的，这是因为外在效度的规则还不甚清晰明了。

正如你们将在后面的章节看到，我持续研究了很多年，我想知道在狗、老鼠和人身上的习得性无助实验是否具有外在效度，以及它们是否揭示了人类真实的无助。

其实，它们的确揭示了这样的无助。

所以，如果再给我一次机会，我依然会坚定不移地做出同样的选择——用狗进行习得性无助的研究。

第 6 章

迈向临床心理学的第一步（1967）

我只用了两年零八个月就拿到了宾夕法尼亚大学的博士学位，这刷新了宾夕法尼亚大学心理学系建系以来的纪录。在校研究生没有社会归属感的生活让我非常苦恼，所以我很快就接受了第一份工作，即在康奈尔大学担任心理学助理教授。我让学生们叫我马蒂而不是塞利格曼博士，马蒂是别人在我 11 岁时给我起的绰号。我希望这样的称呼能够拉近我和学生之间的心理距离，因此我这一生都与这个绰号如影相随。除了我的姐姐贝丝和父母以及我自己，没人会叫我马丁[①]。

无论是在工作还是在生活中，我都力求保持一名老派知识分子的状态。我始终致力于研究那些重大问题，过去如此，现在依然如此，而且不仅局限于心理学或哲学领域流行的问题。我阅读广泛，从文学名著到惊悚小说，从历史文献到晦涩难懂的学术论文。在空闲时间，我会欣赏古典音乐，从威尔第到马勒。我始终在全力以赴地提升自己，永不停息。

我也很爱思考，勇于质疑。我了解了心理学中最基本的公认前提，并常常质疑如果这些前提是错误的，那么接下来会发生什么。对那些需要捍卫的观点，我也会全身心地支持。

① 虽然作者说到大家都称呼他为“马蒂”，但为了方便中国读者的阅读，后文还是将其称为“马丁”。——编者注

就像读博士时一样，我试图在短时间内把所有事情全部完成。我渴望一蹴而就，但太急躁冒进。我常常能找到捷径，完全沉浸在自己的思想里，很难听得进他人的想法，一旦所听所闻恰好是我苦思冥想已久的问题，我的内心立刻天马行空起来。人们会认为我目空一切，我却认为这是聚精会神的副作用。我感到困惑，不明白人们为什么都不太喜欢我。

我雄心勃勃，早已知道自己的抱负是什么。彼得·麦迪逊的人格量表一直陪伴着我，我的抱负是成为像维特根斯坦那样的伟人，始终被忠诚的学生和追随者包围。

我消极、烦闷。我所研究的学术问题都与无助、绝望、创伤、恐惧和抑郁有关。我总是很敏感，对各种事都充满批判精神，也总是能发现缺点。我的情绪也是如此：心急火燎、性情乖戾。

沃尔普的失败

1967 年，费城正处于一场革命的最前沿。这场革命的中心是约瑟夫·沃尔普（Joseph Wolpe）每月举办一次的沙龙。这个沙龙在他超豪华住宅的大客厅里举行，吸引了很多来自美国东北部地区的行为治疗师。

几十年来，无论是在学术界还是在治疗领域，精神分析一直主宰着美国精神病学。这样的专制统治并不是一件好事。该领域始终秉承弗洛伊德的理论并以传统专制的欧洲权威教授为榜样，反对者被逐出这个领域。但是，堤坝已经出现两处裂缝，激流开始涌现。

一处是药物[1]。20 世纪 50 年代，偏执型精神分裂症患者服用索拉嗪（Thorazine）后，他们的幻觉似乎消失了。抑郁症患者服用一种叫作丙咪嗪（Imipramine）的抗结核药物后，会再次开朗起来。焦虑的家庭主妇服用了安定后，看上去精神也没有什么问题了。

另一处是行为疗法。这种疗法的创始人是沃尔普，他是一位来自南非的新移民，45 岁左右，秃顶、好斗、率真、不落俗套，戴着一副圆框眼镜，这让我想起了机智的猫头鹰，而且它们都随时伺机而动扑向“猎物”。在精神病学方面，沃尔普取得了前所未有的成就。

沃尔普主要治疗焦虑症，专长是恐惧症。恐惧症患者极为害怕某些特定的对象，如猫、蜘蛛等。这些患者通常会接受精神分析学家的治疗，精神分析学家会探究患者童年时期潜在的、尚未解决的冲突，因为他们认为成年人恐惧的对象只是这种冲突的一个象征。在小汉斯（Little Hans）[2] 这个经典案例中，4 岁的小汉斯在维也纳的一条街上看到一匹马摔倒了，于是他开始害怕马。弗洛伊德将此解读为一种恐惧，即小汉斯害怕的是父亲会阉割他，小汉斯把自己想象成了那匹倒下的马。在适当的引导下，小汉斯最终被治愈了。

弗洛伊德关于恐惧症的理论和他所有精神分析理论的关键在于都有一个前提，即一个潜在的问题会引起某种症状，就像一个潜在的螺旋体引起了梅毒的症状一样。沃尔普认为这是一派胡言。恐惧本身就是恐惧症。恐猫症患者并没有什么潜在的冲突，患者只是害怕猫，仅此而已。

于是，沃尔普着手去证明这个论点。沃尔普认为，恐猫症患者一定曾经在某个地方经历过创伤，而猫恰好那时也出现在那个地方。比如，可能患者的父亲在打她屁股的时候，猫也恰好与患者同处一室。根据经典条件反射原理，猫变成了引发恐惧的刺激物。如果沃尔普是对的，治疗方法就显而易见了——只要消除引发恐惧的条件，恐惧情绪自然就会消失得无影无踪！

如果治疗师把患者从沙发上扶起来，抱着猫给她看，但患者没有出现任何惧怕的神情，那么恐猫症就应该被治愈了。说起来容易做起来难，因为咨询室里如果突然出现一只猫会引起患者的恐慌，恐惧症不会就此消失。但是沃尔普发明了一种方法，并称之为系统脱敏疗法。

刚开始进行系统脱敏治疗时，沃尔普会先让患者学习全身放松法，即放松全身的每一块肌肉。深度放松是一种与恐惧不相容的运动行为，当你放松时，你就不会害怕①。接下来，沃尔普让处于放松状态的患者想象一个叫卡茨（Katz）的人，恐惧没有出现。然后，沃尔普让患者在脑海中想象“猫”这个词，恐惧依然没有出现。在患者处于放松状态的时候，沃尔普一边不断地提高刺激物的等级，一边小心翼翼

① 沃尔普喜欢使用不相容的运动行为作为根治恐惧症的解释，我们很快就会听到他在与梅尔和我的争论中这样说。

地确保患者没有出现恐惧，只是放松。之后，沃尔普让患者想象一只猫，最后，沃尔普把真猫带到了诊疗室，把它放在患者的身上。你瞧，患者的恐惧已经消失得无影无踪了[3]。

这种疗法真的很有效。沃尔普治愈了好几位患者，并由此证明精神疾病的症状就是疾病本身，而不是由某些潜在的冲突引起的。沃尔普治愈了患者的恐惧症，因而成了精神病学领域里最著名的“异教徒”。60 多年后，系统脱敏疗法和随后的衍生疗法依旧是治疗恐惧症的首选方法。

沃尔普也是种族隔离制度的反对者，在他当时种族主义盛行的家乡，他不怎么受欢迎。于是，沃尔普从南非逃到了弗吉尼亚大学，并在 1965 年最终落脚于费城的天普大学。他与斯文恬静的妻子斯特拉每月举办一次沙龙，我和梅尔也参加过。参加沙龙的人除了吉尔，还有阿诺德·拉扎勒斯（Arnold Lazarus）①、艾伯特·斯顿卡德（Albert Stunkard）②、亚伦·T. 贝克③、保罗·布雷迪（Paul Brady）④以及其他十几个人。

我和梅尔应邀而来介绍关于习得性无助的研究。从我们第一次提到“认知”这个概念起，沃尔普就一直皱着眉头闷闷不乐，在演示进行了大约 10 分钟时，他突然发难了：“有认知？这简直是胡说八道。你们那些‘无助的’狗已经学会了一种抵触性的运动反应。在吊床上的狗每遭受一次电击，都恰好是在它安静的时候，这强化了狗静止不动的反应。在穿梭箱里，当电击持续进行时，它们依然安静地平躺着，是因为它们之前在吊床上保持不动时得到过奖励，所以它们会进一步强化处于静止不动的反应，直到电击彻底停止。因此，习得性无助完全可以用试错行为法则来阐释。”

梅尔和我早就预料沃尔普会有这样的反对意见。事实上，习得性无助正是梅尔博士论文的研究主题。和沃尔普一样，斯金纳学派对“无助”提出了一种“迷信”

① 拉扎勒斯很快被沙龙开除，永不被宽恕，原因是他采用了“异端”的折中主义，即在治疗中采用认知理论，这导致他被彻底驱逐出沃尔普派治疗师的行列。

② 斯顿卡德主要研究肥胖症，是宾夕法尼亚大学精神病学系的系主任。

③ 贝克很快就成了治疗抑郁症方面的领军人物。

④ 布雷迪曾治愈了口吃症患者。

的解释。他们声称，狗在吊床上，电击的停止可能与狗保持静止状态有些意外的联系，而这种“迷信”的论调强化了保持静止与放松的联系。因此，在穿梭箱里，那些无助的狗保持静止，而电击最终停止了，这进一步强化了静止和放松之间的联系。所以，习得性无助不是由认知到行为与电击之间毫无关联引发的，而是由优秀守旧的斯金纳学派提出的“反应 - 强化学习”激发的。

“沃尔普，做个预测吧，”我大胆地说道，“想象一下，只有在狗静止不动时，我们才会停止电击。狗只要保持 5 秒钟的静止状态，电击就会停止。那么狗将会学到什么？”

“显而易见啊，狗会学会一动不动。”沃尔普回答道。

“那么现在想象一下，我们把另一只狗和第一只狗拴在一起，同时电击它们，但电击是否停止与它们的反应无关。这一过程中，可能偶尔会有无法解释的配对产生，哪只狗的抵触性运动反应更强呢？”

“第一只狗。”沃尔普说。

在科学史上并没有多少决定性的实验，但这是其中之一。梅尔又设置了一个在吊床上经历可逃避电击的实验组：在这一实验组里，狗只有处于静止状态时，电击才会停止，这明显强化了保持静止状态的反应。认知理论预测这些狗不会在穿梭箱里保持静止，因为它们已经认识到自己可以控制电击，行为理论则预测动物会表现出对保持静止的抵触性反应，根据行为学家的说法，这是一种“无助”。

梅尔把实验结果告诉了沃尔普：这个小组中的所有狗都能轻易地跳过障碍物，在穿梭箱里躲避电击。习得性无助是一种认知性的反应，而不是一种抵触性的运动反应，即通过偶发的停止电击来强化保持静止的反应[4]。证明完毕。

“沃尔普，他们推翻你的观念啦！”吉尔兴奋地喊道。

约瑟夫 · 沃尔普举止优雅、谦和。会议结束后，他悄悄地拉我到一边，邀请我参观他的焦虑症病房，并向我展示他在诊所里所采取的行为疗法是多么有效。他引领着我，让我有生以来第一次亲眼看到了精神疾病患者。

“看到刚走进男厕所的那个家伙了吗？跟着他进去。”沃尔普指示我。当时我们是在哈弗福德州立医院（Haverford State Hospital）的焦虑症病房里，沃尔普让我跟着进厕所的是一名中年男子，他穿着一身定制的深蓝色西装，打扮得非常鲜亮。

“他去小便时，你站在他旁边的小便池，也拉开拉链，然后盯着他看。”沃尔普指示道。

我按照沃尔普的要求照做了。我站在那位先生旁边的小便池，拉开拉链，盯着他看。那位先生小便后，拉上拉链，往后退了一步，我也照做了这些动作。沃尔普满面笑容地走了进来。那位先生伸开双臂一把抱住他，眼含热泪地喊道：“你终于把我治好了！”

沃尔普告诉我这名患者有泌尿恐惧症。他不能在公共厕所小便，只有等到厕所里空无一人才可以，而在医院里，这样的等待可能要花 15 分钟甚至更长的时间。只有空无一人，这名患者才可以小便，但如果有人走进来，他会僵住而无法小便。患者的同事都注意到他总是很长时间不在工作岗位上，于是开始八卦他总是待在男厕所里。

这名患者在过去的一个月里接受了系统脱敏治疗，从听见沃尔普说“尿”这个词时不再紧张开始，然后在更令他害怕的假想场景中逐步变得不再紧张。这名患者最最恐惧的其实是陌生人站在他的旁边并盯着他小便，但后来这名患者摆脱了这种恐惧。沃尔普断言，泌尿恐惧症并非源于潜在的冲突，需要解决的仅仅是对在公共场合小便的恐惧情绪。

我和沃尔普成了朋友，虽然直到他生命的最后一刻，他都不认同我在精神疾病方面的认知，但我们也找到了彼此的共同点。也正是沃尔普让我迈出了成为临床心理学家的第一步。

第二部分

成长：从研究狗到研究人

The Hope Circuit

实验心理学和临床心理学皆为工具，
只是解决更大的问题的方法。

第 7 章

康奈尔大学：创造力的孵化器（1967—1969）

“雪！”克丽从二楼卧室的窗户望出去，大声地惊叹着。我们搬到了伊萨卡（Ithaca），借宿在吉姆·马斯（Jim Maas）家。那是 1967 年 5 月末，突如其来的雪让我们很是惊诧，马斯家的草坪和刚刚冒出新芽的番红花上都覆上了一层新雪。初来康奈尔大学之际，我们迎来了一场雪；当我们挥手作别康奈尔大学之时，雪下得更大了。

我找到了两份不错的工作。其中一个是在密歇根大学，在我临走前，我和诺曼·梅尔（Norman Maier）长谈了一番，这次谈话令人难忘却又预示着不详。当时，诺曼正处于事业的鼎盛期，也是我敬仰的偶像之一。他将动物实验和临床治疗融合在一起，重新发现了“实验性神经症”（这最初是由巴甫洛夫命名的[1]）。老鼠学会了跳到左边或者右边的窗口觅食，但是最终这个问题变得无解了，因为它们不会始终跳到窗口上去找食物[2]。老鼠通常在起点就不动了，并且很容易受到高分贝噪声引起的听觉性癫痫的影响。在我看来，这种情况像是在非创伤性病例的习得性无助。我对诺曼教授的夸赞滔滔不绝，他则面红耳赤，似乎不习惯被人表扬。

“你要多留神，”诺曼压低声音警告我，“从来没有人引用我的研究成果，我的学生现在都找不到工作，而你已经走上了一条危险的道路。你有所不知，那些学术机构中纯粹的实验心理学家其实非常鄙视我们这样的研究者。我不知道这是为什么，但我尝试将实验心理学的成果应用到临床的行为，乃至整个临床心理学专业的存在，都让他们感到困惑不解，甚至让他们觉得不可思议。”

正如诺曼教授警告我的那样，我回想起那时在宾夕法尼亚大学发生的两件令人困惑的事情。第一件事情是，在理查德 · 所罗门周四的午餐研讨会上，我提到了约瑟夫 · 沃尔普的研究工作，说他是把基本的行为主义的准则应用到解决现实世界的问题上的一个很好的例子。在自己的教学过程中，所罗门总是“漫不经心”地把实验室的发现应用到现实之中，不过他几乎从来没有将自己的发现集结成文字出版或发表过。所罗门并没有对他的这种不屑做出解释，但这种强烈的蔑视是显而易见的，这与他平时阳光、温柔的性格形成了巨大的反差。

第二件事情是，就在我以访问学者的身份去密歇根大学的前一周，我和罗伯特 · 布什进行了第一次也是唯一一次的长谈。你可能还记得，布什曾带领哈佛大学的青年心理学家来到宾夕法尼亚大学。他是一名训练有素的数学家，以为刺激 - 反应 - 强化学习理论搭建严谨的统计建模而闻名遐迩。布什的工作激励了新一代有抱负的数学心理学家。1958 年，布什当选为宾夕法尼亚大学心理学系重建后的第一任系主任，在我就读宾大心理学系时，他把系主任的职位让给了亨利 · 格莱特曼（Henry Gleitman）。我告诉布什我们在习得性无助方面的研究，以及我们的实验是如何证明动物必须整合两种条件概率的。我强调这直接指向认知，而不是刺激 - 反应学习。

布什耐心地听着，并明确表示他听明白了。一个小时后，他说道：“如果你是对的，马丁，那么我真是虚度了光阴。”

“您要多留神，塞利格曼先生，”诺曼总结道，“您不会想落得和我一样的下场吧？”

除了糟糕的天气，康奈尔大学与密歇根大学有着天壤之别。康奈尔大学的心理学系只有 25 名教职员工，完全被一个派系把控，这个派系由吉米·吉布森（Jimmy Gibson）和杰姬 · 吉布森（Jackie Gibson）夫妻领导的认知心理学家组成。吉米出谋划策，杰姬负责实施。吉布森夫妇虽然与行为主义者在意识形态上是对立的，但他们同样是狂热、专制和狭隘的。康奈尔大学心理学系在那段时间流失了大量的学者，正在进行重建，因此有很多的工作机会，其中最著名的便是乌尔里克 · 奈塞尔欣然接受了工作邀请。当时，康奈尔大学的心理学系共提供了 5 个助理教授的职位，其中的一个职位给了我。

在密歇根大学和康奈尔大学之间，克丽为我投了决定性的一票。我们在宾夕法尼亚大学的三年时间里，克丽暂时把她读博的想法搁在一边，如今她想继续自己的学业。康奈尔大学的古典文学系非常棒，于是我们也接受了工作邀请。

我们在学校的东边租了房，房子位于一片树林中，环境非常舒适。我还养了一条金毛猎犬，名叫阿波罗，我总是会带着它在树林里待上几个小时，在冷风中与阿波罗相互依偎，并肩而坐。我的办公室在莫里尔厅四层的阁楼里，而属于我的里德尔实验室，则在办公室 8 公里外的一个改造过的羊圈里。我每个月的工资一开始是 9 500 美元，不过系主任哈里·莱文（Harry Levin）对我非常慷慨大方，很快就给我涨到了 10 000 美元，并安排我讲授实验心理学导论课。

独辟蹊径的授课方式

第一天授课，我一开始坐在教室中间，当我走上讲台，这些本科生发现他们的教授并不比他们年长多少时，我自恋地享受着大家发出的惊叹。这是我第一次设计和教授自己的课程，我没有遵循传统的方式。我没有使用教科书，而是只用原创的期刊文章，并创建了我自己的授课模式，我希望这样能更好地把整个学科的重点内容传达给学生。我对心理学的热爱令学生着迷。我根据自己的喜好来选择授课主题，而这也深深地感染了学生。

出乎意料的是，这种教学方式竟成了我提升个人创造力的捷径。在授课过程中，我发现自己正在编织一个完整的心理学领域，而这个领域的结构在此之前是看不到的。今天，这个领域被称为“进化心理学”，但在 50 年前，这门学科根本不存在。

约翰·加西亚（John Garcia）是一名在放射实验室从事动物学习研究的特立独行者，曾发表过一篇两页纸的论文，但在发表后的两年里几乎无人问津[3]。当我第一次阅读的时候，发现它确实写得很烂，于是我不得不读了三遍。尽管如此，这篇论文还是让我感到地动山摇，但直到我在课上讲授了这篇论文的内容，我才完全明白令我震撼的原因。

当我向学生讲述行为主义的历史时，我开始意识到加西亚的实验完全抹杀了行为主义是学习理论的一个基本前提的观念。行为主义的创始人约翰 · B. 华生曾写道："给我 12 个健康的婴儿和一个由我支配的特殊环境，让我在这个环境里养育他们，我可以担保，从这些婴儿中任意选择一个，无论他父母的才干、倾向、爱好、职业及种族如何，我都可以按照我的意愿把他训练成以下任意一种人：医生、律师、艺术家、巨贾，甚至是乞丐或强盗。" [4]

"巴甫洛夫和斯金纳，"我向我的本科学生讲述道，"他们狂热地相信'等势学说'，即任何刺激与其他刺激及时配对都会产生学习行为。"

"等一下，马丁，"25 年后成为《变态心理学杂志》（*Journal of Abnormal Psychology*）编辑的大二学生苏珊 · 米内卡（Susan Mineka）反对道，"这不可能是任何刺激。动物必须感知这种刺激并对其做出反应。" [5]

"当然了，苏珊。但关键的一点是，这正是休谟和约翰 · 洛克（John Locke）论证的构成了'白板说'的联想，"我一边继续说道，一边暗下决心要邀请这位绝顶聪明的二年级学生加入我的实验室，"正是大脑的这种灵活性，再加上掌握正确的经验，使得任何一个人都能成为天才、美国总统，或者成为一个偏执无知的人。"

我决定通过讲述一则直击加西亚实验精髓的逸闻趣事来简化这个复杂的实验，这种讲故事和列举数据资料并行的方式，成了我教学和写作的标志。

我对学生们说道："蛋黄酱是一种有艾蒿味的调味品，曾经是我最喜欢的调味酱。几个月前，我和妻子吃了一顿美味的菲力牛排配蛋黄酱。大约三个小时后，我开始反胃呕吐，后来越发严重，以至于我妻子不得不送我去急诊室打了一针。现在，我很讨厌这种酱的味道，只要一想到它，我就反胃。"

"奇怪的是，"我继续说道，"菲力牛排和妻子没有让我感到反感，在我反胃呕吐之前欣赏的歌剧也没有让我反感，只有蛋黄酱有这个效果。这是怎么回事呢？"

"这就是经典条件反射，马丁，"一名学生回答道，"蛋黄酱的味道和呕吐匹配在了一起，于是这种味道让你反胃恶心。"

“这样的解释有什么问题吗？”

“有太多问题了，”康奈尔大学 6 年制直博项目的吉姆·约翰斯顿（Jim Johnston）大声说道，“首先，马丁只经过一次就产生了这种反应，而经典条件反射需要更多的配对。第二，在吃蛋黄酱和反胃之间有三个小时的间隙。我敢打赌，如果马丁给你的椅子通上电，并放出一种声响，三个小时后电击你的屁股，你根本就不会害怕之前播放的声音。第三，歌剧、牛排和呕吐也恰好匹配上了，但它们并没有让马丁感到恶心。更何况，马丁呕吐的时候离马桶座圈更近，但马桶座圈现在让马丁感到恶心吗？”

哇，约翰斯顿真是太棒了，我暗自思忖着。他说话一气呵成，完全没有停顿。我认为约翰斯顿一定会在 10 年内成长为美国顶尖的认知科学家。

“让我告诉你们关于加西亚‘双重分离’实验的全部内容吧，”我继续讲道，“加西亚在放射实验室工作，他用 X 射线照射老鼠，使它们感到胃部不适。而在受到 X 射线照射的前几秒钟，老鼠喝了掺有糖精的水，每舔一次，它们就会听到一声巨响。这是经典条件反射，对吧？甜味和声响都与不适配对了。后来，加西亚发现老鼠只讨厌甜味，但对声响完全无动于衷。

“加西亚想，也许老鼠只是没有注意到声响。于是，他又进行了一次实验，这次实验中的其他条件不变，只是把 X 射线换成对老鼠的爪子进行电击，这比 X 射线引起的不适更强烈。现在，老鼠开始害怕这种声响了，但它们仍然喜欢甜味！这说明它们还是能感知声响的。老鼠习得的是要选择‘正确的’条件刺激，不过这取决于接下来会发生什么让它们感到不舒服的事情。胃部不适会让老鼠习得对味道的恐惧而忽略声响，电击老鼠的爪子则会让它们习得对声响的恐惧而忽略味道。”

学生们听完似乎都很困惑。“为什么？如果达尔文在的话，他会怎么评价加西亚呢？”我问道。

当我回顾自己的求学之路时，没有什么比 10 年前奥尔巴尼男子学院的三年级生物学课更令人瞠目结舌的了。F. 诺顿·柯蒂斯（F. Norton Curtis）先生带领我们徜徉在种、属、门和界的生物学分类之中，但他从没教过我们物竞天择说，也从没提过达尔文这个名字。我觉得这情有可原，因为那时《物种起源》才出版了一个多世纪。

当我在普林斯顿大学的生物学导论课上第一次听到科林 · 皮登觉（Colin Pittendrigh）讲述进化论原理时，我深受震动，想必 1859 年的英国皇家学会会员也感受到了这样的震撼。物竞天择说几乎重塑了对万物的解释，自那以后，它就深深扎根于我对心理学的思考中。但就像柯蒂斯的学生们一样，学习理论也错失了进化的机会。否则，等势学说怎么可能保有“第一原理”的宝座呢？

学习本身是否会像眼睛和耳朵的构造一样受进化的影响呢？在哺乳动物进化的过程中，独特的味道预示着毒性和胃部的不适，而声音不是如此。那些能够忽略外部刺激并有选择地认识到味道与疾病相关联的动物，即使只有一次体验，就能够在未来避开这些味道，生存下去，并将认可这种选择的基因传递下去。同样，那些能够有选择地将声音与疼痛联系起来，并能忽略过程中同时存在的味道的动物，也拥有类似的生存优势。

“想一想学习本身的进化基础吧，”我对课堂上的学生说道，“凡是真实反映世界因果关系的学习都将受到青睐和选择。进化可能会使我们在几个小时内就把味道和胃部疾病联系在一起，也可能让我们不会把声音等外部事件和胃部疾病联系起来。”

我的助教梅雷迪思 · 韦斯特（Meredith West）和德鲁 · 金（Drew King）也开始发表各自的见解。他们一直在生物系研究鸟类。“不仅是哺乳类动物会有选择地学习，鸟类也以同样的方式学习唱歌。它们会有选择地模仿父母，而不是模仿陌生鸟儿。人类的语言亦如此。这是诺姆 · 乔姆斯基理论的核心，即语言是人类特有的交流工具。婴儿发出的任何声音都是在模仿父母的语言。”

通过讲授这门课，我在《心理学评论》（*Psychological Review*）发表了一篇学术论文，并和我的研究生乔安妮 · 黑格（Joanne Hager）合著出版了第一本书，即《学习的生物边界》（*The Biological Boundaries of Learning*）[6]。针对我发表的论文和作品，行为主义者发表了一些尖锐的评论，他们把我的蛋黄酱故事称为“自《最后的晚餐》以来最广为人知的一顿晚餐”。最重要的是，我加入了反对“白板说”心理学的战斗，这种心理学漠视物竞天择说，坚持认为大脑只是一个忠实记录各种经验的工具。

挚友卡尔·萨根：从亲密无间到决裂

“你怎么能说银河系有一万多个先进的技术文明呢？”我向这位傲慢、自信、坦率的天文系新来者发起了挑战。这个家伙叫卡尔·萨根（Carl Sagan）。他当初愤愤地离开了哈佛大学天文系，并拒绝接受终身教职。这个家伙英俊帅气，天生有着一副深沉、悦耳的嗓子，说话时滔滔不绝，让人深信不疑。我和萨根一同参加了一次晚宴。

“我刚刚和俄罗斯天文学家什克洛夫斯基（Shklovskii）合著了这本关于智慧生命的巨作，马丁，”他一边回答，一边把书递给我，“你拿去读一读。”

我真的照做了。在接下来的 24 小时里，我一直在思考萨根的论点。这本书的重点是“定性的方程式”（这个术语我之前闻所未闻），即“德雷克方程式”，这是以我们天文系的资深教授弗兰克·德雷克（Frank Drake）命名的。方程式的左边是“银河星系中先进技术文明的数量”，意思是使用无线电波进行通信的文明；右边是 10 多个参数相乘的估值，譬如银河系中像太阳这样的恒星的数量、有行星的恒星的占比、离恒星足够远的行星的占比、有大气层行星的占比等。这样的阐释让我大为震惊，因为仅仅在银河系中就已经存在 1 万～ 200 万个先进的技术文明了。

卡尔·萨根，1968 年任教康奈尔大学，之前拒绝了哈佛大学天文学终身教授的职位。我们很快便成了朋友。萨根肩负了科学与公众进行有效沟通的责任，并因此招致了同行的嫉妒。

Photo courtesy of Getty Images.

于我而言，理解人类的思想与在浩瀚的宇宙中寻找智慧生命是两项最伟大的科学追求。我选择了前者作为我毕生的事业，因为我的数学不够好；而萨根选择了后者作为毕生的事业，这令人肃然起敬。

我们很快便成了朋友，并始终携手同行。我们阅读彼此的手稿。萨根把《伊甸园的飞龙》（*Dragons of Eden*）一书的初稿给了我，这是一本关于大脑的书籍。其中关于心理学的内容太草率了，我曾建议他不要出版，但这本书后来获得了普利策奖。我们互换书籍，挑灯夜读，又在第二天早餐时各抒己见。

“读读这本书，萨根，”我坚持说道，“它可能会改变你对真理的看法。”我把托马斯 · 库恩（Thomas Kuhn）的那本《科学革命的结构》（*The Structure of Scientific Revolutions*）[7] 递给了萨根，这本书当时在科学哲学领域尤为盛行。库恩认为科学更多的是关于范式，而不是绝对真理。他认为，在所有当代科学中，范式决定了什么是正确的问题，并让那些不应被质询的问题获得了保持沉默的特权。老一代相继故去，新一代随之而来，长江后浪推前浪，新范式取代了旧范式。对我而言，这相当符合心理学的特点。行为主义将内省一扫而光，现在的认知则彻底扫除了行为主义。

第二天早上，在萨根和妻子琳达的公寓里喝着浓浓的咖啡时，萨根对我说：“这本书讲的是伪科学，马丁。好的科学所做的绝对预测可以被求证或被推翻。好的科学是关于真理的，而不是关于范式的。关于太阳系的起源有两种理论：一种预测认为月球表面覆盖着一层厚厚的尘埃，另一种预测认为月球表面是固体。明年我们就会知道确切的答案了。”

我们在教授俱乐部一起观看了登月的转播。阿姆斯特朗在月球上没有一脚踩进尘埃。“你看，实践是检验真理的途径。”萨根言之凿凿。

萨根保存了一本书，打算在一个极其特殊的场合为我大声地朗读。那时，克丽和我正翘首盼望着我们第一个孩子的诞生。那天，克丽开始阵痛，我赶紧开车向汤普金斯县立医院驶去。然而，我在路上稀里糊涂地开了 6 个小时，直到汽油耗尽，车也抛锚了。之后，萨根和琳达带着一罐汽油前来帮忙。又过了 12 个小时，我们四个人才到达医院，在医院，琳达握着我的手、萨根读着 J. B. S. 霍尔丹（J. B. S. Haldane）写的论文。1969 年一个春日的凌晨，阿曼达 · 塞利格曼（Amanda Seligman）平安地出生了。

萨根和我共同经历了马丁·路德·金和罗伯特·肯尼迪的遇刺、林登·约翰逊总统的下台以及康奈尔大学的黑人革命。我们对同一起事件有着截然相反的态度。然而，我们关系的决裂不是由于政治上的分歧，而是由于萨根的身体健康问题。

那年，萨根患上了一种罕见的癌症，要去波士顿做手术。不幸的是，也是因为这个疾病，萨根的生命定格在了 62 岁。

有一天，琳达跟我说需要我献血。于是，我带着 6 名学生驱车去了献血中心。在献血的过程中，我晕了过去，医生警告我不可以再献血，但我们还是想方设法地献了几百毫升的血。数小时后，萨根在医院的病床上给我打来电话，怒不可遏地咆哮道："我的病是个秘密，可你出卖了我，还告诉了我的学生！"

我对这番话感到莫名其妙。萨根后来恢复得很快，但我们再也无法像以前那样亲密无间了。

走上临床心理学研究之路

我的学术工作进展得非常顺利。史蒂夫·梅尔和我发现，习得性无助是暂时性的：在遭受不可躲避的电击 24 小时后，动物们仍然保持着无助的状态；但一个星期后，动物们就会恢复过来，并能轻易地躲避电击。后来，我发现如果动物不止一次而是多次遭受不可躲避的电击，那么习得性无助就不会随着时间的推移消失，而是会变成永久性的[8]。

关于我们研究工作的消息不胫而走，哈佛大学给我提供了一个助理教授的职位，康奈尔大学的系主任哈里·莱文对这个提议揶揄道："每个犹太男孩都想献身于哈佛啊。"他一语中的，让我羞愧难当，于是我拒绝了哈佛大学抛来的橄榄枝。梅尔则获得了一份令人垂涎的工作，他在伊利诺伊大学担任助理教授。普林斯顿大学也向我抛出了橄榄枝，邀我担任"两百周年领军人物学者"，并在我所钟爱的伍德罗·威尔逊国际学者中心和我之前的导师朱利安·杰恩斯（Julian Jaynes）的麾下担任助理会长。我母校所提供的这份诱人的职位是我梦寐以求的，但是理查德·所罗门让我等一等，说还会有更多的工作机会。就这样，我拒绝了普林斯顿大学的这番好意。可惜的是，并没有出现更多的工作机会，而我钟爱的普林斯顿大学再也没有给我任何机会。

我被吸纳为“心理圆桌会”成员，“心理圆桌会”是由一群心高气傲、不满 40 岁的实验心理学家组成的秘密兄弟会。每年在纽约市的一座大厦里举办一次聚会，每位成员都会发表一篇夹杂着幽默的学术论文。我是他们当中最年轻也最无趣的一位新成员，我很焦虑，担心他们一旦发现我忠于应用心理学就会把我逐出这个组织。

我在康奈尔大学获得终身教授职位几乎是板上钉钉的事情。校内的高级教授纷纷邀请我加入权利委员会。他们似乎是在培养我进入康奈尔大学的高级管理层。那时，我刚刚获得 NIMH 为研究习得性无助提供的第一笔资助。

“您真的对临床心理学一无所知吗？”苏珊娜 · B. 约翰逊（Suzanne B. Johnson）问道。苏珊娜是一位精力充沛、脸上布满雀斑、无所畏惧的大四学生。在我的实验心理学课程中，她拿到了罕见的 A+，于是我邀请她加入我的实验室，她在实验室也取得了耀眼的成绩。康奈尔大学不设医学院，也不开设精神疾病方面的课程，因此，尽管那时我是一名初来乍到的新手，可我开设了一门高级精神病理学课程。苏珊娜正在修这门课，她一眼就能发现我的短板。后来，苏珊娜成了一名研究青少年糖尿病的临床心理学家，并于 2012 年当选为 APA 主席。

“您让我们阅读有关动物的习得性无助和实验性神经症方面的材料，这些材料是关于老鼠和狗的，但关于人类的材料呢？关于精神分裂症、药物成瘾、躁狂症、抑郁症和自杀这些方面，又有什么材料可以阅读呢？”克里斯 · 里斯利（Chris Risley）插嘴问道，他是另一位没被我吓唬住的大四学生。

再往前追溯两年，在我的实验心理学课开课的第一天，一个乳臭未干的大二学生突然闯进了我的办公室，他笑容满面地说道：“嗨，马丁，我叫克里斯 · 里斯利。你应该了解一下我，我真的值得你这么做！”在此之前或之后，没有也不会再有哪个学生以这种大胆的方式和我打招呼，而事实证明，克里斯这样做完全没有问题。我们成了好朋友，他和苏珊娜两人总是去我家。那个时候，我家完全成了我那十几位弟子的大本营。

我最优秀的两位弟子兼密友苏珊娜和克里斯指出了我的不足，他们告诉我，我应该深入一线，去了解真正的精神疾病，我听取了他们的意见。

我本想请假去学习临床心理学，但当时几乎没有这样的专业课。在官方层面，精神病学是唯一一个治疗精神疾病的专业，那些非医学专业的人很难接触精神病学。当时，心理学家并不受欢迎，只能作为精神病学家的助手或下属进入精神病学的领地。而且那时我也没有治疗患者的资格，对于像我这样的实验心理学家，并没有一条明确的道路可以让我成为一名临床心理学家。然而，我决定自己找到一条路。

苏珊娜 · B. 约翰逊是康奈尔大学一名出类拔萃的本科学生。2012 年，她当选为 APA 主席。

Photo courtesy of Suzanne B. Johnson.

黑人学生革命

“克林顿 · 罗西特（Clinton Rossiter）是个种族主义者，最终会像一条狗一样绝望地死去。艾伦 · 辛德勒（Allan Sindler）是个种族主义者，最终会像一条狗一样绝望地死去。沃尔特 · 伯恩斯（Walter Berns）……”这些冗长而枯燥的口号一直继续着，老师们的名字被一一叫喊出来。（我的名字不在其中，因为我的资历太浅、知名度不高，也不热衷政治。）这是我们的校园广播电台发出的，喊口号的是这个团体的主席、1969 级的汤姆 · 琼斯（Tom Jones）。汤姆堪称变形客，在 1995 年，他给康奈尔大学献了一份“大礼”，从此洗白了他曾是激进分子的经历。随后，他成了美国教师退休基金会的负责人，颇具讽刺意味的是，他也掌管着我的退休基金。但当时，他的威胁并非空穴来风，因为克林顿 · 罗西特自杀了，艾伦 · 辛德勒

和沃尔特 · 伯恩斯也相继离开了康奈尔大学。

对教师的人身攻击并没有见诸报端，但我们在教授俱乐部还是对这一事件的始末有所耳闻。黑人学生抗议学校讲授的关于贫困的内容，他们从一位经济学讲师手中夺过了话筒，然后占领了经济系。他们简直无法无天。一场大火席卷了直博学生的宿舍，其中 8 名学生窒息而亡。这似乎是一场故意的纵火事件，导致直博计划被迫中止，然而，这场纵火案一直悬而未决。我的一位黑人学生告诉我，一群黑人女孩抓住他，并用别针扎他，罪名是他与白人女孩约会。

那是 1969 年 4 月，正值周末。我又回到了神童大赛，我被任命为“教员学院碗”队的队长。我们计划与 4 名本科生对决，看谁能最快地回答一些鸡毛蒜皮的问题。由于大量全副武装的黑人学生将要席卷校园的消息传来，这场比赛被迫取消。威勒 · 史佳特楼（Willard Straight Hall）是这次事件的震中。一大群黑人学生手持装有弹药的步枪，直接进入威勒 · 史佳特楼，他们威胁楼里所有的人，并强行将这些人全部赶了出去。这帮黑人学生占领了整栋大楼，武装黑人学生进入威勒 · 史佳特楼的照片传遍了全球。20 世纪 60 年代的革命就这样来到了常春藤盟校。

谣言纷飞，有人说一群武装义警聚集在学校附近，从黑人和犹太人那里夺回了威勒 · 史佳特楼；有人说詹姆斯 · 珀金斯（James Perkins）校长的狗被绑走了，黑人学生威胁要杀死珀金斯的孩子们，他们也曾威胁要杀死珀金斯本人。黑人学生究竟想要什么？他们的需求很是含糊，他们说需要更多的黑人教师、更多的黑人学生、更多的黑人奖学金，但有一个不容让步的需求冒了出来：特赦。

1969 年 4 月 18 日，黑人学生占领了威勒 · 史佳特楼。“美国黑人社团”的成员不断恐吓白人和其他黑人，并用极端手段占领了学生会，这导致我辞去了在康奈尔大学的工作。

Photo courtesy of Cornell Library.

学校的管理部门和教师深受影响，于是召开了教工紧急会议，会议的出勤率打破了之前所有的纪录。广受尊敬的哲学系老前辈麦克斯·布莱克（Max Black）敦促道："在有所怀疑之际，就要坚持原则。"但这个建议被拒绝了，他们投票决定给予黑人学生想要的一切，当然也包括特赦。

当时，包括我在内的少数教职员工对这一结果感到震惊和愤慨。放弃教书育人的自由，放弃传授知识，在暴力面前低头，把稀缺的资源分配给那些靠不住的学术项目，这不是一所大学应该做的事情。一个名为"41 人委员会"的组织成立了，其中囊括了教师队伍里最为杰出的中立派成员：诺贝尔奖获得者汉斯·贝特（Hans Bethe）、后来的得克萨斯大学校长保罗·奥卢姆（Paul Olum）、弗雷德·卡恩（Fred Kahn）、麦克斯·布莱克和很快接替珀金斯校长职位的戴尔·科森（Dale Corson）。我是第 41 位委员，是青年教师的代表。有年长的前辈告诉我，他们认为我是未来院长的人选，并说我是一个坚信传统学术价值的人。我并不认为自己会是未来的院长或校长，但我十分荣幸能够投身其中。卡尔·萨根没有加入这个委员会，从相同的经历来看，他已经太偏左了，我则明显变得更加保守。

压倒我的最后一根稻草发生在我的实验心理学课当中。我当时准备了一场关于智力的讲座，起因是加州大学伯克利分校著名的教育学教授阿瑟·詹森（Arthur Jensen）在《哈佛教育评论》（*Harvard Educational Review*）上发表了一篇理由充分但引起极大争议的文章[9]，他认为智商是可以遗传的。他列举了大量的证据，比如智商差距在每个收入水平上都趋于恒定。詹森因此遭到了媒体的批评，这件事演变成了一个非常复杂的问题，双方都各执己见、争论不休。这当然也是一个让学生接触行为遗传学的话题。但当我开始发言的时候，我注意到几个黑人学生坐在后排对我怒目而视。

我胆怯了，甚至瑟瑟发抖。无意之中，我在讲课时忽略了所有关于种族和遗传性的东西。我受到了恐吓。我明白，离开康奈尔大学的时候到了。

这次离开，我想都没想就做了选择。

第8章

宾夕法尼亚大学：确立精神病学的研究方向（1970—1972）

“嘘、嘘、嘘。”坐在安全座椅上的阿曼达喃喃自语着。

“雪、雪、雪，”克丽纠正道，“看呀，白茫茫的雪呀！”

我们沿着范奥斯特兰路疾驰而下，道路两旁是比汽车还要高的雪堆。这一天是1969年12月31日，动荡10年的最后一天。在这一天，我离开了康奈尔大学。

当我们驶出伊萨卡时，我对自己表示祝贺，因为我至少表现出了一丝勇气。我开着那辆低配版的别克车，从一所支离破碎的大学逃了出来，朝着更光明的未来迈进。

艾伯特·斯顿卡德和亚伦·T. 贝克已经为我做了安排，让我在宾夕法尼亚大学的精神病学系接触一些真正的精神病理学。斯顿卡德被人们昵称为“米奇”，我猜这是因为他那对像米老鼠一样的大耳朵。20世纪60年代中期，由于有贝克这样的助手，斯顿卡德从精神分析学家那里获得了精神病学系的控制权。从那以后，他便一直忙于重塑这个庞大却又如散沙一般的院系。斯顿卡德下定决心，要在宾大构建一个基于研究的精神病学领域，于是我被视为一名合适的新兵，同时这也把我从失业和贫困中解救了出来。斯顿卡德给我提供了一个为期两年的精神病学住院医生实习机会，并且还找到了一位私人捐助者，即华盛顿社交名媛路易丝·哈珀（Louise Harper），她慷慨地捐出1万美元，解决了我在宾大的生活问题。我通过临床训练来了解精神疾病，并因此被授予一个奇怪而又冗长的头衔——精神病学客座心理学副教授。贝克担任我的导师，那年我 27 岁，他建议我蓄须，这样可以让我看起来与同龄人一样成熟。

精神病学系给了我一间办公室，于是我在破旧不堪的宾大医院的住院部和门诊楼度过了接下来的两年时间。住院医师培训主任亨利·巴克拉克（Henry Bachrach）是一名心理学博士，也是我的第一位治疗导师。他在培训方面很受尊敬，这令人备受鼓舞，因为这表明在斯顿卡德和贝克的管理体系下，心理学家还是能被接纳的。

第一次见到亚伦·T. 贝克是在 1967 年。贝克是我在精神病理学，特别是抑郁症方面的主要导师。贝克于 2017 年 7 月年满 96 岁，岁月在他的脸上留下痕迹。我依旧拥有每月与他共进一次学术午餐的特权。

Photo courtesy of Aaron T. Beck.

第一次接诊患者时，我非常紧张，但巴克拉克一再宽慰我："你很聪明，马丁，别忘了你有这方面的优势，但记住永远不要接诊比你聪明的患者。"

我的第一个患者可能没有我聪明，但他很狡猾。他叫杰瑞，二十出头的年纪，是一个蓄着大胡子、有着如幽灵般苍白面色的辍学大学生。根据症状自评量表（使用该表是我早期治疗患者的一个习惯），我能明显看出他患有抑郁症。杰瑞低垂着双眼，泪流满面地向我倾诉着自己遇到的一个接一个的挫折，他说话和走路都是费力而迟缓的。杰瑞告诉我他刚刚剃了光头。我问巴克拉克，杰瑞为什么要剃头，我得到的回答是，尽管还没有得到充分的证实，但曾经有一本教科书认为这是自杀的标志。

我每周见一次杰瑞，对他采用由贝克发明的新疗法，后来这种疗法被称为“认知疗法”。

三个月后，杰瑞没有预约就来到了我的诊室。他眼神明亮，步履轻快，皮肤黝黑，第一次语速正常，并咧嘴对我笑着。他的头发又长出来了。就这样，我的首次治疗成功了。我暗自思忖，这种新的认知疗法确实能够创造奇迹。

“我到您这儿来是要告诉您，我不用再接受治疗了，”杰瑞愉快地说着，“但我要感谢您为我做的一切，特别是您给征兵局写的那封我得了抑郁症的信，我不用去打仗啦！”

贝克和我每周都与首席住院医师伊戈尔 · 格兰特（Igor Grant）和迪安 · 斯凯勒（Dean Schuyler）碰一次头，从抑郁认知理论的角度来讨论我们的病例。抑郁源自对损失的思量，这是贝克在 1967 年 1 月率先提出来的。这些碰头会直接促成了 5 年后认知疗法的诞生[2]。

斯凯勒是我有史以来遇到过的最具洞察力的治疗导师。对于贝克所阐述的一些抽象概念，如“这是女人的一种无意识的想法，认为丈夫从来不曾回报过她”，斯凯勒能用具象的方式阐释清楚：“女人给了她丈夫一根巧克力棒，但她丈夫连一颗糖都不曾回赠给她。”我特别尊重他们各自不同的专业技能，因为在心理学的抽象世界里，这些技能实属罕见。

我的贡献是将当时的科学文献中提出的假设应用到所讨论的病例中。譬如，童年的无助感会导致人在无意识中出现一种想法，即认为自己是一名受害者和失败者。贝克因此借用了“西点军校橄榄球队”的比喻，自称“外线先生”，并把我叫作“内线先生”，意思是他的理论向外看得更远，我的理论则舒舒服服地蛰伏在学术圈里。然而，我并不这么认为，我始终认为自己也是一个破旧立新之人。

经过两年的临床训练，在治疗和探究精神疾病的病因方面，我有了一种更开放，甚至是轻信的心态。1972 年，在住院医生实习期结束之际，我认为大部分精神疾病的病因都是显而易见的。诸如有关不幸的经典条件反射、使人精神衰弱的无意识思想、习得性无助、不良的社交技能、恶性遗传以及神经失调等，都在引发精神疾病方面发挥了作用。新的认知和行为疗法看起来很有效，它告诉患者永远都不要嘲笑或忽视这种安慰剂效应。从某种程度上说，患者会渐渐丧失信心和希望，而接受治疗这一行为本身就可以给他们带来希望。通常而言，患者只是需要一个能予以鼓励、不带偏见的倾听者。因此，如果一名对此了如指掌的治疗医师还拥有不拘一格的医术，他就会做得相当出色。

但我也相信，与此同时还有一股深邃和神秘的力量在发挥着作用，而我们很难一睹其真容。在住院医生实习期结束的时候，我甚至都开始敬畏人类的心智及其诸多变形了。

父母破碎的生活

在我的事业展翅高飞之际，我父母的生活却每况愈下。父亲中风后，大家都认为他剩下的日子不多了，但他的求生意志坚不可摧，以极强的毅力成功在一年内重返工作岗位，甚至在之后的 15 年中一直在纽约州最高法院担任书记员。他身体的左侧常常会失去知觉，每到这时，过往的经历便会如影子般在他的脑海中闪烁。父亲的情绪也很不稳定，我经常看见他号啕大哭。这一切使他成了一个备受同事怜悯的对象，而我相信，他本人是知道这一点的。我大学毕业的时候，父亲花掉了自己丰厚的伤残抚恤金，搬到了迈阿密滩市（Miami Beach）的一处公寓里。他与母亲争吵不休，而且一次比一次吵得厉害，所以母亲这回干脆留在了奥尔巴尼。他们也谈到了离婚，但从来没有坐下来就此好好商谈过。

父亲搬走后，母亲松了一口气，因为这样再也没有人跟她吵架了。母亲继续在纽约州一家律师事务所担任首席速记员。她的许多女同事都认为她在此事上处理得干脆利落，因而常常向她求教。但是母亲的关节炎愈发严重，我毕业那会儿，正是她病情最糟糕的时候：母亲只能爬着上楼，完全无法直立行走。一个秋雨绵绵的下午，我们驱车前往卢泽恩湖，母亲告诉我，她本希望自己生命的最后三分之一是一段黄金岁月，但她泪流满面地承认，这段岁月早已面目全非。

看着父母的婚姻破裂、健康状况恶化，我感到既无助又悲伤。我想到了自己在无助方面的研究工作，尽管我尽力想帮助自己走出来，却依然没有成功。不过，我很擅长把工作和家庭区分开，我把精力分别投入到自己的研究工作和努力组建的小家庭上，试图依靠这些来分散自己的注意力。

但是，情况变得越来越糟。

父亲搭乘飞机来探望克丽和我，见见自己的孙子。虽然这让父亲有了一丝的欢愉，但他始终郁郁寡欢，并谈起了自杀。有一次，我开车去超市，在汽车疾驶途中，父亲打开了车门，并做出把自己扔出去的手势。我连忙刹车，猛地把门关上，但我知道这已经超出了我的控制范围。于是，我带父亲去了费城综合医院的精神科，医护人员给他注射了大量镇静剂，他的情绪才稍微稳定了下来。但是，我不得不把父亲交给同事来照顾，这让我十分内疚。几天后，我开车送他去了机场，这是我见到父亲的最后一面。

明确自己的研究方向

我的研究方向最终确定为研究人类的精神疾病。所以，我开始在实验室里研究的习得性无助和诊所里接诊的抑郁症患者之间寻找联系。我曾经在 5 年前问过吉姆 · 吉尔“什么是抑郁症”，时至今日，这个问题有了答案，这个答案的精准性多少有些令人鼓舞，而且也让精神病学领域发生了翻天覆地的巨变。亚伦 · T. 贝克在 1961 年推出的“贝克抑郁自评量表”正被广泛使用。该量表要求患者对抑郁症 21 种症状的严重程度进行 0 ～ 3 级的评分。在那时，这些症状被编入了对抑郁症的诊断手册，也就是后来的《精神障碍诊断与统计手册（第三版）》（DSM-3）。这帮助解决了一个极为棘手的问题：医院与医院之间的诊断结果无法达成一致。比如，在纽约被称为精神分裂症的疾病，在伦敦则通常被称为躁郁症。如果没有一致的诊断，就无法在治疗方面开展系统的研究。

抑郁症是一个很好的测试案例。在新的诊断手册中，抑郁症被一分为二。双相抑郁症，即躁郁症的特征是，在很长一段时间内，患者的情绪会在非理性的高昂万丈到极端的低落消沉之间交替变化。单相抑郁症患者的情绪则一直低落消沉，有以下 9 种症状：

- 感到悲伤；
- 对任何事都失去兴趣；
- 体重下降；
- 有睡眠障碍；

- 心理运动出现问题；
- 疲劳；
- 否定自己；
- 犹豫不决或注意力不集中；
- 产生自杀的念头。

吉姆之前曾经说过“这些狗很抑郁”，我所思索的是，如果习得性无助真的是单相抑郁症的一个模型，那么形式要件是什么？实验室模型极大地促进了科学研究，它可以让人系统地探索何种药物和何种疗法可以治疗抑郁症。因此，我开展了一项研究，来明确药物与疗法之间的联系。最终，我发现习得性无助在实验中与 9 种症状中的 8 种有直接关系，唯一的例外是自杀和自杀念头。不可逃避的电击和噪声不仅引发了抑郁症，而且，尽管实验室里的抑郁症患者并没有遭到不可逃避的电击，但他们的举止犹如那些在穿梭箱里的狗一样，表现得很被动，完全丧失了自主认知能力[3]。

我在理论心理学的另一个研究方向是研究学习上的生物制约性，而大名鼎鼎的学术期刊《心理学评论》也发表了我作为本科讲师时的研究成果[4]。关于学习的白板说已经对精神疾病的理论产生了极大的影响，我开始思考，生物制约性能否应用在精神疾病的治疗方面，就如同它们在学习方面所发挥的作用一样。

事实证明，生物制约性可以被用来治疗恐惧症。回想一下约翰·加西亚的研究结果，老鼠在一次实验中获悉了一种感觉，即一种独特的味道会导致胃部不适，但独特的声音不会，这种感觉会持续很长时间。这个发现在进化上极具意义，也使先备学习（prepared learning）的其他特征显露出来。与普通的经典条件反射不同，味觉厌恶不会消失。在蛋黄酱事件过去 5 年后，我仍然厌恶这种酱汁的味道。此外，经典条件反射呈现了认知能力。鲍勃·雷斯科拉（Bob Rescorla）当时正在收集更多的证据来证明条件反射只是一种期望（比方说，认为电击会伴随着声响而出现），因此，理性的认知可以准确地反映真实的偶然性[5]。但在认知“雷达”的作用下，味觉厌恶悄然而至。当我从食物中毒中恢复过来后，我发现流感病毒席卷了整个实验室。所以，尽管我知道酱汁不是导致自己生病的元凶，但我一如既往地厌恶它。

恐惧症看起来很像先备学习。首先，它对人类的祖先所害怕的物体具有高度选择性，如蛇、蜘蛛、雷暴、陌生人、黑暗以及独自外出等。例如，一个年轻的女孩在英国的公园里看到一条蛇（这玩意儿出现在那个国度显然颇不寻常），过了一会儿，她回到自己的车里，手被车门夹伤了。此后，她这一生害怕的都是蛇而不是车门。

同样，恐惧症不会轻易消失，也极难治愈，因为仅让患者确保自己不会掉下或被推下悬崖并不会就此消除恐高症。因此，我将研究工作扩展到恐惧症和强迫症方面，认为作为一个物种，人类已经为这两个病症和它们关注的对象做好了生物进化上的准备，并且有些个体可能比其他人更容易受到基因方面的特定疾病的影响[6]。

那时我还不到 30 岁，由于这两项研究贡献，我在学术界引起了相当大的轰动。米奇和贝克征询我的意见，问我是否愿意留在精神病学科。可是我注意到，在美国，医疗部门获得的拨款资金非常不稳定，而且个人工资也不稳定。在米奇所带领的 200 名教职员队伍中，只有他自己的工资有保证。所以对于那些在大的院系工作的教授而言，工资几乎完全依赖于能否获得大量的联邦拨款或接诊大量的患者，而后者通常令人难以接受。这就意味着，如果仅仅是为了生存，精神病学科的各个部门正处于一种混乱的状态，而这一切都是为了所谓的与时俱进、唯国会马首是瞻。事实上，在那个时期，尽管 NIMH，即美国国家精神健康研究所，有“健康”二字，但它其实是美国国家精神疾病研究所，是唯一一家研究精神病学学科的机构。因此，在精神病学学科获得终身教职就相当于拥有获取联邦拨款的特权，而如果没有获得联邦拨款，即便你被授予“终身教职”，也没有工资。

米奇给我制订了一个计划。NIMH 刚刚设立了一个“职业科学家奖”，该奖项面向精神病学科领域的研究科学家，奖金至少是他们 5 年的工资。在米奇和贝克的敦促下，我申请了这个奖项和一个研究项目，即测试习得性无助是否真的归属于单相抑郁症的模型，以及它是否符合抑郁症的一些甚至全部特点。研究所很快便回复了我，并安排了一次“实地考察”。4 名美国顶尖的精神病学家来到宾夕法尼亚大学，花了一天时间与我交谈。我们所见略同，一切进展顺利。

但在申请奖项的过程中，有一个人一直对我虎视眈眈。他名叫比尔 · 莫尔斯（Bill Morse），是哈佛大学的心理学家，也是 B. F. 斯金纳的助手。他发现当施予电击时，猴子会神经质地发出一连串的号叫，而他和斯金纳则认为这种表现因为受环境影响完全“顺理成章”，并认为在这一过程当中，认知和进化完全没有发挥任何作用。鉴于莫尔斯向我提出了挑战，我毫无畏惧地从进化的角度驳斥了他的结论，并进一步驳回了斯金纳采用“迷信”的概念来解释习得性无助。我引用了史蒂夫·梅尔那至关重要的“保持静止”的实验。最终，莫尔斯气急败坏，只能闷声不响地继续怒视我。

我后来得知，当评审小组回到华盛顿后，这 4 位精神病学家给我的申请材料全部打了“1.0”的分数，这是 NIMH 给出的最高分数，相当于 A+。莫尔斯质问评审小组：“我需要给塞利格曼打多少分，才能让他一分钱也得不到？”他们告诉他需要打“5.0”，这是一个相当于 F 的分数，并且这样的分数在之前几乎从来都没有出现过。莫尔斯真的照做了，而我现在则想借此机会感谢莫尔斯，因为他无意间帮了我一个大忙。

与此同时，宾夕法尼亚大学心理学系也正在考虑授予我终身教职。与精神病学系不同的是，心理学系是“金”主，教员们的工资尽管相当低，但终身是有保障的，甚至不需要四处化缘获得项目或接诊患者。诚然，这一点是“学术自由”的经济基础。宾大心理学系几乎视我为前所未有的人才，因为在过去的 40 年里，获得宾大终身教职的本校博士生只有弗朗西斯·W. 欧文。很显然，人们认为，获得终身教职的人应该来自外校，这样做方可以避免庸才，并由此带来新鲜血液。

从好的方面说，心理学系当时推动了临床和变态心理学的发展。那时的大学生和现在一样，不断地抱怨他们总是接触老鼠，要求上更多的应用型课程，开设基础学科的研究人员迫于这种压力甚是恼火。由于厌恶与应用相关联的一切，尤其是厌恶与临床相关联的一切，这个院系一如既往地任命“基础学科”的科学家，并且曾经成功抵抗住了“无知群众”的恐吓叫嚣。当然，我本人也是“无知群众”的一分子，学生们所施加的压力也在继续增加。系里可能认为我“看起来”像一名临床心理学家，所以把应用型课程安排给我，同时也希望我能一直进行基础的实验室研究。我认为学校对这个问题的态度极具争议，如果有人问我怎么看，我会给出明确的回答，但没有人问我这个问题。

最终，投票结果出来了，我被聘为心理学副教授终身职位。那天，我路过一间办公室，发现里面正在争论不休，我只听到了临床部主任压低声音说道：“总而言之……”

第 9 章

实验心理学：声名远扬，但无法用于现实生活（1972）

我得到了一份理想的工作，而且还是个铁饭碗。渐渐地，我在实验心理学界声名远扬，但实验心理学甚少应用于现实生活中，这一点让我如坐针毡。我被美国最“基础”的（有些人会说“如便秘一般呆滞的”）心理学系录用以迎合学生们的学习要求，而我的一些同事已经把我看作一匹披着羊皮的狼。他们时刻提防着我，对他们而言，深存戒心是对的。实验心理学和临床心理学，二者皆为工具，仅仅是解决更大问题的方法而已。这其中理应还有其他的工具可以尝试一番，我想展翅飞翔，去探索更深刻、难解的问题。

就像 5 年前我刚进入康奈尔大学时一样，我总是举步生风、行色匆匆。每当我读到一篇文章，不管它多么重要，我都很快地读完，然后再进行下一项工作，因此总是错过很多细节。一旦领悟了某些要点，我便匆忙中断谈话，大家对此都习以为常，就像他们在康奈尔大学见到的我一样，我被认为是个相当粗鲁无礼和自恋成性的人。但我当时并没有停下脚步去细细回味我所取得的成就。

我与那些爱着我的人以及欣赏我的朋友们都逐渐失去了联系。我每周工作 80 个小时，即便是休息时，我也总是在思考心理学和哲学。对妻子和女儿，对母亲和父亲，我都极少关注。我唯一的友谊，仅存于我的学生和同事当中。

那个时候，我极为消极。从表面上看，出乎意料的成功让我自信和乐观，但我内心其实颇为忐忑、焦虑。稍遇挫折，我便沮丧不已，但不像我实验室里的那些狗一样，我从不言弃。我能一眼看出心理学的对和错，有时甚至能直击核心。

拥有控制权至关重要

“米勒真的很生你的气，马丁。”杰伊·韦斯（Jay Weiss）唠叨着。那是 4 月末的一天，在费城的里滕豪斯广场（Rittenhouse Square），美丽的白色苹果花绽放着。这是东部心理学会的年度会议，杰伊陈述了他的博士研究报告，这是他与耶鲁大学的尼尔·米勒共同进行的研究项目。他们将老鼠分为三组来进行实验，以此观察患胃溃疡的情况。杰伊发现那些受到不可逃避电击的老鼠大多数患上了胃溃疡[1]。这个结果推翻了那项由约瑟夫·V. 布雷迪（Joseph V. Brady）主持的著名的猴子研究，该研究表明，在可逃避电击组中的猴子最终得了胃溃疡[2]。但是布雷迪犯了一个错误，他没有把这些猴子随机分配到可逃避电击组或不可逃避电击组，而是根据对电击的反应对猴子进行分组。因此，那些反应迟钝、最不安的猴子患上了胃溃疡。杰伊采取了正确的做法，通过三元式的设计，老鼠被随机分配至各组，因此得出了与布雷迪相反的结论。杰伊的研究成果在科学史上留下了浓墨重彩的一笔。

“米勒怎么了，有什么烦心事？”我不解地问道。因为我极不愿意失去一位顶尖实验心理学家的支持。

“你关于可控和不可控电击、可预测和不可预测电击的文章没有优先引用米勒的研究报告。要知道，尽管从未发表过研究报告，1956 年，米勒可是作为阿洛·迈尔斯（Arlo Myers）的导师参与了这项工作。”杰伊说道。

我已经完全认识到习得性无助的重要性，而这番对话让我很丧气，但也发人深省。因为我想当然地认为史蒂夫·梅尔和我拥有习得性无助的研究主权（或至少还包括理查德·所罗门、拉斯·利夫或布鲁斯·奥弗米埃尔）以及三元设计法。我从未听说过阿洛·迈尔斯，在我后来查阅他的论文时，发现它们似乎并不适用于解释习得性无助。

但谁应该得到声望？谁拥有优先权？像米勒这样声名显赫的人都在担忧这些琐碎之事，这让我明白这件事情既很严肃，也颇为深奥。在科学领域，优先级已经引发了许多学者的怨恨，造成了很大的矛盾，而且几乎每个人都倾向于以自我为中心，而忽视了其他人。当有人没有引用我的研究内容时，我能想象自己会有多么愤愤不平。

所罗门解答了我的疑惑。他知识渊博、豁达大度、思想丰富，总有一些好的想法，也有不成熟的想法。在每周四的午餐研讨会上，他都会一吐为快，鼓励我们也这样做。我决定要像所罗门一样，而不能走米勒那样的路。我总是有很多奇思妙想，即便这些想法后来被证明是错误的，甚至是愚蠢的，我也从不害怕说出来与人分享。我错在不想让自己碌碌无为，而非追求真理。于我而言，所有权属于把想法落地的人，而不属于那些只想不做的人。我的想法总是喷涌而出，但不像其他人那样反复斟酌，我鼓励学生和同事把想法落地。当他们的研究成果论文发表时，由于我是最初给他们提出想法的人，他们会邀请我作为文章的第一作者或第五作者，我通常都会拒绝。我曾经在引证这件事情上犯了错误，但这通常是因为缺乏奖金的资助，而不是因为缺乏对其他作者的信任。我有时也会提出过分的要求，但这通常是为了推动想法落地，而不是为了拔高自己或为了一举成名。

我无法回答关于想法所有权这个遗留已久的问题，但是通过50年后的后见之明，我想从习得性无助的角度看待所有权问题。

习得性无助照亮了一个维度，这个维度之前一直被行为主义压制着，因此学者无从进行研究，这便是个人控制的维度。控制不仅是一种认知，还是一种对未来的认知，这二者都是行为主义的禁区。自愿反应和结果之间存在一种偶然性，抓住了这个偶然性，就能够控制结果。因为可逃避电击组的狗控制住了电击，所以预期在未来也能控制电击。

狗想要控制自己的动机是什么？我们人类是否趋利避害呢？是否还想控制发生好事和坏事的概率呢？控制是否是一个根本动因呢？

“控制”在20世纪60年代的意思不同于50年后的意思。那时，这个词不是指个人层面的控制，而几乎完全是指政府或组织的控制。

当我们的研究成果被翻译成德语、法语、葡萄牙语和西班牙语时，我们被告知，我们对这个词的用法是错误的。在德语中，个体没有“控制”这一说，只有政府才有。但是，**习得性无助随后掀起了一阵狂风。它关乎每个个体，关乎你和我，它告诉我们每个人都可以并且应该控制对我们来说重要的东西。**

对 1967 年实验中的老鼠来说，控制无疑至关重要。这种生物在被捕获时，与那些自认为可以掌控实验室的人类进行了一场角力比赛，人类将灯光调亮，而老鼠则可以按下按键来改变灯光的亮度。第一天，老鼠走出照明范围，待在昏暗的灯光下，人类以为老鼠喜欢昏暗。所以第二天，人类把灯光调到选定的昏暗亮度，但老鼠再次与他们比斗，并将周围的灯光调成明亮的。总之，这只老鼠似乎不关心光的亮度究竟是怎样的，只是要控制头顶上的光[3]。

不只是老鼠，老年人也是如此。

拥有控制权是一种基本的活力源泉

当我在宾大读研究生时，朱迪·罗丁是该校的本科生。她后来成了个体控制领域的研究先驱，之后在耶鲁大学担任教务长，在宾大担任校长，并最终成为洛克菲勒基金会会长。
Photo courtesy of Rockefeller Foundation.

我读研究生的时候，在所罗门的实验室里，有一个总是笑容满面的本科生和我们一起工作，她总是给周围的人带来欢乐。除了在实验室里忙碌，她也令我们所有人都为之痴迷，与此同时，她还担任“女子学院”的学生会主席。她的名字是朱迪丝·塞茨（Judith Seitz），后来改名为朱迪·罗丁（Judy Rodin）。朱迪后来获得了哥伦比亚大学的博士学位，她的导师是 20 世纪最杰出的社会心理学家之一斯坦

利 · 沙克特（Stanley Schachter）。

在一所养老院的四楼，朱迪和朋友给 47 位老人举办了一场讲座。讲座的主题是“责任”，告诉老人他们自己决定如何整理房间、如何打发时间。每位老人还挑选了一株由自己保管和照料的盆栽植物。

在二楼，另外 47 位老人也参加了一场讲座，这场讲座强调的是这些老人能获得的好处。工作人员会为他们布置房间，并做好打发时间的规划。每位老人还可以得到一株盆栽植物，而且护士会照顾这盆植物。

朱迪和朋友决定对这些老人的行为进行研究。20 世纪 70 年代的科技还不太发达，流行橡皮筋和纸夹，于是她们巧妙地把白色胶带粘在轮椅的轮子上，然后检测胶带的脏污程度。结果表明，身处四楼的老人更活泼、更健康，18 个月后，只有 7 人（15%）去世；二楼的老人则有 13 人（30%）去世。

朱迪和朋友认为，拥有控制权的人能保持基本的活力，而被剥夺控制权对原本虚弱的人而言可能是致命的。不过，请记住，上述实验只有两组，所以目前还不确定失去控制权是否意味着活力减弱。（一个严谨的实验还应该包括第三组，即没有参加过任何讲座的一组。）又过了 30 年，史蒂夫 · 梅尔才论证了之前结果的正确性。

这表明，“控制”作为一个合法的研究对象越来越受到关注。由于此项研究，朱迪的这位朋友成为哈佛大学心理学系第一位获得终身教职的女性，朱迪则成为耶鲁大学的教务长，后来又成为宾夕法尼亚大学的校长，并最终成为洛克菲勒基金会会长。

从 20 世纪 50 年代末开始，一些有影响力的理论家逐渐讨论起控制，但我忽略了以下伟大的历史先驱：文艺复兴时期的哲学家皮科 · 德拉 · 米兰多拉（Pico della Mirandola）、人文主义思想家伊拉斯谟（Erasmus）、神学家雅各布斯 · 阿明尼乌（Jacobus Arminius）、心理学家阿尔弗雷德 · 阿德勒（Alfred Adler）和哲学家培根、尼采。我希望有一天，我能很公正地评价以上 6 位的成就。

第一位近代先驱是罗伯特 · 怀特（Robert White），他在 1959 年发表了关于“本能”的文章。他断言，人类和动物是为了满足自己的利益而玩耍和探索的[4]。

这篇论文获得了广泛关注，我在读本科的时候也曾被要求阅读这篇文章，当我投身到习得性无助的研究工作时，这篇文章一直印在我的脑海里。社会心理学家朱利安·罗特（Julian Rotter）提出了“控制点”的概念，指出有些人是“外在的”，他们相信环境或其他人会影响自己的生活；另一些人则是“内在的”，认为自己的生活是由自己打造的[5]。这让社会心理学吸引了大量的追随者，但直到我们首次发表了习得性无助的实验成果之后，我才开始阅读这篇文章。斯坦福大学的阿尔伯特·班杜拉（Albert Bandura）教授是还在世的被引用最多的心理学家，他提倡“自我效能”的概念。“效能预期”是一种信念，即你自己可以带来你想要的结果，“结果期望”则是相信你所渴望的结果会自然产生。他严厉地斥责我们没有做出这种区分，人为地把自我效能等同于控制[6]。

加州大学伯克利分校的理查德·S. 拉扎勒斯（Richard S. Lazarus）提出了一种认知评估理论。当一个事件发生时，生物体首先评估事件的后果（初级评估），然后询问自己是否有能力处理事件及其后果（次级评估）[7]。拉扎勒斯“控制说”的重点落在应对处理上。

因此，习得性无助实际上只是在一个充满活力的游行中迈出的一步，这个游行强调的是“控制”所能带来的好处。尽管我和梅尔的这项自我评估研究工作有着巨大的意义，但我们实际上只是把两个相互交织的发展动态的一部分汇入主流心理学，即对认知和控制的新研究成果。我们与以往研究的不同之处在于缺乏控制，即无助。在 2000 年到来之际，控制和认知都已经牢牢扎根于主流心理学之中了。

到了 1972 年，习得性无助的概念逐渐流行起来。其他的科学家已经在大鼠和小鼠身上复制了这项实验，并且很快在金鱼、猫甚至蟑螂身上发现了习得性无助[8]。这对我来说是一种解脱，因为我希望我们已经找到了一个通用过程，但一开始，我担心我们陷入了一种奇怪的人 - 狗的服从模式，而习得性无助仅仅是一种特定物种的人为产物（回顾一下外在效度的问题）。同样令人担心的是，我所做的任何事情可能都无关紧要，这种预期并不普遍，而是某种程度上受到了创伤的影响。习得性无助的发生频率与事件性质有关联吗？为了找到答案，研究人员给老鼠喂食时忽略它们的行为，这些老鼠后来在学习按下按钮获得食物时出现了困难，它们变得被动。当光和声音第一次独立于行为单独呈现时，情况似乎也是如此[9]。

是的，这是一种“权利”效应，而“被宠坏的”老鼠学会了对好事束手无策，甚至不去试图控制它们。

但是，尽管取得了如此大的进步，我还是对这种习得性无助努力的外在效度产生了怀疑。难道这只是实验室里的一件奇闻轶事？这是临床中真正的抑郁症模型吗？当配偶去世，或者破产，或者被女朋友拒绝，习得性无助是否抓住了一个人所经历的本质？在研究外在效度的道路上，下一个合乎逻辑的步骤是让一些勇敢的人在实验室做习得性无助的真人实验。

我的想法得到了唐纳德 · 广户（Donald Hiroto）的回应。作为俄勒冈州立大学的一名研究生，广户建造了一个人类穿梭箱，这是一个大约 1.2 米长的两室设备。被试戴着耳机，一只手放在穿梭箱里，这时会听到一个非常响亮的噪声。如果把手移到穿梭箱的另一边，噪声就会停止，所以被试很容易学会了躲避噪声。在同样的情形下，广户在另一个房间重新设计了三组实验：所有被试都戴着耳机，其中一组人能听到噪声。但只要按下一个按钮就可以让噪声消失。第二组被试的手被绑住了，无法关闭噪声。第三组则听不到噪声。第二天，在穿梭箱里，实验结果与用老鼠和狗所做的实验结果完全相同。第二组中，三分之二的被试只是被动地把手放在穿梭箱里，甚至没有试图逃跑。

广户是一名非常严谨的日裔美国人，也是我的第一个博士后学生。准确地说，他恰好是搭建外在效度系统案例所需要的那种研究人员。尽管他比我年纪大，但他坚持叫我“塞利格曼教授”，穿戴也比我讲究得多。

“塞利格曼教授，”广户说道，“让我们做一下真人实验吧，看看人类的无助感是否是普遍存在的。如果无法躲避噪声，他们是否会放弃解决认知问题？”之后，他真的就去观察了无助感在两个工具性任务和两个认知任务中的互换性。三组被试分别拿到了可解的、无解的的字谜和没有拿到字谜的零组。这些被试在第二天去了穿梭箱。结果，可解组和零组的被试都很好地避开了噪声。然而，在无解组，有三分之二的人只是被动地坐在那里，甚至没有试图躲避噪声。同样，这一表现也会削弱人们解决认知问题的能力[10]。

我为这项工作感到自豪，在与亚伦 · T. 贝克的每月午餐研讨会上，我滔滔不绝地向他讲述了这件事。贝克一直是个温和、不直接反击的批评家，但他对我说："马丁，如果你继续沿着这条路走下去，你就是在浪费生命。"

我深受触动，但还没有动摇。贝克是在告诉我，要采用新的方法，把我的工作直接应用到真正的人和真正的问题上，从而更好地处理外在效度的问题。几天之后，我又做了一个神秘的梦，正是这个梦动摇了我：不知怎么地，我发现自己身处纽约的古根海姆博物馆里，我沿着它那著名的弯曲楼梯缓慢地往上走着。每隔几步就有一间房间，房间里的人都在玩着纸牌，似乎是塔罗牌。

我问道："为什么每个人都在玩牌？"

这时，博物馆的屋顶打开了，上帝出现了，他只有头而没有身体。如果你想知道上帝长什么样子，让我告诉你吧。上帝的年纪很大，男性，留着修剪整齐、卷曲的白胡须，声音低沉而洪亮。他开口说道："塞利格曼，至少你开始提出正确的问题了。"这一幕令我永生难忘。

第 10 章

声域：认识自己，接纳自己（1973—1974）

“声域”[1] 是一个术语，指歌手能稳定发出的最低音至最高音的范围。声域是你真实的“嗓音”所在之处，你可以以此拥有一个长久而健康的职业生涯。在心理学中，探索我的“声域”是在三个维度上进行的：风格、节奏和内容。

风格

在我最喜欢的餐厅“勒贝克芬”（Le Bec Fin）里享用晚餐时，理查德·所罗门对梅尔和我说道：“每当我说话的时候，我总是先和坐在我右边的人交谈。”20 世纪 60 年代末，乔治斯·佩里尔（Georges Perrier）开了这家经典法式餐厅，我是这里最贫穷但也最忠诚的顾客之一。在这家餐厅里，我感到舒适自在。我攒着钱，一旦遇到有什么值得庆祝的事情，我就会去这家餐厅。当时，所罗门、梅尔和我正在庆祝一篇论文将在著名的期刊上发表。

“我的脑海里有两位导师，一位是哈罗德·施洛斯贝格（Harold Schlosberg），他是我在布朗大学的导师，坐在我的右边。”所罗门继续说着，“我跟哈罗德说话时，都是字斟句酌，如果他点了头，我就转向左边，那里坐着沃尔特·S. 亨特（Walter S. Hunter）。我对他说话同样字斟句酌，且语速极慢，如果他也点了头，我才继续往下说。如果他没点头，我就再重复一遍。”

所罗门动身前往哈佛大学教书的时候，他把自己在布朗大学的研究生导师也带了过去，接着又把他们带到了宾夕法尼亚大学。我不需要假想着把我的导师带走，因为他们和我都在费城。其中两个人，所罗门和欧文，他们都担任主要学术期刊的主编，会认真地指导我的论文。因为我会规规矩矩地给他们每人发一份我正在写的论文的初稿，所以我不需要去想象他们的指点和评语。

所罗门和欧文对即将发表的文章的要求都极为严格，他们都曾是《心理学评论》和《实验心理杂志》（*Journal of Experimental Psychology*）的出色主编。他们通常会在文章中精雕细琢出大段的长句子，任何一个能从他们俩的长篇大论中抽离出来的句子，都极有可能是独特的观点。他们的论文风格是“对审稿人友好”，事实上所罗门和弗兰克也很少遇到被学术期刊退稿的情况，不过他们的论文并不“对读者友好”。

在写作上，我尽量不像他们两位那样长篇累牍。

我知道，大多数的读者都很忙碌，许多读者和我一样只是简单浏览。所以我通过使用短句和简单词语来帮助这一类型的读者，尽可能提高深奥的词语和冗长的句子的准确性，以此来减少在阅读方面的障碍。同时，我也不写太多的内容，会删除读者已经知道的多余信息，因为这些内容只会减慢读者的速度，而不会提高论文的准确性。

在写作风格上，虽然与 APA 最畅销的出版手册不同[4]，但我还是找到了适合我的声域。

节奏

我之前的节奏一直不对。在这一方面，我与父亲有相同之处，母亲说他可以在 1 个小时内完成其他律师需要用 8 个小时才能完成的工作。但母亲也说，父亲接下来会把那多出来的 7 个小时用来检查和完善。我有着与父亲一样的速度，但我会用省下的时间继续做下一项工作，而不会检查和完善之前的工作。我的高效率并不局限于工作，这让我怀疑自己的工作节奏在某种程度上导致其他人认为我做事鲁莽，进而推断我是一个自以为是的家伙。

有没有慢性子的心理学家呢？至少有一位，他叫威廉 · K. 埃斯蒂斯（William K. Estes），是一位著名的数学学习理论家。可与他交流真是令人痛不欲生。

“埃斯蒂斯，”在一个派对上，我向作为贵宾出席的他发问，“你认为睡眠的进化功能是什么？”他目不转睛地盯着我。我等啊等，等他开口的时间太长了，以至于我开始暗暗计起数来，在数到 45 的时候，他眨了眨眼睛，嘴唇终于动了。

“马丁，你认为清醒的进化功能是什么？”我能否学会慢一点儿，虽不用像埃斯蒂斯那样慢慢悠悠，但又不至于慢到惹恼别人呢？

那时，心理学系正在招聘一位视觉领域的专家，视觉领域是心理学中最为复杂的一个科学分支。有位名叫爱德华 · 皮尤（Edward Pugh）的应聘候选人，他在面试中谈到了点燃一个单视网膜细胞需要多少光子，答案似乎在 1 到 7 之间。这完全超出了我的研究范围，所以在随后的招待会上，我问了皮尤一个简单的问题。在足足等了整整 10 秒钟之后，皮尤慢条斯理地给了我一个完整的答案，其语速之慢让我完全理解了他的回答。他还让我觉得我问了一个一流的问题，把他带到了视觉科学的前沿。

“你真是太慢了，皮尤，”我随之做出评论，并迅即以一种赞美的口气问道，“你一直都这么慢吗？”

“读高中的时候，我是路易斯安那州代表队的四分卫，那时的球队可不要慢吞吞的四分卫，”皮尤回答道，“但我不得不学会慢下来。大学毕业后，我想成为一名耶稣会士。耶稣会学生有两位导师，一个给你评分，另一个是你的同伴。我的同伴每天只会写下一句话，然后指示我用一下午的时间坐在修道院的树下思考这个句子。”

“你能教我怎么慢下来吗，皮尤？”我问他。在聘用了皮尤之后，他教会了我如何慢下来。有一年，我们俩每周在我的办公室见一次面，一起阅读克尔凯郭尔（Kierkegaard）的《恐惧与战栗》（*Fear and Trembling*）。我们每周只阅读一篇，速度比以前慢了下来。

或许，这又太慢了些。

艾伦·科尔斯（Alan Kors）是新来的历史学助理教授，刚刚拿到哈佛大学的博士学位，也是法国百科全书的编纂者。10 年前，科尔斯和我就是挚交。当时他是我在普林斯顿大学的本科同学，是我们文学杂志的编辑，也是威尔逊馆里最能令人开怀大笑的文艺男生。他是一个无与伦比的讲故事高手，在聚会上用吉他即兴创作了许多朗朗上口的打油诗，但这一切并没有阻碍他成为一位严肃认真的诗人。他还是一个直言不讳的无神论者，作为在我与克丽婚礼上的伴郎，他和我并肩作战，共同"对付"我的岳母，因为我拒绝在婚礼上说出"上帝"一词，我的岳母甚为不满。总之，对我来说，科尔斯加入宾夕法尼亚大学的历史系真是喜从天降。

"我们一起讲一堂课吧，马丁。"科尔斯提议道。我们有许多共同的兴趣爱好：爱给人讲课、喜爱诗歌，热衷科学史。我马上就同意了。科尔斯不仅健谈，而且极富魅力，在我认识的所有宾大教授中，科尔斯是唯一一位在一堂大课上获得满分的老师，每个学生都给他评了 5.0 分。

我尝试着一种新的慢节奏，在科尔斯讲课的过程中，我坐在教室的后排，不去打断他。科尔斯先开始讲课。当时教室里大约有 100 名本科学生，主题是启蒙运动时期的科学。在几个知识点上，他提出了一些我略知一二的问题，我很想打断他，但我不能，因为我在等科尔斯介绍我。这堂课讲得让人如痴如醉、妙趣横生，完全是他的风格。但直到下课，他也没有介绍我，而我也始终沉默不语。科尔斯和我走回学生中心，一起喝了咖啡。

"怎么回事啊？"我有点生气地问道，"你应该介绍一下我啊。"

"怎么了？"科尔斯回复道，他也有些生气了，"你应该像往常那样打断别人啊！"

虽然我的节奏远非完美，但它正在慢下来。

内容

内容是我声域中的最后一个要素。行为主义的核心是试图从科学中剔除两种东西：一个是精神生活，另一个当然是面向未来的目的论，即对行动的前瞻性进行解释。在我所在的院系中，这些问题经常出现在氛围紧张的谈话中。其中的一次发生在 1972 年的“偶遇室”，那是一间没有窗户、脏兮兮的地下室。心理学系一共有三栋教学楼，每栋大楼都人满为患，这间地下室位于其中一栋教学楼里，“偶遇室”被可怜地安排到了这里。为了让一些心理学家可以偶尔碰面，我们中有一小部分人养成了在那里闲逛或喝喝速溶咖啡的习惯。戴夫·威廉斯经常出现在那里，我们总是无休止地争论人类和动物是否拥有丰富的精神生活，戴夫说它们没有，而我则说它们有，但是我能感觉到戴夫在逐渐让步，并开始放弃斯金纳那些贫瘠的心理学理论。戴夫那时开始了一项崭新而毫无章法的研究工作，他想找寻一片更为苍翠繁茂的天地。

尽管不允许吸烟，欧文仍在“偶遇室”里消遣了大把的时间。那时是他教书生涯的最后一年，在思想最僵化的心理学系，他仍是最坚实、正直的支柱。他在那里度过的所有时光，都象征着他是一名刚正不阿的心理学系“公民”。

我告诉欧文，吉姆·约翰斯顿和我正在努力研究一种全面的认知，即“欧文式”认知，这是一个关于回避学习的理论。我们的理论，与尼尔·米勒和理查德·所罗门二人在过去 20 年里所取得的成果形成了鲜明对比，有些人可能会说这真是“打脸”。即便我们的理论正确无误，我也不会在我的学习理论同行中广受欢迎，由于习得性无助的认知倾向，他们已经对我起了疑心。

学习如何避免不愉快的事情已经成为所有行为主义项目的试验田。米勒和所罗门想要证明，回避行为完全可以阐释，而无须涉及未来或认知。他们推论，未来不能作用于现在，所以任何目的论的解释都有因果关系，这是十足的哲学错误。

在回避学习中，动物们首先接受了逃避训练，在这种训练中，一个声音会先于电击 5 秒出现。动物们可以跳过障碍物逃到安全的一边，以此躲避电击。越过障碍物时，传达信号的声音也同步关闭。动物们很快就学会了声音一响就马上跳起来躲避，但这些动作都发生在电击之前。这种情况被称为回避学习，即动物们一听到声响就跳起来，进而躲避了更多的电击。对外行人而言，回避看似是面向未来认知的一个主要案例，外行的解释是：如果我跳起来，我就会躲开未来的电击。因此，如何在不考虑未来的情况下完全解释跳跃现象，就成为行为学家的一项重要任务。这是一个相当巧妙的花招，对回避的解释只涉及现在和过去，这样的解释曾被视为学习理论的绝技[5]。

以下是双过程理论的原理。它否认了动物们会对某件事报以期望，声称一个没有发生的事件，如躲避掉的电击，在条件反射中并不会产生作用。相反，当下即将出现的声响演变成了恐惧，这是由经典条件反射引起的，而在此之前它是与电击配对的。因此，通过让恐惧的声响停止，跳跃实际上是一种有助益的强化行为，而不完全是为了躲避从未发生的电击。

与之相比，约翰斯顿和我则认为，这些动物首先学会了通过声响来预测电击，其次是在声响出现时开始跳跃，但这一切都在电击之前，没有电击它们也会开始跳跃。因此，它们学会了抱有期待：如果在声响发出时跳跃，我就不会被电击[6]。这种期望，即对未来某种结果不会发生的假设，解释了回避行为。

这是两种理论正面交锋的罕见例子，在这种情况下，一个关键的预测可以解决关于电击消失期间发生了什么的争论。一旦这些动物稳定地跳跃下去，它们就再也不会受到电击，因此这种声响不再与电击匹配。这种“巴甫洛夫的消失”理应不再令动物恐惧声响。一方面，如果动物跳跃仅仅是为了关掉恐惧的声音，就像双过程理论所主张的那样，它们应该在足够的实验后停止跳跃，以此消除对声响的恐惧。另一方面，如果它们跳跃是为了躲避预期的电击，就如约翰斯顿和我所主张的那样，跳跃的动作理应持续下去，因为每一次的跳跃都将证实它们的假设期望，即跳跃可以阻止电击，而电击的消失则打破了声响和电击之间的联系，但它并不能驳斥一个条件：如果我跳跃，就不会被电击。事实上，每一次的“消失”实验都在持续证实着有条件的期望。所以，如果这种期望是这些动物跳跃的动因，那么它们将持续跳跃下去。

果不其然，数百次实验之后，动物们仍在跳跃。它们看上去若无其事，不像是在逃避恐惧[7]。约翰斯顿是个偏执狂，于是我们又花了一年多的时间来一一论证，才把每一处细节都弄清楚。我们详尽地查阅了所有的证据，发现这与回避的认知理论是完全一致的，同时在关键点上，与主导的双过程理论相悖。当我们确定无误之后，我马上给欧文发了一份草稿，这使得我们在“偶遇室”的交流得以落地，并在心理学系做了一场学术讨论会。那时，欧文已经有相当长的时间没有发表学术研究成果了，这是他的学术理论第一次也是唯一一次被重用。他亲笔致信给我，告诉我，看见自己的学术研究可以开花结果，他是多么开心。而我这一次也很开心能收到一封充满感激之情的感谢信，而不是像往常那样收到的信上面有一大堆用红墨水做的批改。

这篇论文对我来说意义重大。我确信我们已经彻底解决了这个问题，双因素理论家也会承认我们是对的。

但我对科学上的对峙有一种误解。我认为科学应该通过寻找理论之间的关键差异，对相反的预测进行测试。这就是卡尔 · 萨根所说的“实践检验真理”：月球上要么覆盖着一层厚厚的尘埃，要么没有。当人类登上月球时，有关太阳系起源的尘埃理论被证明是错误的，并随之被摒弃。到了 1973 年，我总共参加了三场重量级的对抗赛，对手是那些地位较高的刺激 – 反应 – 强化理论学家。

第一场对抗是关于习得性无助的。我们的论点是，习得性无助导致了一种认知，即我所做的一切都无关紧要。在回应我们的这个论点时，学习理论家认为，一些随机的电击抵消，只是谜一般地强化了静止的运动反应。史蒂夫 · 梅尔否定了学习理论家的一个观点，这些专家认为，一群狗中有一只狗明显被强化了静止，这能够证明这些狗并非是无助的。我曾希望斯金纳学派的人能挺身而出，承认他们错了，而我们是对的。但他们并没有。这些学习理论家几乎没有做出任何回应，之后也没有对习得性无助发表自己的观点。后来，他们干脆将其排除在学习理论的文集之外。

接下来是与约翰 · 加西亚和蛋黄酱的对抗。巴甫洛夫学派的人认为任何条件刺激和任何无条件刺激相结合都会导致条件反射，我也希望他们能够放弃这样的想法，并承认自己错了。但是他们也几乎都保持着沉默。他们不情愿地让加西亚当选美国国家科学院院士，对他的态度也令人不太舒服。

最后是关于回避的认知理论的对抗。我对我们学习理论的同事的反应感到惊讶，他们也没有任何的反馈。所罗门是一位追求完美的绅士，但对于这篇论文，他只字未提。米勒、雷斯科拉以及其他成员始终都保持沉默。

我的对手们根本没有缴械投降，只是逐渐让步。我早该知道的。行为主义学习理论最终放弃了解释“所有行为”的野心[8]，摒弃了全盘的反唯心主义，巧妙地允许在“期望”中解释条件行为。条件作用经过逐步修正，产生了这样一种观点："生物体被更好地看作一个信息探索者，利用刺激之间的逻辑和知觉关系，连同它自己的先入之见，来形成一个复杂的对世界的表征。"因此，学习理论的伟大计划慢慢走向了失败，即试图解释行为而禁止假定未来可能性的心理表征，慢慢衰败了。更重要的是，我看到了建立一门认真思考未来科学的可能性。

但为什么对未来的思考一开始就被禁止了呢？行为主义中有一个巨大的概念错误，其中一些真正值得怀疑的东西（比如时间上的因果关系，未来决定现在）与一些丝毫不神秘的东西（比如由此时此地所引导的认知包含着关于未来可能性的信息）混在了一起。当前的行动被当前对未来的设想引导，这并不神秘，因果关系也没有颠倒。

因为我指出了我的那些斯金纳学派和巴甫洛夫学派同事的错误，他们对我没有什么好印象，这一点也不奇怪。坦白地说，我在他们那儿的口碑并不好。

那我收获了什么呢？我对自己的评价其实也不怎么好，但我开始了解自己的"声域"，寻找自己思想的舒适区。我找到了主流理论的最基本前提，并自问如果该前提完全是错误的话，将会发生什么。我逐渐学会不要期盼自己受大家的欢迎，但在内心深处，我深知真相终将大白。

"什么是'普及版'图书？"我问道。之前我从来没有听说过这种玩意儿。

"就像你平时写的那样，它介于学术专著和机场书店里的大众书籍之间。"巴克·H. 罗杰斯（Buck H. Rogers）回答道。罗杰斯是出版社的代表，他邀请我共进晚餐。"你一直在写关于无助的文章。对于专业人士而言，这个话题并不枯燥。对于受过教育的大众而言，他们对这个话题也有极大的兴趣。你自己曾写过，无助与抑郁、死亡和抚养孩子有关。关于心理学，只有一本这样的'普及版'图书，即《群居动物》（*The Social Animal*）。而你的书，将会是第二本。"

我认真地考虑并接受了这个提议。这需要我归纳自己对外在效度的思考，不管无助是否真的重要，这个项目同时也给了我向公众证明和解释实验心理学的机会。这似乎是通往未知之路的第一步。约翰斯顿以他一贯的怀疑语气问我，这个世界是否需要一本讲述无助的书。

到了 1974 年，我终于找到了属于自己的“声域”。

在写作风格上，我喜欢平铺直叙：甚少夸夸其谈，章节简短，直入主题。

在节奏上，我变得越发缓慢。我在说话和思考时都更加深思熟虑。我的速度已有所改善。尽管还不完美，但它比以往任何时候都更接近正确。

内容才是重中之重。物理学和化学在成为基础科学之前，就已经有了各自的工程学。物理学预测了日食、潮汐和炮弹的发展轨迹。炼金术发明了药物和颜料，即使它不能用铅来制造金子。因此，物理学家和化学家知道什么值得进一步研究。相比之下，心理学从未有过工程学，它没有在现实世界中发挥作用的发现和发明，因此，心理学的“基础”是不扎实的。这就是学习理论让我深感困扰的地方，因为经典条件反射和操作性训练不是任何事物的基础。

由于我找到了自己的“声域”，我会选择以现实世界为基础的心理学主题，然后深入挖掘，找到它们的元素。

这个世界的确需要一本讲述无助的书。

第 11 章

英格兰：到一流学府学习临床心理学（1975）

1975 年 1 月的一个寒冷的夜晚，克丽和我带着 5 岁的阿曼达和 20 个月大的戴维，登上了飞往伦敦的航班。我们在旺兹沃思市（Wandsworth）的韦斯托弗路租下了一套三居室的独栋房屋，这是一个改良过的社区。我们买了一辆二手的沃尔沃旅行车，这样我驱车 30 分钟便可以穿过那几个脏乱差的地区，来到丹麦山（Denmark Hill）上班。当时，我获得了古根海姆学者奖学金，并被聘为莫兹利和贝特莱姆皇家医院精神病学研究所（Institute of Psychiatry of the Maudsley and Bethlem Hospitals）的客座教授。我去英国的主要原因，是想在世界一流学府学习和了解临床心理学的更多知识。这些机构都拥有辉煌的历史：除了“疯人院”这个词源于贝特莱姆皇家医院（Bethlem Royal Hospital）里疯狂的囚犯行为之外，莫兹利是培养顶级精神病学家的摇篮，而精神病学研究所则是这颗皇冠上的宝石，是英国年轻临床心理学家的研究中心和培训中心。

汉斯·艾森克（Hans Eysenck）是这个日益庞大的中心的负责人。艾森克是 20 世纪下半叶最伟大的心理学家之一，他正直善良、才华横溢、智勇双全。1916 年，艾森克出生于德国。上小学时，老师告诉他们犹太人在第一次世界战中出卖了德国，尽管艾森克不是犹太人，他还是写了一篇论勇气的文章，写的是犹太人获得了德皇威廉勋章。此后不久，他在课堂上公然对抗一名纳粹主义信徒，他的老师偷偷地告诉他尽快离开德国。告别了父母，艾森克搭乘火车悄悄离开了德国，最终来到了英国，却被视为可疑的德国流亡分子，因此无法找到工作。

在伦敦大学，艾森克与西里尔·伯特（Cyril Burt）爵士一起获得了博士学位，伯特爵士是研究智商遗传可能性的主要学者。不久以后，艾森克就卷入了一场相关的争论。他提出了一种涉及神经过敏症和内向性格的人格理论，并希望获知这些人格类型的起源。但那个时候是激进环境主义的全盛时期。在某种程度上，人格源于我们周围的环境。这是美国理想（人人生而平等）和苏联理想（“苏维埃人”的创造）一致认同的唯一信条。随着纳粹优生计划的实施以及德国的战败，研究基因成了一件令人厌恶的事情。艾森克不是纳粹的支持者，他赞助了对包括智商在内的一系列人格特征的双胞胎研究。不断有数据显示，性格是高度遗传的，智商更是如此：几乎在所有性格特征上，同卵双胞胎都比异卵双胞胎相似得多。此外，被收养的孩子与他们养父母的相似程度远不如养父母的亲生子女。这项研究成果让左翼媒体指责艾森克是法西斯分子。他经常在公开演讲中受到诘问，甚至遭到攻击。艾森克无所畏惧，他认为听众有不同的争论是很正常的，而且他相信真相终将大白。

基于道德考虑，我更希望激进环境主义是正确的，但它实为谬论。加西亚效应和我对先备学习的研究，证明了这一教条是完全站不住脚的。太多的人类经验与之冲突。

难道我们从父母那里继承的不仅是他们的眼睛颜色、身高甚至智商，还有个性、希望以及梦想？我怀疑由于遗传的原因，父母和祖父母所擅长的活动，诸如养育、战斗、游说、发号施令、引诱或偷窃，我们也擅长。离婚这件事也具备高度可遗传性，离异的同卵双胞胎比异卵双胞胎更有可能离婚。可遗传的全球性人格特征包括吝啬、随和、欲望、忠诚、滥交。没有离婚基因。进化只选择次要的基因，主要是提高繁殖成功率和生存能力的实用特征，如美丽、侵略性、智慧、速度和力量等。这些特征只会简单地沿着构成它们的基因沿袭到下一代人身上。基于这个观点，卡尔·荣格（Carl Jung）在他的“原型”理论上并没有犯太大的错误，而艾森克主持了一个研究项目，使得我们更接近人类动物的本性，而非激进环境主义的教条。

我们第一次见面时，艾森克说：“性格的来源可能不仅仅是基因和环境。”他身材高大，身姿挺拔，一头褐色的卷发，一双蓝色的眼睛引人注目。他看上去更像45岁，而不像一个60岁的人。他字斟句酌，但所说的每一句话都流露出其抱诚守真的品格，他待人热情洋溢，温润如玉的谦谦君子之风让我深深为之折服。

“你对星象有什么了解？现在有一个小道观点。”

“占星术？”我不解地问道。我们开始谈论另一个争论点。

“新式占星术。把这个拿回家，从头到尾仔细地看一看，”艾森克一边说着，一边递给我一份厚厚的文件，“米歇尔·戈克兰（Michel Gauquelin）和弗朗索瓦丝·戈克兰（Françoise Gauquelin）谴责传统的占星术是不科学的，在我看来，他们做的研究还是颇为严谨的。这个打印出来的资料表明，我们可以从一些著名的法国人出生时所处的特定行星的位置来预测他们未来的职业。运动员和好战的军人分子在出生的时候，子午图上面往往有火星；演员（木星的个性）的子午图有木星；科学家和医生（寡言的内向者）的子午图有土星[1]。不仅是法国人，比利时人也如此。”

我把那厚厚的一堆材料带回了旺兹沃思的家里，并做了数据统计分析。这些数据证实了艾森克所言。几周之后，我在伦敦南部克拉珀姆（Clapham）一家精致的餐厅与艾森克共进晚餐。我告诉他，我没有发现材料中有任何不妥之处。

“但这其中的原理远远超出我们的想象和能力，”我说道，“助产士的手对婴儿的影响远远大于遥远星球的无穷小力。影响力与距离的平方成反比。”

“原理？我们甚至没有关于重力的原理。”艾森克反驳道。

我凑上前去反驳时，因为脑袋离蜡烛太近了，居然把头发点着了。克丽连忙用杯子里的水浇灭了火焰。这让我感到很尴尬，我的头发烧焦了，好在没有受伤。

我从来没有发表过关于新式占星术的论文，我相信艾森克也没有发表过此类文章。然而，我们都有一个共同的观念，那就是，宇宙中所蕴藏的秘密比我们这些渺小可怜的科学家所能探测的要多得多。

艾森克在莫兹利医院的地位如神一般。他所扮演的角色我以前从未见过，但这塑造了我的未来。我的父母希望我成为爱因斯坦那样的人，一个能深入科学问题本质的天才。我不是爱因斯坦那样的科学家，也不是维特根斯坦那样的哲学家，这不仅仅是因为我不够聪明或不够深邃，还因为这事关“声域”。只研究一个单一的问题，并探究到底并不是我想要的。相反，我开始意识到，我好像有点“创业”的倾向，这与学者的标准心态相去甚远。我能一针见血地发现一个需要重构的基本问题，然后钻研下去。习得性无助在刺激 – 反应 – 强化的学习理论中占据主导地位，我们开始将动物心理学推向认知领域。先备学习占据了环境保护主义的主导地位，我们试图将其推向一个更加重视进化的方向。我之前很喜欢为了崭新的基础理论亲自上阵，但我现在希望让我的学生和同事一起来盖成“这座大厦”。

这不是爱因斯坦而是罗伯特 · 奥本海默所要起到的作用。奥本海默是一位极其卓越的物理学家，他对制造原子弹所需的所有相关物理知识都信手拈来，视野广阔，是“曼哈顿计划”① 的核心领导人。他从未获得过诺贝尔奖。我的父母也没有像爱因斯坦那样的儿子。最多可以说，他们也许有个像奥本海默那样的儿子。

对恐惧症的临床研究

一声刺耳的长长尖叫把我们吓呆了。S. J. 杰克 · 拉赫曼（S. J. Jack Rachman）和我沿着走廊向艾萨克 · 马克斯（Isaac Marks）的办公室走去，尖叫声是从他紧闭的门后传来的。

马克斯是我的领导。我在宾夕法尼亚大学的心理治疗学导师迪安 · 斯凯勒曾告诉我，他去年和马克斯一起度过了很美好的一个月。马克斯也邀请过我去他赞助的研究所休一段学术假。马克斯移民自南非，在开普敦获得了医学博士学位，在伦敦接受了精神病学医生的培训，于 1969 年在《恐惧与恐惧症》（*Fears and Phobias*）期刊上发表了论文之后[2]，他一跃成为焦虑症领域的顶尖精神病学家。马克斯身材瘦小，待人热忱，还是个美学家。若与马克斯并肩漫步在花园中，一路上都能听到他关于玫瑰甚至鸢尾花香味细微变化的评论。马克斯对恐惧症先备研究尤其偏爱，这让我受宠若惊。他一直照顾我，并把我介绍给他的那些恐惧症患者。

尖叫声再次从马克斯办公室的门后传来。拉赫曼和我静静地站在那里，沉默了一分钟后，拉赫曼轻轻地敲了敲门。马克斯打开了门，我们看到一个 50 岁上下的

① 第二次世界大战期间美国陆军自 1942 年起开发核武器计划的代号。——译者注

男人，穿着一身蓝色的西装，打着红色的领带，坐在马克斯的对面，他的脸上洋溢着幸福的微笑。马克斯把我们介绍给这位患者，请他讲讲我们无意中听到的新疗法。

“我是一名恐旷症患者，”他解释道，“我害怕人群，害怕被人群包围，无法逃脱。这里的马克斯医生正在用他所谓的‘宣泄’法治疗我的恐惧症。我发现，当我把一切都倾泻出来，大声喊出我的恐惧时，我感觉好了许多。所以，我想象自己挤在足球比赛的看台上，每个人都站着大喊大叫，还有……”他站了起来，又尖叫了大约 10 秒钟，然后瘫倒在椅子上，虽然疲惫不堪，但依然喜气洋洋的。

“上周日，我真的去看了一场足球比赛，每当人们站起来大喊大叫的时候，我就和他们站在一起，奋力喊出我的恐慌。我玩得很开心，我想现在自己可以更好地处理这个问题了。”

马克斯是一位富有创造力的临床医学家。他实施了暴露疗法，在这种疗法中，患者没有避开自己恐惧的物体，而是任由自己被其淹没。这个疗法的逻辑是，令他恐惧的物体是一种条件刺激，如果没有任何非条件刺激，比如真实的创伤，恐惧就会消失。关键是要让恐惧症患者在恐惧的物体面前停留足够长的时间，直到发现它对自己无害。马克斯的治疗技巧非常极端，比如把幽闭恐惧症患者锁在壁橱里两个小时，但这种方法确实行之有效。那个尖叫的患者离开时，一遍一遍地说着“谢谢你”，马克斯告诉我和拉赫曼，他正在用水来治疗一位有精子恐惧症的患者，我之前从未听说过这个病症。她现在开始发病，避免与所有男性接触，包括她的丈夫和儿子。

“上周给她布置的家庭作业是让她穿上丈夫的脏内裤。这周她表现得很好。”马克斯告诉我们。

汉斯的得力助手拉赫曼后来成为我在莫兹利医院最亲密的朋友。和马克斯一样，拉赫曼也是一名来自南非的犹太移民；与马克斯一样，拉赫曼也是一名著名的行为临床医学家；就像马克斯一样，他的主要研究领域也是焦虑症。与马克斯或汉斯不同，拉赫曼并没有传奇的生涯。他很腼腆、谦逊、随和，而且非常有趣。在他悠然自得的外表之下，我感觉他有过一段痛苦的过去，是个曾到过地狱的人，回到现世时尽管伤痕累累，却更加坚强。拉赫曼的临床技能和对那些陷入困境的患者的理解，似乎都源于他在地狱度过的那一段时光。

拉赫曼对所有的神经衰弱症都从进化的角度进行了认真的思考。他和帕德摩尔 · 达席尔瓦（Padmal DaSilva）向我介绍了一些强迫症病例，这些病例很符合恐惧症的准备状态理论。强迫症患者对污秽、检查、伤害和怀疑有着非常令人不安的想法，即便这些想法从他们的脑海消失，也只是暂时性的。恐惧症患者会尽力擦去灰尘，反复检查以确保门是锁着的或者煤气灶关好了，在心存疑虑的时候这些想法反复出现。因此，准备状态理论似乎不仅适用于恐惧症，也适用于强迫症。

左边的是南非精神病学家约瑟夫 · 沃尔普，他是行为疗法的先驱。他于 1960 年移民到了美国，在天普大学任教。1966 年，他成为我的朋友，并向我介绍了系统脱敏疗法。中间的是 S. J. 杰克 · 拉赫曼，是我在莫兹利医院期间最亲密的同事。右边的是特里 · 威尔逊（Terry Wilson），一位著名的行为临床医学家。

Photo courtesy of Terry Wilson.

那时，在瑞典的阿恩 · 奥曼（Arne Ohman）的人体条件调节实验室里，准备状态实验正在紧锣密鼓地进行。蛇或蝎子的图片（从进化的角度看具有危险性）本身不会引起恐惧，但图片会与电击进行配对。条件恐惧只发生在一个配对中。这种恐惧很难消除，即使电极被切断、电击根本不可能发生，蛇和蝎子的照片仍然会引起恐惧[3]。重要的是，鲜花的图片（从进化的角度来说不具危险性）与电击进行配对时，就不带有这些属性。当不再出现电击或电极被取下时，恐惧经历了许多次实验才得以调节，并且很多恐惧情绪迅速且合理地消除了。这让我很欣慰。这个结果与约翰 · 加西亚用老鼠进行味觉厌恶实验的结果一致，也与蛋黄酱的现象完全相同。

但杰克向我介绍了一些罕见的、毫无对策的恐惧症病例：一名患有植物恐惧症的失明女性和另一名恐惧所有褐色物品的女性。这种恐惧症的严重性导致这两名女性足不出户，以免遇到任何植物或任何褐色的事物。她们对这些东西的恐惧与事物本身在进化上的危险性无关，因为植物和棕色的巧克力在进化过程中似乎是非常无害的。但她们的恐惧症一直都没有好转，而且对治疗非常抗拒。我们虽然无法解释这种现象，但渴望找到准备和恐惧的边界条件，如果它们是谬论的话，我们甚至想去推翻这个理论，所以我们发表了论文《毫无准备的恐惧症：做好准备》（Unprepared Phobias: Be Prepared）[4]。

离婚

就像在科研工作中的表现一样，拉赫曼做事总是竭尽全力并力求公平公正。他是一名葡萄酒鉴赏家，曾每月带我去两次品酒会，接着再去参加佳士得拍卖行的拍卖会。拉赫曼是一位诲人不倦的老师，对精品葡萄酒的特性了如指掌。因此，我开始学着品酒，并慢慢掌握了一些品酒的术语，譬如“树莓的酒香”、“车用机油的底色”以及“符合其酒龄的缺量”。拉赫曼用雅克·迪拉克（Jacques Durac）的笔名写了一本佳作，即《味觉的实质》（*A Matter of Taste*）[5]。署有拉赫曼真名的书籍是他编审的一本叫作《行为研究与治疗》（*Behaviour Research and Therapy*）的书，他在这本书里毫不客气地批评那本关于葡萄酒的书既幼稚又不科学。[6]

在拉赫曼的熏陶下，我开始产生关于葡萄酒的诸多梦想，这其中颇有一点冥冥之中自有天意的感觉。事实上，那次我在苏塞克斯大学（Sussex University）发表演讲，主持人是著名的认知心理学家和葡萄酒鉴赏家斯图尔特·萨瑟兰（Stuart Sutherland）。萨瑟兰教授给我出了道难题，让我盲品一种德国红酒。我对这酒见所未见，但在晃杯、嗅闻和品尝后，我很自信地断言：“这是一瓶莱茵红葡萄酒。”居然真是莱茵红葡萄酒！那一刻，我信心倍增。

拉赫曼为我在研究所安排了一连四场演讲，场场都座无虚席，还有许多站着的听众。研究所当时不仅是英国首屈一指的精神病学研究机构，同时也是临床心理学的主要培训机构。艾森克之所以出名，某种程度上是因为他成功地让临床心理学家可以合法地进行心理治疗，而不仅仅是作为精神病学专家和其他医生的助手。其成果是该研究所蜚声于世的哲学硕士和博士项目，在拉赫曼、马克斯、艾森克和其余 20 多名研究临床医生的领导下，英国最优秀的年轻人为获得临床训练的资格而激烈地竞争。这些年轻人成群结队地来听我的讲座，每天在公共休息室里喝茶。

在那里，我遇到了一位漂亮的女性，在接下来的三年里，她成了我生命中不可或缺的人。她叫苏珊娜·米勒（Suzanne Miller），是一位来自蒙特利尔的博士生。苏珊娜是犹太人，个子不高，有着完美无缺的脸蛋和身材，褐色的眼睛熠熠发光，充满爆发力。她毫无顾忌地告诉我她单身，所有男人都可以追求她。我被她迷倒了。此时，虽然有两个年幼的孩子需要抚养，但我和克丽的婚姻在过了 10 年之后越发淡漠，我们打算在伦敦分道扬镳。我一心一意地投入到自己的研究工作，工作对我来说比克丽和孩子更重要，这是我们疏远的一个主要原因。遇到苏珊娜后，我们开始环游欧洲，不到一年，我就为了苏珊娜离开了克丽和我的孩子。

对我来说，那是一段艰难的时光。我既被苏珊娜迷得神魂颠倒，又遭受着内心的折磨。我最担忧的是女儿阿曼达和儿子戴维的未来。我告诉当时 5 岁的戴维，离婚意味着我再也不会和克丽一起生活了，永远，永远，永远。"但或许你还是可以的。"戴维仰着头说着，恳求地看着我。

和我不同的是，克丽很快从困境中走了出来，嫁给了我在普林斯顿大学的室友戴夫·亨特（Dave Hunter）。作为一名哲学系学生，亨特是一位如圣人一般的室友。从哈佛大学法学院毕业之后，在接下来的 30 年里，亨特一直在美国司法部工作。在他们的婚礼上，他们发誓要"像马丁希望的那样"抚养孩子，这让我很高兴。对我们的孩子而言，亨特是一位优秀、公正的继父，但克丽和我的关系永远回不到从前了。最终，克丽和亨特都成了一神派的传教士，并共同建立了一个教会。我总是对自己离开孩子的决定感到内疚，但如果没有这次鲁莽的举动，我之后的 5 个优秀的孩子以及积极心理学或许就不会出现了。

习得性无助与抑郁症

那时，我的第一本面向大众的书《无助》（*Helplessness*）[7] 刚刚出版。在过去的一年里，我花了大部分时间来写这本书，我发现自己非常喜欢用朴实的文字来写作，并从实验室的发现中推断出一些重大的现实问题。这本书的前半部分讲述了习得性无助的概念和它存在的科学证据。后半部分则讲到了习得性无助是如何揭示现实问题的：孩子在成长的过程中是如何摆脱无助的，以及如何提升孩子的掌控力；习得性无助是抑郁症的一个模型，给了我们关于治疗的提示；习得性无助是导致过早死亡的原因之一。这本书出版后，艾萨克·马克斯和舒拉·马克斯（Shula Marks）为我举办了一场聚会。回到宾夕法尼亚大学后，艾伦·科尔斯请我去学校里的小酒馆共进午餐。“我希望你下一本书的内容与这本书截然相反。”我们告别时，艾伦说道。

尽管关于习得性无助的这些想法获得了积极的反响，但我越来越觉得，我对诸如抑郁症这样的现实问题的推论还是不成体系的。令人欣慰的是，虽然习得性无助是从动物身上发现的，但我们在人身上也发现了同样的被动性，而关于古根海姆博物馆的梦和亚伦·T. 贝克关于我在浪费生命的告诫始终萦绕在我的心头。在 4 月的一个阳光明媚的日子，所有这一切在牛津大学达到了顶点。

我获邀去牛津大学心理学系做一场讲座，主题是关于习得性无助作为抑郁症的一个模型。偌大的演讲厅里人头攒动，当我进去的时候，从听众席中传来了欢呼声。我看到了英国学术界的一些明星：杰尔姆·布鲁纳，一位旅居海外的美国教授，牛津大学钦定讲座教授；唐纳德·布罗德本特（Donald Broadbent），信息处理心理学的领军人物；杰弗里·格雷（Jeffrey Gray），艾森克的接班人，莫兹利医院的院长；迈克尔·格尔德（Michael Gelder），英国精神病学领头人；还有尼科·廷伯根（Niko Tinbergen），诺贝尔生理学或医学奖得主。他们似乎期待着一些爆炸性的内容。讲座的形式非同寻常：我的 60 分钟演讲结束后是一个开放的问答环节，一位名叫约翰·蒂斯代尔的年轻牛津讲师已经被安排好提问了。我知道他是艾森克和拉赫曼最重视的学生，据说非常博学，是一名执业的临床医生，还是一个尖锐批评习得性无助的人。

我逐一讲述了从在实验室观察到的 8 种习得性无助的症状与 9 种抑郁症的症状的对应关系。同时，我陈述了一个事实，那就是实验室里的抑郁症患者无法躲避噪声，并且在面对认知问题时很轻易就会放弃，即使在没有任何无助因素的诱导时也一样。考虑到这样的关系，我提出了一个观点：**当一个人认为自己无能为力时，他就会变得抑郁和无助**。在演讲的最后，我提出，在实验室中得出有关习得性无助的治疗和预防策略，应该运用于指导治疗和对抑郁症的预防上。这就是我那场中规中矩的演讲的内容。

当蒂斯代尔走向演讲台时，听众们报以热烈的掌声。

“对于塞利格曼教授的观点，我是多么希望能和你们一样满怀热情啊。”蒂斯代尔用一种短促的英式口音开口说道，“但我做不到。”

接着，蒂斯代尔开始严厉批评我的观点。

“第一，”他说道，“假设一名被试在无助实验中遇到了无法解决的认知问题，他可能得出的结论是什么？‘我太笨了，解决不了这个问题’还是‘讨厌的实验者操纵了一切，让问题无解’？抑郁症的症状通常包括不自信，并且伴随着自卑，而不是相信存在操控者。”

“第二，什么时候是暂时性的无助，什么时候是普遍性的无助呢？一名无法躲避噪声的被试可能会得出这样的结论：这只是实验室的一个把戏，在实验室之外或者在其他时候，问题是可以解决的。或者，他可能会得出这样的结论：抑郁症患者在任何情况下都将是无助的。这种无助的模式并没有告诉我们，抑郁症患者的思维和正常人的思维之间的关键差异是什么。”

“简而言之，就像他否认行为主义者一样，塞利格曼教授也没有公正地看待人类对无助的解释，以及这些解释是如何成为抑郁症及其治疗关键的。塞利格曼教授理应更好地熟悉归因理论。”蒂斯代尔总结道。

我听到这番言论后目瞪口呆。蒂斯代尔一针见血地指出了我的理论的核心疑点，比我所能表达的更为清晰明了。

“我认为蒂斯代尔博士所言极是，”我回答道，“这些反对意见很正确，我确实不了解归因理论。因此，我想邀请蒂斯代尔博士与我合作，在必要时共同完善习得性无助理论，或者更好地精进这个理论，使它能够更好地适用于抑郁症的治疗。”

蒂斯代尔当时正期待我做出什么巧妙的辩解，但很显然，他听到我的这番话后非常惊讶，然后他回复道：“我接受。”就这样，蒂斯代尔和我开始了为期三年的合作。

第 12 章

高级研究中心：研究痛苦，更要研究幸福（1978—1979）

1976 年 1 月，我从英国回到宾夕法尼亚大学，我的研究小组群英荟萃、人才济济，我们急切地想要迎接约翰·蒂斯代尔对抑郁症无助理论提出的挑战。我这个富有生气的研究小组由三位杰出的女性领导：琳恩·艾布拉姆森，她总是穿着紧身牛仔裤，搭配特大号的扎染 T 恤，看上去像个嬉皮士，但她显然不是。琳恩天生丽质，只是不太在意自己的穿着打扮。琳恩来自明尼苏达州的乡村，拥有芬兰人和印第安苏族人的血统。带着在威斯康星大学取得的优异成绩，她来到了宾夕法尼亚大学读研究生。琳恩思想深邃、博学多才，与当时那个年代的女研究生截然不同，她坚定而自信，是个大嗓门的姑娘。她那如小鹿般的天真眼神和爽朗热情鼓舞我们一路前行，这些品质也让她成了我们研究团队的思想领袖。

琳恩最亲密的伙伴是劳伦·阿洛伊（Lauren Alloy）。劳伦的本科就读的也是宾夕法尼亚大学，因为成绩极其优异而被直接录取为研究生。劳伦并没有就此止步不前。她是一个坚强的费城女孩，对任何事都无所畏惧：20 世纪初，她祖父的双亲在一场俄罗斯大屠杀中被杀害。当时她的祖父才 6 岁，独自漂泊，几乎靠步行从俄罗斯来到了英国。她的父亲菲尔·伯什（Phil Bersh）是天普大学一位著名的动物学教授。与其他研究生不同的是，劳伦衣着时髦，总戴着一枚巨大的订婚钻戒，化着浓妆，这一点与琳恩截然相反。她其实是理查德·所罗门的博士生，但她和琳恩形影不离，并因此很快受到我的理论影响。没过多久，劳伦和琳恩就有了新的发现，这一发现颠覆了传统的抑郁症理论。

琳恩 · 艾布拉姆森曾是我新成立的研究小组的思想领袖，该小组致力于研究抑郁症习得性无助模型的归因重构。

Photo courtesy of Lyn Abramson.

“三巨头”的最后一位成员是朱迪 · 加伯（Judy Garber）。朱迪在佛罗里达州立大学读了一年研究生，这一年对她而言简直就是个灾难，于是她逃离了这所大学，来到宾大，恳求我收留她，她愿意免费做我的研究助手。我们约定，如果她能脱颖而出并做出一番成绩，我就帮助她重新开启理论心理学家的职业生涯。她确实做到了，并很快证明了自己的价值。她尽心尽责，做着一些日常工作，比如给老鼠喂食，但很快她就成了这个研究小组的核心人物。

劳伦 · 阿洛伊是琳恩最亲密的伙伴。她们后来共同获得了 APA 的杰出科学贡献奖，这是该学会的最高科学奖项，以表彰她们的发现。

Photo courtesy of Lauren Alloy.

朱迪与我们不同，她有社会心理学的背景，知道我们这些临床和实验心理学家所不了解的归因理论。她督促我们阅读相关文献，然后引领我们进行关于归因理论的讨论。朱迪的教学和学识让我惊叹不已，但我对归因理论并不感兴趣。“归因”

是一个模棱两可的词，这里指的是一个人自我解释一个事件的因果，这个理论来自朱利安·罗特的“控制点”理论[1]。罗特指出，当一个糟糕的事件发生时，一个人要么将其归结为内在原因（“我应该受到责备”），要么归结为外在原因，比如一个事件、环境或者其他人（“他想抓我”）。当面对不可躲避的噪声或无法解决的问题时，一个人可以把他的无助归因于内在原因（“我是有缺陷的”），也可以归因于外在原因（“这个该死的问题是无解的”）。我们认为，那些把失败归结于内在原因的人会觉得自己一无是处、没有自尊，而那些把失败归结于外在原因的人则不会有这样的感受。迄今为止，这一理论得到了诸多验证，但它仅仅是回应蒂斯代尔批判的一个出发点。

蒂斯代尔希望能够进一步获知无助感何时会持续存在，而不是消失；无助感何时会渗入生活的方方面面，而不是停留在表面（“反应启动”）。朱迪给我们指出了伯纳德·韦纳（Bernard Weiner）[2]改进归因理论的方向，即归因不必局限于内部或外部。原因可以被认为是暂时的（“我宿醉了”），也可以是永久的（“我智商低”），可以是特定的（“我不擅长玩字谜游戏”），也可以是普遍的（“我永远无法解决我的问题”）。

为了回应蒂斯代尔的问题，我们重新制定了关于抑郁症的无助理论，从而体现出人们对产生无助感的原因的思考方式。**把问题归结为内在原因的人会觉得自己一无是处、没有自尊，归为永久性原因的人在未来很长一段时间内将会很无助，归为普遍性原因的人在身处各种状况之下都是无助的。那么最重要的是，如果这成了一种惯性，这种思维方式可概述为“抑郁的归因风格”，是内在的、永久的、普遍性的坏事件**：“这就是我，它将永远持续下去，它将把我所做的一切都摧毁。”这种类型的非抑郁症患者在遇到挫折时，会比不是这种类型的人更容易抑郁。我把这种类型称为“悲观主义”，并假设它是抑郁症的一个风险因素，就像吸烟是导致肺癌和心脏病的风险因素一样。

蒂斯代尔完全赞同我们的观点，我们作为合著者共同发表了这一理论[3]。我的工作形成了一种模式：在出现错误的时候，我不会一味地固守防御。我承认已经出版发行的作品存在漏洞，如果可能的话，我也会进行修订，甚至放弃一些错误的观点。我试着和批评我的人合作，而不是一味地与他们抗争。不像百老汇的那些演出，受到批评就意味着失败，在科学领域，批评是取得进步的关键。我的脑海中始终萦绕着维特根斯坦那个绝佳的例子。维特根斯坦的第一本书是建立在逻辑原子论基础上的[4]。他曾向罗素吐露心声，说他在书中已经“解决了哲学的所有问题”。在他风风雨雨的职业生涯中，他开始意识到这种观点是错误的，即单词可以与世界上的逻辑原子相对应。在他去世后出版的最后一部重要著作《哲学研究》（*Philosophical Investigations*）[5]中，他收回了自己的观点，他认为一个单词的意义仅限于它在语言中的使用，而不是它与世界的对应关系。虽然我认为维特根斯坦有些自命不凡，但他对改变自己思想的开放态度正是知识进步的超级典范。

有了重新修订的理论作为指导，在 1977 年和 1978 年上半年，我们开始在几个方面进行测试。研究小组的重要成员克里斯托弗 · 彼得森（Christopher Peterson）很快加入了我们的行列。但在我真正意识到他有多么挑剔之前，在加州等待我的是 1978—1979 年这样一个变革之年。

行为科学高级研究中心庄严地坐落在加州斯坦福市的一座漫山遍野都是橡树的山顶上，与世隔绝。自从 20 多年前成立以来，该中心一直是那些雄心勃勃的年轻学者向往的学术之地。我在那里度过了第二个学院轮休长假。著名的数学心理学家戴夫 · 克兰茨（Dave Krantz）曾经这样评论这所研究中心：“这是我人生当中获得的第一项不是出于奖励我潜能的殊荣。”在那里，我意识到了我的古根海姆博物馆的梦究竟意味着什么，也是在那里，我的心碎了。

研究中心的生活

苏珊娜和我在富人区伍德赛德（Woodside）租了一栋时髦的别墅，伍德赛德很适合骑马，蜿蜒的小山把斯坦福大学和太平洋分隔开来。那个夏天来临之前，我离开了克丽和我的两个孩子，之后与苏珊娜在位于费城市中心的华盛顿广场租了一间公寓。我们的关系很不稳定。为了和我在一起，她辞去了之前所在学校的助理教授一职，并开始寻找下一份工作。其他男人盯着她的眼神，更重要的是她回望的眼神，这些都让我心烦意乱。我担心她依旧不安分，一心想着找到更好的“下家”。我曾希望，研究中心那如田园牧歌式的慢节奏气氛或许能让她定下心来。

研究中心有 40 多名同事都住在这里，其中一些人是我们这一代人中最耀眼的人物：沉默寡言且温文尔雅的吉姆·赫克曼（Jim Heckman）后来获得了诺贝尔经济学奖；南·基奥恩（Nan Keohane）后来成了韦尔斯利大学的校长，之后又担任了杜克大学的校长；经济学教授玛丽娜·惠特曼（Marina Whitman）离开研究中心后担任了通用汽车的财务副总裁，工资提高了 10 倍之多。

贝丝·洛夫特斯（Beth Loftus）那时刚开始研究目击者证词和性侵犯指控中的记忆缺陷，她给我们每人发了一份关于对记忆的看法的调查问卷，从而开始了我们新一年的研究工作。“我们所有的记忆是都储存在大脑的某个地方吗？”

我的回答引起了争论：“我认为我们几乎没有储存任何记忆。我是一个桥牌玩家，按理说，我见到黑桃皇后这张牌的次数起码有 50 多万次了，但她具体长什么样我始终很模糊。她当然是黑色的，但她戴着皇冠吗？带着节杖吗？我不知道。你甚至可以给她戴上一条珍珠项链，而我也不会注意到这其中的差别。”

“在宾夕法尼亚大学学院大厅一层的男厕外面，”我继续说着，“有一块巨大的青铜牌匾，用来纪念艾伯特·M. 威尔逊（Albert M. Wilson），他是 19 世纪一位著名的黑人看门人。我曾给学院大厅里的男性做过一个小测验：‘谁是艾伯特·M. 威尔逊？’尽管每天数次路过这块牌匾，但没人能认出这是谁。记忆被高估了，而且计算机存储是一种错误的记忆模型。与任何机器设备不同，我们‘储存’的东西也许只是其中的要点。”

在研究中心的每一天，我们都可能彼此争论不休，但是大多数情况下，这里依然是天堂——一边吃着刚从阅览室外的无花果树上采摘的新鲜果实，一边奋笔疾书。午餐时分，与恰巧坐在我身边的某位热情人士就某个话题展开计划之外的一番讨论。午餐后，中心主任加德纳·林赛（Gardner Lindsey）会主持一天当中我最喜欢的排球比赛。林赛的工作是最轻松的，只负责运营管理这个中心。但他在一局比赛后就溜掉了，说是必须写一封信。

“写信？”我问道。

“事实上，我收到了一张关于你和排球的纸条，”林赛吐露道，“我曾经提到你是一个孔武有力的扣球手，于是我的同事回应道：‘当然了，但塞利格曼能否组个队啊？’”这句话简直直戳我的心窝。我很骄傲自己能够在排球方面给予他人帮助，也相信在科研上，我会给自己的学生和同事带来同样的帮助。但很显然，其他人认为我只是为了自己。我们在那一周的一个研讨会上讨论了心理学家爱利克·埃里克森（Erik Erikson），现在我想知道成功人生的最后阶段，即生儿育女的阶段会变成什么样。难道我只是个扣球手吗？我真的会到陷害别人的地步吗？

我来到研究中心，和朋友戴夫·罗森汉（Dave Rosenhan）共同写一本关于变态心理学的教科书。W. W. 诺顿（W. W. Norton）是纽约一个有钱的出版商，他向我们保证，我们每个人都能够得到一笔可观的收入，在5年的时间里，我们可以先拿到10万美元的预付金。这是我从写作中获得的第一桶金。罗森汉和我花了数百个小时来讨论变态这个话题，而我也花了数百个小时待在小小的阅览室里，不时俯瞰着帕洛阿尔托（Palo Alto）市景，然后继续阅读和写作。于我而言，关于抑郁和焦虑的部分毫不费力，因为我已经整整思考了10年之久。但其他部分则很吃力，身心障碍便是其中之一。我读了一篇关于这方面的文学作品，但仍然不能更好地理解。不过，关于性的那个部分，我有所感悟，所以我大胆地提了一个关于性障碍的新理论。在教科书中出现任何新的理论都是不合时宜的，但我还是把它放进去了，并在以后的版本中进行了修订。我认为，性发育有5个层级，每个层级都可能出错。层级越深就越难改变。

> 第1层，也是最核心的一层，是性别认同：认同自己是男人或女人。在孕期的第三个月，就会产生性激素，如果激素分泌不正常，便会出现变性的结果：感觉一个男人被禁锢在一个女人的身体里，反之亦然。
>
> 第2层是性取向：是被同性吸引还是被异性吸引。这在很大程度上与激素有关，但在妊娠期稍晚时候才会增加，从而产生神经解剖学上的结果。
>
> 第3层是性偏好：让你产生性冲动的部位（如乳房、臀部、脚）和事物（如疼痛、孩子）。这些都是在童年晚期或青春期早期习得的。
>
> 第4层是性别角色：典型的男性化或女性化的行为。这是通过童年经验和成年经验习得的。

第 5 层是性表现：性交的恰当性。在成人世界中，这一层随时可能受到破坏。

这些深度不同的层次暗示着在治疗中改变它们的难易程度。对于第 1 层和第 2 层，我们几乎没有选择的余地。性别认同和性取向是很难改变的，而性偏好、性别角色和性表现则比较容易改变。我仍然相信这一理论在很大程度上是正确的，但据我所知，它从来没有走出教科书，应用到性研究或临床上[6]。

到了 1979 年年中，教科书的初稿完成了。但发生在我的学院轮休长假里的大事并不是这件事。

进入应用社会科学的研究领域

我和研究中心的大多数成员都是“孤独者”。但是，一群人为了实现一个单一的目标聚集在这里，这个群体最后改变了我。在我看来，这些人来自“科学丛林”中没有名气、没有威望的那个领域，那就是应用社会科学，而身处实验心理学的狭小世界里的我甚至没有听说过他们。

他们的目标是围绕老龄化过程找寻一个新的领域，并使之受人尊敬。我仿佛初识他们一般，问道：“为什么？这个世界需要这样一个研究老龄化的领域吗？”

对于我的提问，他们如联排炮一般的回答让我心神不安。首先，他们说心理学包含所谓的发展心理学，但是“发展”仅指婴儿和蹒跚学步的孩子，几乎不包括青少年，更不包括中老年人。这种狭隘性依赖一个可疑的假设，即人自童年后不会再有多大的变化。他们认为，成人的发展是兼具连续性和更重要的变动性的时期。我在研究中心的一年和个人生活经历证明，这个观点是正确的。

然后，他们认为，主流社会科学很明显采用了一种过于简化和有误导性的方法。主流的常规方法是实验性的和横向的方法，但实验室方法遇到了外在效度的棘手问题。

“马丁，你真的相信吗？无法躲避嘈杂的噪声而甘愿放弃的反应是否和母亲面对孩子的死亡、失业、强制退休的反应一样？”即便他们对我相当礼貌，不愿意与我发生正面争执，我也有足够的想象力来质疑自己的研究工作。

他们认为横向方法是错误的，这对我来说是一个全新的挑战。我完成的所有实验都是横向性的；我们研究了一个人日常生活中的一个时间片段，并假设它会延续到下一个时间片段。但老龄化是一个质疑连续性的领域。它表明，随着年龄的增长，人们可能会发生变化，而你早期发现的东西可能不会在以后的岁月中保持不变。

我的新同事认为，研究横向是偷懒的捷径，这可能导致完全错误的结论。假设你想知道老龄化对钱的感知的影响。进一步而言，假设你对三个年龄段的人做一个横向研究：1915 年、1930 年和 1945 年出生的人。结果颇为清晰，最年长的群体最担心钱，而最年轻的群体最不担心钱。你得出的结论是，对金钱的担忧程度会随着年龄增长而增长。

但这错了！ 1915 年这一群体中的成员在经济大萧条来袭时正处于青少年的成长期，而 1930 年和 1945 年出生的人则是在经济越来越繁荣的时期进入青少年时期的。经济上的不安全感不是年龄效应，而是群体效应，这不是由年龄本身决定的，而是由一个人进入青春期时碰巧所处的历史时刻决定的。

另一种方法要好得多：以一项纵向研究反复测试年龄相同的人。随着 1915 年出生的人逐渐变老，他们在金钱上的不安全感并没有改变，甚至随着年龄的增长，他们对金钱的担忧也可能有所减轻。纵向研究无疑比横向研究好，但研究成本高得惊人，而且需要投入更多的人力。想象一下，持续跟踪几百名 1915 年出生的人 50 年，并试图说服他们每十年都接受相同的问卷调查，这得需要什么样的人力物力和财力。

最后，也就是他们给出的第三个理由是美国人口结构的变化。婴儿潮时期（1946—1964 年）出生的人现在是占主导地位的纳税人，他们希望国会资助一项技术，告诉他们如何才能更好地变老，并拥有更好的身心健康状况。

因此，这个研究老龄化的群体聚集在研究中心，有一个明确的目标：建立一个受人尊敬的科学领域，吸引最优秀的年轻科学家加入，如果可能的话，为刚刚成立的美国国家老龄化研究所（National Institute of Aging，NIA）提供支持。

这群人确实想要吸纳我。尽管一年前我还会给他们贴上“头脑迟钝”的标签，但我依然受宠若惊，于是开始参加他们的研讨会，并沉下心来阅读文献。我开始慢慢了解他们每个人。玛蒂尔达·赖利（Matilda Riley），一位 70 岁的银发美女，是 NIA 的二把手，是该研究所的官方老板，但实际的幕后老板是保罗·巴尔特斯（Paul Baltes）。巴尔特斯在第二次世界大战末期的莱茵兰（Rhineland）长大。他的父母曾经营一家境况不佳的餐馆，巴尔特斯在孩提时期就在厨房里帮忙打下手了。巴尔特斯 8 岁那一年，一个喝得醉醺醺、出言不逊的顾客在收银台与他的母亲争吵了起来。巴尔特斯从厨房里走出来，轻声细语，最终安抚好了这位顾客。从那之后，巴尔特斯就负责去对付难缠的顾客，并渐渐成长为一位说话温和、精力充沛的人，是理论心理学界的亨利·基辛格。我自己也绝对是一个难以相处的顾客，但我惊讶地发现，我能够很好地倾听他对实验心理学的抨击，甚至在这个过程当中，我喜欢上了他。我也开始啜饮他们的“迷魂汤”。

乔治·韦兰特（George Vaillant）是哈佛大学培养出来的一名精神分析学家，也是一名新教徒。由于他的出身，他可能是小组成员里最排斥我的人。韦兰特刚刚出版了《适应生活》（*Adaptation to Life*）[7] 一书，该书讲述了从 1939 年到 1944 年哈佛大学 200 名最有前途的学生的生活故事。他是格兰特研究（Grant Study）的负责人，这是一项围绕一个古怪想法进行的纵向研究，主要研究生活中什么是正确的，什么使生活变得糟糕。该研究从最具才华的年轻人开始，试图发现导致成功和失败的因素。韦兰特的成功理论是“成熟的防御”：那些消极面对挫折、防御措施“不成熟”的哈佛大学本科生，在后来的生活中似乎也遭遇了失败，比如婚姻破裂、酗酒和职场不顺；而那些有着“成熟”反应，有着诙谐幽默、品德高尚或利他主义特点的人，则继续过着更充实、更成功的生活。

这对我来说过于积极了，我想起了作家霍拉肖·艾尔杰（Horatio Alger）、牧师诺曼·文森特·皮尔（Norman Vincent Peale），以及在奥尔巴尼男子学院的教堂礼拜仪式。这感觉就像空洞的美国鼓吹论一样，所以我明智地拒绝了参与这项工作，转而选择了一份致力于充实生活的事业。

然而，韦兰特仔细地倾听着这些学生的故事，他谦逊、平易近人、充满魅力，这使他每隔 5 年都能采访到哈佛大学那 200 名自命不凡的学生，并颇受他们的欢迎。我们都喜欢品尝葡萄酒，并与著名的精品葡萄酒查龙（Chalone）酒庄的老板迪克 · 格拉夫（Dick Graff）成了朋友。韦兰特和我都痴迷葡萄酒，格拉夫则成了一名狂热的心理学迷。我们三个人成了研究中心的业余调酒师，并会为大家举办品酒会。格拉夫大部分时间都与苏珊娜和我在一起。苏珊娜公然地与他眉来眼去，格拉夫向我吐露，苏珊娜是他有生以来遇到的唯一一位魅力十足的女性。我可能应该多注意苏珊娜处处留情的情况，因为在我不知情的时候，她已经成功向山脚下的斯坦福大学心理学系教授沃尔特 · 米歇尔（Walter Mischel）① 示好了。米歇尔以其独创的棉花糖实验而闻名遐迩[8]，他是一位风度翩翩、富有的维也纳移民，也是一位现代绘画的收藏家。不到一年，米歇尔就为了苏珊娜离开了妻子，而苏珊娜也为了他离开了我。

在挥手作别研究中心之际，我家破人离、心如刀割，但我在科学研究的道路上获得了成长。在那里的一年，我作为一个微不足道的实验心理学家，获得了坚定的信念，我认识到控制得当的实验是获取真理的捷径。毕竟，没有其他方法能如此完美地解析出原因。同时我也深信，实验室里的实验耗资巨大：实验室里可用的变量缺乏活力，而且与现实世界的关联总是无法令人信服，这一点时常让人不胜其烦。我那些上了岁数的朋友让我相信，在实验室之外进行的纵向研究方法，即对大量人群进行长期观察，具有更好的外在效度，而且为纵向研究开发的统计方法也可以在研究过程中细化原因。在这种实验中，研究真实的人类，而不只是小白鼠和大二学生；研究真正的结局，譬如离婚、抑郁、癌症，而不仅仅研究实验室里的类似物；研究真实的人类在自然栖息地是如何随着时间的推移而变化的。

此外，除了研究痛苦，还要研究幸福。

这些似乎是漂浮在古根海姆博物馆屋顶的上帝想让我回答的“正确”问题。

① 沃尔特 · 米歇尔是美国著名的人格心理学家，被喻为自控力之父。在《棉花糖实验》中，他对棉花糖实验的来龙去脉溯本清源，还给出了有关教养、决策等的明智建议。该书中文简体字版已由湛庐引进，由北京联合出版公司于 2016 年出版。——编者注

第 13 章

抑郁症：精神健康远比没有罹患精神疾病更重要

到了 1980 年，我已经是一个 38 岁的单身汉了。我离开妻子和两个年幼的孩子后，接着被那个我为之抛妻弃子的女人抛弃。我患上了严重的抑郁症。我有一种失落感和内疚感，觉得自己是个傻子。大部分时间里，我都悲哀难挨，没有刻意地减肥就瘦了十几公斤，并且很难集中精力工作。

我感觉不到任何创造力，但我并没有完全被击垮，我继续坚持着。我回到了宾夕法尼亚大学，领导着大型研究团队，而在研究中心见识到的那种新的研究方法也让我获益匪浅。我开始迈向新的愿景。我知道自己不是孤立无援的，也并非前途黯淡，不管怎样，我告诉自己，我在 33 岁的时候就已成为宾夕法尼亚大学的全职心理学教授，我很可能是该校多年以来最年轻的教授。我的研究重心正从枯燥无味、耗费脑力的实验室实验，转移到对日常生活中的人的复杂性的纵向研究当中。

一位至关重要的人物拯救了我的人生。他之所以出现，是因为我另辟蹊径，采取了由艾伯特·斯顿卡德和亚伦·T. 贝克的精神病医院所推崇的实验心理学疗法。随着临床心理学的迅速发展，我的这条路线逐渐为人所知。在进入临床心理学领域之前，这是一条显而易见的路径，于是那些经过严格训练的年轻学者被吸引到这个领域，现在他们想要找到一条路径跻身而入。

我就是这样认识克里斯托弗 · 彼得森的。彼得森随后成了我的知己和最亲密的同事，直到他于 2012 年逝世。作为汉密尔顿学院二年级的助理教授，他曾给我手写了一封长达三页的信[1]：“这不是我真正想做的。我本科是数学专业的，然后在伊利诺伊大学获得了社会人格学的博士学位。现在，我被困在纽约北部的一所小学院里，一年教授 8 门课程。我能来宾夕法尼亚大学，在您的指导下成为一名临床心理学家吗？作为交换，我可以向您提供我的身体和我那标新立异的研究头脑。求求您了，可以吗？”我没有接受他提出的身体条件（我估计我永远都理解不了他的意思），但于我而言，他的思想与我的思想相得益彰。

彼得森是个大块头，身高两米，体重超过 100 公斤。他顶着一头浓密的乱发，有着宽广的心胸。他可能还算不上一名临床心理学家，但他是一名人格心理学家和统计学家，并且就是他创造了调查问卷这个东西。

“彼得森，”我说道，“我们需要一个用来衡量归因风格的测验。我们可以试着要求人们在人格化、永久性和普遍性三个维度来评价假设的好事和坏事，并试着预测谁会患上抑郁症。”

“你是真的不知道怎样编制测验吗，马丁？”彼得森耐心地说道，“概念正确只是第一步，马丁。你不可能跨过所有的路径，从概念直接跳到预测某件事情。你首先必须创建许多项目内容，并证明它们是‘可靠的’，彼此有关联的。要做到这一点，你需要剔除那些无用的项目内容。这需要几个月的时间以及大量的人力、财力。”

“接着，你必须重新让被试做测验，以证明测验是‘稳定的’，也就是说，几个月后被试给出的答案应与以前大致相同。这就需要耗费 6 个月的时间。只有这样，你才能测试‘有效性’，即归因风格与抑郁症存在关联。最后，你可以努力抓住靶心，也就是预测的有效性，即归因风格实际上能够辨别谁现在没有抑郁，但将来会变得抑郁。总之，这是一项乏味的工作，你不能以你惯有的接近光速的速度来推进它，马丁。”

我抱怨着并问彼得森是否愿意来主导这个项目。他答应了。

右边的是克里斯托弗·彼得森。这是他与积极心理学中心的教育主任詹姆斯·帕维尔斯基（James Pawelski）的合影。

Photo courtesy of Mandy Seligman.

经过两年的研究，我们发布了归因风格问卷（ASQ）。它包含 12 个精心筛选的问题。其中一半是关于坏事件的，如你无法完成老板布置的所有工作；另一半则是关于好事件的，如你突然变得富有了。你要生动地想象这一切发生在你身上，然后写下感受，以及你觉得是什么导致了这件事。例如，你设想了“一个差劲的老板”要求员工永无止境地工作的情景，然后在关键的三个维度上对这个假设的原因打分：

内在的—外在的

某个原因（“一个差劲的老板”）是关于你的，还是关于其他人或环境的？

其他人或环境						你
1	2	3	4	5	6	7

你会给“差劲的老板”打 1 分，因为这根本与你无关。

暂时的—永久的

将来，当你工作的时候，这个原因还会出现吗？

永远不再出现						总是出现
1	2	3	4	5	6	7

除非你想马上辞职，否则你可能会打 4 ～ 6 分。

特定的一普遍的

这只会影响工作，还是也会影响你生活的其他方面？

只会影响工作						会影响所有的方面
1	2	3	4	5	6	7

你可能会打 1 分或 2 分，除非你在任何地方都对它念念不忘。

当测试的数据源源不断地涌入时，彼得森提出了另一个问题："人们在谈论自己的生活时，会不会像在回答一份关于假设事件原因的问卷时那样，做出相同的归因？"

我没有理解这句话的真正含义，只是隐约地意识到这是一个外在效度的问题，就像问智商测试是否真的能预测现实生活中的明智决策一样。所以我们让被试用 300 个词来描述他们最近经历的最糟糕和最美好的事情。例如，一个年轻人可能会说："我的女朋友是个非常喜怒无常的坏女人，她把我甩了。"事实证明，在 300 个词中，人们通常会做出三个因果陈述。

接着，我们把这句话转述给了评分者，他们不知道这个人的其他陈述，也不知道这个人在归因风格问卷中的结果。评分者会给"我的女朋友是个非常喜怒无常的坏女人"打分：人格化 1 分，永久性 2 分，普遍性 4 分。幸运的是，人们对真实事件做出的自发归因与他们对问卷中假设问题做出的归因非常相似。

彼得森编写了一本评估自发性真实归因的手册[3]，并称之为"逐字解释内容分析"（CAVE），这样其他研究人员就可以在任何时间、任何地点对真实话语进行评分。当时我还没有意识到，彼得森发明了一种方法，可以用来评估那些不愿或不能接受问卷调查的人的归因风格，比如体坛英雄、CEO、总统和已经去世的人。

通过使用归因风格问卷，研究小组询问那些轻度抑郁的学生，探询是否有着我们所预想的对坏事的想法（"是的，它会永远持续下去，它会破坏一切"）和对好事的想法（"不是的，它只是暂时的，很快就会消失"）。研究结果最终有力地证实了这一猜测：抑郁的学生对发生在自己身上的好事和坏事就是这样思考的[4]。

我们采用儿童归因风格问卷（CASQ），对三到六年级的孩子进行了平行测试，发现抑郁的儿童和抑郁的成年人拥有相同的悲观想法[5]。

到此为止一切都进展得很好，但我不知道的是，我现在与抑郁症领域的无形力量——组织化的精神病学，有了极深的冲突。我第一次感受到这种幕后的力量，我试图在宾夕法尼亚大学的斯顿卡德的善意支持下，竭力去创造未来。我发现，精神病学院系长期处于破产状态，没有那些捐赠给艺术与科学学院的资金，宾夕法尼亚大学医学院以及所有主要的医学院都需要求助于美国国会才得以维持运转。如果没有巨额的研究经费，再加上还有惊人的 57% 的税收，医学院的教员将不得不放弃大部分研究项目以避免破产，只能转而依靠治疗患者来赚取资金。可是，人们选择某些著名的医学院是看中了他们的研究成果，而不是他们精心护理患者的态度和方式。1946 年，杜鲁门总统签署了《国家精神健康法案》，成立了 NIMH，开始扶持精神病学的发展。

但这个本意不坏的举措很快就招致了误解：尽管有“健康”二字和成立章程，但到 20 世纪 70 年代，NIMH 已经完全沦为对精神疾病的研究，实际上，它在 2016 年把自身使命正式定义为“理解和治疗精神疾病”[6]，而对精神健康只字未提。你可能会认为这只是一种单纯的语义，但它实际上是一种行业通用的花招，因此一本关于积极心理学的书必须与之正面交锋。

什么是精神健康？从当时主流的医学的角度来看，精神健康只不过是没有精神疾病。因此，如果你没有被诊断为患有精神分裂症、抑郁症、焦虑或 DSM-3 中其他 300 多种精神疾病中的任何一种，那么，你的精神就是“健康的”。依我之见，**精神健康远比没有患上精神疾病重要，它包含积极情绪（positive emotion）、投入（engagement）、人际关系（relationships）、意义（meaning）和成就（accomplishment）（合称为 PERMA）。没有患上精神疾病并不能保证精神健康，精神疾病也不能完全排除精神健康。**积极心理学的大主题都是关于这种健康和幸福的，而不是关于如何避免疾病的。当然，在 20 世纪 70 年代，我并不知道这一点，但 NIMH 忽视精神健康的行为给科学和经济领域造成了巨大的影响。

20 世纪 70 年代末，当我看到 DSM-3 从一份研究文件演变成保险公司为治疗精神疾病患者提供理赔的报销凭证时，我注意到“紊乱”和“疾病”这两个词很是显眼。重度抑郁症现在成了一个具象化的棘手问题。然而，我很困惑，因为我不是在研究“紊乱”，而是在研究潜在的过程（如无助和归因风格），它们是生活中各种问题的基础，包括今日那些被 DSM-3 正式称为“紊乱”的疾病。

这一治疗过程不仅不再有资金支持，而且出现了一种教条，即精神疾病与正常状态是非连续性的。然而，我怀疑抑郁症和普遍的沮丧低落情绪均属于同一谱系。符合贝克抑郁自评量表中的 21 种症状（悲伤、缺乏热情、优柔寡断、体重减轻等）越多，每一种症状的强度会越大，抑郁症也会越严重，并按程度分为重度抑郁症、中度抑郁症和轻度抑郁症。根据政府的法令，抑郁症现在已经不再只是有很多抑郁症的症状。

有了 DSM-3，NIMH 现在主要关注精神障碍，而不关注可能是一种或多种精神疾病基础的过程。对于抑郁症现在已经成为一种非连续性疾病的假设，学术界并没有给出任何正当的解释，对于将注意力从过程转移到疾病，也没有公开解释；它在未被察觉的情况下悄然消失了。但实际上，这是为了给现在运营 NIMH 的精神病学学会提供资助——这之后，“疾病”成了精神病学部门的地盘，因此 NIMH 的资金几乎完全进了他们的金库。没有人敢贸然、无礼地入侵他们的地盘，否则势必遭到惩罚。当我申请续签使用了超过 10 年的巨额资助时，我认识到了这一点。

我的补充拨款申请是关于识别抑郁症的归因风格的，我认为，这种归因风格放大了无助感：如果一个人通过内在（这是我自己的原因）、永久（它将永远持续下去）以及普遍性的（它将毁掉一切）视角来解释失败，抑郁就会产生。NIMH 主管抑郁症的负责人对我发出了警告。

“你的申请书是关于抑郁症的症状的，可这和抑郁症有什么关系，马丁？”我的一位老朋友在电话中发问道，他试图帮我避免申请被拒的情况。我们已经认识了 5 年，彼此之间一直都很坦诚，但他现在说的话我听不懂了。“你为什么不重新写一下申请书呢？把它改成关于紊乱方面的内容。顺便说一下，也许你可以从你们精神病学系招募一些合作者，并支付他们一些费用。”

出于礼貌，我一一照做了。我的拨款申请及时得到了批准，而我的俯首听命带来了一个意外收获。我们从精神病学系请来的合作者是莱斯特·卢博斯基（Lester Luborsky），他是精神障碍治疗方面的专家。卢博斯基是一位被困在精神病学系的心理学家，因此注定要在一场永无止境的筹款斗争中耗费自己的一生。卢博斯基研究了心理疗法的具体细节。他问道："临床治疗师说了什么？患者的反应如何？"

彼得森告诉我和卢博斯基："我们发明了一种分析语言的方法，可能会有所帮助。"对我来说，分析心理治疗过程中的废话就像身陷一个进退两难的沼泽，但对彼得森来说不是这样。

"在问卷调查项目中，我们通过观察人们在填写问卷时是否用同样的表达方式，来验证测验的有效性。因此，我们设计了一种方法，将一个人的每个因果陈述逐字逐句地记录下来，并对其悲观程度进行评级。所以当一个人说'她离开我是因为我不值得爱'，这个原因就是内在的、永久的、普遍的，充满着悲观。这种想法会导致一时的悲伤，从长远来看，如果是一种归因风格，这可能会导致抑郁。"

卢博斯基和我听明白了，于是我们联手研究并记录了第一个案例[7]。Q 先生 22 岁，患有重度抑郁症。他已经接受了 200 个疗程的精神分析治疗，在其中 9 个疗程中，他的情绪剧烈波动。我们从这 9 个关键疗程中提取了 63 个陈述，Q 先生谈及了其中一个糟糕事件并给出了原因。4 名没有考虑其他因素的评分者，在 1 ～ 7 的范围内对每项原因进行了人格化、永久性和普遍性的评分。根据极端情绪转变的确切时刻，两名治疗师对这些谈话的录音进行了评级。

举个例子，Q 先生说："我很烦恼（糟糕的事情）……我一再比较，她比我强，比我更聪明（原因）。"4 名评分者均认为：这是内在的（Q 先生在"一再比较"），这是永久的（"再一次"……"她更强，更聪明"），而且是普遍的（它受到了整体性的伤害）。正如理论预测的那样，Q 先生当时的情绪陡然低落。

我们把评出来的分数与 Q 先生的说法进行了对比，"我对你（糟糕的事情）感到生气……这简直就是你的凭空想象，试图让现实符合你在行业中使用的术语（原因）"。这里的评分者也同意彼此的观点：这是外在的（治疗师），是永久的（治疗方法），而且是特定的（仅在治疗过程中）。Q 先生的情绪并没有像理论预测的那样发生改变。

于是我们遵循了 NIMH 不成文的规定，开始研究患者，并与精神病学部门合作。我们还去了医院，测试了已被确诊的抑郁症患者和非抑郁症精神分裂症对照组，发现抑郁症患者具有我们预测的解释风格，精神分裂症患者则没有[8]。这些发现并没有重大意义。也许抑郁症导致了这种悲观的风格，或者更无关紧要的是，也许抑郁症的诊断在一定程度上取决于这种悲观情绪的存在。用术语说，这就是“同源方差”（common method variance）。如果我们找到了抑郁症的原因，而不仅仅是无聊的关联，这种悲观的风格应该在抑郁症发作前就出现了，而且这种风格应该能预测谁会在糟糕的事情发生后变得抑郁。（更深远的问题是：如果我们能改变这种风格，我们能治愈抑郁症吗？）

测试因果关系花了我们和许多研究人员数年的时间，但这种预测基本上已经成型了[9]。测试这一点的基本方法是对大量人进行跨时间的观察，即纵向研究。在“时间 1”中，研究人员测量了抑郁和解释风格。到了 20 世纪 80 年代，我们抛弃了“归因”这个模糊的形容词，并开始称那些有抑郁解释风格的人为“悲观主义者”。然后，研究人员只等待了几个月或几年，便对二者再次进行测量。在此之后较晚的时间内，即“时间 2”，该理论预测，悲观主义者会比没有这种悲观风格的人更加抑郁，在“时间 1”的时候就应该考虑到抑郁症的存在。数十项研究证实了这一点，随着时间的推移，悲观主义者患抑郁症的风险至少比非悲观主义者高出了两倍。

检验这一理论的另一种方法是等待现实中发生糟糕事件，然后看看在面临同样的糟糕事件之际，悲观主义者是否比非悲观主义者更容易抑郁。这个方法被称为“自然实验”。我的“徒孙”杰里 · 梅特尔斯基（Jerry Metalsky，琳恩 · 艾布拉姆森的学生）主持了一项特别令人信服的自然实验。随着学校心理学导论专业的本科期中考试临近，梅特尔斯基询问学生们会对什么样的成绩感到满意或不满意。他还测验了学生们在期中考试前的解释风格和情绪。结果发现，有 53 名学生最后的成绩令人失望。而在这 53 人中，悲观主义者比其他人更加抑郁、沮丧[10]。

“我们没有时光机，这真是太糟糕了，否则的话，我们可以回到经济大萧条前，测试那个时代女孩们的乐观和悲观情绪。”格伦·艾尔德（Glen Elder）总结道。那时我在海德堡，与社会科学研究委员会的老龄化小组成员开会。他们成功地说服了我，我不仅喝了他们的“迷魂汤”，还参加了他们的聚会。艾尔德是著名的家庭社会学家，尽管他已白发苍苍，但童心未泯。那天下午，他讲述了一篇关于史上最长的纵向研究的论文。这项研究始于经济大萧条之前，当时来自伯克利的孩子们接受了采访，并接受了有关优势和劣势的测试。这些孩子们现在大概 80 岁了，仍然在和研究人员合作。在经济大萧条时期，他们几乎所有人的家庭都破产了。这些孩子大部分来自中产阶级，有些人的家庭挺了过来，但更多人的家庭没能挺过难关。艾尔德推测，那些悲观的女性被压垮了，她们的健康状况也随之恶化；而乐观的女性重新振作了起来，健康地步入老年。

“我们确实有一台时光机，艾尔德。”清晨 5 点，我一边敲着他卧室的门，一边喊道。层层迷雾已经从我眼前消失了，我第一次意识到彼得森发明了什么。艾尔德睡眼惺忪地打开门，我冲了进去，解释了彼得森的新方法。“我们可以回到最初的采访中，用 CAVE 来分析他们的悲观程度。你把与之相反的东西叫作什么？是乐观主义吧？我想我们同样能够用 CAVE 来分析乐观程度。”

我们做到了，时光机也运转了。我们分析了那些尘封已久的采访记录，发现年龄较小的底层女性是悲观主义者，年龄较大的中产阶级女性则有着与之相反的解释风格。作为奖励，我们发现了一些关于如何获得解释风格的东西。1970 年，这些现在已经是祖母的妇女和她们已经进入中年的孩子一起接受了采访，我们对这两组都采用了 CAVE 方法进行访谈。解释风格在母亲与孩子之间存在着显著的相关性，但父亲与孩子之间的相关性则不那么显著。由此，我们发现，人们可以通过听母亲解释发生在自己身上的坏事，然后模仿她们，从而习得她们的解释风格[11]。

因此，在回应约翰·蒂斯代尔的严厉批评时，我所在的研究小组发现了导致抑郁症的一个风险因素，这是一种对挫折成因的悲观思考方式：“是的，它会持续下去，会破坏一切。”这样的认知带领我们走到了治愈悲观主义的边缘，看看这能否治愈抑郁症。但我们又花了近 10 年的时间，才实现了这一质的飞跃。

“马丁，抑郁的人比不抑郁的人更悲观，但谁是对的呢？”劳伦·阿洛伊问我，“这是一个相当糟糕的世界，也许抑郁的人恰好看到了世界的真正面目。”

劳伦接着说道："琳恩和我计划在实验室里测试这一点。"殊不知，这个看似纯真无邪的想法和她们的发现点燃了抑郁症领域的火焰，时至今日，这一火焰仍然在熊熊燃烧。

在这场实验中，你会发现自己坐在实验室里的一个灯泡前，在你面前有一个按钮，劳伦会指示你判断自己对灯的控制权有多大，从0到100%：有时你按下按钮，灯就亮了；有时你什么也不做，然后灯就亮了；有时你按下按钮，什么也不会发生。你继续这样，试着算出你有多少控制权。实验人员已经设定了实际可能的控制量。当你有 100% 的控制权时，当且仅当你按下按钮时，灯才会亮。当你有 50% 的控制权时，按下按钮后，灯亮的概率是不按按钮时的两倍。当你没有控制权时，无论是否按下按钮，灯都会以相同的概率亮起。

令我们惊讶的是，无论是抑郁症患者还是非抑郁症患者，当他们有一定的控制权时，他们的评估都相当准确。巨大的差异发生在没有控制权的时候。抑郁症患者此时的回答依然准确："我没有任何控制权。"而非抑郁症患者会夸大自己的控制权，"我有 35% 的控制权"是他们完全失去控制权时的平均答案[12]。

在我自己患上抑郁症的那段时间里，亚伦 · T. 贝克和所有的认知疗法都告诉我，我的悲观想法并没有扭曲现实，并没有将事情想象得比实际情况更糟。也许我对自己和这个世界的看法都是正确的：在爱情上一败涂地，但在工作中大有斩获。也许我很悲伤，但也很明智。多年以后，我有机会用这一点儿智慧换取更多的幸福，正如我今天写这篇文章之际，我很高兴自己做到了。

第 14 章

临床心理学：只有将心理学应用到人身上才有意义（1980—1983）

“这个地方糟透了，”我在“鸡肉晚餐俱乐部”（the Chicken Dinner Club）对艾伦·科尔斯和理查德·所罗门说道，“该有的硬件设备宾大都有，但就是没法与大学融为一体。我一生中最美好的对话是在威尔逊馆的晚宴上，那才是一所大学真正该有的范儿。”

20 世纪 70 年代初，科尔斯作为一名教员来到宾夕法尼亚大学时，他和我都无比想念我们在普林斯顿大学就读本科时的生活。他学的是历史和诗歌，我学的是哲学和心理学。在威尔逊馆，与我们一起坐在餐桌边的是普大的教授和各专业学科的本科生，我们两人在这里学到了很多关于物理、数学、艺术和政治的专业知识。

举办“爆破大师”活动的楼长

宾大可不像普大，它没有这样的知识交流平台。尽管它和普大一样有着熠熠生辉的教员队伍，但我们从未碰过面，只有偶尔会在教授代表会议上见面，而在这样的会议上，我们所讨论的都是诸如增加更多停车位之类的问题。因此，科尔斯和我成立了“鸡肉晚餐俱乐部”，我们邀请了全校十几位非常活跃的教师，每月在俱乐部吃一次煮过头的鸡肉。我们每个人轮番主持每次的晚餐讨论会：杰尔·利维（Jerre Levy）讨论了裂脑，马克·亚当斯（Mark Adams）讨论了时间旅行，丹·B. 阿莫斯（Dan B. Amos）的主题是犹太人的幽默，马维·沃尔夫冈

（Marv Wolfgang）探讨了金钱和幸福，科尔斯的主题是论小说家德尔莫尔 · 施瓦茨（Delmore Schwartz），阿诺德 · 萨克雷（Arnold Thackery）的主题是论牛顿，所罗门的主题是上瘾。

在提升宾夕法尼亚大学教职工的士气方面，我们不仅取得了一些进展，而且解决了一个更根深蒂固的问题：本科生的庸俗。我们认为，大学教育的全部意义，简而言之就是培养知识分子，同时让他们的心智变得更严谨而认真。令我们沮丧的是，虽然宾大很多本科生是凭借高中的学术成就被选拔出来的，但他们很快就变成了反知识分子者。他们总是流连于兄弟会、姐妹会和宿舍，按年龄分组，没有教师指导。他们很快就把上课、阅读、写作和学习视为一种义务，把交际和交友作为接触真实生活的途径，而这两个世界的间隙似乎过大了。

在所罗门的帮助下，我们找到了副教务长汉弗莱 · 汤金（Humphrey Tonkin），他是一名有着特殊专长的学者，负责在全世界范围内推广世界语。我们奋力争取，想要一栋学院楼，在那里，教师与学生住在一起，营造一个学习和艺术氛围浓厚的学术环境。学校的行政管理部门已经意识到了本科生当前乱糟糟的处境，迫切地想要大刀阔斧改革一番。他们批准了我们的提议，给我们提供了一栋建于 20 世纪 50 年代略显破旧的四层石头建筑楼，我们把它命名为范佩尔特（Van Pelt）学院楼。所罗门刚刚经历了一场混乱的离婚大战（这是他的第二次婚姻），正好无家可归，所以成了范佩尔特学院楼的第一位楼长。三年后，科尔斯步所罗门后尘，于是成为该学院楼的第二位楼长。如今，我也成了一个无家可归的单身汉，因此在 1980 年 9 月，我接替科尔斯成了这座学院楼的第三位楼长。

在接下来的三年里，我一直为本科生提供关于约会、欺凌、同性恋、宽容、种族歧视等方面的咨询服务，而且我偶尔还会制造一些惊喜。我邀请了许多著名嘉宾来范佩尔特学院楼举办讲座，例如美国文坛怪才诺曼 · 梅勒（Norman Mailer），但他发现这帮学生是“真蠢”；我还主持了学术研讨会，科尔斯朗诵了他的诗作，轰动一时。我们邀请了著名的学术大咖在宾大度过学术长假。两位英国哲学家，抽着雪茄的伊丽莎白 · 安斯科姆（Elizabeth Anscombe）和提出“逻辑是上帝之剑”的彼得 · 吉奇（Peter Geach），与我们朝夕相处了足足一年。他们不仅好辩，甚至还好斗。对我来说，这似乎是我再度接触现代哲学的绝佳机会，所以我像一个懵懂少年一般，去听了安斯科姆面向本科生的讲座。

“词汇，”安斯科姆宣称道，“只不过是一台打印机的人工制品而已。”她的语言学理论是建立在此前提之上的。在推导出她的理论之后，我把一些实证心理学的内容注入了该论点之中。

“如果说词汇是一件人工制品，那么为什么孩子们最先学会用单个词来说话呢？”我质疑道。安斯科姆没有理会我的这个问题，吉奇看起来对此也很是生气。

在那天晚上举行的鸡尾酒会上，吉奇怒气冲冲地向我走来：“我才不管你的书里写的是什么呢！先生。”就这样，我再度结缘哲学的尝试戛然而止。直到 30 年后，当我试图把心理学向前推进为一种面向未来的科学时，我才开始再次尝试。

我发现我认识的都是非常出众的学生。罗宾·福尔曼（Robin Foreman）是一位数学奇才，同时也是一支乐队的队长，他的乐队几乎可以比肩当时赫赫有名的大门乐队（The Doors）。他的乐队曾经在我的“爆破大师”活动中演出过，那时我定期举办大师开放日，邀请他们来参加活动是我当时为了让学生觉得我不那么古怪的一种尝试。福尔曼和我的大学室友威尔弗雷德·施密德有着惊人的相似之处，施密德是 1964 届普林斯顿大学毕业生致辞代表，现已不知去向。

“哈佛大学的数学专业是我的首选，而且我刚刚被录取了！但只减免了不到 5 000 美元的学费。”福尔曼说道，那一年的 4 月，他跑来寻求我的建议，看上去有些失望。

“这真是太巧了，”我回答道，“大约 20 年前，我的大学室友施密德当时也是我们班上的第一名。他申请了哈佛大学，也只给他减免了不到 5 000 美元的学费。他跑来征求我的意见，我让他给哈佛大学数学学院的院长打电话，要自信满满地告诉对方：‘也许你并不知道我是谁。’施密德真的这么做了，然后马上拿到了哈佛大学的全额奖学金。所以，你也给哈佛大学数学学院院长打电话吧，告诉对方：‘也许你并不知道我是谁。’”我建议道。

“我给哈佛大学数学学院的院长打了电话，一字不差地说了那些话，”福尔曼第二天向我汇报道，“施密德就是院长啊，他给了我全额奖学金！”

楼长这个职位是自我十几岁时卖杂志以来做得最困难的工作。当初作为一名杂志销售员时，我干得得心应手，并且赚了不少钱，最重要的是，我学会了如何销售，这项技能一直伴我左右。但作为一名楼长，我真是力不从心。作为一名讲师，我的授课得到了学生的普遍认可。当时我讲授心理学导论和变态心理学，坦率而言，这两门课程获得了学生的大力追捧，因而我开始意识到自己是一名传道授业解惑的教师。但在三年的时间里，每一个日出日落，甚至是深夜里，我与本科生的朝夕相处都让我对自己的职业定位产生了动摇。我的工作主要是维护学生精神生活的健康，但即便是一对一地沟通，也没有给宾大的大部分学生带来帮助，包括学生面临的难题，我都无法给出正确指导。

那时，我为学生们举办了很流行的“爆破大师”活动，但是我开始注意到，在与学生们的沟通方面，尤其是在这样的聚会场合，我表现得愈发失败。我从来都不擅长闲聊，我把这归因于缺乏同理心或反应迟钝。但事实并非如此。

我自愿参加了一项“信号检测”实验，这项实验是在一间隔音室进行的。我戴上耳机，等待“就绪”的信号。我等了又等。最后，门开了，实验人员让我离开，同时建议我去医院检查一下听力，因为我甚至没有听到响亮的“准备就绪”的信号。最终，听力检查证实了我有听力障碍。我猜我大概是在 12 岁开始听力出现问题的。

因此，尽管我为自己的社交短板找到了合理的借口，但这并不能帮助我与本科生和谐相处。到了 1983 年 5 月辞职的时候，我的身份已经从本科生的老师转变为他们学长，如研究生、博士后和职业心理学家的老师。但除此之外，我依然认为自己是一名失败的楼长，这是我有生以来唯一一份完败的工作。

出任临床培训主任

如果仅仅是当楼长，那还不是很糟糕。新当选的心理学系主任兰迪 · 加利斯利尔（Randy Gallistel）要求我接手系里最吃力不讨好的工作：担任临床培训主任。身处这个岗位的人面临的麻烦接连不断，在接下来的 15 年里，这份工作让我犹如走钢丝一般。

临床心理学是被心理学抛弃的“孤儿”。在 1946 年那场具有重要意义的实验心理学家学会会议上，哈佛大学、普林斯顿大学和宾夕法尼亚大学心理学系的主任们纷纷宣布不会再聘请应用心理学家，心理学将成为一门像物理学那样的基础科学。他们将不再聘请临床或工业心理学家，而只聘请研究基本原理和潜在过程的心理学家。北美其他著名的大学院系也纷纷效仿。然而，与此同时，投入的大量资金将心理学推向了相反的方向：NIMH 开始为精神疾病的研究提供资助，美国退伍军人管理局开始聘请心理治疗师为有心理疾病的士兵治疗。但是，在接受临床心理学给身无分文的心理学系投入源源不断的资金的同时，那些研究基本原理的学院派研究员却对这些“假装”把科学应用到解救身陷困境者的人嗤之以鼻。造成这种分歧的原因是，治疗师都属于弗洛伊德学派，学院派则是经验主义的科学家，他们是弗洛伊德派的劲敌，因为弗洛伊德学派摒弃经验至上。这一切甚至让诸如汉斯·艾森克、约瑟夫·沃尔普、杰克·拉赫曼以及诺曼·R. F. 梅尔等人也深陷怀疑的阴影，他们都曾在经验科学方面取得耀眼的成就，并且其成果也在实践中得到了应用。这个阴影曾经是（时至今日依然是）实验心理学和临床心理学之间以及心理学和精神病学之间彼此轻视、关系紧张和相互误解的主要源头。

我于 1964 年来到宾夕法尼亚大学时，宾大心理学系几乎是全美最不受欢迎的院系，并在接下来的 10 年里一直如此。其中包括一些少数的临床研究生，他们备受数学心理学家和自然科学家的蔑视。有一次，临床培训中心的主任、说话嗓门素来很大的朱利·魏斯纳（Julie Wishner），让我听到了他的观点：“总之，塞利格曼应该获评终身教授。”魏斯纳本人是从精神病学系的“煎锅”里跳出来的，他因为曾在那里受到不公正待遇而尤为恼火，结果却发现自己来到了与应用极少沾边的心理学系，深陷成为一名应用心理学家的火海当中。为了在这个势单力薄的岗位上有所建树，他必须从一众科学家当中脱颖而出。于是，他摆出一名心理生理学家的架势，碰巧的是，他对精神分裂症颇感兴趣，因此在每一个公共场合下，他都百般责难临床思维的松散性。这种做法在罗伯特·布什及其成立的新锐研究小组之前可能还奏效，但是新成员看穿了魏斯纳的想法，宾大临床心理学的声望降到了前所未有的低谷。

在临床心理学沦为心理学系累赘的同时，它背后的科学，通常是社会科学背后的科学，其实是越来越强大了。1972 年，在我被录用之际，我得到了实验学家的支持（尽管他们喜忧参半），因为他们期望我本质上是一名自然科学家。我也得到了魏斯纳和社会科学派系的支持，因为自然科学家们（“自然科学”是宾大心理学系的官方名称）已经给我颁发了合格证书，但他们希望我本质上是一名应用社会科学家。

与 20 世纪 60 年代聘用拍马溜须者不同的是，在 20 世纪 70 年代，宾大任命了一些资历较浅的人，这极大地提高了我在那些年轻务实同事心中的形象。鲁宾 · 格尔（Ruben Gur）是一位以色列战争英雄，他和拥有医学与哲学双重博士学位的妻子拉克尔在神经科学、焦虑症和精神分裂症的交叉领域从事研究工作。默娜 · 施瓦茨（Myrna Schwartz）开创了新的认知科学来识别中风后大脑损伤的部位。这些人所做的科学研究无懈可击，但在系里，他们的研究成果受到了玷污。

当资历不深的实验科学家鲁宾和默娜获得终身教职、相对轻松地获得了晋升时，自然科学家们依旧不停对他俩展开抨击。鲁宾和默娜受到如此待遇让我有了辞职的念头，于是我参加了 NIMH 招聘实验室主任一职的面试。在我反复斟酌兰迪的提议时，鲁宾和莫娜的遭遇对我而言是一种警醒。

如果我成为临床培训主任，我就不能再横跨于自然科学和社会科学，或者基础科学和应用科学之间了。在聘请新教授的零和博弈中，我在那些身为自然科学家的同事眼中，将成为一名叛逃者，一个无情无义、令人生厌的应用社会学和临床科学的倡导者。我将不得不牺牲自己所积累的威望，成为一只替罪羊。

但归根结底，在这种情况下，我坚定地认为，科学心理学只有应用到人类具体的问题上时才有深远的意义。这是我在罗伯特 · 布什自杀前与他的最后一次谈话中未曾提及的争论焦点。前文中，布什在说“如果我是对的，那他真是虚度了光阴”时，我们正在基础原则上争论不休。对布什而言，数学是心理学之王，而实验方法则是王后，在物理学中也一样。但对我来说，心理学首先需要发现可靠的前提，然后研究人员才能基于这样的前提通过数学的方法进行计算和实验。这些前提不是从下往上发现的，而是从上往下发现的，是基于真实世界中的实际工作发现的。心理学在解决人类的问题上没有令人信服的应用，所以被认为是“基本的”原理，委婉地说，它被认为是武断的，而且是脱离现实的。从根本上说，心理学是虚无缥缈的。

对于视经典条件反射和操作性学习为“基础”过程这一观点，我曾经深信不疑。研究这些过程的工作如此引人入胜，可能是因为它们是人类学习的基础：这是一个相当美妙的先验猜测，而且为了理解这一点，包含我在内的许多人都曾付出巨大的努力。事实上，布什倾其一生都在论证这些前提。但是，如果这些过程确实是人类学习的基础，那么这样的努力才是值得的。如果物非所值，那它就不足挂齿。为了验证这项工作值得一做，我们需要重构，从这些基本的“元素”中合成为真实的学习。以人类认知的一个实例——桥牌为例。打桥牌只依赖关联的计算机程序，并不会发挥太大的作用。它们的强力计算法太冗长也太笨拙了，即仅仅把一个关联堆放在另一个关联上。打桥牌的大脑可不像这样运转。计算机必须采取激进的快捷方式，只生成一些可能的假设（例如，这要么是一种残局打法，要么是一种飞牌），然后去测试这些证据，以便获胜。强力联想心理学在国际象棋中也不太管用，抑或在语言学习、概念学习、直觉甚至知觉方面，都不太能发挥作用。因此，我仍在等待任何一条令人信服的证据出现，即证明操作性学习或经典条件反射是人类学习的基石。如果没有这条证据，那么我认为，这些过程不值得我们付出如此巨大的投入。

几乎所有关于院系政治的激烈争斗都围绕是否雇用这位基础科学家或者那位应用科学家展开，而前者的声音始终占据上风，即便基础科学早已与现实脱节。因此，成为应用心理学的倡导者可能会面临一场必败之战，而我也置身于这场战役之中。

我接受了兰迪的邀请，从此走上了一条不归之路。事实上，正如我所预料的，在接下来的 20 年里，在一场又一场的教师会议上，我高亢激昂地说服那些身为基础科学家的同事去聘请才华横溢的应用心理学家，不出意外，结局通常都会以失败告终。这造成我总是在凌晨 4 点咬牙切齿地醒过来，我的影响力渐渐削弱，甚至我与某些人的友谊也受到了影响。我出生于 1942 年，如果我晚出生 10 年或 20 年，我应该会一路坦途，因为直到 2010 年，基础实验心理学家才渐渐明白应用研究工作对心理学的重要性。在基础研究方面最为保守的一座堡垒——美国实验心理学会，那时站出来支持“巴斯德象限”（Pasteur’s Quadrant），这是个非常严谨的概念，它指出应用性研究十分必要。在千禧年到来之际，英国政府决定通过影响力和传统的、更内在的标准来评估和资助其学术部门。因此，从那时开始，英国著名院校纷纷争抢那些他们曾经避之不及的心理学家。在我写这部自传的时候，一位杰出的临床心理学家担任了牛津大学德高望重的实验心理学教授。

但是，“我早就告诉过你”是词典里最让人不爱听的句子之一。

涉足商界与体育赛事，为研究带来转机

我的研究迎来了一些新的转折：一个是我首次涉足商界，另一个是预测体育赛事。我之前的研究团队已经获得了成功，团队里的每一位领头人在学术上都颇有建树：克里斯托弗 · 彼得森成为密歇根大学的副教授，并最终担任临床培训主任和讲座教授；琳恩 · 艾布拉姆森成为纽约大学石溪分校的助理教授，并最终成了她的母校威斯康星大学的讲座教授；劳伦 · 阿洛伊最终子承父业，成为天普大学的讲座教授；朱迪 · 加伯在明尼苏达大学获得了博士学位，最终成为范德堡大学的讲座教授。对于他们所取得的成就，我由衷地感到自豪，并期望他们能够在未来继续推进有关抑郁症的研究。虽然研究团队不复存在，我为此还曾有过一丝悲伤，但与这份自豪和期望相比，我的哀愁不值一提。

希望与我一起研究“控制”课题的新一代年轻科学家团队逐渐组建起来。

“这正是我所向往的毕生事业。”彼得 · 舒尔曼（Peter Schulman）说道。那时我正在教变态心理学课，在宾大的每个 300 名本科生班中，通常只有成绩最好的两三个学生才能拿到 A+。除了授课，我还自愿为 A+ 学生提供职业辅导。

舒尔曼是其中一位拿到 A+ 成绩的学生，他主动请缨来做我的志愿者。“我不想拿博士学位，我只是想帮助您实现愿景。”就这样，舒尔曼成了我的研究协调员，最终管理着一个由 50 人组成的研究团队和数笔几百万美元的项目资金。在我的科研生涯中，他是我不可或缺的得力助手。即便到了 2018 年，舒尔曼依然是我生命中至关重要的一分子，如果没有他，我应该在数年前就隐退江湖了，因为我无法如他那般事无巨细、事必躬亲：与官僚们唇枪舌剑；在利益对峙中平息矛盾；一丝不苟地编写没人看的进度报告；负责与伦理委员会进行交涉；蹚过政策的泥沼，只为帮助我快速开展科研项目。

“马丁，”舒尔曼在前几天对我说，“你发现的是灵魂在萎缩和逃避，而我发现

的是灵魂在升华和拥抱。”

我那些研究老龄化的朋友都是通过老朋友的关系网运作起来的，而我发现自己从中获益良多。杰克·赖利（Jack Riley）是玛蒂尔达·赖利的丈夫，玛蒂尔达是美国国家老龄化研究所的二把手，也是高级研究中心（Center for Advanced Study）的组织者。杰克对我赞赏有加，而我有所不知的是，杰克不仅富有还颇具影响力。他想让我富裕起来，而这是我之前从未想过的。

彼得·舒尔曼成了我的研究协调员，最终管理着一个由 50 人组成的研究团队和数笔几百万美元的项目资金。
Photo courtesy of Peter Schulman.

我收到了一份神秘的邀请，去波坎蒂科山（Pocantico Hills）的洛克菲勒庄园，参加大型保险公司的高端年会。杰克打电话给我，让我接受这份邀请，我照做了。那次会议的场面之大让我印象极深。除了保诚集团的 CEO 乘直升机前来参会外，其他参会的 CEO 纷纷乘坐豪华轿车莅临会场。

我主持了一个小型的小组讨论会，大都会保险公司的 CEO 约翰·克里登（John Creedon）和我成了朋友。克里登当时听得非常认真，并问我悲观的人是否在工作中更容易失败。他告诉我，他无法忍受公司里的悲观主义者，每当他想要有所创新的时候，这些悲观主义者就会加以阻挠。克里登还提到，他的销售人员正成群结队地离职，大都会保险公司面临着人才流失的巨大难题。在此之前，我从来没有这么近距离地接触过 CEO，这让我受宠若惊。克里登的谦逊和求知欲也给我留下了深刻的印象。

几周后，我刚从办公室回到家，电话铃就响了起来。打电话的是一位保险推销员，我意识到这一点后，马上挂断了电话。在我放下电话的时候，我突然意识到他所从事的工作是多么不容易。他该怎样应对一次又一次的拒绝？我给克里登写了封信，问他大都会保险公司是如何让销售人员对拒绝习以为常的。他打来电话，邀请我去纽约好好聊一聊。

“马丁，我们每年录用 50 000 名新推销员，”约翰说道，“一名新员工的培训成本是 5 000 美元。在第一年，就有一半的人离职；三年后，80% 的人离职。几乎没有人能承受不断遭拒的处境。”

“那么，你是如何挑选推销员的呢？”我问道。

“我们有一份被称为职业规划的问卷，里面设置了很多问题，比如‘你想挣大钱吗’‘你喜欢参加聚会吗’‘你是否有很多亲朋好友’。如果通过了这份问卷，我们就会录用这个人。你之前曾提到过，你设计了一种测试悲观情绪的方法。我想知道，你的这个方法是否可以用在我们的甄选过程中？”

“它确实预测了谁会在面对挫折时变得沮丧，即我们所说的悲观主义者。因此，也许只有乐天派才能无视被拒后所产生的挫败感。”我大胆地回复道。

“那么你是否愿意把它用在我们的销售队伍上？我们付钱给你。”

之后，舒尔曼和我开始进行合作了。首先，我们发现，在归因风格问卷上，顶尖的销售人员比业绩最糟糕的销售人员要乐观得多。当然，可能是他们取得的成功让他们更乐观，而不是他们的乐观使他们更成功。

就这样，大都会保险公司展开了一项纵向研究课题，这其中共包含三个小组。第一组是通过了职业规划问卷后录用的普通销售人员，一共 5 000 名。在被录用之际，他们也接受了归因风格问卷的调查，因此我们能够基于他们的乐观程度来追踪他们的销售情况。第二组是被录用的大约 100 名销售人员，他们其实并没有通过职业规划问卷，在归因风格问卷上也表现得很糟糕，但是经理们认可他们，并认为他们有很大的销售潜力。第三组是被录用的 140 名极端的乐观主义者，他们既没有通过职业规划问卷，也没有得到经理们的认可。如果没有这项研究，第三组的这 140 人是不会被录用的。

我们对他们的销售情况进行了三年的跟踪调查，发现在第一组中，乐观主义者的保险销量超过了悲观主义者。我们还发现，那些只得到经理们认可、在问卷测试中表现不佳的销售人员都一败涂地。最引人注目的是，极端乐观主义者超越了所有人，三年之后，他们仍在孜孜不倦地努力着。

最终，大都会保险公司采用了归因风格问卷作为招聘销售人员的常规方式，并向我支付了版税。

“我有钱啦！”我在电话里对母亲大声地喊着。

我第一次涉足体育界，是因为很多运动员出现了习得性无助的反应机制：认为自己所做的任何事都没有用，这种想法会破坏他的自发性反应。他总是认为自己不必大费周章，省省力气，去做点轻而易举的事。因此，悲观的个体遭遇失败后不会像以前那么努力，比平时表现得也更糟糕。

“我们应该把谁放进接力赛名单里啊？”1987 年时任美国奥运游泳队的教练员诺尔特·桑顿（Nort Thornton）和卡伦·桑顿（Karen Thornton）给我提出了这个问题，“惨痛的经历告诉我们，如果仅按照常规把游得最快的选手放进接力赛名单里是行不通的。”接力赛一般在个人单项比赛之后进行，有些时候，一名游泳运动员，甚至是泳池巨星，如果在单项赛事上失利，那么在接力比赛中也会表现得非常糟糕。你能否预测出，如果在单项赛事上失利，谁会就此一蹶不振，谁会及时调整好状态呢？

我把这个问题交给了苏珊·诺伦－霍克西马（Susan Nolen-Hoeksema），她是耶鲁大学的应届本科毕业生，那时刚刚加入我的研究团队。我的朋友耶鲁大学教授鲍勃·斯滕伯格（Bob Sternberg）曾私下给我写了封信，他认为苏珊是个不可多得的人才（她后来成了斯坦福大学和耶鲁大学的全职教授）。苏珊小时候做过心脏手术，所以我觉得她弱不禁风，但她实际上有着钢铁般的坚毅品质和不屈不挠的职业风范。

“您曾用归因风格问卷成功预测保险推销员的表现，”苏珊说着，“所以让我们也用归因风格问卷来预测奥运会游泳运动员的成绩吧。悲观主义者可能会像那些被拒之门外的保险推销员一样，在失败后溃不成军，而乐观主义者可能在失败后仍然斗志高昂。”

在苏珊的帮助下，教练们为参加 1988 年韩国汉城奥运会的美国代表队队员发放了归因风格问卷。教练们要求队员全力游出他们最好的成绩，但他们的速度还是比最好成绩慢了些，这非常令人失望。每个队员都休息了一会儿，然后又游了一遍。正如预测的那样，悲观主义者第二次游泳的速度比第一次慢了 1%，乐观主义者则快了 1%[1]。诺尔特和卡伦在首尔奥运会上使用了这种方法，结果美国队在接力赛中大获全胜。

卡伦·莱维奇（Karen Reivich）带领我们在职业体育赛事中进行了第二次尝试。当年在我开的那门变态心理学课上见到莱维奇时，她已经是一名富有传奇色彩的本科生了。我是从宾大的招生办主任那里了解到她的：在她申请入学的那一年，申请人被要求写一篇关于他们将要解决的世界问题的文章。莱维奇写了一篇关于"静电吸附"的文章，而"静电吸附"是美国广告业为了出售洗衣剂凭空捏造的一个话题。她是自彼得 · 舒尔曼后，在我的课程上获得 A+ 成绩的学生。毕业后，她加入了我的实验室。

在教练的要求下，美国奥运会游泳队队员都欣然接受了我们的问卷调查。但大多数的体坛英雄、职业篮球运动员和美国职业棒球大联盟投手都没有接受问卷调查，所以莱维奇决定根据报纸体育专栏的内容，使用 CAVE 来获取他们的解释风格。这项工作真的极为枯燥，需要在整个赛季期间每天阅读数十家全国性和地方报纸的体育专栏，并提取和评估球员的每一个因果陈述，但莱维奇最终完成了这项任务。

卡伦 · 莱维奇是我在讲授变态心理学这门课上认识的。

Photo courtesy of Karen Reivich.

针对棒球投手，比尔 · 詹姆斯（Bill James）利用他浩瀚的知识库，准确地收集了我们所需要的统计数据。我们预测，在紧张的比赛中，悲观的投手会比他们平时的表现更糟糕，而乐观的投手会比平时的表现更好。因此，莱维奇引用了大联盟投手的资料，完成了一份 CAVE 概要文档，然后在接下来的赛季里在比分接近的最后三局比赛中，观察他们的投手责任得分率（ERA）。我们发现，悲观的投手在比分接近的最后一局比赛中的表现更差（他们的 ERA 上升了），乐观的投手则表现出相反的情况：他们在比分接近的最后一局比赛中的表现更好（他们的 ERA 下降了）。

我们接着尝试预测职业篮球比赛。我们选取了 NBA 的两支球队：波士顿凯尔特人队和我们的家乡球队费城 76 人队，我们把两支球队在第一个赛季的所有体育专栏上的资料都做了 CAVE 分析，发现 76 人队是悲观主义者，而凯尔特人队是乐观主义者。然后我们观察了下一个赛季的表现，并且相比于詹姆斯的棒球统计数据，我们有了一个更好的工具：每一场执法 NBA 比赛的裁判员。当一个人在篮球比赛中下注时，他会试图打破“底线”，即那些裁判员预测球队输赢的底线。举个例子，凯尔特人队的总体实力好于纽约尼克斯队，在两队的一场比赛中，裁判员可能会预测凯尔特人队将以 8 分的优势获胜，这就是底线。如果你下注了凯尔特人队，为了赌赢，你必须赌他们会超过底线，也就是说他们会赢不低于 9 分的分数。

这条底线对我们来说是一个绝佳的目标，因为它考虑了所有已知的优势和劣势，比如主场优势或者受伤球员的劣势。然而，它并没有考虑到球队队员的情绪是悲观还是乐观的。所以我们预测，在这种情况下，乐观的凯尔特人队在经历过失败后会斗志高昂，并一举击破这条底线，而悲观的 76 人队则会在失败后溃不成军，突破不了这条底线。结果表明事实真的如此。

在阅读几百个小时的体育专栏后，我们又发现了一个事实。对于凯尔特人队和 76 人队，我们不需要那么辛苦地工作。只要对教练进行 CAVE 分析就足矣了。凯尔特人队的教练是一个乐观主义者，而 76 人队的教练是一个悲观主义者。因此，也许球员从教练那里习得了他的解释风格，而仅了解领导者，通常就能预测追随者的表现。

我的研究项目的另一个重大进展与癌症和无助有关。来自医学界的乔·沃尔皮切利（Joe Volpicelli）和马德隆·维桑泰内（Madelon Visintainer）加入了我的研究团队。沃尔皮切利是宾夕法尼亚大学医学博士。维桑泰内是犹他州立大学的一名兢兢业业的护理师，她的目标是使护理成为一种基于研究的学术职业。他们二位都认为，无助感会造成身体虚弱，而掌控感则会增强体质。我收集了越来越多的奇闻逸事，在这些奇闻逸事中，无助的患者会突然意外死去，这与拥有掌控感的乐观患者形成了鲜明对比，后者战胜了所有的困难，无论面临何种可怕的预测，他们都生存了下来。但奇闻逸事并不代表科学：它们可能被过度夸大了，即使如实地报道了，也可能涉及许多其他不受控制的因素。因此，维桑泰内和沃尔皮切利进行了一项开创性的老鼠实验，利用三元设计来测试无助感和掌控感是否会影响肿瘤的生长。

三组老鼠分别经历了可逃避的、不可逃避的电击和没有电击的体验。但在这之前，每只老鼠的侧腹都被植入了一个已知致死率为 50% 的恶性肿瘤，以此观察肿瘤的生长情况。在没有受到电击的老鼠中，50% 的老鼠没有罹患癌症，而 50% 的老鼠患上了癌症并死亡。在那些受到不可逃避电击的老鼠中，只有 25% 的老鼠没有罹患癌症，75% 的老鼠死亡。在那些受到可逃避电击的老鼠中，结果是相反的：75% 的老鼠没有罹患癌症，只有 25% 的老鼠死亡[2]。

我们在《科学》杂志上发表了这篇论文。正是这篇论文，让我跻身这个久负盛名的学术之地。我这一生的“安打率”（论文被顶级期刊发表或获得资金拨款）大约是 0.333。对棒球投手而言，这是个不错的水平，但对科学家而言却不是。相比之下，我的同事，鲍勃·雷斯科拉是科学家中的科学家，他的“安打率”是 1.000。据我所知，他的任何一篇论文或一笔资金拨款申请都从未被拒绝过。

如何解释我与他之间巨大的差异呢？这当然不是因为雷斯科拉是一个乐观主义者，何况他其实也不是。相反，我认为这可以追溯到彼得 · 麦迪逊在普林斯顿大学的告诫：要么不犯错，要么不无聊。几十年来，我一直和雷斯科拉一起参加教师会议。他很有想法，但鲜少发言，一旦他开口，每个人都会侧耳倾听，因为他鲜有谬错。他开创了经典条件反射的现代研究领域，是有史以来最优秀的巴甫洛夫派代表，他甚至比巴甫洛夫本人还要优秀。但是他的研究领域已然枯萎，现如今已鲜有人问津，他本人也光荣地退休了。他确实做了无懈可击的科学研究。在巴甫洛夫派中，没有人会去挑战雷斯科拉，而且他也从来没有试图做一些远超自己能力范围的事。雷斯科拉的原则是不犯错。他的一个批评者曾这样说过：“雷斯科拉是我见过的最聪明的人。”而我一直想着拔高自己，我想知道自己的思维极限。我经常去求证自己的错误，而且我很有韧性，可以乐观看待自己的工作。我的一个批评者在谈论我时曾说道："马丁不害怕犯错，也不害怕让人觉得他傻里傻气的。"因为我的原则是不无聊。

作为一名试图不让自己变得无聊的闯入者，我所付出的代价不仅仅是无数次的被拒绝，还有无数次的被忽视。我之前提到过，我的学习理论的同事从来没有感谢过我的习得性无助和准备状态理论，他们大多忽略了我的这些发现。这篇关于肿瘤生长的文章明确证明了心理因素对恶性肿瘤有着强烈的影响，就像我之前的理论一样，虽然我认为这个发现极其重要，但鲜有人重视。在我的 300 篇文章中，这篇文章的引用次数仅排在第 94 位，它并没有引起任何轰动。

第三部分

成就：积极心理学的创建

The Hope Circuit

心理学不应仅仅是一门用于化解悲伤的学科，
更应该是一门呈现幸福的学科。

第 15 章

曼迪：一生挚爱
（1988—　）

曼迪·塞利格曼是我的一生挚爱，也是我 5 个孩子的母亲。30 年来，每当我在她身边醒来，一看见她，我就会心动不已。她改变了我的整个人生，是让我迎着朝阳迈向积极心理学的缪斯女神。然而，我从未给她写过一封情书。

而本章，就是这封迟来的情书。

1983 年 5 月，我担任范佩尔特学院楼楼长的任期到了，我很高兴一切都结束了。与 180 名本科生朝夕相处让我失去了隐私，而学生随时都有需求等我解决，这让我疲惫不堪。最重要的是，我只渴望隐私，并不渴望独处。

我开始在费城的西部郊区看房子，那里绿树成荫，四周空旷，隐私能够得到保障。美国当时正面临石油危机，汽车总是在加油站排长队，消费者开始青睐油耗小的设备，此地的房价也直线下降。由于给一栋没有保温层的大房子供暖需要耗费大量的能源，因而这一带的房价跌得严重，出售前景黯淡。

一位房地产经纪人告诉我，有一所建于 1926 年、由著名建筑师建造的都铎风格的楼将在出售。对该楼风格更准确的描述是"让商人回归田园式生活"，因为这是在经济大萧条前建造的房屋，是供当时城区的富人在暑假期间和家人度假用的。这座房子名叫伍德利（Woodleigh），有 6 间卧室，面积 900 多平方米，有一个大理石的门厅和一个绿色的大理石楼梯。起居室的层高达 9 米，由于屋顶的材质是深色的非洲紫罗兰木，因此音响效果十分出色。20 世纪 40 年代，费城交响乐团的指挥尤金 · 奥曼迪（Eugene Ormandy）住在这里时，这间起居室就被用作室内音乐的演出场所。房子前方是一条约 70 米长的蜿蜒车道，有 8 棵 2 米多高的银色山毛榉树和 1 棵 30 多米高的橡树。矮一些的小树上长满了藤蔓，这些藤蔓长得张牙舞爪，似乎可以把人吃掉。

曼迪 · 塞利格曼是我的一生挚爱，我们于 1988 年结婚，我的人生从此灿烂起来。

Photo courtesy of author.

当时，这栋房子的主人是马丁 · 温伯格（Martin Weinberg），他是费城市政府负责法律事务的官员，也是美国政治界高官弗兰克 · 里佐（Frank Rizzo）竞选团队的经理，后者在 1982 年的市长竞选活动中落败。温伯格急于出手这栋房子，他告诉我，他从来都没有冒险进过这房子里如洞穴般的地下室。而这栋房子看起来也想摆脱它当时的主人温伯格，这样它和以后的主人就可以开启新生活了。

即便这栋房子因石油危机而跌到了最低价格，我也负担不起。首付需要 5 万美元，而我甚至连 1 万美元的存款都没有。我母亲当时住在佛罗里达州德尔雷比奇（Del Ray Beach）一套廉价的小公寓里，她来到费城，仔仔细细地检查了房子。她用手指甲在棋盘格的大理石地板上划了划，并暗示那是人造大理石做的（其实不是）。然而，出乎我意料的是，她给了我一张 5 万美元的支票，这让我满怀感激，并被这份爱感动。这一定耗尽了她的毕生积蓄。母亲告诉我，当金钱能对孩子的生活产生至关重要的影响时，把钱交给孩子就是金钱的最佳用途。我始终铭记着这句话，此后我也效仿了母亲的做法。

对当时还是单身汉的我而言，买下这栋房子非常不切实际，甚至是愚蠢之举，但我还是买了下来，并坚信自己会遇到一个女人，我们将用孩子、宠物狗和爱来填满它。

但是，这栋房子给我一个下马威。自 1983 年 5 月搬进去后，连下了 10 天雨。雨停后，我决定把小树上的藤蔓扯下来。这些藤蔓看起来不喜欢我这样对它们，我身体 60% 以上的部位都因毒葛患了接触性皮炎，并住进了医院。康复后，我趁着暑假去了柏林的马克斯·普兰克研究所（Max Planck Institute，MPI）。

我们的家伍德利，我把它刷成了黑白相间的颜色来欢迎未来的曼迪。

Photo courtesy of Mandy Seligman.

从柏林回来后，我发现游泳池一直在漏水。我一筹莫展，于是起诉了温伯格，向他索赔 2 500 美元。温伯格和律师随后一起出现在了民事诉讼法庭。地方执行法官简明扼要地告诉温伯格："赔原告钱。" 5 年后，这位法官主持了我和曼迪的婚礼。接着，我收到了 2 月的取暖费账单，我给费城电力公司去了电话，询问他们是否把小数点写错了，但他们说没有写错。

1984 年 9 月，我的生活重新变得富有朝气。新一批研究生来到了宾大。我参加了校外一家中餐馆的开业晚宴，并注意到桌子另一端有一位可爱又娇小的金发女郎。她叫曼迪，有一双杏仁般的蓝色眼睛，脸颊上有几颗雀斑，长得很像一位美国女演员。她当时没有跟我说话，但约好了随后与我讨论第一个学年的项目。

那一天秋高气爽，我们坐在实验室大楼外的一张红木长凳上讨论她的研究项目。这是我们的第一次谈话，我甚至还能回忆起坐在那张粗糙的木条板凳上的感觉。曼迪的声音萦绕在我的耳边：她有一口英伦腔，说话精致优雅、抑扬顿挫，足以抚慰人心，一点儿都不像我所知道的那些牛津和剑桥哲学家那样。她说了半句话，然后耐心地等待我说完下半句。她请我做她的导师，我也迫不及待地同意了。

我偷偷查看了曼迪的入学档案。她毕业于坎特伯雷市（Canterbury）的肯特大学，获得了社会心理学学士学位，她的GRE考试成绩是我有史以来见到的最高分。关于这个分数，我曾问过曼迪，她告诉我，她不记得是否曾参加过GRE考试，只记得在去考试中心的路上遇到了车祸，由于脑震荡，她如梦游一般考完了GRE。曼迪强调，也许在以选择题为主的考试中获得高分源自遗传。她的父亲在全英注册会计师考试中拿到了全国最高分而一跃成为人生赢家，逃出了他的家乡，来到了伦敦。

之后，曼迪给我讲了一小段她的故事。她对此总是有所保留，差不多30年后，我还能陆续听到更多的故事片段。17岁时，她坐在伦敦的一家咖啡馆里，意识到自己会来美国。她后来考入肯特大学，并获得了奖学金。她告诉导师，她想去美国，而导师告诉她："像我们这样的人是不会去美国的。"

"像我们这样的人"正是曼迪不想成为的：第二次世界大战后的英国弥漫着无助和被动，国力日渐衰落。作为一名有抱负的学生，她看到了这一点，而我作为伦敦莫兹利医院的访问学者也看到了这一点。我从我的英国邻居们在水暖工没有赶到或邮件没有送达时表现出的那种禅宗般的宽容中看到了这一点。曼迪从她的朋友甘愿领取失业救济金中看到了这一点。她在肯特大学学习社会心理学时听说了我和习得性无助。习得性无助引起了曼迪的共鸣，这个理论恰如其分地捕捉到了她所看到的周遭一切，她知道自己注定要在这方面展开研究，并打听到有一个申请奖学金并来美国学习的机会。

"我不是那些'像我们这样的人'中的一分子。"这是曼迪在申请资料中所写的。她最终获得了这笔奖学金。她先是和琳达 · 史密斯（Linda Smith）一起在印第安纳大学学习语言心理学，琳达是宾大的博士生，之前担任过我的助教。琳达告诉曼迪应该去宾大研究生院深造。于是，曼迪回到肯特大学完成了她的学士学位，并被宾大录取攻读博士学位。

曼迪坐在长餐桌的那端，与我隔了 10 个座位，另一名新生把我指给她看。曼迪很惊讶，因为不知怎的，她并不知道我在宾大教书，但我们俩都来到了这里。

作为曼迪的导师，我发现自己处境艰难，因为我被她深深地吸引住了。那时宾大还没有禁止师生谈恋爱，但八卦和有意的回避也会对双方造成影响，而且我觉得关系太密切会破坏学术关系。于是，我改变了姿态：对曼迪比对其他学生更冷漠和严厉。

但冷漠和严厉并没有发挥作用。曼迪担任我的变态心理学课的助教。我没有事先通知就去上了她的一堂课，对她最近关于神经性厌食症的论文草稿的某些内容发表了一些我自认为中听但实际上尖锐的评论。曼迪皱起了眉头，我在她的学生面前批评了她，我这是犯了大错。她之后对我的态度降至冰点，整整一个月没有和我说话，让我每天早上醒来都觉得天塌了。我突然意识到，曼迪对我而言，还有一种比吸引力更大的东西。

后来，我认识到一句低声下气的道歉比严厉和冷漠更管用。

曼迪当时在研究饮食失调和节食。她梳理了世界各地的文献，发现厌食症和暴食症只出现在像我们这样的文化中，这类文化有三个特点：女性追求苗条，大量女性会有意节食，女性的抑郁程度是男性的两倍。在那些不刻意追求苗条的文化中，不会出现大规模的女性节食的情况，并且男性和女性的抑郁比例一致，基本不存在厌食症和暴食症。她推测，对女性来说，不切实际地追求苗条导致了饮食失调：女性过度节食，以期望达到理想体重，脆弱的女性则会罹患暴食症和厌食症。女性因对身材的烦恼和因未能实现违反自然规律的苗条，这二者造成的抑郁症比例是 2 : 1[1]。这个理论在接下来的 10 年里被广泛引用，在我认识的所有心理学家中，曼迪是唯一一个没有回《纽约时报》电话的心理学家。

1987 年 5 月，我在达特茅斯做了一场关于梦境的演讲，这是我的新理论。但我无法全神贯注，因为我终于成功邀请了曼迪共赴晚餐。我打算放下之前冷漠的姿态，告诉她我的真实感受。我照做了，然后她问：“您明天早上能做我的导师吗？”我依然回复说不能。

我们飞往英国。曼迪的父亲和我去了酒吧，我请求他允许我和曼迪结婚。他提醒我，我比他的女儿大 17 岁，还离过婚，我并不是一位理想的丈夫。他建议我们先等上一年再结婚，总之，他还是同意了这桩婚事。

我带着曼迪去了苏荷区（Soho）的勒雅尔丹（Le Jardin）餐厅，那里有伦敦最著名的陈年波尔多红酒酒窖。我的口袋里装着母亲的订婚钻戒，那是当年父亲送给母亲的。尽管做了万全的准备，但我当晚的表现仍然不是完美无缺的。

我仔细地看着餐厅的酒单，品酒师和我进行了一场冗长而又做作的讨论，如 1945 年的软木塞由于战争的原因受到破坏、波雅克的红酒没有圣爱斯特菲酒的年份好等。我似乎无法控制自己，不能把注意力集中在要办的大事上。我点了一瓶 1949 年靓茨伯庄园的红酒，这瓶酒非常贵，也是店里的最后一瓶存酒了。开酒仪式相当隆重，酒被品酒师熟练地倒入酒杯里。我摇晃着酒杯，一遍又一遍地闻，之后小抿了一口，发现这酒的味道太淡了。品酒师泰然自若地撤掉了这瓶酒，坐在旁边的食客偷偷地看着我们。品酒师又把酒单递给了我，我们又长篇大论地讨论起 1945 年、1947 年和 1949 年的酒的优点。我滔滔不绝，他也喋喋不休，最后选了一瓶 1947 年的凯隆世家。接着依旧是隆重的开酒仪式——嗅探木塞、倒酒等。其他食客也在目不转睛地看着我们。哦，天哪，这瓶酒也很糟糕。我能勉强自己接受它吗？当然不能，我列出了它的缺陷。这一次，在撤下酒之前品酒师也尝了尝。曼迪看上去一反常态地不耐烦。酒单再一次被拿了过来，我们再次讨论起来。“第三瓶，”品酒师说道，“不管怎样，您需要付一半的酒钱。”我同意了，之后要了一瓶 1949 年的塔尔博特，但它不是波尔多红酒里最有名、最悠久的一款。然后是开酒仪式——嗅探木塞、缓缓地倒入，这一次店里所有的食客都不再吃东西，而是盯着我们。这瓶塔尔博特酒真是无与伦比。品酒师松了口气，曼迪也松了口气，整个餐厅响起了优雅的掌声。

我跪下来，拿出了戒指。曼迪笑了，她温柔地说道：“我愿意。”餐厅里爆发出经久不息的热烈掌声。

一年后，也就是 1988 年 9 月 18 日，我们结婚了。伍德利楼也对此“欣欣然”，我们得以顺利地在里面举行结婚典礼，曼迪和她父亲沿着绿色的大理石楼梯缓缓而下，客厅里清晰地回响着我们的誓言。我在房子的外墙装了保温层，曼迪用窗帘、靠垫和抱枕增添了室内的温馨感。房子的外观被涂成了黑白相间色，仿佛真的是一栋位于英国科茨沃尔德（Cotswold）的小屋。

婚礼结束后，我们所有人都去餐厅吃晚饭。那是一个星期天，餐厅把全部好菜都奉献给了我们的婚礼宴会。迪克·格拉夫送了一瓶珍藏的查龙酒庄霞多丽白葡萄酒，我们也准备了 1976 年的菲尔普斯深金色“精选晚收葡萄酒”和 1979 年的夏敦埃酒。我们的婚礼蛋糕是佩里尔搭建的一个泡芙塔，一个超高的加了奶油蛋羹的千层松饼蛋糕，中间配有焦糖，曼迪和我一起把它切开，还开了一瓶香槟。

婚宴上，每个嘉宾的发言都发自肺腑。时任耶鲁大学教务长的朱迪·罗丁是曼迪那篇关于苗条理想论文的导师，她向我们敬酒，称我们是“宾大一对完美的夫妻档”。乔治·韦兰特祝愿我们开心快乐、早生贵子、前程似锦。母亲眼含泪水，一言不发地向我们举杯。曼迪的父亲则谈到了曼迪离开英国（就像他曾经做的那样）前往陌生的土地开启航程的勇气。

我们的蜜月之旅先是在韦恩（Wayne）的一个旅馆里过了一晚，几周后，我们在毛伊岛（Manui）的卡纳帕里高尔夫球场的第 14 洞租了一套房子，在那儿住了一个月。我在球场打出了一杆小鸟球（低于标准杆一杆）、大约 50 次的双柏忌（比标准杆多两杆）。天气凉下来的时候，我们及时回到了伍德利，整个冬天，我们的小屋都仰仗客厅壁炉赐予温暖。

“你快乐吗？”那是一个下雪天的晚上，壁炉的火光洒落在我们的身上，曼迪一脸天真地问道，我的恼怒则让她大吃一惊。

“多么愚蠢的问题啊！”我厉声说道，但马上换成教授的语气，“快乐？这是一个空洞的概念。作家安布罗斯·比尔斯（Ambrose Bierce）称它是一种神话般的状态，成人把它归于儿童，儿童把它归于成人，生者把它归于死者。‘快乐’这个词被如此众多的人、如此多的意识形态使用，以至于变得毫无意义。这不是一个可行的想法，你不能在它上面做科学研究，更糟糕的是，你不能围绕它来生活。从弗洛伊德开始，心理学渐入佳境，在他之前的叔本华告诉我们要忘掉所有关于快乐的事情。这就是成功的人生。”

曼迪凝视着我。她面如止水，却胸有成竹地只说了一个字："错。"

作为一个46岁的已婚男人，我决定改头换面。我没有像过去15年那样每天都跑到心理学系的办公室，而是决定花更多的时间和曼迪在一起。我的一些工作需要面对面的接触：给学生授课，以及在自然科学和社会科学之间做着无休止的、令人沮丧的院系斗争。但我做的诸如写作、阅读、指导研究项目、与世界各地的同事交流以及思考等大部分工作都可以远程完成。现如今，我有了一个家，我想尽情地享受在家的感觉。

曼迪问我是否快乐，而我对她厉声斥责了一番，因为这个问题让我恼火。但我确实注意到了一个变化：我现在更多地思考生活中积极的可能性。在遇到曼迪之前，我几乎所有的情感思考都是关于如何最小化自己的痛苦、如何安抚愤怒的同事、如何激励成绩差的学生、如何调理我松弛的身体或者如何缓解自己的抑郁。我那时认为，即便完全解决了所有问题，这一切也只是个零。而现在，我发现自己会思考如何让生活变得更幸福：花更多的时间和曼迪在一起，在后院建个玫瑰花园，多听柏林爱乐乐团的音乐，做做烘肉卷，多打打桥牌。我不知道"快乐"是什么意思，但我能够区分我的生命是花在修正错误上还是花在建立正确的生活上。建立美好的生活而不是纠正自身的缺点，让我捕捉到了变得更快乐的生活秘诀。

曼迪完成了第三年的学习并写了两篇主攻领域的论文。一篇是关于苗条理想的文章，这篇文章假定女性因难以达成的苗条理想而导致饮食失调；另一篇文章对"依恋"[2]进行了探讨，这对我来说是一个陌生的概念。"依恋"一词来自动物行为学：幼鹅"依恋"，即幼鹅会"印记"自己的母亲（或是它们第一眼看到的会移动的鹅，或是它们第一眼看到的物体）。早期的动物行为学家康拉德·洛伦茨（Konrad Lorenz）和尼科·廷伯根本质上都是行为主义者，"依恋"是他们对不太科学的主观的"爱"进行概括的一个术语。"依恋"一词随后进入了精神分析学阵营，用来描述母子关系的强度。孩子对母亲的依恋强度解释了孩子长大后的抑郁、焦虑和其他神经质行为模式。不安全型依恋的孩子永远恐惧被不可靠的母亲抛弃，他们长大成人后会患有神经衰弱症，担心爱人会抛弃他们，就像他们的母亲所做的一样。安全型依恋的孩子对母亲充满信心，认为妈妈是可靠的、永远爱着自己，并且继续相信自己和他人。

曼迪非常认真地把这个理论当作人生的一课，当我们有了第一个孩子劳拉时，曼迪做了一个至关重要的决定：她也要待在家里，和我们在一起，而不是去写博士论文。《纽约时报》打来电话采访了她，她告诉记者："我的决定是我不会离开孩子，去研究什么依恋。"因此，我们再次去度了蜜月，这一次是去了我们常去的也是最喜欢的度假胜地——夏威夷的科纳村（Kona Village）。那里没有电视，没有收音机，只有科纳咖啡和我们一家人，离壮丽的珊瑚礁只有几步之遥。劳拉那时刚刚 7 个月大，在由块状熔岩搭成的小屋里，她迈出了第一步，说出了第一句话。

我为劳拉请了位保姆，这样我和曼迪就可以共进浪漫的晚餐、长时间地散步。但是曼迪含泪拒绝了，她付了钱请保姆离开。"我想和你还有劳拉在一起，我不希望她被一个陌生人抚养长大。"曼迪解释道。

曼迪在炉边问的那个"你快乐吗"的问题和她把生活重心放在家庭上的决定让我心烦意乱，我感觉大家也在关注这个问题。

梅莉萨·亨特（Melissa Hunt）是我的博士研究生，她在第一年做了一项关于幸福的研究，而不像其他学生通常围绕抑郁症做功课。我承认，作为一个研究课题，我对幸福没有什么热情，梅莉萨询问过我原因。我让她回想一下菲尔·布里克曼（Phil Brickman）对 22 名彩票中奖者的经典研究[3]。起初，他们的幸福指数上升了，但几个月后又回落到之前的水平。

"幸福不过是卡布奇诺咖啡上的泡沫。我想研究的是泡沫之下的浓缩咖啡，抑郁、焦虑和愤怒就是浓缩咖啡。"我告诉梅莉萨。但她并没有被我说服。

我断断续续地治疗患者已经超过 15 年了。一个不言而喻的前提是，当你帮助患者摆脱了他们所有的悲伤、焦虑和愤怒时，治疗就成功了。"我们在生活中所能期望的最好的事就是不要受苦，把我们的痛苦尽可能地限制在接近于零的程度"是弗洛伊德的格言。我虽然不是临床医学家，但我有时的确做得很好，在治疗结束时，患者都不再纠结于负面情绪。但我有过快乐的患者吗？

没有，从来没有。

大家曾经一致认同，幸福不仅是指没有烦恼和忧愁。除了痛苦和解脱，还需要有更多的研究、治疗和理论。最本质的是，生活包罗万象，而我的生活更是如此。

第 16 章

活出最乐观的自己（1989—1993）

我在理查德·派因（Richard Pine）的办公室找到了自我。派因当时 30 岁，毕业于宾夕法尼亚大学，虽然很年轻，但他已经是曼哈顿著名的文学经纪人了。他很瘦弱，已经秃顶，尤为好奇科学如何揭示人类的精神世界。经派因之手出版的小说都能成为畅销书，那时他正在寻找科幻类的以及可以充实读者精神生活的非虚构类作品。我的朋友丹·奥兰（Dan Oran）是一名小说家，也是我们红红火火的大都会保险公司测试事业部的经理，他促成了我与派因的这次会面，而且他告诉我，人们得“拼杀”一番才能见到派因。派因之前读过我的一些文章，所以我们细致地讨论了习得性无助。在此之前，我从来没有和任何经纪人有过沟通和交流，他对心理学知识的理解深度让我深感惊讶。他喜欢习得性无助所涉及的包括身体健康、运动、寿命和商业成功的话题范围，但对我所有作品背后的悲观、沮丧、无助和焦虑的消极基调感到不安。

“你得出一本书，马丁，”派因说道，“一本关于乐观主义的书。”

“但我没有从事过乐观主义的研究啊，”我一边准备起身告辞，一边本能地反驳道，“我主要研究悲观主义。”但我不禁想到了老鼠、狗和那些从不屈服于无助的人。我不禁想到那些受到了可逃避电击的老鼠，它们甚至比那些压根儿没有受到过电击的老鼠更能战胜肿瘤。我不禁想到那些在经历挫折后游得更快的游泳运动员。我不禁想到那些在经历挫折后变得更加坚强、更加睿智的人，以及那些克服悲惨、贫困的童年，走向成功，甚至享誉世界的人。我不禁想到，我的患者需要更多的方法，而不仅仅是那些对抗抑郁或焦虑的方法。我不禁为自己对曼迪“你快乐吗”的粗暴回答感到后悔，并回想起我在曼迪筑起的小窝里寻觅到的巨大安慰。

理查德 · 派因对科学如何揭示人类的精神世界尤为好奇，后来成了我的顾问和文学经纪人。

Photo courtesy of Richard Pine.

“人们会对这样的内容非常感兴趣，我希望你能写一本关于乐观主义的书。”派因在我准备离开的时候，喃喃自语地说着。正是在这一天，我明白了何为“经纪人”，就这样，派因成了值得我信赖的经纪人、顾问和挚友。

走出悲观，书写乐观

派因对我提出的挑战重新唤醒了我的思考：为什么消极因素会如此沉重地打击我们的心智？为什么我认为自己的研究工作是关于悲观，而不是关于乐观的；是关于恐惧，而不是关于勇气的；是关于失败，而不是关于成功的；是关于悲伤，而不是关于快乐的？当然，最直接的原因是 NIMH 的重点是研究精神疾病，而我的研究工作得到了它的资助。但是，隐藏在消极后面的那种致命力量，远比单纯的投资更深邃。

原罪，一种在我们内心深处认定自己是堕落的、灵魂是腐烂的教义到底有什么吸引人的地方呢？认为人的本性就是卑鄙低劣和自私自利的理论，到底有什么可取之处呢？美德、牺牲和慷慨有什么吸引力？仅仅是自私的幻想、脆弱的防御，就足以弥补潜在罪恶的现实吗？弗洛伊德为什么说我们一生中所能期待的最好的事情就是不要痛苦？为什么新闻受制于“越血腥，越抓眼球”的原则？为什么受害者心理学几乎垄断了政府的资助资金，而把追求幸福的研究工作留给了个体？

答案如出一辙：恶的影响远大于善。在实验室里，即便你正确地解决了 10 个问题中的 9 个，你依旧会记得解错了的那个。

为什么？

首先，人类是生活在恶劣天气下的动物。形成人类进化的最新地质时代是更新世，即饥荒、冰雪、洪水、旱灾肆虐的冰河时期。什么样的灵长类动物能在冰河时期存活下来？发生什么样的事情能让大脑相信“今天是美好的一天，我相信明天依旧会美好”？这样的大脑其实早已被明天的“冰雪”碾碎了。我们经历了这么多的挫折，大脑已经习惯认为“今天或许看起来是美好的一天，但明天就会有麻烦”。在一个充满危险、损失和不公正的世界里，偏执狂、抑郁症患者和焦虑症患者可能拥有巨大的生存优势。

人类的心智犹如人类的舌头那般。舌头的默认模式是在口腔内不停转动，直到它找到一个牙洞，然后开始担心这颗有毛病的牙齿。舌头不会去寻找一颗完好的牙齿，然后细细品味它的完美。舌头是用来发现问题和错误的。心智的默认模式是在你的生活中不停巡逻，直到它发现一个可能会引爆真正麻烦的问题。然后，它就会锁定目标，并盘算着如何避免这个问题。总之，心智并不是为了庆祝生命而展开进化的。

其次，消极的人有一种紧迫感，而积极的人很少有这样的感觉。危险、损失和侵害往往不期而至，并被期望能够迅即处理。一个激动人心的想法、一个浪漫的夜晚或者一场精彩绝伦的演出所带给人的刺激，都不及一场火灾警报所带来的刺激。

虽然悲伤、恐惧和愤怒肯定会带来进化上的好处，但它们的代价是高昂的。如果在现实中明天将是美好的一天，那么为明天天气不好的可能而焦虑就会让自己无法享受好天气。如果现实中的损失不是很严重，那么总是保持阴郁的心态就是愚蠢的。如果现实中的其他人是可以信任的，那么保持偏执的心态便是自我毁灭。

结论是，悲观的心态不需要提倡，也不需要教导。人类不需要被灌输这样一个事实：这个世界充满了损失、危险和非法侵入。与鸡尾酒会上的闲聊相反，悲观主义既非明智亦非繁复。它只是人类的默认模式，正如将在第 26 章讲到的，它很可能是哺乳动物的默认模式。悲观主义来得容易、自然。如果你真的生活在一个比更新世更好的世界，并且想要享受你这一类物种历尽千辛所换取的繁荣，那么你必须摆脱消极。什么需要教导，什么需要培养、支持和辩护，这才是乐观的世界观。派因是对的，这个世界需要一本关于乐观主义的书，于是我开始写。

派因把这本书卖给了阿尔弗雷德 · A. 克诺夫出版社（Alfred A. Knopf），当时这本书还只有一个大纲和一篇长长的样章，但它卖出了一个我认为惊人的价格。克诺夫出版社是当时最著名的出版社，由于我刚跻身一流出版界，为了以防万一，我们聘请了汤姆 · 康登（Tom Congdon）担任我的写手。我给康登发了一章，他做了大量的评论。我接着又给他寄了一份重写的内容更详尽的章节，他毫不吝啬地告诉我："你已经上道了。"就这样，他结束了代写的工作。

因为我已经告诉过你们关于乐观主义及其与抑郁、运动、学业、社交生活和身体健康的关系的研究，所以没有必要在这里重复。这本《活出最乐观的自己》给了我将习得性无助和解释风格的基础研究与生活相结合的自由。此外，还有两个重要突破：第一，我发布了为成人和儿童设计的问卷，并鼓励读者参与测试，给自己打分，了解自己的悲观和抑郁程度；第二，我提出了基于实证的锻炼方法，让成人和儿童做这些练习，这确实能增强乐观情绪，缓解抑郁。

反驳悲观的想法是学习乐观主义的核心技巧。一位母亲发现每天早上送孩子上学的时候，自己都会对孩子不停地咆哮。她认为自己是一个糟糕的母亲，这种解释使她处于罹患抑郁症的风险之中。她要学习实事求是地反驳这样的想法。在孩子放学回家的时候，她会在心里默念自己很快乐，帮助孩子做家庭作业，耐心地倾听孩子遇到的问题。从本质上说，《活出最乐观的自己》采用了认知疗法的技术，这种疗法适用于极度抑郁的人，也适用于所有人。这本书会带领读者一步一步地把这些技巧运用在自己和孩子的身上。

在本书的结尾有一个重要的警示：**在乐观和悲观之间需要保持清醒的平衡。**我并不提倡用乐观主义来克服一切困难。最后一章讨论了有弹性的乐观主义，这是一种给悲观主义正名的思维方式。悲观主义实际上有自身的演变逻辑，似乎是对麻烦的默认反应。在充满危险的现实社会，悲观主义是一种"美德"。通过反驳对灾难等负面事件的思考，你学会了乐观，那么在任何特定的情况下，你是如何决定是否采用乐观主义的呢？

问问自己："失败的后果有多可怕？"如果后果微乎其微，那就走乐观主义路线吧。举个例子，你在一个会议上看到一位迷人的女性，你会自我介绍一番并试着与她交朋友吗？在充满失败的人生中，失败不过是又一次被拒绝。所以，不要认为"女人从来都不喜欢我"，去试一试吧。然而，当后果很严重的时候，比如被妻子发现了，你们的婚姻因此破裂，这样的后果就会抑制习得性乐观。又比如，我们谁都不希望飞行员过于乐观，认为飞机进行第二次除冰没有必要，认为天气一定会好转，因为事实一旦不是如此，便会发生灾难。

1990 年，《活出最乐观的自己》正式出版[1]，我开始了第一次巡回售书之旅：我参加过美国 NBC 的《今日秀》（*The Today Show*）节目中，也曾在早上 5 点录制《早上好，凤凰城》（*Good Morning Phoenix*）。这本书在《新闻日报》（*Newsday*）的榜单中排名第一，并获得了谜一般的评论："如果你必须要一个名次，那这就是一个好名次。"在颇具影响力的《纽约时报》周日版上，这本书获得了非常高的评价。一位读者说自己是一名悲观主义者，并说《活出最乐观的自己》这本书"让她摆脱了自己的恐惧"[2]。这样的评论把这本书从"非虚构类"转到了"自我励志类"。对于像我这样自称科学家的学者而言，"自我励志"是一个令人惧怕的类别，但对书店来说是一件好事，因为自我励志类的书比非虚构类的书更畅销。

被贴上"自我励志"的标签

在《纽约时报》发表评论后的某一天，我硬着头皮走进了宾大的学院大厅。我被选为"艺术和科学人事委员会的主席"。我们的工作是评审终身教职的申请，该委员会由顽固的老学究组成。我原本害怕那些人对我的目光和讽刺，但迎接我的是全场热烈的掌声。

这让我很诧异，也让我反思了一番。人文学科的教授带头鼓起了掌。我发现对他们而言，一本书，尤其是出自纽约主流出版社并获得《纽约时报》高度评价的书，便代表了成功的极致。而在科学研究领域，在专业期刊发表重要论文才意味着成功。而当时宾大的心理学家对我只字不提，即便是整个心理学系开香槟来庆祝我

的同事亨利 · 格雷特曼（Henry Gleitman）出版了他的入门教材时，他们也对我保持缄默。

我的第一个念头就是试着摆脱“自我励志”的标签。自我完善作为一种明确的流派，始于 19 世纪，并迅速普及开来。20 世纪，戴尔 · 卡耐基（Dale Carnegie）的《人性的弱点》（*How to Win Friends and Influence People*）以及诺曼 · 文森特 · 皮尔的《积极思考就是力量》（*The Power of Positive Thinking*）都是经久不衰的畅销书。与这两位作者在公众中的受欢迎程度相对应的，是他们在学术界所受到的鄙视和嘲笑。如同大多数傲慢自大的人一样，我从来没有读过“自我励志类”的书，甚至连本杰明 · 富兰克林的自传都没有读过，但现在我被贴上了“自我励志作家”的标签。我去读了《人性的弱点》，这真是一本令人称奇的好书。它确实给读者提供了结交朋友的方法，并提供了一些让人觉得自己有价值的建议。既然名气和成功不是靠辛苦研究得来的，就肯定会受到那些埋头钻研严谨科学、说话刻薄的教授的嘲笑。

但我当时所写的自我励志的书确实是从我的研究工作中提炼出来的，让人们能够帮助自己。值得一提的是，书中的测试和练习均来自科学实验，集成了成千上万的被试、控制组、仔细的测量以及同级评审。我所写的不是空口无凭的自我励志，而是基于实证的自我救赎，我相信《活出最乐观的自己》一书可能开创了这种类型书籍的先河。

1991 年，海湾战争爆发，美国的大型购物中心门可罗雀。即使鲜有购物者，这本书还是连续几周登上了《纽约时报》的畅销书排行榜，尽管排名不高，但也标志着这本书很受欢迎。而且令我满意的是，在接下来的近 30 年里，这本书的销售情况一直保持稳定。

我还和卡伦 · 莱维奇、简 · 吉勒姆（Jane Gillham）、莉萨 · 杰科克斯（Lisa Jaycox）合著了《教出乐观的孩子》一书[3]。这本书为学龄儿童重新设计了我们之前为成人开发的测试问卷和练习。我们四个人完成了一项重要的研究项目，即在中学里讲授乐观主义，并发现用乐观主义技能武装 10 岁和 11 岁的孩子可以显著降低他们在青春期患上抑郁症和焦虑症的风险。这个项目成了积极教育领域的科学基础，而“积极教育”这个理念在 15 年后才兴起，我将在第 22 章讨论这个话题。

我的巡回售书之旅还让我结识了帕特·罗伯逊（Pat Robertson）牧师，罗伯逊对我很热情。我当时正在写一本让孩子变得更加乐观的书，而他刚刚写了一本关于末日的书，多么奇怪的一个主题组合啊。

尽管售书之旅让人筋疲力尽，但我感觉自己还是挺适应的，于是接着开始撰写下一本书，即《认识自己，接纳自己》[4]。这个想法结合了我在准备状态理论方面的研究工作（有些东西比其他东西更容易学习，有些东西则根本学不会），以及我和戴夫·罗森汉在撰写《变态心理学》（*Abnormal Psychology*）时所付诸的一切努力。

在我们回顾每种心理疗法和治疗每种精神疾病的主要药物的过程中，我突然意识到有些问题很容易治疗，有些则无法医治。然而，公众仍然处于两眼一抹黑的状态，不仅对最佳治疗方案一无所知，更糟糕的是，他们认识不到治疗和药物有时是对时间、金钱和情感的巨大浪费。所以我着手写一篇关于主要精神疾病及其主要治疗方法的“米其林指南”。考虑到证据的数量和质量，我给每种主要精神疾病的主要治疗方法进行评分，予以 0 ～ 4 颗星标注。在该书出版后的 20 年里，我一直在跟踪相关治疗成果的文献，但令人沮丧的是，在这方面几乎没有任何进展。

这本书并没有登上《纽约时报》的畅销书榜，但它改变了我的生活，比我之前写过的任何一本书所产生的影响都要大。

卷入治疗师与科学家的战争

“正如您所知，塞利格曼博士，《消费者报告》（*Consumer Reports*）对汽车和洗碗机进行了评级打分，但我们现在想要涉足更不为人所知的领域，即对心理疗法进行评级打分。你愿意给予我们帮助吗？”电话那一端是来自一家值得高度信任、不贪图商业利益的出版社的一位编辑。我对这家出版社非常尊崇，每当我要购买大宗商品时，我都会查阅他们的报告，所以我欣然同意了。

评估心理治疗的标准确实很模糊，结果研究①和心理治疗两大对立阵营对如何

① 英文为 Outcome Research，是公共卫生研究的一个分支，主要研究卫生保健系统的结构和过程对患者健康带来的最终结果。——编者注

做到这一点存在巨大的分歧。早期的结果研究着眼于患者对治疗的满意度。那时，心理疗法似乎并不重要，而且普遍报道的患者满意度相当高。但这些数据量很小，而且随着保险和报销的重要性不断提高，患者的要求也不断提高：缓解特定症状和治愈疾病。这构成了《认识你自己，接纳你自己》一书的基本框架和内容，在这些研究中，针对特定精神疾病的特定疗法取得了成功。例如，暴露疗法能够很好地缓解强迫症，但非特异性支持性疗法则不能。行为疗法可以很好地治疗恐惧症，但精神分析却不行。

该领域的临床医生几乎忽略了这些数据结果。20 世纪 90 年代初，大多数治疗师是折中主义派并有精神分析倾向，但不至于顽固不化，他们也能灵活思考。只有少数人使用特定的技术解决特定的问题，比如对恐惧症患者进行渐进式放松疗法，我对此是很赞同的。此外，许多临床医生发现 DSM-3 的诊断和特定疾病的概念具有差异。真正的患者通常存在多种问题，例如，焦虑几乎总是伴随着抑郁。许多临床医生的目标不是减轻特定疾病的症状，而是在更大程度上改善患者的健康水平、情感生活和器官功能。结果研究的领域被疗效研究垄断，这些研究将志愿者随机分为两组：一组是特定的短期治疗，另一组是看似合理但无效的对照疗法。大型保险公司（“管理式医疗”）跟踪治疗报销的疗效研究，如果治疗师没有诊断出某种特定的疾病，然后在制定的疗程内使用特定的“有效”疗法，保险公司就不会支付治疗费用。因此，尽管疗效研究符合短期可报销治疗的需要，但对以全球心理健康为目标的长期治疗师而言，疗效研究是被他们摒弃的。

我不能激化这场争论，因为它关系到民生和美国人的心理健康，而这个问题将拥有 16 万名会员的 APA 一撕两半。威廉 · 詹姆斯时期的 APA 是一个由钻研论文的科学家组成的组织，但在第二次世界大战后，治疗师开始加入这个协会。到 20 世纪 70 年代，治疗师已经成了主流，科学家则开始退却。20 世纪 80 年代早期，治疗师发起了一场起义，成功地推翻了科学家对 APA 管理的垄断。许多科学家因反感而突然退出了协会，加入了分离出去的美国心理科学协会（American Psychological Society，APS）。现在最关键的问题是疗效研究，大多数科学家对此表示认可，而大多数治疗师不认可。自 1980 年以来，几乎 APA 的每任主席都来自激进的心理治疗师阵营。

《消费者报告》想要做有史以来最大规模、最具代表性的心理治疗研究。它的编辑读了我的书，转而找到我，因为他们认为我是一名公正的科学观察者。但是他们并没有打算做疗效研究。没有临床志愿者，没有安慰剂对照组，没有随机分配进行治疗的患者，没有标准的诊断检查，也没有固定的治疗时间。他们要做一个有效性研究，观察治疗的结果，就像在现实世界中所做的一样。

在 1994 年的年度调查中，《消费者报告》向 18 万用户发送了关于精神疾病的 100 个问题。调查中问到，在过去三年里，自己是否经历了压力或其他情绪问题，并因为这些问题向下列对象中的一个或几个寻求过帮助：朋友、亲戚、神职人员、心理健康专家、医生或互助小组？

在收到回复的 18 000 名订阅用户中，有 7 000 人承认有这类问题，其中 4 100 人去找了心理健康专家。在马克·科特金（Mark Kotkin）的带领下，《消费者报告》的分析师创建了一个综合结果衡量指标：

具体改善

治疗对困扰你的问题有多大帮助？

满意度

总的来说，你对治疗效果有多满意？

整体改善

调查时的“整体情绪状态”与治疗开始时相比：非常差，我几乎无法处理事情；相当差，生活对我来说相当艰难；一般，生活有起有伏；很好，我不怎么抱怨；非常好，我喜欢现在的生活。

这些发现出人意料、充满戏剧性并且意义深远，我也因此卷入了治疗师和科学家之间的战争。

第一个发现是心理健康专家的治疗通常有效，而且大多数患者的病情都好转了很多。在 426 名刚开始接受治疗时感觉很差的人当中，87% 的人在参与调查的时候感觉很好，或者至少是一般。在 786 名一开始感觉相当差的人当中，92% 的人在参与调查的时候感觉很好，或者至少是一般。

这让我感到惊讶：从整体上看，数百项疗效研究的结果要好得多。从总体来估计，只有大约 65% 的患者通过药物或治疗有了好转，而使用安慰剂的比例达到了惊人的 40%。

第二个发现是长期治疗比短期治疗的效果更好，这对我来说是一个巨大的惊喜。长期治疗当时是最受学院派欢迎的替罪羊，而我曾是这个派别的一员。长期治疗耗时数年且花费不菲，被认为是一种骗局，是一种早就该淘汰的过时技术。它应该是有效的，而且比所有的短期疗法都更有效，这将是对疗效研究的一次大胆尝试。

第三个发现是心理学家、精神病学家和社会工作者都能带来同样的治疗效果，而且都比婚姻顾问做得更好；从短期来看，医生和其他专业人士所带来的治疗效果一样好，但他们不适合进行长期治疗。这是另一个惊喜。普通治疗师所提供的常规和折中型治疗通常仅被认为是安慰剂。学院派也认为这是一种过时的东西，但婚姻顾问和医生表现更差的事实表明，支持性治疗确实能产生良好的效果。

第四个发现是没有最好的疗法，这是最大的惊喜。疗效研究的整个主题以及既定的事实是，特定的疗法对特定疾病的治疗效果更好，如对恐惧症的系统脱敏、对抑郁症的认知疗法、对强迫症的暴露疗法。

第五个发现是，如果医保对治疗师的选择或治疗时间有所限制，患者的情况就会更糟。这是导致剧变的原因。美国的管理式医疗几乎已经得到普及，因为限制治疗时间，患者被迫接受“正确”的治疗，并找到“正确”的治疗师，这样既节省资金，又能改善美国人民的心理健康。但这些结果表明，管理式医疗正在逐步破坏美国人的心理健康。

《消费者报告》的文章引发了一些赞扬和批评。来自一线的治疗师赞扬这篇文章，认为终于有一位受人尊敬的学者记录并发表了证明他们确实做得很好的事实。而批评的洪流来自我的学院派兄弟姐妹们，尤其是那些致力于测试针对特定疾病的特定疗法有效性的人。李 · 西克莱斯特（Lee Sechrest）是科学治疗疗法的最资深倡导者之一，他告诉读者，我参与《消费者报告》调查是“不可原谅的”，我是一名“叛徒”。他们批评的核心是，疗效研究是验证治疗效果的黄金标准，而《消费者报告》的调查一文不值。疗效研究包括随机分配患者以接受治疗或服用安慰剂，所有这些都是通过单一的诊断、手册和固定的持续时间来完成的。这意味着它们可以在实验室中被复制。另外，《消费者报告》的调查是自然主义的，它允许患者选择接受怎样的治疗、有什么样的治疗师，以及在治疗上花费多长时间，如果一种方法不起作用，治疗师可以改变策略。这毫无章法。

因此，处于枪口下，我再次严肃面对外在效度的问题：正是这个问题把我从动物实验室赶了出来，进入了现实中更真实而又混乱的世界。这一次，这个问题不再仅关乎学术，更关乎成千上万名治疗师的生计，严重的话，整个国家的精神健康都岌岌可危了。

尽管它看起来像是一门很好的科学，但在仔细研究的时候，疗效方法存在着巨大的方法论问题，而在《消费者报告》调查中使用的有效性方法却没有这个问题。让我们一次解决一个问题。

将患者随机分配到治疗组或安慰剂组的目的，是将样本中看不见的、未知的、混杂的特征均匀地分布到治疗组和安慰剂组。举个例子，如果安慰剂组的所有患者碰巧都是内向的人，或者是非常易怒的，或者不被母亲喜欢，治疗效果会比安慰剂更好，但这并不是得益于治疗得当。随机分配被认为可以平衡这些混杂的特征，但仔细观察就会发现，事实并非如此。在典型的疗效研究中，每组大约有 20 名患者。但保守地设想一下，10 种不同的个性便有可能影响结果。如果你计算一下，会发现随机分配其实需要数百名患者，这是一个骇人听闻的数字。所以随机分配给几十个患者只是做做样子。

更糟糕的是，一项疗效研究会强迫你接受一种治疗，即使你不想接受，也不相信它会奏效。在现实世界中，你通常会选择自己认可的疗法和你信任的治疗师，而且你可以控制这种治疗方法。如果治疗成功在某种程度上取决于你的信念和你全身心的投入，会发生什么事情呢？许多疾病都与绝望有关，在某种程度上，自己选择一种治疗方法和一名治疗师能减少绝望，治疗效果也更好。因此，疗效研究否定了选择的好处，而有效性研究准确地评估了选择的力量。

真正的治疗时间取决于患者病情的进展。在真正的治疗中，治疗师不会遵循手册，如果进展缓慢或疗效甚微，他们可以改变治疗策略；在真正的治疗中，患者的身体有很多问题，而不是仅有一个诊断出来的问题。当广告宣传说一半的志愿者将得到安慰剂的时候，谁会自愿加入疗效研究中呢？他们并不是典型的患者。因此，疗效研究可以说低估了在现实世界中治疗真实患者的作用。

我的结论是，有效性研究，即《消费者报告》的研究是迄今为止规模最大的，是对有效性方法的一个很好的指南，疗效研究则不是。在这样的冲突中，我被许多学术专家排斥，愈发受到治疗师的欢迎。

对我来说，那一年是以悲剧结束的。在我当选 APA 主席后不久，我接到了佛罗里达州西棕榈滩（West Palm Beach）的警长打来的电话。他告诉我，我的母亲因髋部骨折住院了，但这还不是全部：面部有挫伤，身体还有其他瘀伤。母亲的女护理员是一位中年罗马尼亚移民，她因涉嫌虐待母亲被逮捕。我连忙乘飞机赶到当地医院，问母亲是否被殴打过，母亲否认了。我把母亲接了回来，在我家附近的一家豪华疗养院里休养。一到那儿，母亲就向曼迪坦白自己受到了虐待，但不想告诉我，以免我担心。更糟的是，如果女护理员发现被母亲告发，她会变本加厉。

我们和母亲所有的兄弟姐妹一起庆祝了她 90 岁的生日，她甚至还当众夸我是一个“好儿子”。但她的身体每况愈下，没过多久就无法进食了。

“喝丸子汤吗？”我问母亲。她精神振作起来，重复道：“丸子汤！”这是母亲几天来说的第一句话。她笑了笑，接下来的一个星期，她一直用吸管喝丸子汤。1996 年 2 月 26 日，母亲去世了。女护理员被判犯有虐待罪，最终被判缓刑一年，并被剥夺从事护理员工作的资格。

母亲所遭受的虐待和她的去世对我的精神世界产生了影响。我不忍心去看她那毫无生气的遗体，这似乎也是出于厌恶，就像 40 年前我不去疗养院看望瘫痪的父亲一样。我也不想对母亲的护理员提出指控，我只想遗忘。我的情绪变得非常迟钝，直到我把第一捧土撒到母亲的棺材上，我才一把抱住表弟鲍比情不自禁地哭了起来。

母亲去世 20 年后，我对她的记忆仍然不太美好。母亲总是满怀爱心，积极向上。她的人生信条是，如果不能说出好听的话，那就什么都不要说。但在她生命中的最后几年里，她的脾气变得执拗起来。她曾经批评我们浪费钱给她买花。我发现自己很难唤醒有关她早年的美好回忆，也很难回忆起她在最后那段艰难岁月里的那些孤立无助、消极阴郁的经历。我希望我的孩子不要像我这样，因为我们都希望自己的孩子能记住我们最好的一面，而不是最差的一面。

第 17 章

当选美国心理协会主席（1995—1999）

从中学九年级开始，我就再没担任过任何岗位的领导，也没有人要求我去竞选任何岗位。对我而言，我的诸多朋友都身居高位，我很难不注意到这一点。比如，朱迪·罗丁当选为东部心理协会（Eastern Psychologist Association）主席。但我不知该如何着手。科研荣誉和跻身国家级的岗位，难道不是基于工作业绩所带来的根本认可吗？

朋友桑德拉·斯卡尔（Sandra Scarr）在事业上取得了全面的成功，我真是羡慕她。她当时是弗吉尼亚大学心理学系的系主任，也是一名在种族、贫困和智商方面的杰出研究员。她同时拥有精明的政治头脑，避开了那些发现智商有遗传因素的研究人员的怒火。除此之外，她还是已独立的 APS 的主席。所以我坦率地问了一个有点尴尬的问题："斯卡尔，为什么我从来没有获邀在声名显赫的国家级委员会里担任职务呢？"

"马丁，你可能认为这有失尊严，但是科研荣誉和国家级别的任职并不会因为你碰巧在科学研究上成绩斐然而授予你。告诉你一个肮脏的小秘密：你必须为他们而战。你必须结交盟友，之后告诉他们你想被委以重用。"斯卡尔推心置腹地说着。

于是，我决定竞选公职。我有些不好意思地告诉一些朋友，说我想成为 APA 的最大部门——临床心理学分部、第 12 分部的主席。在第一次尝试中，焦虑症治疗研究员戴维・巴洛（David Barlow）以微弱优势胜出，但是在 1993 年的第二次尝试中，我轻松当选。

做一名主席可谓其乐无穷。我喜欢这里的人，他们大部分都是其他临床的研究人员。我喜欢每年在华盛顿特区举行的三场会议。我也喜欢这项工作，宾大给我安排的工作议程是在国家级的舞台上搭建优秀的临床科学，在这个舞台上，部门内明争暗斗的政治把戏也不再与个人相关。我的主要工作是为基于实证的治疗方法搭建支撑体系，我们与巴洛共同出版了一本关于这一主题的书，在学术领域颇具影响力[1]。

对以学术为基础的第 12 分部理事会而言，支持基于实证的治疗是明智的。但是，当我开始接触治疗师时，发现他们受困于保险公司的报销指南之下，而这些指南都源于疗效研究，我从而了解到，这些实证在基层并不受欢迎。治疗师告诉我，这种方法为管理式医疗机制提供了基本要素，使他们陷入极简式诊断、短期治疗支离破碎、工资水平低下、侵犯患者隐私的境地，最糟糕的是过早地终止治疗，使患者无法通过较长时间的治疗缓解病情。

这些治疗师对《消费者报告》的研究表示欢迎。我也获得了他们的拥护，而他们更是 APA 中最庞大的投票群体，我在这个群体的受欢迎程度超过了我在学术同行中突然失去的人气。

“我或许可以被选为 APA 主席。”当我看到《消费者报告》的数据集时，我告诉曼迪。

“那你去竞选吧，”曼迪回复道，“我就一个条件，咱们买一辆大卡车，你若成功当选了主席，无论你去哪儿，你得带着我和孩子。”那时我们已有 7 岁的劳拉、快 5 岁的妮基和 3 岁的达里尔。

“我打算竞选 APA 主席，所以需要宾大的帮助。”我告诉罗丁，那时她回到了宾大担任校长。在从系主任迅速升到院长再到任职耶鲁大学的教务长之后，她并没有被选为耶鲁大学的校长，于是幸运的宾大把她挖来了。

“我是认真的，所以我希望你能给我一个 5 年的带薪假期。1996 年准备竞选一年，如果我当选了，从 1997 到 1999 年有三年的任期，一年之后，我会作为一名科学家返回学校履职。”

“好吧，”罗丁对我说，“你的请求我都同意，作为交换，你把《活出最乐观的自己》一书的版权给宾大。宾大将向学校和公司收取版权费，这样就可以支付你带薪休假的费用了。”

当我离开时，罗丁说道：“还有，你得给我在学会上占个座位啊。”

“我在考虑竞选学会主席。”我告诉珍妮特 · 马修斯（Janet Matthews），她是 APA 董事会成员。她让我了解到最新的侦探小说，我俩关系很好。

“这不可能！候选人都要提前数年来排队，继任者的顺序都已经指定完了。来自科罗拉多州的迪克 · 苏恩（Dick Suinn）被选为明年的候选人。”

“谁选了苏恩啊？学会主席难道不是由 APA 所有成员投票选出来的吗？”我天真地问道。

“反正这台机器选择了苏恩，自 15 年前从科学家手中接管 APA 以来，它就一直这样运行着。”珍妮特解释道，这是由国家学会的领导人、代表理事会的积极实践者，最重要的还有 CAPPS 所组成的联盟。这些被提名者都是经过精挑细选的，他们已经为联盟服务了多年。在过去的 15 年里，这已成为每年竞选的惯例，所以只有很小一部分的成员才会不胜其烦地投票。

“不管怎么说，”珍妮特总结道，“苏恩将是下一任学会主席，之后是 CAPPS 的负责人斯坦 · 莫多斯基，再之后是下一届 CAPPS 的负责人罗恩 · 勒旺。”

我极为震惊。一个在华盛顿的委员会里任职了 10 年，并与其他委员会互有关联的人有什么资格来领导全美国的心理学呢？我下定决心要挑战这个自以为是、故步自封的团体，并且赢得这场战争。

我不会给自己找任何失败的借口。候选人的竞选活动开始了，我也以演讲的方式投身其中，并从 1996 年年初开始，我参加了治疗师们在纽约州、加州、佛罗里达州、得克萨斯州、新泽西州、密歇根州和佐治亚州举办的会议。我有一个优势——知名度，这一优势受到对手的嘲笑，好像我的知名度不是辛苦挣来的，而是反复宣传的产物。与其他候选人不同的是，我被邀请在上述各州做一场主题演讲。我的主题是，心理疗法需要更好的证据来证明它的有效性，而这些证据已经由《消费者报告》开始收集，而作为实践的检验者，科学理论能够提供这方面的证据。我的演讲获得了观众的起立鼓掌。

就这样，我进一步深入虎穴。20 世纪 70 年代中期，一位名叫罗杰斯·赖特（Rogers Wright）的精神治疗师，好斗且不失正经的他带领着亲自命名的“决死突击队”，在由谁来领导 APA 的问题上，与科研派发生了正面冲突。这些治疗师联合了起来，这在科研派眼里是一种被认为有失尊严的策略，而且是他们一直不屑一顾的，而赖特要求协会必须采取比例代表制。科研派傻了眼，到了 1980 年，赖特所代表的实践派赢了，而科研派屡遭白眼，处于下风。赖特最终成为 CAPPS 的创始人和主要组织者。

赖特和我在加州乡下的一家熟食店相遇，对于我们各自的发现，双方都感到既惊讶又高兴。赖特认为，他的继任者太投入于派系斗争，而没有对科学加以利用，更令我震惊的是，他同意为我助选。

1996 年暮春，我们一家正驱车穿行在黄石公园，我在一部收费电话机前得知自己以近一万张的选票赢得了竞选，获得的选票足足是最接近我选票的对手的三倍。落选的苏恩毫不客气地称我的获胜是“自然之力”。几周后，我和 5 岁的女儿妮基进行了一番改变我人生的对话，我在本书的开头部分描述过这番对话，于是我下定决心，在新的岗位上引领积极心理学。从一开始，我就遭到了强烈的反对，但就如我的女儿一样，我要坚定不移。

第 18 章

创建积极心理学 （1998—2001）

“Kool，Kool，SuperKool，alles SuperKool。”在尤卡坦（Yucatán）一个讲德语的度假胜地，高音喇叭一遍又一遍地播放着这首歌。那是 1997 年 3 月，曼迪连哄带骗地让我从那份令人疲惫不堪、有时还令人沮丧的 APA 主席的工作中抽出身来休息一下。我不想起床。在这一周的其余时间里，躺在床上似乎是度过这个假期的最佳方式。曼迪不让我躺在床上，她知道动起来可以有效降低患紧张症的风险。

“我们沿着这条路开到雅尔库湖（Yal Ku），靠近阿库马尔（Akumal）。”曼迪指着旅游地图上的一个小蓝点说着。就这样，我们 5 个人挤在租来的车里驶进了一个迷人的小村庄阿库马尔。雅尔库湖在村子的北端，它曾是一座“天然井”，大部分湖水位于地下，由微咸的海水和淡水河汇流而成。湖的四周环绕着几幢非常大的房子。我背着 3 岁的达里尔在湖里潜水，成群的岩礁鱼与我们做伴，它们是我见过的最肥硕、最艳丽、最有趣的鱼（事实证明，住在那几幢房子里的居民直接排污到雅尔库湖，这些鱼吃的都是冲进湖里的排泄物）。我们决定再找机会，有朝一日重返雅尔库湖。

没过多久，那一天就到来了。

一个全新的心理学分支诞生了

“我租了雅尔库湖边的房子，迈克，”我在电话里告诉米哈里·希斯赞特米哈伊（Mihaly Csikszentmihalyi）[1①]，“你能和伊莎贝拉取消 1998 年的新年计划吗？来和我们待一周，把积极心理学创建起来，如何？”

一年前，也就是 1997 年 1 月下旬，我在夏威夷的科纳村认识了迈克，这个地方现在已被 2011 年毁掉福岛的那场海啸摧毁。那时，迈克与伊莎贝拉碰巧和我们一家五口同时住在那里，迈克和我一起散步，一起浮潜。作为 APA 的主席，我能做的是要有前瞻性的发展眼光，与妮基对话后收获的顿悟使我打算将创建积极心理学的想法付诸实践，而不仅是想想而已。迈克的研究领域是心流，那是一种深度专注的状态，让你觉得时间停止流动，你会彻底感觉自己如在家中一般自在。在任何对生活具有积极影响的概念中，心流都是一个中心。迈克和我聊了好几个小时，讨论这种“积极心理学”可能带来的影响。我请他帮我创建这个新学科，他同意了。对于这个学科的前景，他充满了热忱。

我在电话里告诉雷·福勒：“我租了雅尔库湖的房子，新年的第一周，你能带着桑迪过来，和迈克还有我的家人一起创建积极心理学吗？”

1998 年 1 月 1 日，我们这几个人花了一周的时间，确定了一个新学科领域所应包含的各项基本要素。

我们给这个新学科取名为“积极心理学”，这个名字并非轻而易举定下的，而是大家最后都默许的。这个名字听起来太像牧师诺曼·文森特·皮尔那不切实际的“积极思考”，这是他面向世俗、基于科学的一种努力说教。“积极”这个词听起来太美式了，而不像“迈克的咖啡屋”那么欧式。对一个学科领域而言，“心理学”听起来也太狭隘了，不适用于一个可能最终会填补现代社会科学中所有令人沮丧的烦恼的领域。但我们实在想不出更好的名字。

对于新学科领域的实质，我们达成了共识。与临床心理学所关注的相反，我们

① 被誉为“心流之父”，后文简称为“迈克”，其著作《创造力》总结了创造力产生的运作方式，提出了令每个人的生活变得丰盈而充实的实用建议。该书的中文简体字版已由湛庐引进，并由浙江人民出版社于 2014 年出版。——编者注

将锁定在实现美好生活这个新领域上：身体健康和心智健全，以及在没有遭受痛苦或压迫时人类自愿追求的事物。

在新学科领域的目标对象上，我们的意见也是一致的，即年轻人群是支点。因为年老的科学家和守旧的从业者冥顽不化，过于关注他们的做事方式，主要通过研究和减轻患者的痛苦来谋生。我们必须吸引最聪明、尚未获得终身教职的科学家加入积极心理学阵营，而且他们需要拥有社交技能，从而成为该领域未来的领袖。

对于新学科领域所需要的资金，这是不确定的一点。心理学几乎完全依赖联邦政府的支持。但美国的政治和联邦意识形态都只关注一点：身体出问题了，才是得病了，而无法打造美好的生活并不是一种疾病。因此，积极心理学没有资格获得税收资助。我们必须在这一点上下大力气，但可以先探索几种途径出来。首先，在 1999 年 1 月，正好是一年之后，我可以将 APA 主席能够动用的全部资金（35 000 美元）用于举行一场青年心理学家的会议。其次，盖洛普公司的老板唐纳德 · 克利夫顿（Donald Clifton）曾写信询问过，他是否可以帮助我们。克利夫顿是《让兔子去跑，别教猪唱歌》（*Soar with Your Strengths*）[2] 一书的作者，他曾告诉我，他终其一生，始终等待着为 APA 做点什么。我联系了他，之后我们制订了具体计划。最后，新成立的、拥有数十亿美元资产的约翰 · 邓普顿基金会（John Templeton Foundation）不久将为我举办一场专场活动，我决定向邓普顿爵士着重推介一下积极心理学。

之后，我遇到了一件奇怪的事情：有一个基金会匿名给我发了封邮件。

“去见见他吧。”朱迪 · 罗丁告诉我。那时她是我的校长，我在一个鸡尾酒会上问她是否听说过一个叫“PT”的人，就是他给我发的邮件，邀请我去曼哈顿和他聊一聊，但没有解释为什么找到我。

于是，另一个被同时邀请的马里 · 菲茨达夫（Mari Fitzduff）和我一起，来到了曼哈顿下城一栋阴森的大楼，门前没有任何的标志。菲茨达夫是北爱尔兰的和平使者和宪法起草者，曾与我一起在罗丁的文明委员会工作。

我们走进一间没有窗户的小房间，在那里，PT 和另一位男士坐在一张圆桌旁，他们中间还摆了一部免提电话。我认出了那位男士是乔尔 · 弗莱施曼（Joel

Fleischman），他是杜克大学的法学教授，为人和善，少言寡语，和我们一起在文明委员会工作。大家互相寒暄并自我介绍了一番，除了在免提电话另一端的那个人。

“我们代表一家匿名的基金会，”PT 开始说道，“我们只挑亮眼的，所以找到了你们。我们不负责管理太具体的事情，不过你们不能向他人透露我们的身份。”他们到底是干什么的我们最后也没搞清楚。

“现在你想做什么？”PT 继续说道。

他们资助了由 50 名研究种族灭绝的学者组成的会议。我们在北爱尔兰的德里（Derry）召开了那场会议。丹・希罗，我那位来自奥尔巴尼男子学院发表毕业致辞的同学，现在是华盛顿大学著名的政治学和社会学教授，他精心策划了那场会议，我们花了一周的时间，制定了防止种族灭绝的条款[3]。

得到资金支持

“你在德里举行的会议真是很棒啊！马丁。”车载电话里传来的是匿名基金会的财务主管。那是 1998 年一个秋高气爽的下午，我和曼迪还有孩子们驱车经过宾夕法尼亚州的阿米什村（Amish country）。一个月以前的 APA 主席大会进行得相当顺利。我在 55 岁生日的那天早上醒来，随后在旧金山举行的会议上，我发表的演讲引起了一些小震动。在演讲中，我宣布积极心理学成为我的研究主题，并讲述了妮基的故事。我的演讲受到了治疗师和研究人员的热情欢迎，就连负责 CAPPS 的那些冷若冰霜的负责人似乎也被我说动了。乔恩・凯勒曼（Jon Kellerman）和丹・戈尔曼（Dan Goleman）发表了主题演讲，我满怀感激，把学会主席嘉奖颁发给了罗伯特・诺齐克，感谢他在哲学领域所做的工作对未来的心理学产生的影响。大会结束后，曼迪、劳拉、妮基、达里尔和我飞到了迈克的牧场，牧场位于蒙大拿州比特鲁特岭（Bitterroot Range）附近，我们对积极心理学理论又进行了一个星期的讨论。迈克和我剖析了当代心理学，把它的思想区分为过去 - 现在、现在 - 现在和未来 - 现在这几类。这门学科并没有达到不朽的境界，但我们确实摸索着将积极心理学的范畴定义为围绕积极的体验、积极的性格和积极的体系。

“你下一步有什么计划吗？”车载电话里的声音问道。我吃了一惊，因为我原以为德里的会议标志着我们合作的结束。

“下一步？”我问道。

“是的，”他回答说，“你现在有什么想法？”

我解释了积极心理学中的积极体验、性格和体系，但是信号不好总是掉线，最后以他说的“你为什么不来曼哈顿和我们谈谈呢”结束了通话。

这一次，曼哈顿那栋大楼的门口出现了一个标志：大西洋慈善基金会。机场免税商店的创始人查克·菲尼（Chuck Feeney）把自己的大部分财产，大约 50 亿美元都捐赠给了这家基金会，来帮助弱势群体改变命运。他只给自己留了 1 000 万美元。

我走进了一间房间，里面坐着的是 PT、乔尔·弗莱施曼，还有那部免提电话，这个房间很通风，巨大的玻璃窗外是纽约的东河（East River）。

“那么，什么是积极心理学呢？”弗莱施曼问道。

我开始了我的陈述，但大约 10 分钟后，PT 打断了我。“关于这方面的内容，你能发给我们两页纸的介绍吗？”他问道。然后送我出门的时候，他又补充道：“还有，别忘了给我发个预算。”

一个月后，我收到了一张 140 万美元的支票。

明确积极心理学的支柱

1999 年的元旦，在阿库马尔，我们把雅尔库湖周围的所有房子全部租了下来。迈克、福勒、克利夫顿和我，与积极心理学或邻近领域的 18 位精英进行了 6 天的座谈，他们聪明睿智，年富力强，年龄在 25~40 岁。积极心理学就是由这一群人创建出来的。

1998 年 1 月，在我们于雅尔库湖的房子碰头后不久，福勒、迈克和我给全球范围内研究社会科学的 50 位领军者写了封信，邀请他们推荐候选人：“理想的候选人标准：25 ～ 40 岁，在名校担任副教授的助理，曾公开发表过论文，在与积极心理学相关的领域曾获得资助；善于表达，有创造力，有抱负，有学术领导才能。”我们另外附注，如果他们推荐的是自己曾经教过的最优秀的学生，或者他们目前见到的最出色的年轻同事，那就最好不过了。

从推荐人那里，我们一共收到了 45 位候选人提名，其中大部分对创建积极心理学都有着极大的热情和决心。我们从一群杰出的人中，精心挑选了 18 位候选人，并邀请他们来墨西哥参加“一场年轻人的聚会，一场冉冉升起的学术新星的聚会”，让这些人与我们一起对该领域的主要学术问题展开头脑风暴，培养他们成为该领域未来的中坚力量。

18 位候选人全部接受了邀请。每天上午，他们在墨西哥常见的简陋草棚中发表生动的演讲；每天下午，我们一起散步，一起浮潜。第一届阿库马尔会议取得了空前的成功。大家对这场活动的共同评价是“这是我职业生涯中最好的学术体验”。所有人都说，他们将在 2000 年 1 月继续参加第二届阿库马尔会议。

参加阿库马尔会议的 18 位候选人创建了一个电子论坛，18 年后，这个电子论坛依旧在运转着。他们在 1999 年发表了一份长达 80 页的研究报告，并撰写了一份长长的使命宣言，将积极心理学定义为对人类最优化功能的科学研究，核心目标是发现和促进能够引导个体和社区实现繁荣兴旺的因素。

“我在大开曼岛（Grand Cayman）有一套公寓，”克利夫顿在电话里告诉我，“请你花一周的时间，把世界上最优秀的人请进积极心理学来吧。同时，我们将要求他们策划一个开幕峰会，届时，来自世界各地的演讲嘉宾聚集在我的家乡——内布拉斯加州的林肯市。这将是这个新领域公布于众的启动大会。我来做主持人，盖洛普公司将为此次活动买单。”

不久后，克利夫顿的公寓里热火朝天，精英荟萃。

克利夫顿和我性格迥异。不同于他的缄默不语，我总是滔滔不绝。坐在克利夫顿旁边的（我没有照片，所以只能努力回忆当时的画面）是凯瑟琳 · H. 贾米森（Kathleen H. Jamieson），她是宾夕法尼亚大学安嫩伯格公共政策中心（Annenberg Public Policy Center）的创会理事。她当时的议题是提高文明程度。在她看来，美国国会已经分崩离析，失去了传递建设性立法的能力；阵营的两边不再文质彬彬，赤裸裸的仇恨和循环往复的复仇乃司空见惯之事。她希望积极心理学能够拯救这样的局面。

丹 · 鲁滨逊（Dan Robinson）坐在凯瑟琳的旁边。他来自乔治敦（Georgetown），是一位兼顾哲学与心理学两个学派的哲学心理学家。

乔治 · 韦兰特坐在鲁滨逊的右边。我们见证了韦兰特一步步转变对防御的看法。在对哈佛男性的经典研究中，他始终认为，那些用幽默、利他主义、期待、压抑和赞同态度来应对问题的人，生活得更幸福。他把这一观点称为“成熟的防御”，但随着会议的进行，他开始称之为“性格的力量”，这些特质在应对心理的负能量时则转化为良好的性格。

埃德 · 迪纳（Ed Diener），身高超过 1.8 米，身材健硕，我之前并不认识他。与我们其他人不同，埃德一直在不屈不挠地研究幸福。在 15 年的时间里，他推进了幸福的实证研究，这项被称为“主观幸福感”的研究经历了从学术的笑柄转变为备受推崇的心理测量标准的过程。他取得成功的标志是担任门槛极高的社会学期刊《人格与社会心理学杂志》（*The Journal of Personality and Social Psychology*）的主编。可以说，他是方法学领域的祖师爷。埃德的职业素养奇高，他所负责的期刊退稿率一直保持在 90% 以上。他才不管亚里士多德说过什么，只关心学者提交的论文必须无可挑剔。

迈克和埃德的体型一样，这是他年轻时作为一名攀岩运动员所留下的痕迹。迈克在攀登高山和陡峭悬崖时所体会到的心流成了他理论的主旋律，他坚持认为心流的体验是幸福的核心。但是，以完全没有任何思想或感觉为特征的心流，是主观幸福感的一部分吗？他告诉我们，当他问人们在“心流”中有什么想法或感受时，人们通常会说：“什么都没有。”他若有所思地说，难道心流所需要的全部注意力都寄生在我们所有的认知和情感资源上，从而让我们变得心不在焉吗？

最后一位，坐在我右边的是我非常崇拜的罗伯特 · 诺齐克。诺齐克现如今和哈佛大学的约翰 · 罗尔斯（John Rawls），被公认为世界上顶级的哲学家。他那时正在与肠癌抗争，几年后，肠癌夺去了他的生命。我曾担心邀请他来大开曼岛可能不合适，因为他那雷厉风行的作风也许会让我们这群慢节奏的心理学家不知所措。但事实证明我多虑了。诺齐克充分发挥了建设性的作用，并成为这个小组的核心人物。

在这个热火朝天的小组里，只有一个年轻人，他叫德里克·伊萨科维茨（Derek Isaacowitz），是我新招收的博士生，他在布兰迪斯大学担任助理教授，是我们这个讨论小组的记录秘书。除了德里克，我们所有人都已年过五十，意识到这一点后，我们决定努力培养年轻的心理学家，使他们成为优秀的继承者。

积极心理学的主题是什么？我们喜欢“成就感”这个概念。当然，这其中涵盖了幸福和其他相关“成员”。在这一点上，埃德不需要说服我们。幸福，主观的幸福感，是可被测量的，甚至是可被构建的。但是，心流的存在使我们确信，积极心理学不能仅局限于主观因素。心流也是一种积极的成就感，但我们现在使用的是行为的和主观的标准：“积极的”是指没有经历痛苦的、无拘无束的人所做的选择。人类既追求积极情绪的体验，也追求心流的体验。

因此，积极体验成为积极心理学的一个成果。但真是这样的吗？我们能否停下脚步，沉浸在幸福中，然后停滞不前呢？

“不行，”凯瑟琳争辩道，“完全不是这样的。社会学研究的都是消极的体系和那些阻碍幸福的因素，如犯罪、贫穷、种族主义等。那么，积极的体系是如何创造幸福的呢？如民主、言论自由、和谐的家庭和自愿无偿服务。”

我们被说服了，因此积极心理学的其中一个支柱是研究公民的成就感。

诺齐克接着搭建了另一个支柱：积极的特质，使积极体验成为可能的个人品质。

“精神病学，”诺齐克说道，“是对精神错乱的研究。精神错乱是一种破坏生活的负面特质，如抑郁症、精神分裂症、毒瘾等。心智健全又是什么呢？比如创造力、正直、幽默和勇气。”

诺齐克把这些特质称为生命中不可或缺的元素。我们花了很长时间来讨论这个问题。其实，在心理学领域，关于精神状态或特质的争论从未停息，具体的争论究竟是怎样的呢？是否存在持久不变的人格特质，或者暂时性的心理状态？埃德在这些问题上引领着大家，他让我们相信，确实有超越时间和情境的特质、思考和行为的倾向，而且只有糟糕的衡量标准支持“情境主义”，即所有驱动行为的因素都存在于环境之中，而不是个人性格之中。正直、幽默、智慧和勇气，就像精神分裂症、抑郁症和酗酒一样，是真实存在并能为人所知的。

良好品性的“好”的随意性是什么呢？当然，随着文化和时代变迁，它是由当时的环境或政治所决定的。我们对这种一刀切的相对主义表示怀疑，我们认为善的普遍性是一个经验问题，应该支持对它进行检验。

我们完成了在大开曼岛的工作，并认识到积极心理学应该有三个支柱：积极的体验、积极的品质和积极的体系。这门学科的任务就是对这些支柱加以研究和建设。

正式走到台前

“她真了不起。”保罗 · 巴尔特斯低声说着，他那时是 MPI 人类发展研究所的主任。他所称赞的是芭芭拉 · 弗雷德里克森[①]，当时她正在内布拉斯加州林肯市的盖洛普公司总部，对着我们大约 60 人发表演讲。那是 1999 年 9 月的第一届积极心理学国际峰会，该峰会是由克利夫顿承诺举办的启动大会。会场洋溢着热烈、欢快的气氛，仿佛参会者在每场演讲中都瞥见了一个崭新的世界。芭芭拉是密歇根大学的一名新任助理教授，她身材修长、肤色浅黑，说话一字一句，缓慢而严谨。她发表演讲时仪态威严、语言睿智，而我们正襟危坐于台下，认真倾听着她的发言。

“进化选择了消极情绪来对抗和逃避。为什么进化会为积极的情绪而烦恼呢？为什么我们有积极的感觉呢？”芭芭拉提问道。现在，她第一次公开了自己的“扩展和构建”理论：积极情绪扩展了认知和行为方式，并构建了新的力量。她对这一理论进行了测验，并提出了相关证据，例如，在实验室中诱导被试产生积极情绪可以扩展他们整体的认知过程，而不是点状的认知过程。快乐的人更能轻而易举地看到整体而不是局部。

① 芭芭拉 · 弗雷德里克森是积极情绪的领军人物，被塞利格曼称为积极心理学领域的天才。在《积极情绪的力量》中，她教我们用 10 多种方法提升积极情绪，减少有害情绪，最终实现欣欣向荣。该书中文简体字版已由湛庐引进，由中国纺织出版社于 2020 年出版。——编者注

芭芭拉·弗雷德里克森在第一届盖洛普峰会上公开了自己的“扩展和构建”理论：积极情绪扩展了认知和行为方式，并构建了新的力量。

Photo courtesy of the International Positive Psychology Asseciation.

“她结婚了吗？”巴尔特斯低声问道。巴尔特斯的妻子玛格丽特那时刚因癌症病逝，虽然失去了亲人，但巴尔特斯发现学识是女性魅力中最性感的部分。

“真不幸，她结婚了。”我告诉巴尔特斯的同时，也想到了爱神厄洛斯及其隐含的爱情对推动教育和科学进步，乃至充实精神世界具有多么强大的作用。

我还遇到了罗伯特·比斯瓦斯－迪纳（Robert Biswas-Diener），他蓄着山羊胡，英俊帅气，刚刚 20 岁出头，在埃德·迪纳的 5 个孩子中，他是最年长的。罗伯特很快就会成为积极心理学的后起之秀。因为我随口问了问他，觉得这场峰会办得如何，他的回答让我吃了一惊。

“我为父亲感到骄傲。我非常爱他。”罗伯特回答道。埃德刚刚发表了一场振奋人心的演讲，谈到了衡量幸福的标准，以及他在过去 20 年里，通过艰苦努力，终于将积极情绪纳入学术体系。对于他的这番奋斗，没有什么比罗伯特的回答更让埃德高兴的了，我从来没有把罗伯特说的话告诉过埃德。我希望埃德能读到这一章。

1999 年年底，积极心理学正式推出。在个人层面上，它始于我和妮基在自家花园里那番对话后的一次顿悟，让我思考了一下心理学未来的愿景。在组织机构层面上，福勒、迈克和我为这个新领域的发展绘制了一条轨迹，这条轨迹在接下来的 10 年里成为现实。大西洋慈善基金会等在恰当的时间慷慨资助，最重要的是，一大批资深和年轻的科学家清晰阐明了积极心理学的使命，我们搭起了一个大舞台，静候科学家和实践者登上这个舞台。

第 19 章

优势与美德：召唤人性中的善良天使（2000—2004）

美德是 19 世纪道德思想的主旋律，那个时代的心理学密切关注着美德。林肯的首场总统就职演说就曾呼唤“人性中的善良天使”，徒劳地希望美国人避免一触即发的内战。当时的精神病院采用“道德疗法”来治疗精神病患者，也确实有治愈案例。但善良天使的道德有一个黑暗面，被称为“邪恶”，就像它把好的行为解释为美德一样，它通常把坏的行为解释为劣行。1886 年 5 月 4 日，在芝加哥的干草市场广场[1]，人们对美德和邪恶的思考被强烈地激化了，麦科米克工厂的劳工（大部分是移民）和警察发生了暴力冲突，警察被劳工视为残酷的执法者。最终，冲突演变成骚乱，有人扔了一枚炸弹导致 7 名警察身亡。民众对炸弹爆炸（扔炸弹的人并未被抓获）的解读是：那些移民是邪恶、残忍、野蛮、肆意妄为的，他们是无政府主义者。但一些媒体和自由派神职人员留意到，这些劳工的生活条件极其恶劣：住在拥挤不堪、肮脏污秽的房子里，几乎不认字，工资不能满足温饱，一天工作 12 个小时、每周工作 6 天。

这些移民所处的恶劣环境可能并没有造成他们的恶劣性格，却导致了他们的暴行。社会科学是围绕这一概念产生的：其科学纲领是为了表明犯罪者并非坏人，对他们的“不良道德”行为并不负责。相反，是他们所忍受的恶劣环境迫使他们走上犯罪的道路。因此，如果不良的环境导致了犯罪和暴行，那么开明的科学和政治可以仅通过改善环境来消除犯罪。如果无知造成偏见，那么普及教育将终结偏见。如果贫困不仅仅被定义为缺钱，而是由缺钱引起的，那么福利事业，即资助贫困人群将终结贫困。这确实是一个崇高的理想，而且要实现这一理想，就必须改变对人性的思考。教育是一件苦差事，我们不得不将恶习和不良品格"合理化"。维多利亚时代之后的人们对弗洛伊德和达尔文等人的热衷都源于这样的愿景：弗洛伊德将神经症归咎于未解决的童年冲突；达尔文将冲突归咎于原始的生存挣扎。暴力的劳工、难以忍受的神经病患者、恶霸地痞以及一大堆罪犯，他们自身都没有错，错的是他们接受的教育方式。但是，除了责备受害者，自由意志、责任感，甚至美德也被牵扯了进来。

但是，美德依然存在于心理学中，直到哈佛大学心理学家高尔顿·奥尔波特（Gordon Allport）出现才禁止提及品格相关的内容。美德，即优良的品格是维多利亚时代令人生厌的产物，明显带有新教徒的特性，它体现了价值观。奥尔波特认为，心理学是一门仅有病症但没有处方的科学，因此，认可一种价值观或一个品格优良的人并不是社会科学家的职能。最终，没有体现价值观的"人格"描述符号取代了"品格"[2]。

但这大错特错。依我之见，积极心理学需要品格，因为这个领域是对积极体验、积极体系和积极特质的研究。第一，"特质"为什么是不可或缺的？我坚信人类的性情不会随着时间和境遇的推移而改变，当然不会完全不变，因为人们会变得聪明、钟情、吝啬或迟钝，它可能是不受文化限制的普遍规律，并且所有的语言都能对特质进行描述。因此，特质是不可或缺的。第二，为什么是"积极的"？这个词的正式含义是不要漠不关心，或者选择一搏，而非坐以待毙，并且有许多积极的特质。也许不同的文化之间互有差别，但据我所知，大多数的文化都认可善良、智慧、正直和勇气等品质。重要的是，这并不意味着积极心理学作为一门科学规定了何为良好的品格；相反，它与文化所规定的内容挂钩。积极心理学不是开处方，文化或个体的价值观决定了之后的行为；积极心理学不是改变价值观，而是帮助文化和个体如愿以偿地获取一直珍视的东西。

常规的精神病学已经大致有了一个目录——DSM-3。它对精神分裂症、精神变态、恐慌症、自闭症等疾病进行了分类，列出的病症超过了 300 种，其中包括这些病症的性别比例、遗传性、病程、预测和诊断标准。

“我们来做一份心智健全手册，怎么样？”我问尼尔 · 迈耶森（Neal Mayerson）。迈耶森曾写信询问能否参与资助积极心理学。他的父母发家致富于辛辛那提（Cincinnati），在迈耶森的指导下，他们转向了慈善事业。在过去的 40 年里，我一直在四处奔波，恳求政府为疾病研究提供资助，后来我开始发现了一种募集资金的新模式。像查克 · 菲尼、克利夫顿和迈耶森夫妇，他们都在利用自己的财富去发现和构建生活中的美好，捐赠者四处寻找我，这在之前是完全想不到的。一个名叫吉姆 · 霍维（Jim Hovey）的人在我给费城的工会联盟发表完演讲后，主动给我写了一张大额支票。他对此只简单说了一句话：“拿去行善吧。”

迈耶森问我该如何资助积极心理学。他坚持认为，我们募集的资金绝不可能束之高阁。因此，他和我把可能获得资助的人召集起来，举办了一次为期两天的会议，但没有一个人获得迈耶森的青睐。他想要一个既能开展得很好，同时又能创造产品的项目，这个产品或许能为他的基金会带来更多的收入，从而继续把钱捐赠给需要的人。考虑到 DSM-3 为美国精神医学学会（American Psychiatric Association）所带来的财富，这本手册让很多大型制药公司获益匪浅，而且促进了心理疗法的进步，所以我提议做一本关于良好品格的手册，即心智健全手册。

迈耶森说道：“我给你 100 万美元，用来创作一本不同于 DSM-3 的手册，该手册附带一份问卷，用来测量性格优势。”

“我认为我没法完成这项工作，迈耶森，但我知道谁能完成。”

那天是克里斯托弗 · 彼得森 50 岁的生日，但我并没有在电话里祝他生日快乐。

“接下来的余生里，你打算做些什么呢？”我开门见山地问道。

电话那头沉默了好久。

“我想请你从密歇根大学休三年的学术假，到宾大来。”我说道。彼得森是密歇根大学临床项目的负责人，该校在全美的临床心理学研究生项目中排名第三（另外两名是耶鲁大学和加州大学洛杉矶分校，紧随其后的第四名是宾大）。他是密歇根大学的一个传奇人物，不仅因为他学识渊博，还有他的耐心和慷慨帮助，备受大家的喜爱。与此同时，他具备的素质可以让迈耶森项目取得成功：高水平的心理学专业知识，渊博的学识，对人格和变态心理学的深刻理解，坚忍不拔，与我的深厚友谊，耐心，以及四溢的诙谐幽默。

“我希望你能负责一个项目，写一本关于良好品格和美德的 DSM-3 手册。还希望你能创建一份调查问卷，用来测量良好的品格。”

这次，电话那头沉默的时间更长了。

“好吧。”彼得森最终回话了。

2000 年的秋天，彼得森开着那辆破旧的老爷车，从安娜堡来到了费城（他害怕坐飞机），开始了我们新一轮的合作。一路上他都在听电台里的嘉宾热线节目，并告诉我关于电台主持人鲁什·林博（Rush Limbaugh）的事情。把我们俩共同度过的时间加起来，再乘上每一个小时的和谐，彼得森可以说是我此生相处时间最长、最亲密的同伴。

我们的工作相当片面。彼得森不断地阅读和思考早期的基督教神学、佛教的偈颂、本杰明·富兰克林的思想。他每周两次在午餐时间告诉我一些关于跨时空的优势和美德的知识。他跟我讲美洲原住民拉科塔人（Lakota）的慷慨大方、日本武道的美德、《哈利·波特》中赫奇帕奇学院的故事、克林贡人（Klingon）的美德。我们寻找的是每种宗教、政治和文化都认可的共识。事实证明，很多共识是跨历史和文化而存在的。我倾听着彼得森的话，不时地给出回应，大多数的时候，我都是赞许地频频点头。

在这本手册中，我们制定了优势的标准，其中包括以下内容。

- 优势的价值在于其本身，而不在于作为达到目的的手段和方法。例如，智力本身并不是一种具有价值的优势，而是一种获得成功的方法。
- 有一些具备某种优势的模范和奇才，但也有极度缺乏这种优势的白痴。
- 优势能够得到普遍认可或者至少无处不在。
- 优势有助于人在生活中获得成就感。

彼得森和我总共花了几百个小时，在这之中我吃了几百块牛排，反复争论哪些因素符合这些标准。善良仁慈，符合。智慧睿智，符合。活力四射，符合。社交智能，符合。宽容忍耐，不符合，因为它在盐湖城或麦加并不被视为有普遍的价值。顺从呢？空想者和魔法师梅林都提倡它，但女权运动不推崇。贞洁呢？维多利亚时代的人信奉它，但有些人排斥它。那么幽默感呢？这一点很接近标准了，但我不能确定，幽默感是否重要到可以入选。最终，彼得森说服了我，他认为幽默是一种出类拔萃的优势，其重要性可以超越其他所有因素。我们最终把这个标准列表缩减到 24 项，之后对它们进行了分组，分别是智慧、勇气、仁慈、正义、节制和超越这 6 种美德。

在 10 多名专家的帮助下，我们起草了一份庞大的文件（当正式出版[3]的时候，它大约有 2 公斤重）。在介绍完心智健全手册的重要性之后，我们回顾了美德的历史和之前对美德进行的分类尝试。接下来，我们把全书剩下的部分，按照章节，围绕 24 种美德，做了详细的介绍。每一章都有一个平行的结构，关于宽恕和仁慈的那一章便是其中一个例子。我们讲述了潘金淑（Kim Phuc）的故事，在越战期间，一架美国飞机误将汽油炸弹投向越南军队和平民，当时还是个小姑娘的潘金淑因为身上的衣服被烧着，不得不赤身露体地在路上奔跑。这张可怕的越战标志性照片成了不朽之作。多年后，当潘金淑遇到当时驾驶那架飞机的飞行员时，她公开表示原谅了对方。我们以这则故事定义了宽恕，并讨论了它的哲学和宗教立场，以及当代人的观点。接下来，我们回顾了宽恕的方式（有两个精确的测试），之后是宽恕的关联和结论（如宽容的人的负面情绪更少），宽恕是如何在生命过程中发展的（如幼儿不太宽容），抑制或促进宽恕的因素（如脾气暴躁的和高度神经质的人也不太宽容），以及性别、民族和跨文化的因素等。最后，我们回顾了建立宽恕的干预措施，并以尚无从知晓的宽恕作为那一章节的结束。

这仅仅是彼得森在宾大紧锣密鼓地研究了三年的美德所取得的一半成果。另一半成果关于经验主义。彼得森是一名统计学家，他发明了调查问卷。因此，利用这些技能，他创造了"价值实践显著优点测试"（Values-in-Action Signature Strengths Test）[4]，该问卷包含 10 个项目，每一项都有 24 个优势，你要对每一项的描述进行评分，对你的优势进行排序分析，结果将告诉你所具有的 5 个最强优势。在彼得森创建该表以来的 15 年里，超过 300 万人参与了英文版的测试，还有许多人用德文版、中文版、日文版和西语版进行了测试。除了供个人应用之外，这个测试还被广泛应用于商业、学校和治疗。

优势和美德的领域在基于经验主义的研究上开花结果。例如，哪些优势与哪些职业有关？看一下图 19-1，这是一个以 83 000 人的测试结果绘出的统计图。

第一，当两种优势靠在一起时，你可能具有不止一个优势。比如，如果你是个心怀感激的人，你可能同时具有善良和仁慈的品质。但是如果两种优势相离甚远，那你可能只有一个优势：善良的人也许缺乏创造力或勇气，谨慎的人可能具有诚实和谦逊的优势，但他们没有太多的热情和希望。

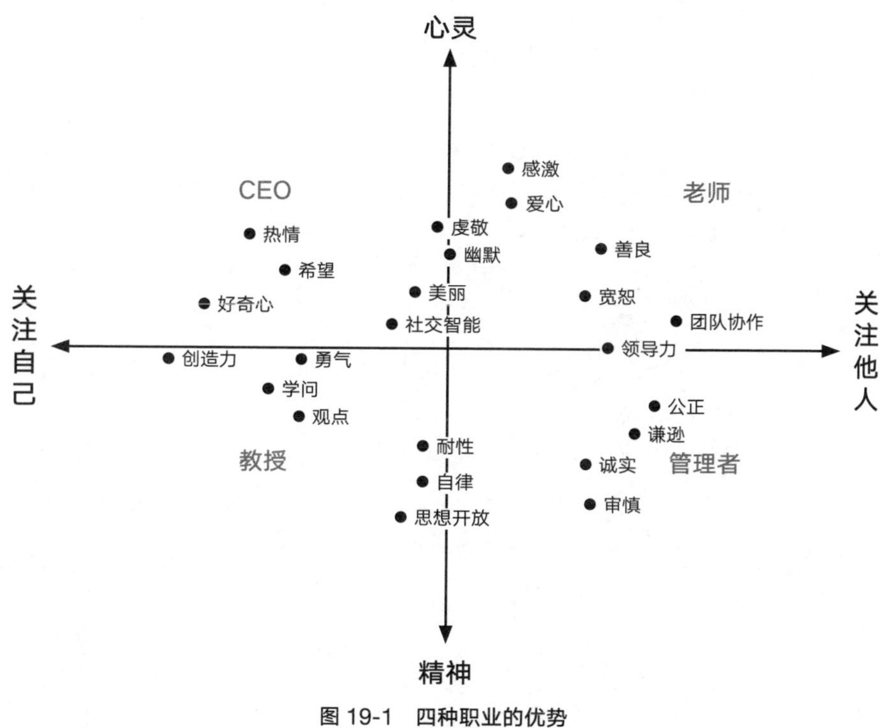

图 19-1 四种职业的优势

第二，优势与职业有关。老师拥有善良、宽容、感激和爱心的优势，但教授则缺乏这些优势。教授拥有创造力、勇气和学问的优势，老师则明显缺乏这样的优势。管理者拥有公正、诚实和谦逊的优势，但缺乏热情、希望和好奇心。CEO 则正好与之相反。然而，不要把这张图作为职业建议。这只是告诉你，一般情况下，在一种职业中人们所拥有的优势概况。它并没有告诉你，最好的管理者和最好的老师有什么样的优势，比如他们或许也拥有幽默和热情的优势，而不仅有爱心和感激的优势。

2012 年，彼得森的突然离世让我失去了最亲密的伙伴，同样，对优势和美德的研究也就此终结了。

第四部分

蓬勃：积极心理学让世界大变样

The Hope Circuit

积极心理学是对生活的补充，
但不是生活的全部，
它只是致力于消除那些会破坏生活的因素。

第 20 章

耳顺之年：持续的幸福（2002）

2002 年 8 月 12 日

现在，轮到我在自己 60 岁的生日派对上发言了。前一天晚上，我回顾了自己这一生，辗转难眠。我出生于战火年代，父母多灾多难，而我自己始终与焦虑相伴。我是一个聪明机灵的孩子，但在一个富家子弟云集的贵族学校中，我始终格格不入。我是一名“前锋战士”，曾与行为主义做着不屈不挠的斗争。我是一名在战场中鏖战的“上尉”，带领心理学冲出黑暗，奔向光明，引导心理学面向未来，而不再纠结于过往。

我搭建了一个花房，我的 60 岁生日派对就是在这个花房举行的。花房的设计有个缺陷，因为我忘记给房顶安个天窗了。那天，温度飙升到 60 摄氏度，我在花房里装了三台空调，才让这个派对能够顺利进行下去。

作为迈向生命中第七个 10 年的开始，我的这场生日派对犹如一场大量专家出席的学术报告会。在这些专家中，有些人是我的挚友。乔治·韦兰特是派对的主持人。他与哈佛大学的一帮同事专门研究人一生中的成功和失败，这样的研究工作已经持续了 30 年之久，这个研究团队的成员都已年过 60 岁。韦兰特劝我好好养老，以便安然度过接下来这充满未知的 10 年。身材魁梧的鲍勃·奥尔科特那时刚从奥尔巴尼男子学院退休，他在派对上说，当年在斯特拉顿山童子军营地的海滨，我装出的勇猛泳姿，让他误以为我是个像模像样的橄榄球前锋。但其实我在体育方面一窍不通。生日派对上最年轻的两位是埃德·迪纳和克里斯托弗·彼得森，他们履历光鲜，更胜于我。

保罗·罗津（Paul Rozin）是我在宾大心理学系并肩作战了 30 年的兄弟，也正奔向自己的第七个 10 年，他认为这 10 年堪比参加特殊奥运会，因为在今后的人生中，自己能做的事情已经不多了。另外，12 岁的劳拉、10 岁的妮基，甚至 8 岁的达里尔都在生日派对上做了简短的发言。

“我曾把我的生活视为一本自传，”当轮到我发言的时候，我说道，“这是一场艰辛的旅程，我积攒能量，与一个吝于回报我的世界做着抗争，但我太操之过急、急于求成了。”

“今天，我从奥尔科特、凯瑟琳·H. 贾米森、韦兰特、埃德·迪纳、雷·福勒、巴里·施瓦茨、迈克、莱斯特·卢博斯基和彼得森那里，但最主要是从曼迪那里知晓，**我的生活不是一本自传，而是一本传记。这本传记讲述的是我如何在挚友、同事、宽容和爱的帮助下，与这个世界同行。**”

随着积极心理学的蓬勃发展，我注意到我的生活变得更加美好了。我更加快乐了，心理学也在这个过程中取得了更好的发展，我的生活与心理学的发展变化齐头并进，这也是本书的真正主题。

但我必须厘清，为什么我的生活在耳顺之年变得更加美好了？

在我 60 岁时，我的幸福观极为简单：良好的外部效应加上良好的内部效应就等于幸福。我研究了生命的三大外部效应元素：爱、工作和休闲。对我而言，每个元素都变得更好了。曼迪建起了一个家，那座大房子不再空空如也，里面有我的孩子和两只牧羊犬。狗狗们总是兴高采烈的，而曼迪阴晴不定。之所以让孩子们在家接受教育，不是出于意识形态的原因，而是因为我们两个人都是老师，我们频繁的外出旅行与学校的日程安排总是冲突。因此，我们围绕旅行为孩子们设计了课程，带着他们一起环游世界。

我们带着孩子们去加拉帕戈斯（Galápagos）学习生物学和进化论，但我们的教学方式当然并非完美无缺的。比如说，有一次我们遇到了远古乌龟“孤独的乔治”，它可能是这个物种里的最后一只了。管理员向我们解释说，他们正拼命地为它找一个女伴。

“我们正在为它配制乌龟专用伟哥。”他们告诉我们。

“伟哥是什么？”劳拉、妮基和达里尔异口同声地问道。我们的孩子对此一无所知。天哪，我们为孩子们讲授过进化论，但没有讲过性方面的知识。

我们带着孩子们去了日本、澳大利亚、英国、挪威、德国，孩子们接受教育的方式不再是坐在教室里，而是阅读书本、参观博物馆和不同的城市，以及与许多招待我们的朋友共同进餐、聊天。因为还没进入青春期，所以孩子们的心境一直都是阳光灿烂的。

我生命中的第一个外部效应——爱，变得越来越好。

我的工作也越来越好了，主要是因为它不再是属于我一个人的工作了。福勒告诉我，作为 APA 的 CEO，他的工作是把学会主席最美好的一面展现出来，我意识到，作为 APA 的主席，我的工作应该是把自己同事最美好的一面展现出来。我发现，这一定是到达了爱利克·埃里克森所说的“繁殖”阶段，对此我如释重负。积极心理学从创建之初便奠定了扎实的基础，且包罗万象、百花齐放：迈克的“心流理论”，彼得森和迈耶森的“美德理论”，埃德的“主观幸福理论”，韦兰特的“成功老龄化理论”，凯瑟琳的“积极的公民体系”，以及最近的芭芭拉·弗雷德里克森的“积极情绪”，乔纳森·海特（Jonathan Haidt）[①] 的“敬畏论”，索尼娅·柳博米尔斯基（Sonja Lyubomirsky）[②] 的“干预论”以及劳拉·金（Laura King）的“意义论”。作为我之前的研究课题，预防精神疾病只是这其中微不足道的一部分，而我的主要工作是保障并促进他人的研究工作。我筹集

① 著名心理学家，他认为人们并非像自以为的那么理性和正义，正义之心凝聚人心，但也具有盲目性。其著作《正义之心》的中文简体字版已由湛庐引进，并由浙江人民出版社于 2014 年出版。——编者注

② 被誉为“丈量幸福的梦想家”，她在著作《幸福的神话》中列举了人生中最常见的十大幸福神话，颠覆了我们自以为是的幸福观。该书的中文简体字版已由湛庐引进，并由浙江人民出版社于 2013 年出版。——编者注

到了资金，但我似乎最擅长在正确的时间里提出正确的问题，以便系统地推进他们的研究工作。我能够做到沉下心来认真倾听，能够调转思路和看法，甚至可以不计得失地提出建议和忠告。

批评者现在以“敏捷”来形容我，我觉得这是赞美。所以，第二个外部效应 - 工作，前所未有的一帆风顺。

很容易被忽视的是第三个外部效应——休闲。我每周组织一次扑克游戏，每年会在打牌上输掉 2 000 多美元，但这换来了深厚的友谊。不过，对我来说真正的比赛是桥牌，我也重新开始参加桥牌锦标赛。

劳拉、妮基和达里尔。

Photo courtesy of Mandy Seligman.

我虽然不是桥牌天才，但很喜欢这个游戏，所以为了认真对待打桥牌这件事，我请了三位牌技精湛的搭档。他们教我如何应对高水平的比赛，我现在可以很自如地坐下来，与世界上最好的牌手一起比赛。其中一位搭档还和我一起赢得了 1998 年世界互联网锦标赛冠军。

所以，我的那三种外部效应与往昔相比都有了明显的改善。这样好的外部效应理应让我成为一个“幸福”的人，但在过去的两个世纪里，“幸福”在内部效应中仍表现为主观幸福感——除非你感觉良好，否则不可能幸福。

我的内部效应真是糟糕透了。

在我看来，自我童年后期起，这些内部效应始终一团糟。我仍然抑郁悲观，但这些情绪在研究工作中极大地帮助了我。我不是个无忧无虑的人，也极少感受到快乐。我经常在凌晨四点醒来，然后陷入沉思。我是一个小题大做的人，一旦遇到挫折，我首先就会想到最坏的结果。当然，我知道书中所讲的每个技巧都是为了对抗抑郁和悲观，从而建立积极的情绪。事实上，我提出了一些方法。这些对我来说还是颇有成效的，但是“你输了，你是一个失败者，你注定要失败”的想法依然回响在我的心中。

因此，通过内部效应来看，我不是一个幸福的人。

但是，我阴暗的内部效应依然是可补救的：我的内部效应与外部效应的相互作用。自从参与创建积极心理学以来，我与外界的沟通就有了起色。感谢彼得森，我现在已经确定了我的标志性优势，其中包括创造力和领导力。尽管远非完美，但我现在很好地利用了它们。我的创造力包括两个部分：一是逆向的创意，这是我一直都具备的，二是我的读者和合作者的欣赏。这种欣赏是不断更新的。虽然了解心理学很重要，但更重要的是，我可以把一个领域与另一个领域的内容联结起来。我能够看到哪些项目可能会成功，哪些项目会失败。我能够看出谁是合适的人选，以及如何帮助他取得成功。我从雷・福勒那里学来的领导风格，就是让别人展示自己的最佳之处，然后帮助他们实现自己的目标。

也许内部效应并不如吹捧的那样，也许内部效应几乎不可改变。但根据标准来看，我是一个相当幸福的人。

第 21 章

积极心理学的进步和批评（2001—2011）

2001 年之后，积极心理学迅速得到大众的认可和欢迎。我之前已经习惯了面对各种艰苦的挑战，但这样的认可和受欢迎程度还是让我大吃一惊。然而，一旦某个学科领域普及开来，就会涌现大批的批评家，其中一些人提出了有建设性的想法，但也有不少人提出或欠缺说服力、或偷换概念的批评。本章讲述了从 2001 年到 2011 年，我们取得的主要进步和受到的主要批评。我首先说的是取得的进步，然后是受到的批评，分为有理的和无理（甚至是毫无根据）的批评，随后是我的回应。

积极心理学取得的进步

“积极心理学正愈发变得非同寻常。”萨姆·普雷斯顿（Sam Preston）说道，他是我所在的宾大心理学院院长。普雷斯顿是一位杰出的人口统计学家，比历任院长更具冒险精神。普雷斯顿和我即将开启一场冒险之旅，时至今日，这场旅行仍没结束。

“你应该有一个中心，积极心理学中心，马丁。下周来找我吧。”普雷斯顿一边喝着酒，一边说道。在宾大这么一个狭小的世界里，一个“中心”意味着从一个“院系”中解放出来。“中心”是跨学科的，可以有自己的资助资金、研究任务和雇员，但没有可授予终身教职的任命权力，只有院系有这个权力。从历史上看，“中心”倾向于做尖端的、引发争议的科学研究，而院系往往是高度保守的，鼓励自己的教员按部就班地发展和工作。院系通常任命的新教员是守旧的保守派，而不是独具一格的创新者。多年以来，我屡屡败给这些保守派，普雷斯顿“释放出狱”的提议激发了我的创新本能，而且“中心”负责人只向院长而不是向系主任汇报，并且它的“利润”（此处理解为“管理费用”）也由院长负责。

“我们如何在创收方面大干一场呢？”我问普雷斯顿，当时我们坐在他那摆放着一堆宾夕法尼亚州纪念品的宽敞办公室里。

“我想让你新开设一门硕士学位课程，即应用积极心理学硕士，马丁。你可以从社会上招收事业有成的成年人作为研究生，然后教他们如何将积极心理学应用到自身的工作之中。他们可以通过这种高管教育模式到宾大上学：一年上 9 个周末的课程，大部分的教学工作由客座明星教授负责，最后学生完成一篇毕业论文。学生将支付全额学费（2018 年的学费约为 5 万美元），中心应该能有 30% 的盈余，如果有盈余了，中心就可以自主经营。盈亏平衡点是招收 11 名学生。而且，你仍然可以获得资金资助和其他合同。”

我请詹姆斯·帕维尔斯基来负责这个新出炉的项目。作为范德堡大学的哲学和宗教学助理教授，帕维尔斯基之前一直按时到宾大旁听我的课程，他正在将积极心理学融入他的本科生教学当中。

令人高兴的是，帕维尔斯基签署了担任教育主任的合同，于是我们从 2005 年 3 月开始打出招生广告，4 月 30 日是截止日期，我们希望至少能有 11 名申请者。结果，申请者超过了 100 人，其中 35 人符合宾大那极为苛刻的常春藤盟校录取要求。34 人接受了我们的录取通知书。宾夕法尼亚大学的积极心理学中心和应用积极心理学硕士（MAPP）项目[1]就此启动。

在 15 世纪中期的佛罗伦萨，科西莫一世（Cosimo the Elder）是新人文主义的赞助人，艺术、学术和科学在当时繁荣兴旺，这一时期被称为文艺复兴。为了对科西莫·美第奇表示敬意，新成立的积极心理学中心举办了一个为期三周年的庆祝活动，名为美第奇 2。每年的春末，积极心理学领域的领军人物和一批年轻研究员将在一起朝夕相处两个月。我之所以选择这个季节，是因为我养的玫瑰花会在这时盛开，我们可以尽情享受大好时光，组织爬山活动，观赏玫瑰花，这一切都让整个夏天充满希望。

在这期间，还出现了一些新的学术进展。

埃德 · 迪纳领导了一个团队，致力于调查国民幸福指数。但我们能衡量一个国家的表现吗？国内生产总值（GDP）与幸福指数越来越不同步了。GDP 衡量的是商品和服务的购买和销售情况，但它无法区分出究竟哪些商品和服务促进了幸福，哪些破坏了幸福。

1968 年，罗伯特 · 肯尼迪曾对 GDP 提出了尖锐而又恰当的批评：

“然而，GDP 既不能保障我们孩子的健康，也不能保障他们所受教育的质量，更不能保障他们的快乐。它既不能让我们谈吐文雅，也不能使我们的婚姻坚实，更不能提升公开辩论的睿智程度以及确保我们公职人员光明磊落。它既不能衡量我们的机智和勇气，也不能衡量我们的智慧和学问，更不能衡量我们的同情心和对国家的热爱。总之，它衡量一切，却把那些令人生有价值的东西排除在外。”

GDP 包含经济学家所说的“令人遗憾的东西”。每一次的自杀、离婚或车祸，都会使 GDP 上升。丧葬费、律师费、医疗费用和修理费也都能提升 GDP。卖的烟草越多，GDP 就越高。此外，国民收入与生活满意度的所有对比表均显示，一旦超过了安全保障，国民收入越高，生活收益就越会迅速减少。这就是国家 GDP 和个人收入的真实写照，在美国，年收入达到 10 万美元是一个转折点，即收入的增加会使幸福感显著下降。

“经济才是关键啊，傻瓜！”这句话是对人类繁荣的一种愚蠢描述。埃德认为，用 GDP 衡量一个国家繁荣程度的想法已经过时了。他的目标是建立一套幸福指标，该指标能够对经济指标予以补充，从而帮助政府和企业制定相关政策，以提升本国公民和公司雇员的幸福感。我把这个目标称为“新繁荣”。

最初，埃德是在一篇里程碑式的论文中提出了这个富有远见的倡议，论文的题目是“超越金钱：迈向幸福的经济”（Beyond Money: Toward an Economy of Well-being）[2]，这很令人信服。承蒙埃德的好意，这篇论文也署了我的名字。此后不久，一群世界级的经济学家，如理查德·莱亚德（Richard Layard）①、阿马蒂亚·森（Amartya Sen）等，纷纷将目光投向了幸福，而一旦这些担任政府顾问的经济学家参与其中，“幸福”这个理念就会被提上政治议程。法国前总统萨科齐成立了一个旨在促进国民幸福的推荐新措施委员会；英国前首相卡梅伦宣布将每三个月测验一次英国公民的幸福感，并基于幸福指数的变化衡量相关政策成功与否。欧洲左翼人士愤怒地指责萨科齐和卡梅伦试图用“幸福”来分散人们的注意力，因为这些国家未能实现经济增长。

除了国民幸福因素，第二个进步是建立了“真实的幸福”网站（www.authentichappiness.org），该网站包含了主要的有关幸福的测试。在创建该网站的过程中，我拓宽了我的幸福理论，并提出了幸福的三个基本要素：积极情绪、投入和意义[3]。那时说的“要素”是指自由的、没有痛苦的人们纯粹为自己做出的选择。但在讲授 MAPP 和考虑在网站上发布什么样的调查问卷时，我开始确信幸福有以下 5 个要素：积极情绪、投入、人际关系、意义、成就[4]。

在考虑到人们常常为了自己的利益而坚持不懈地追求成就之后，我修改了这个理论，即使它没有带来幸福、心流好的人际关系和意义，也是幸福的重要元素[5]。到了 2018 年，我又觉得应该加入两个新的要素：身体健康和控制力。但我还不能确定下来，毕竟 5 是个比 7 更简洁的数字。

“真实的幸福”网站最初有英文版、中文版和西语版，几年后，我们又创建了德文版、日文版和韩文版。这个网站在这些语言地区几乎都得到了广泛使用，我们不断地进行新的研究，改进旧的研究，并与世界各地的研究人员分享我们的数据。平均每天有 2 000 名新访客注册，在我写到这儿的时候，该网站已经有来自 200 多个国家的 450 多万人注册了账户。对研究人员来说，这是一个金矿，在本书的最后一章，关于显著优点的发现便是来自对这个网站数据集的分析。我们还创建了一个邮箱（friends-of-PP@lists.apa.org），希望大家可以加入这个依然非

① 英国首席幸福经济学家，英国社会改革的推动者。他在著作《幸福的社会》中提出什么样的生活方式和政治制度是合理的、究竟是什么值得我们活下去等 15 个问题，直指个人与社会的心灵，加深了人们对幸福的理解。该书的中文简体字版已由湛庐引进，并由浙江人民出版社于 2015 年出版。——编者注

常活跃的讨论群体。

“真实的幸福”网站在干预疗法方面发挥了非凡的作用，该网站既可以用于测试新方法，也可以作为一种未来的提供大规模采用干预疗法方法。正如读者从我的《消费者报告》故事中所了解的，我花费了很多精力来研究心理疗法和药物对哪种疾病有效。做这些测试非常昂贵，而且非常耗时。更糟糕的是，结果往往是不确定的，因为临床研究只能提供很少的、不具代表性的志愿者样本。经典的、可被称为“做得好”的疗效研究，需要将 40 名临床志愿者随机分为两组，其中一半服用药物或使用心理疗法，另一半则服用安慰剂。在 NIMH，即便是进行这么小规模的研究，投入的资金也能达到七位数。而《消费者报告》的调查，样本比这个规模大一百倍，花费的钱也就这么多。

“真实的幸福”网站看起来似乎是一种更便宜的方法，而且可以用大量样本测试新的积极干预疗法。个体可以通过简单的练习来提高幸福感吗？这些练习能够缓解他们的抑郁吗？

2005 年 1 月，《时代周刊》刊登了一篇关于积极心理学的封面故事[6]。我们与患有肌肉萎缩症的费城企业家杰夫 · 利维一起建立了另一个网站，让公众做这些练习。这个网站从一开始就免费开放给公众，我们希望这些练习能起到作用，这样人们就会付费来订阅更多的练习了。

读了这期的《时代周刊》后，很多人都参加了一个叫作“三个祝福”的免费练习：连续一周，每天晚上，写下三件当天让你感觉很顺利的事情，以及为什么会觉得顺利。在这一点上，我们从随机分配的安慰剂对照研究中得到了大量的证据，这些研究表明，这种锻炼可以有效降低抑郁程度，并能在长达 6 个月的时间里提高人们的生活满意度。我想知道这种方法是否适用于那些重度抑郁症患者，也就是是否适用于比那些进入“真实的幸福”网站、患有轻度抑郁的人更抑郁的人。

第一个月的结果令人吃惊。注册的访客之中，50 人严重抑郁。他们的平均抑郁得分是 34 分，这一分数足以表明这些人处于痛苦之中：他们遭受了很多悲伤，经常痛哭，非常被动，没有任何热情，失去了快乐，而且通常在工作和家庭中都表现得很糟糕。34 分是一个接近极度抑郁的分数。

这 50 个人做了这个练习，两周后到网站进行了第二次抑郁测试。这次他们的平均抑郁得分降低了很多，降到了 17.2 分，正好处于轻度抑郁到中度抑郁的边缘。50 人中有 47 人（94%）的抑郁症状减轻。最初，他们的幸福平均分为 53.4 分（大致在倒数 10%），在后续测试后，平均分上升到 69.8 分。他们的幸福感上升到了 40%，50 人中有 46 人（92%）增强了幸福感。

这些练习与治疗重度抑郁症的药物和心理治疗的效果相似，或者可能更好。我的同事罗伯特 · 德鲁贝伊斯是抑郁症方面的专家，他向我分享了一些通过粗略的对比分析发现的典型情况：在四周内，结合认知疗法和药物治疗，抑郁症状从 34.1 降到了 19.6（$n = 134$），而服用安慰剂，抑郁症状从 34.8 降到了 24.4（$n = 49$）。

我对这些激动人心的结果持谨慎态度。我并没有跑出去大声地宣告，这些练习可以治愈重度抑郁症，因为我们的方法还存在很多缺陷：没有随机分配，没有安慰剂控制，没有对重度抑郁的诊断，也没有长时间的跟踪。

虽然这些初步发现令人很高兴，但网站的使用率下降了，而且没有足够的付费订阅量来维持一年以上的运营。我们没能筹到额外的资金。这一项目还是失败了，我也从来没有发表过这些研究结果，但当我离开这个领域时，抑郁症的网络疗法的潜力依然给我留下了深刻的印象。我的两名研究生阿卡西娅 · 帕克斯（Acacia Parks）和斯蒂芬 · 舒勒（Stephen Schueller）又开启了这个项目，但它的长期前景还是很难预测。由于我们的社会中还比较缺乏可以与患者面对面沟通的治疗师来治愈严重的抑郁症，所以它应该是可行的。它的治疗成本很低，而且覆盖范围可以非常广，我相信它几乎和心理疗法、药物治疗同样有效。但为什么网络疗法不能盛行呢？

因为竞争很激烈，而且也不公平。精神病医生、临床心理学家、社会工作者、婚姻和家庭顾问组成了通常所说的自我保护的公会。制药公司凭借抗抑郁药物赚取了巨额利润，并且不希望低价出售。但另一个因素几乎完全没有引起注意，甚至比这场竞争更重要：在美国，专利法和版权法之间的矛盾已经堵住，甚至可能已经扼杀了心理疗法的发展。如果你发现了一种有效治疗抑郁症的药物，你可以申请专利，垄断市场；可如果你发现了一种效果更好的心理疗法或锻炼方式，那你根本赚不到大钱，因为你只能对文字申请版权保护。美国版权法中的“合理使用”意味着，如果竞争对手仅仅修改了几个词，把这个练习称为“×× 进展顺利”而不是“三个祝福”，并做了一些其他的修饰，那么竞争对手就是在做生意。大型制药公司的专利垄断使其拥有大量的资金来宣传自己的药物，即使它们的疗效不太理想也一样。我们的网络疗法至少和那些抗抑郁药物的疗效一样良好，但是我们筹集不到足够的资金来维持网站的运转，公众也被剥夺了采用可能有效的抗抑郁疗法的权利。原因是，如果势单力薄的个体研发出一个效果很好的产品，那它很容易被有钱的投资者合法地夺走。因此，在精神疾病方面，发展和促进有效的心理疗法几乎没有财政支持。一旦你完成了研究工作、取得了进展，并将钱投入到传播当中，那么任何资金充裕的公司都可以参与其中，改变一些说辞，在广告宣传上盖过你，创建一个更花哨的网站，然后把你踢出局。

我认为这个网站是成功的，虽然作为一桩生意失败了，但它引领了积极的心理疗法的发展方向。

塔伊布 · 拉希德（Tayyab Rashid）和他的新婚妻子艾芙洛泽来自巴基斯坦，在菲尔莱狄更斯大学（Fairleigh Dickinson University）获得了博士学位。之后，塔伊布成为我的博士后。他不想赚大钱，只想多做善事。在我看来，巴基斯坦同样需要积极心理学，当时机成熟的时候，艾芙洛泽和塔伊布会是我的执行人选。

“让我们把这些网络练习打包在一起，然后交到那些熟练的治疗师手中，并在面对面治疗重度抑郁症患者时对这些练习进行测试。”塔伊布建议。这正是下一步的行动方案，但我曾怀疑这是否可行。塔伊布勇往直前，在长达 14 个疗程中，他以被确诊为重度抑郁症的患者为实验对象，大胆地把积极的心理疗法与抗抑郁的药物治疗和认知疗法进行了测试、对比。

“嗯，它起作用了，马丁，看看这个。”塔伊布一边把数据表铺满我的办公桌，一边告诉我。他对重度抑郁症患者展开了一项全面的实验研究：11 名患者单独接受了积极心理治疗，9 名患者接受了常规治疗，12 名患者是常规治疗加上服用抗抑郁药物。结果令人吃惊：**积极心理疗法的效果最好，且明显好于后两者**[7]。

在长达 14 个疗程中，塔伊布·拉希德以被确诊为重度抑郁症的患者为实验对象，大胆地把积极的心理疗法与抗抑郁的药物治疗和认知疗法进行了测试对比。结果显示，该疗法优于后两者。
Photo courtesy of Tayyab Rashid.

有了这些鼓舞人心的数据，我们向 NIMH 申请了资金资助，但被拒之门外，甚至一句评价都没有收到。令人恼怒的是，我看到 NIMH 越来越多地为神经科学和大型制药公司提供支持，似乎已经放弃了心理治疗。备受打击的塔伊布去了加拿大的多伦多，在那里进行了一项又一项的研究，每一项都证明了积极心理疗法的良好效果。我们回顾了在《积极心理治疗手册》（*Positive Psychotherapy: A Manual*）中的 15 个随机实验[8]。因为缺乏权威、明确、规模更大、随机分配的结果研究（这种研究又只有 NIMH 才负担得起），所以尽管我对积极心理治疗仍持乐观态度，但还是怀疑在我有生之年它能否得到应有的推广和普及。

积极心理学受到的批评及对批评的回应

在艺术领域，严厉的批评可能会导致百老汇的演出中断；但在科学领域，批评是进步的主要动力。因为认识到了这一点，所以我一直对批评持欢迎态度，对那些爱拍马屁的人则唯恐避之不及。话虽如此，可我从来没有见过爱拍马屁的人，事实上，我受到的批评几乎总是戳中痛处，有时甚至给自己造成了严重的创伤。对我来说，这取决于批评的程度。奇怪的是，越白痴的批评，越让我感到困扰；看似有理的批评，比如“动物只是学习反应，它们学不到任何东西”这样的挖苦和讽刺却让我为之一振。因为这些批评的正确性可以被检验，错了就是错了。而空口无凭的批评，比如“积极心理学是个人主义和利己主义的，它完全忽视了别人”，让我咬牙切齿、辗转难眠。毫无根据的批评，如“积极心理学对痛苦一无所知”，彻底惹恼了我。而对我的人身攻击把我塑造成了心理学领域的黑

武士达思 · 韦德（Darth Vader）①。

批评的声音主要出现在两个领域，我将它们归类为“强”和“弱”。我还接触到了在互联网上一些叫嚣得非常讨厌的内容。

强烈的批评

第一个批评是：“积极心理学告诉我们的都是我的祖辈、圣奥古斯丁以及学校的老师所不知道的。”

当积极心理学还处于萌芽期的时候，我经常听到这样的批评，所以我列了一份清单，上面所列的内容都是在积极心理学出现之前我并不知晓的事情。十几年前，约翰 · 兰彻斯特（John Lanchester）在《纽约客》杂志上发表了一篇名为“好吧，咄”（Well, duh）的文章，这篇文章尖锐地批评了积极心理学，以下是我当时的部分回击。

- 乐观主义者死于心脏病的可能性比悲观主义者小得多，他们对所有已知的身体风险因素都有控制力[9]。
- 那些对着摄影师展现出真诚微笑（杜乡式微笑）的 18 岁女性，比那些假笑女性的离婚率更低，并且她们对婚姻的满意度也更高[10]。
- 外部因素（如天气、金钱、健康、婚姻、宗教）加在一起，只占生活满意度差异的不到 15%[11]。
- 特定训练 6 个月后增加了幸福感，降低了抑郁程度，而其他看似合理的运动仅仅是安慰剂[12]。
- 对意义和投入的追求比对快乐的追求更能预测生活满意度[13]。
- 在预测高中学习成绩方面，自律比智商准确两倍[14]。
- 绝大部分快乐的青少年在 15 年后能比那些不快乐的青少年在收入、成绩和其他显著因素方面[15]更胜一筹。
- 人们在工作中比待在家里能体验到更多的“心流”[16]。

以下是我从那以后所发现的一些没想到的内容。

---

① 电影《星球大战》的反派人物，性格强硬、疾善如仇。——编者注

- 那些喜欢意义（幸福）和快乐（享乐）的人，具有显著可辨识的遗传特征[17]。
- 认同“收入不平等是公平的”这一观念，在很大程度上抵消了收入不平等对生活满意度的负面影响[18]。
- 保守派人士自称比自由主义者更幸福[19]。
- 正念训练让人更富有活力[20]。

第二个批评是：“积极心理学只是新瓶装旧酒。”亚伯拉罕·马斯洛和人本主义心理学运动早在 40 年前就已经这样说过了。

事实上，人本主义心理学家也对我和积极心理学怒不可遏。他们感到自己被轻视，没有得到应有的承认，所以无情地向我投来重弹。

在一定程度上，他们的愤怒是合情合理的。因为马斯洛是使用“积极心理学”这个词的第一人，他的思想很具开创性，并且先知先觉。在我们的首篇关于积极心理学的文章中[21]，迈克和我愚蠢地将人本主义心理学与水晶治疗和芳香疗法混在一起，而我也为这种毫无根据的怠慢行为道过歉。

另外，马斯洛出现得太早了，科学心理学并没有把他当回事。马斯洛本人也承认，他首先需要得到科学领域的尊重，他的研究助理鲍勃·盖布尔（Bob Gable）在 2001 年的一封私人信件中写道：“如果马斯洛能接到斯金纳打来的电话，那他会开心死。”马斯洛的追随者自诩人本主义心理学家，并没有用马斯洛的思想来进行主流的科学研究，而是发展了他们自己定性的非实验方法。人本主义心理学关于幸福的观点太激进，再加上它不那么严谨的方法，使之更加难以被科学界理解，因此它的现状就是一摊科学的死水，与积极心理学相分离[22]。与之相比，积极心理学虽然也保留了一些激进的想法，但采用了传统且严谨的方法。

事实上，我是一名涉猎广泛但浅尝辄止的学者，我没有大量阅读过马斯洛的著作，所以他的著作并未对我的思想产生什么影响。我偶尔提到马斯洛只是用于粉饰门面。积极心理学直接源于我所看到的存在于主流临床和实验科学中的缺点。

第三个批评是：“积极心理学是没有必要的。”心理学的目标一般是摆脱糟糕或不好的一切。而当一切负面的事情得到解决后，幸福就会自然而然地出现。

可是，难道好就仅仅意味着没有坏吗？

关于对立的双方，有以下三种情况：

第一种情况是，两个极端都存在于同一连续体上。温度便属于这种情况。热和冷是对立的，但从本质上说，它们只是在程度上存在差异。热，只是不那么冷；而冷，也只是不那么热。

第二种情况是，人们充分理解其中一方的含义，而另一方只不过是第一方不存在的状态。有色和无色便属于这样的情况：除了没有颜色，无色再无其他任何含义。

第三种情况是，每一方都形成了自己独特的世界，其属性不能从另一方属性的缺失中推断出来。文明就是其中一个例子。文明会产生合作、友谊和忠诚，它是一种正和博弈；不文明会带来报复、仇恨和离婚，它是一场负和博弈。文明和不文明是性质上的不同，并不只是在程度上有所不同。文明的好处，不仅仅是没有报复、仇恨和离婚；不文明的代价，也不仅仅是缺乏合作、友谊和忠诚。

好与坏、积极与消极都属于第三种对立情况。好与坏，二者都形成了各自独特的世界。E. E. 卡明斯（E. E. Cummings）在他写于1935年的诗作《爱情是一片天地》（*Love is a Place*）中说得最好：

唯诺是一个世界

在这个唯唯诺诺的

世界里活着

（巧妙地缩着头的）

全部世界

“新闻业的基本使命是揭露被隐藏起来的真相。”美国新闻工作者比尔·莫耶斯（Bill Moyers）这样对观众宣称。宾夕法尼亚大学安嫩伯格公共政策中心的发言人莫耶斯把新闻工作看得极其神圣。该中心的主任凯瑟琳·H. 贾米森请我加入讨论。

“让我们假设一下，莫耶斯先生，新闻业已经大获成功，它揭示了被隐藏的一切。更重要的是，如果新闻业所揭示的一切是错误的和被隐藏的事，进而纠正了所有错误的事情，”我说道，“那么，您将何去何从？”

“您将一无所获……收获是零，”为了有一定的震慑力，我停顿了一下，继续说道，“不犯错并不等于把事情做正确。新闻没有积极的价值吗？新闻工作者的积极愿景是什么呢？值得称赞的是什么呢？英雄事迹？善良之举？难道没有一个新闻从业者应该去憧憬、赞美、培育和帮助诞生的新世界吗？”

莫耶斯认真思考了我的这番话，之后我们花了整整一顿晚餐的时间探讨启动正面新闻报道的可行性。我们与戴维·艾森豪威尔（David Eisenhower，宾夕法尼亚大学的一名教员，也是艾森豪威尔总统的孙子）联手，更重要的是与他的妻子朱莉·尼克松·艾森豪威尔（Julie Nixon Eisenhower）联手。朱莉说过，父亲尼克松正是被持续不断的负面新闻拖累的，并评论说对他的优点和长处几乎没有任何正面报道。无休止的负面新闻让父亲不堪重负，最终被彻底击垮。

“积极的”新闻虽然存在已久，但被嘲笑为一文不值。许多记者除了挖出一些污垢，还会写一些积极的故事。它们通常出现在食物版块、当地的专栏、歌功颂德的故事里，以及过去所谓的“女性版面”中。一般而言，积极的新闻报道只出现在体育版面。人们常说，写一些关于英雄主义、善良美德和能力的文章，不能像揭露丑闻那样带来名利，但体育版的流行告诉我们，对于取得商业上的成功而言，“越血腥，越抓眼球”绝对不是唯一的准则。

于我而言，积极心理学使得这些常见问题的性质发生了剧变，那时我的口头禅是“不犯错并不等于把事情做正确”。在我初次接触学习理论的时候，这个传统让我犯了一个大错。从桑代克的猫，到斯金纳的鸽子，心理学界一直认为学习是“反复尝试，反复试错”的过程。动物只是逐渐消除了所有的错误（错误的尝试），并最终将“反应”削减到正确的那个（这个标志性的故事讲述的是斯金纳在给哈佛大学的本科生讲课时，这些学生私下达成一致：只有斯金纳走到讲台的左边一角时，他们才会表现得感兴趣。最终，斯金纳就固定在那个角落上课了）。动物“学习曲线”的渐进性似乎支持这一观点，但明显的缓和曲线通常只是不同动物的众多突进阶梯函数的一个产物。如果 10 只老鼠正在学习通过按下一根棍棒来获取食物，每只老鼠都通过洞察其中规律突然获得食物，但在不同的尝试中，每一只老鼠都是突然地而非渐进地学习到正确的方式。可即便如此，平均曲线也会渐趋平缓（比如，1 号老鼠尝试了两次，获得了食物；2 号老鼠尝试了 5 次，获得了食物；3 号老鼠尝试了 12 次，获得了食物；等等）。

在一个经典的实验中[23]，只要被试说的话以“s”结尾，实验者就会点头表示赞同。平均学习论（Averaged Learning）认为“s”是一个显性的渐变，但是当结果被被试分解时，就会发现学习行为根本就没有发生，除非被试能够用言语表达出他们的洞察力，即这些话是用“s”或复数单词结尾。这样被试才能一下子 100% 的正确。大自然不会以一种极其低效的方式来逐步消除所有可能的错误。可怜的动物在得知正确答案之前，可能早就死了。进化会让生物发展出可以帮助我们立即获知正确答案的认知机制，与先消除所有错误路径相比，动物和人类肯定可以更早进化到能够更直接获取正确答案。

丹尼尔 · 卡尼曼或许无意间领导了消除错误学派，他是现代认知的化身[24]，在消除我们的认知错误方面做了大量工作。“近因性”错误使我们只记住最近的事件，无法考虑到更为久远过去的平均水平，“可用性”错误则让我们高估了最引人注目的东西。卡尼曼声称，通过消除这些错误，我们将变得更加准确。消除错误无疑提高了准确性，但它对洞察力毫无帮助。得到正确答案通常不仅仅是因为消除了所有错误。相反，在所有错误被消除之前，我们就会认识到什么是正确的，而这一深刻的飞跃是最核心的，完全不亚于创造力本身。

对心理治疗而言，积极性因素比消极性因素更重要。当我首次担任治疗师时，我被教导要遵循弗洛伊德和叔本华的教条，我们所能做的最好的事情就是让患者不再受苦，所以我的目标是帮助患者摆脱负面情绪，比如愤怒、悲伤和焦虑。一旦做完了这些工作，治疗也就结束了。有一段时间，我们做得很好，患者烦躁不安的情绪完全消失了，但他们依然没找到幸福，因为提升积极情绪、投入、意义和人际关系的技能，完全不同于那些用来对抗愤怒、焦虑和抑郁的技能。

所以，想要在生活中获得美好的东西，远远不是消除不好的东西那么简单。

第四个批评是：“积极心理学低估了外部世界的重要性。想要建立更幸福的生

活，只需拿出更多的钱，而且不要扰乱人们的心理就可以了。”

自 1884 年干草市场广场暴乱以来，利用金钱（通常是指利用税收）来创造一个更美好的外部世界，一直是社会科学家和自由派政治家的口号。因为贫穷是不幸福的根源，所以把钱扔在这上面，不幸福就会消失。因为无知是偏见的根源，所以在教育上花更多的钱，偏见就会消失。因为匮乏是犯罪的根源，所以消除匮乏，犯罪就会消失。

谁敢抨击这样的言论呢？

凡事客观看待，因为在某些时候，钱可以发挥作用。在经济繁荣时期，犯罪率会下降；而在经济不景气时期，犯罪率则会上升。偏见似乎在减少，但究竟是不是社会的繁荣而非法治和单纯的善良起了很大作用，我们并不清楚。然而，一旦超过了人们的安全保障，幸福就不会随着收入的变化而改变了。因此，对于那些处于安全保障之下的人来说，钱越多幸福感越强；对于那些处于安全保障之上的人来说，更多的钱只是有可能会构建更幸福的生活，特别是当他们把钱只用于创造更多的幸福而非减少不幸时。

在过去的 130 年里，几乎所有的财政补贴都被用来减少痛苦，国防、医院和福利事业就是例子。这种做法取得了成效，但并没有制造更多的幸福，只是减少了不幸。一个认真看待幸福并用金钱来推进积极制度的世界，比如构建和谐的家庭、美丽的环境、民主、使人开心的娱乐方式、深入的终身教育、妇女决定自己的生育权以及积极向上的运动项目，将会直接地提升人们的幸福感。

体现外部世界重要性的最强版本是幸福理论的“目标清单”[25]，它将幸福置于心理学之外，并列出了现实世界中“真正有价值”的东西。人生的幸福由以下有价值的追求组成：事业成功、友谊、免于疾病和痛苦的自由、物质生活的舒适、公民精神、美、教育、爱、知识和良知。想想那些成千上万名被遗弃的孩子吧。正如《纽约时报》告诉我们的，“他们衣衫褴褛，露宿在海湾的沙滩上，在成堆的垃圾中寻找食物”。他们的一生消耗在满足一时之需上，随犯罪团伙四处冒险，性行为随意，从不考虑未来，实际上这可能是他们主观上的“幸福”，并且他们的生活满意度很高。然而，很少有人会把这归类为“幸福”，因为这些孩子被剥夺了太多东西，而这些东西应该是被列入人一生值得去做的事情的。因此，**让外部世界变得更好能增强幸福感的观点是有道理的，我也把外部世界的质量放在与内在世界的质量一样的地位，将之视为幸福的源泉。**

微弱的批评

第一，积极心理学在某些人看来相当不可思议：它建立在受过良好教育的、工业化的、富裕的和民主的西方社会之上[26]**。但是积极心理学需要跨越文化。**

显然，这些批评人士没有做足功课。事实上，积极心理学所进行的关于幸福的研究，涉及200多个国家以及源于这些国家的每一种主要文化。对此，系列图书《积极心理学中的跨文化进步》（*Cross-cultural Advancements in Positive Psychology*）[27]，就试图在文化影响幸福差异性的方式上寻求一种深刻的理解。

第二，很多人认为赚更多的钱是获得更多幸福的方法。在安全保障之上，更多的收入并不意味着生活满意度降低。如果你把 *Y* 轴重新记为收入（这个转变就是承认，同样是 1 万美元的加薪，对于一个收入仅有 1 万美元的人来说，加薪所产生的影响远远大于一个收入 10 万美元的人），你会看到一条笔直向上的直线，随着收入的增多，生活满意度也会提高。所以，一个人或一个国家想要获取更多的幸福，只需要赚更多的钱[28]。

但这只是一个统计的花招。这并不意味着如果想要更多的幸福，你就应该努力去赚更多的钱。一旦你的收入远远跃过了安全保障线，与花同样多的时间赚更多的钱相比，把时间花在与朋友、家人相处或花在休闲上可能会给你带来更多的幸福。因此，如果你现在一年挣 10 万美元，并且可以在明年涨到 12 万美元，条件是明年有 6 个周末的加班，那就忘掉加薪这件事吧。如果把这 6 个周末的时间用在与朋友、家人相处或爱好上，你的生活满意度会提升得更高。

第三，很多人认为我们不是更需要乐观主义，而是更需要现实主义。过度的乐观主义会造成经济衰退，而到了那时，过度的悲观主义就会出现[29]**。**

从发表那篇文章《我讨厌希望》（I Hate Hope）开始，作家芭芭拉 · 艾伦瑞克（Barbara Ehrenreich）就一直无情地批评我[30]。她把 2007 年经济衰退的责任归咎于积极思考。她告诉我们，像奥普拉·温弗瑞（Oprah Winfrey）、乔尔·奥斯汀（Joel Osteen）和托尼·罗宾斯（Tony Robbins）这样的励志大师，刺激消费者不断购买超出他们经济能力的东西。她把我比作《绿野仙踪》里的奥兹巫师，她和一些学者认为我为这类人提供了科学上的支持。艾伦瑞克告诉我们，我们需要的是现实主义，而不是乐观主义。事实上，她的中心主题是培养现实主义，而不是培养积极性。

说乐观主义导致了 2007 年的经济衰退纯粹是胡扯。相反，乐观主义会让股市上涨，而悲观主义会让股市下跌。我不是一名经济学家，但我认为，**当人们乐观看待未来的价值时，股票以及衍生品和商品价格通常会上涨，悲观时则下跌。**

艾伦瑞克对现实本身感到困惑。但实际上，现实分为两种情况。一种是不具有反射性的现实，它不受人类的思想、欲望、期望或愿望影响。明天太阳升起的时间、是否有足够的实验室供你研究，以及孟买是否会发生恐怖袭击，这些都是非反射性的现实。你的想法和愿望不会对所发生的一切产生任何影响。这些便是艾伦瑞克的现实。

另一种是具有反射性的现实，它受人们的期望和认知影响，甚至在某些时候被期望和认知决定。比如，老师认为一名学生的聪明程度会影响她在课堂上的行为，伴侣认为我们爱他们的程度会影响彼此相处的融洽程度。认知和期望强烈地影响市场价格，这是一种明显的反射性现实：你愿意付出多少，反映的不仅是对股票真实价值的判断，也是对市场如何认知股票未来价值的判断。当投资者就市场对该股价的未来涨幅持乐观态度时，股价就会上涨；当投资者对此持悲观态度时，股价就会下跌。

当然，那些坚信房价会永远上涨的买家毫无根据的乐观情绪，肯定是导致这场暴跌的原因之一。但总体而言，乐观情绪使股市上涨，悲观情绪使股市下跌。病毒式的悲观主义就像被它取代的毫无根据的乐观主义一样，也是不切实际的，也是经济崩溃的主要原因。因此，我认为，无论是病毒式的悲观情绪，还是金融监管不健全的次级房贷的潜在非反射性现实，都是导致这场经济危机的原因。把这场经济危机归因于乐观主义，纯粹是艾伦瑞克的幻想。

在艾伦瑞克呼吁的现实背后，隐藏着比经济学更阴险的东西。艾伦瑞克想要一个不受任何心理影响的世界，在这个世界里，人类的幸福只来自阶级、战争和金钱，而不来自信仰和期望。从定义上说，她需要忽略不胜枚举的反射性现实，即一个人的思想和感情影响着未来。我一生的工作都与这种反射性的现实有关，所以艾伦瑞克才会觉得我很令她讨厌。

第四，很多人认为积极心理学是盲目乐观主义的复兴，它忽略了苦难、痛苦和世界上所有的糟糕之事。

这一批评简直是偷换概念，这些人估计没有读过积极心理学的著作，当然，他们肯定也没有读过 1913 年的畅销书《波丽安娜》(*Pollyanna*)。我与许多积极心理学的实践者和科学家都是从苦难和痛苦中走出来的。我用了 35 年的时间来消除自己的抑郁和无助。我发现仅仅摆脱那些糟糕之事是不够的，所以我提倡做一些让人生更有意义的事情。积极心理学是对生活的补充，但不是生活的全部，它只是致力于消除那些会破坏生活的因素。

我不能把所有指控都一一列举出来，互联网上的很多叫嚣者联合起来对我加以指责。有一个例子可以让你了解一下为什么我恨得咬牙切齿：一个家伙在对我和积极心理学发表了数篇用心险恶的博客文章之后，给我发了一封佯装好意的邮件，他是这么写的："如果你能帮助我当选 APA 人本主义心理学分支的主席，我就不再指控你剽窃。"

被批评比被忽视好得多，而批评家纷至沓来的事实告诉我，积极心理学其实是受欢迎的。在网上搜索"积极心理学"，会出现将近 100 多万条结果。"真实的幸福"网站已经注册了近 500 万人。数以百计的大学都开设了积极心理学的课程，积极心理学还曾经是哈佛大学最受欢迎的课程。几乎所有的主流英文报刊都开设了积极心理学专栏。数千名研究人员和实践者称自己为"积极心理学家"。数千份关于积极心理学的期刊文章以及超过 200 本书被翻译成了多国语言。单单我的书就已经被翻译成将近 50 种语言。这个话题已经获得了至少 2 亿美元的拨款。20 多个国家和地区组建了积极心理学组织，并且我们有一个有几千人的国际积极心理协会。

我坦然承认自己是一名积极心理学家。

为什么积极心理学现在很受欢迎？

第一个原因是，现在的世界比过去好得多。这个世界比 50 年前的世界富裕得多。当然，我们的目标不仅仅是减轻痛苦，我们瞄准的目标是生活中美好的事物。公共卫生、现代医学和绿色革命意味着，如今人们的身体遭受的痛苦比以往任何时候都要少。事实上，除了心理健康，我们所关心的万事万物大都在向好的方面发展：污染减少、更多的民主、更多的人权、更少的暴力[32]、更长的寿命、更低的儿童死亡率、更多的音乐、更好的教育、更美味的食物、更健康的身体，还有更多的诗歌。

第二个原因是，我们可能已经进入了罗伯特·赖特在《非零和博弈》（*Nonzero*）[33]一书中所设想的正和博弈时代。人类所取得的进步尽管不可否认，但还是不堪一击的。如果一些势力占了上风，它们就会破坏进步，给人类带来灾难：或者是在世界范围内引发抑郁症，或者是核灾难，或者是其他灾难。但是，如果第二次世界大战以来的趋势持续下去，我们需要一种心理学，它需要能够感知、衡量和构建幸福。只解除痛苦的心理学再也满足不了人类的未来。

第三个原因是性别。当我 50 多年前第一次接触心理学的时候，它属于男性。当时只有 20% 的研究生是女性。在两次世界大战和经济大萧条之后，热门话题通常都是男性化的：冲突、主导、竞争、压力、独裁主义等。能动性和控制的受欢迎程度，以及习得性无助本身，都有男性化的感觉。当时的理论家并没有想到，对坏事件的反应可能不仅是战斗或逃跑，也可以是关照并以朋友相待[34]。现在的性别比例是颠倒的，几乎 80% 的研究生是女性。主题也被女性化了：合作、积极情绪、投入、信任、人际关系和爱。积极心理学可能是心理学中性别革命的主要受益者。

第 22 章

积极教育：教出乐观的孩子（1992—　）

“用词语来回答一下，你最想让你的孩子拥有什么？”安东尼·塞尔顿（Anthony Seldon）在新泽西州的劳伦斯维尔学校对参加聚会的参会者提问道。

“幸福、有意义、满足、成就、快乐、健康、热情、勇气、坚持。”我们异口同声地说着。这是 2007 年 6 月由来自世界各地的教师参与的一次会议，主题是如何在学校发扬“非智力”因素，如有意义、投入、乐观、积极情绪。塞尔顿是英国著名的惠灵顿中学的校长，是英国前首相约翰·梅杰（John Major）和托尼·布莱尔（Tony Blair）的传记作者，也是保守党的历史学家。他在惠灵顿中学发起了一个广为人知、非常有特色的冥想项目，而且他还是一位优秀的演说家。

“现在用词语来回答一下，学校教给学生的是什么？”塞尔顿继续问道。

我们犹豫了一会儿，说：“纪律、算术、努力工作、科学、读写能力、服从。”

“请注意，”塞尔顿说道，“你们的两个回答完全没有重叠部分。现在想象一下幸福、快乐、有意义、成就、投入……第一次回答的那些词都可以在不影响学校的传统目标的情况下进行教学，也就是成就清单。”

塞尔顿定义了一种新的教育方式，我认为它的名字应该是“积极教育”。

这便是它的由来。

宾夕法尼亚大学预防计划

在 20 世纪 90 年代，苏珊·诺伦 - 霍克西马、琼·格古斯（Joan Girgus）和我一起测试了悲观情绪是否存在引发小学生患上抑郁症的倾向。就如它对成年人的影响一样。我们发现，它的确会对小学生造成影响[1]。在 8 ～ 11 岁的人群中，将问题归结为内在的、永久的和普遍的因素会导致糟糕的事件，这预示着他们会在接下来的一年里出现抑郁情绪和糟糕的学习成绩。悲观情绪是导致小学生患上抑郁症的一个风险因素，这与吸烟是引发肺癌的一个危险因素是一样的，而且悲观情绪作为一种风险因素所产生的影响要大得多。

我们认为，**相比于治疗，预防是应对抑郁症的更好的策略。**把一辆救护车停在悬崖底部，以帮助那些掉下来的人，这是比防止他们跌落更糟糕的策略。我们是否可以教育那些有抑郁风险的孩子抵御不切实际的悲观想法，就像用认知疗法让已经接受治疗的成年人变得更加乐观一样呢？这种做法能够预防抑郁症吗？这个问题促使我们制订了第一项针对儿童的“宾夕法尼亚大学预防计划”，这发生于 1990 年的冬天，那时，积极教育刚刚起步。

简·吉勒姆在耶鲁儿童研究中心拿到博士学位后和我一起工作，丽萨·杰科克斯也在刚刚拿到了博士学位后就与我一起工作了，还有卡伦·莱维奇为中学生设计了一个为期 12 周、每周两个小时的预防计划。他们编写了一本手册，我们以此对五年级和六年级的 200 名学生进行筛选，从中发现了 70 个最易患抑郁症的孩子[2]。

接下来，我们跟踪并记录了这些孩子两年一直到他们进入青春期，这个时期是抑郁症的高发期。在这个项目开始之前，预防组和控制组中各有 25% 的孩子患有中度至重度抑郁症。12 周后，预防组的孩子患抑郁症的比例下降到 13%，但控制组保持在 23%。两年后，预防组中有中度至重度抑郁症的比例仅为 22%，但控制组有抑郁症的孩子比例高达 44%。这是 100% 的疗效。主要的原因是在预防小组中，有一个从悲观到乐观的转变过程，而这正是我们教给孩子们的主要内容。

学习乐观主义的关键是学会识别并反驳那些不切实际的灾难性想法。在《活出最乐观的自己》一书中，我讲述了如何教会成年人这样做。在孩子们这里，我们使用了同样的原理，但加上了卡通、喜剧和零食。孩子的思维接受了一个可怕的永久性解释（“他们总是找我茬儿”），这会引起持久的悲伤；换一种解释（“他们的心情很糟糕，因为他们刚刚输掉了棒球比赛”），就只会引起短暂的悲伤。我们还教授了一些社交技巧，比如谈判，以及如何接受其他孩子的观点。

在给孩子们传授乐观主义方面，我的研究生和团队工作人员都是了不起的好老师，但是我们团队没有足够的人手四处分享我们的技能，所以我们开始培训学校的老师，并对他们在预防抑郁症方面的表现进行测评。在预防孩子们患抑郁症和提高他们的乐观程度方面，老师们取得了和我们一样好的成绩。截至 2016 年，20 年过去了，“宾夕法尼亚大学预防计划”已经在全球范围内得到广泛推广，其中有富裕家庭的孩子，有贫困家庭的孩子，有白人孩子、黑人孩子，还有黄种人孩子，他们中有说英语、德语、荷兰语的，也有说汉语的。抑郁症和焦虑症的预防都是行之有效的，但针对的是“轻度”到“中度”范围内的；在一项元分析中，我们还没有重大的发现[3]。

“宾夕法尼亚大学预防计划”教授的是快速恢复的能力，该计划是积极教育的先驱，但它的出现早于积极心理学，积极心理学的工具直至 2002 年之后才问世。分析灾难性的想法是心理治疗的一个常用主要工具，它能够消除消极的东西，最终获得良好的效果。但这并不直接关系到获得积极情绪、投入、良好的人际关系、意义或成就。积极教育那时还没有被命名，其目标是直接搭建涵盖这些内容的教育体系[4]。

随着安杰拉 · 达克沃思的到来，我们在探索学生非认知因素方面取得了巨大的进展。安杰拉于 2002 年 9 月成为宾夕法尼亚大学的研一学生。她之前曾是教师、麦肯锡公司的咨询师、非政府组织的负责人，以及牛津大学马歇尔纪念奖学金（Marshall Fellow）的获得者。有一种常见的现象：一些才华横溢如天才般的孩子在学校表现不佳，而另一些孩子才华一般，但在学校表现得十分出众。对于这个问题，安杰拉提出了一种不合潮流的观点，那就是性格。

近一个世纪以来，对于学生的失败，传统的观点和政治正确的观点都归咎于教师、学校、教室的大小、教科书、资金、政治家和家长，除了学生自身，所有人、所有事似乎都错了。但是安杰拉的意思是，去责怪受害者吧。难道要怪就怪学生的性格吗？

安杰拉一进入宾大就开始研究这个问题。她着迷的性格因素是自律。她的研究对象是马斯特曼高中（Masterman High School）的学生，这是一所位于费城市中心的公立学校。马斯特曼高中招收那些刚升入五年级的优等学生，但他们中的大多数后来都被淘汰了，真正的竞争开始于九年级。安杰拉想知道自律和智商，哪一个更能预测哪些学生会取得成功。她创建了一种新的关于自律的综合测试表，并把它发给了所有学生。之后她发现，自律的八年级学生会取得更好的学习成绩，在家庭作业上花更多的时间，写作业写得更快，而且很少看电视。所以，自律产生的作用大约是智商的两倍[4]。

图中右二为安杰拉·达克沃思。

Photo courtesy of the University of Pennsylvania College of Liberal and Professiona Studies.

这引起了两位著名的美国校长的注意。一位是戴维·莱文（David Levin），他是“知识就是力量计划”的负责人，创办了 180 多所学校。这些大学预科学校由贫穷的黑人和西班牙裔学生组成，毕业生大约 8 000 名。另一位是莱文的搭档多米尼克·伦道夫（Dominic Randolph），他是位于曼哈顿北部的里弗代尔精英学校（Riverdale School）的校长。他们都想把积极心理学引入自己的学校，并开设有关品格教育的课程。他们来到宾夕法尼亚大学访问，就此与我们开展了卓有成效的合作。我们专注于衡量热情、自我控制、乐观、感激和社交智能的性格优势。

安杰拉开始了自己熠熠生辉的职业生涯，衡量自律和坚毅的力量。

在我写到这里的时候，安杰拉的第一本书《坚毅》（*Grit*）已经在《纽约时报》畅销书排行榜上榜 25 周了，现在她是积极教育和其他相关领域的主要参与者。

积极教育走向世界

曼迪和我从墨尔本搭乘直升机来到了特伦特 · 巴里（Trent Barry）那栋大房子前的草坪上。巴里是吉朗文法学校（Geelong Grammar School，GGS）的顾问，该学校是澳大利亚的两所顶尖私立学校之一。2006 年 2 月，我在澳大利亚做巡回演讲，巴里打电话问我是否可以绕道来 GGS。这所学校当时正在热火朝天地搭建一所耗资 1 600 万美元的幸福中心，巴里认为，我向捐赠者讲几句话就能筹到最后所需的 200 万美元。

我想，这些澳大利亚人可真是一点也不害羞啊！

"想象一下积极教育吧。"我说道，在结束演讲时，我想起了安东尼 · 塞尔顿。我终于表达了自己的观点：在那里，学生们体验到了快乐、投入、良好的人际关系和意义，也取得了卓越的成就。就这样，我给这个运动起了个名字。

200 万美元当天就筹集到位了，主要捐赠者海伦 · 汉伯里（Helen Hanbury）对 GGS 叮嘱道："不要建健身房了，我想要给孩子们幸福！"

几个月后，为了响应汉伯里夫人的临终请求，GGS 派了一个代表团来到宾夕法尼亚大学积极心理学中心，并问莱维奇和我，如果他们可以全权委托，宾大可否在他们学校开办积极教育。对此，我们直接回复了他们，并列了我们能提供的东西：

- 对 200 名教师和工作人员进行积极心理学、优势和复原力的培训；
- 组织、安排来自世界各地的积极心理学领域的重要人物举行访问讲座；
- 指派一位全职的积极教育主任；
- 让一位课程设计师带领教学人员创建一个针对中小学的积极心理学教学大纲。

他们当场同意了以上所有内容。

"顺便说一下，"我补充道，"曼迪和我以及我的孩子们将会来这里，并在 GGS 生活。"

因此，在 2007 年 1 月一个炎热的夏日，我和曼迪还有 5 个孩子（新增了卡莉和珍妮）来到了几乎没有空调的 GGS。十年级的达里尔和十一年级的妮基，当时是寄宿在学校里。莱维奇和我的 15 名积极心理学硕士班的学生，在同一天开始了为期两周的对教职员工的积极教育培训，这其中超过百人不要报酬，而且放弃了两个星期的宝贵暑假来参加此次培训。

但从第一天开始就不是很顺利。新来的校长斯蒂芬·米克（Stephen Meek）是一位典型的英伦校长：他冷漠、呆板、多疑，不怎么受大家欢迎。我不能责怪他，因为前任校长已经去了英国担任校长，临走前把开办积极教育的任务强压给了自己的继任者。米克接过了这一重任，并承担昂贵的开销。然而，接下来的 10 天里一切都进行得特别顺利：教师们学习到了复原力，然后学习了优势，最后学会了社交技巧。首先，他们学会了在自己的生活中使用这些技能；接着，我们讨论了如何把这些技能教给孩子。最大的效果是这些教师"返老还童"了，我在米克的身上看到了这一点。在研讨会结束时，他容光焕发，笑容满面，与他人拥抱，并热情地与他们交谈。几年后，他的妻子克莉丝汀告诉我，我改变了米克的生活。

我们一家度过了一个完美的假期：住在校园中央的牧师家；因为妮基和达里尔都是寄宿生，登门到访的学生源源不断；食物、冷气以及举家团聚的生活十分舒适。达里尔成了一名英式橄榄球运动员，我们载着他的团队踏遍了整个维多利亚州。妮基在第一个周末就违反了 GGS 严格的校规，好在得到了谅解。雷·福勒、芭芭拉·弗雷德里克森、罗伊·鲍迈斯特、戴安娜·泰斯（Diane Tice）以及一批杰出的积极心理学家都在 GGS 住了很长时间。在来自堪萨斯城的一位高中老师的监督下，GGS 设计了第一个中小学积极教育的课程。当我们最终在 2007 年 6 月离开时，GGS 已经成为世界上非常重要的积极教育的中心了[5]。从那时起，在一位全职的积极教育主任的领导下，该校的教职员工向来自澳大利亚各地的教师传授积极心理学，墨尔本大学现在也开设了积极教育的硕士学位课程。

在中世纪的修道院中，修道院院长在神圣和世俗之间架起了桥梁，对修道士进行分类，同时也处理有关国家利益的问题。理查德·莱亚德爵士是一位现代的修道院院长，一位世界级的经济学家，伦敦政治经济学院教授，幸福论的主要理论家，同时也是英国工党领袖；他和妻子莫莉凭此功绩，成了英国上议院中仅有的两对议员夫妇之一。在过去的 20 年里，莱亚德自始至终采用心理学的积极想法，一一付诸实践，并说服英国的政府遵照积极心理学的方法行事。在牛津大学教授戴维 · 克拉克（David Clark）① 的帮助下，他说服了议会拨款 10 多亿英镑，用以培训数千名新的认知治疗师来治疗抑郁症[6]。

"我计划把宾夕法尼亚大学的预防计划引入英国的学校。"莱亚德宣布。当时，我们正趁一场会议的茶歇散步。

"那太好了，莱亚德。我想我们可能有足够的数据，可以尝试在利物浦进行一个小规模的试点复制。"

"你没听明白吧，马丁，"莱亚德和蔼地说道，"与大多数学者一样，你坚信只有当科学数据不断增加，到了一个不可抗拒的地步时，政府才会出手制定政策。在我从政的这些年里，我还从来没有见过这种情况。当数据足够充分时，政府就会采取行动，并且也有政治意愿。你的数据很充分，政治意愿也在这里，因此我要把你的预防计划引到英国的学校。"

莱亚德开始为英国教师的培训项目筹集资金，2007 年，这些项目在南泰恩赛德（South Tyneside）和曼彻斯特的 20 所学校启动。在写这本书的时候，数千名英国教师已经接受了培训，并继续向成千上万的孩子传授复原力。

在积极教育中，最鼓舞人心的进展来自印度。史蒂夫 · 利文撒尔（Steve Leventhal）已经完成了柯思顿（CorStone）基金会的使命，该基金会致力于为印度贫民窟最贫穷的女孩子提供教育。他的团队向比哈尔邦（Bihar）中 3 万名被叫作"贱民"的女孩子讲授积极心理学，使她们在情绪恢复能力、健康知识、对性别平等的态度，以及对洁净水的使用方面都有了很大的提升。

---

① 国际畅销投资书作者，所著的《巴菲特投资学》《巴菲特投资学实践手册》等图书，被世界各国誉为投资经典。其著作《查理 · 芒格的投资思想》既是初学者掌握芒格投资思想的入门利器，也是资深投资者随时反复体悟芒格投资思想的常备读物。该书的中文简体字版已由湛庐引进，并由浙江人民出版社于 2019 年出版。——编者注

塞利格曼一家在吉朗文法学校度过了很棒的一段时间。

Photo courtesy of Geelong Grammar School.

郝克托·艾斯卡米利亚（Hector Escamilla）是墨西哥蒙特雷（Monterrey）泰克米里雷诺大学校长，他建立了一个幸福研究所和一个幸福的生态系统，在整个大学推广积极教育。遍及墨西哥的 30 个校区的 53 000 多名在校学生都参加了积极心理学的课程。还有白金汉大学副校长塞尔顿爵士，宣布白金汉大学是英国第一所幸福大学。

南澳大利亚州的州长任命我为阿德莱德市（Adelaide）的思想家。这个项目的设计初衷是希望给国家带来创新，并在我的影响下，提高所有南澳大利亚人的幸福感。但是他们的幸福感已经相当高了，阿德莱德一直是全世界最适宜居住的城市之一。

“在阿德莱德，不存在什么真正的坏事，”市长告诉我，“没有台风，没有恐怖主义，没有连环杀手，没有干旱，没有破产，也没有流行病。我们是世界上唯一一个被如此护佑的大城市。当然，我们也有一些常见的城市问题，比如贫困、犯罪、种族关系、失业，但是除了炎热的夏天，阿德莱德就是一个伊甸园。”

我们被赠予了一栋位于圣彼得学院（Saint Peter’s College）中心的房子，那是前任校长的住所[8]，我们与学校里的 1 200 名男孩子住在一起。我们两个最小的女儿卡莉（7 岁）和珍妮（4 岁）是校园里仅有的女孩子，并且她们也知道这一点。这所房子被一块铺满草坪的板球场环绕，房子毗邻一个巨大的植物园。2012 年到 2014 年，我们以此为家，在这里生活了三年。

圣彼得学院是澳大利亚的另一所顶级私立学校。该国超过一半的首相和大多数诺贝尔奖得主均出自这两所学校——GGS 和圣彼得学院。校长西蒙·默里（Simon Murray）与负责幸福和积极教育的主任马修·怀特（Mathew White）请我来到这里，让我围绕积极教育帮助他们彻底改造这所已经很优秀的学校。他们聘请了莱维奇和宾夕法尼亚大学的团队来培训这里的老师，并赞助举办了一个明星云集的系列讲座，在 6 年里从不间断。他们为学生和老师注入了一种有关优势的语言而非病理学的语言，并介绍了戴维·库珀里德（David Cooperrider）的感恩研究[9]，作为全校范围内交流的工具。默里创办了澳大利亚的积极教育学会（PESA），这个学会目前由 200 多所学校组成[10]。默里致力于将积极教育推广到公立学校，因而南澳大利亚州的教师和校长都在圣彼得学院接受培训。

州长杰伊·韦瑟希尔（Jay Weatherill）决定在全国范围内定期衡量幸福感，他为当地政府的心理健康服务和医院体系都引入了积极心理学干预措施[11]。

亚历扬德罗·布朗·阿德勒（Alejandro Braun Adler）是我最出色的本科学生。在他的荣誉论文中，他研究了位于费城南部的亚洲难民的心理健康状况。他来自墨西哥城，而他的未来将是国际化的。他想要引导世界走向更大的福祉，后来，他攻读了心理学的博士学位。

亚历扬德罗·布朗·阿德勒。
Photo courtesy of Alejandro Braun Adler.

2011 年，阿德勒去了不丹，开始了他的研究生生涯，他搭乘飞机外出的时间与他在宾大校园读书的时间几乎一样多。不丹是位于喜马拉雅山脉脚下的一个小国，特别适合推广我们的第一个全国性积极教育计划。它的第四任国王曾在

1972 年宣布："国民幸福总值（GNH）比国民生产总值更重要。"这个想法推动了公共政策，并且不丹教育部把它的使命定义为教育是为了提升国民幸福总值。不丹教育部邀请我们共同开发 GNH 课程，阿德勒主导了这个项目。该课程主要面向七至十二年级的孩子，为期 15 个月，目标是教会孩子 10 种生活技能：

- 正念：对思想、情绪和周围环境感到心平气和；
- 同理心：换位思考，识别他人的感受和想法；
- 自我意识：了解自己的长处、才能、局限性和目标；
- 控制情绪：识别、理解和管理情绪；
- 沟通：与他人保持积极的和建设性的沟通；
- 人际关系：与朋友和家人进行健康的、充满爱意的互动；
- 创造性思维：提供新颖和有用的想法；
- 批判性思维：分析、应用、综合及评价信息，以此作为信念和行动的指南；
- 决策：从可用选项中选择出最佳观念或行动计划；
- 解决问题：掌握解决理论和实践问题的捷径。

共有 18 所学校参与了我们的研究。其中，11 所学校（5 347 名学生）属于治疗性质的实验组，7 所学校（3 138 名学生）属于对照性质的控制组。我们告诉两组学校的校长和老师，我们正在培训他们如何教授 GNH 课程。在为期 15 个月的生活技能课程上，这两组学校的学生被分为真实治疗组和安慰剂组，他们的课时均相同：每周两个小时。实验组的所有校长和教师，在为期 10 天的 GNH 课程静修期间接受了培训。培训讲师是来自我们中心的心理学家，另外还有来自不丹教育部的 9 名工作人员；培训过程中使用了一份培训手册——《教育是为了 GNH》（*Educating for GNH*）。培训讲师教导校长和老师们如何在自己的生活中运用这些技能，以及如何向学生们传授这 10 种生活技能。老师们学会了在数学、科学和阅读等学科的教学中注入这 10 种生活技能。例如，文学指导课采用了"GNH 镜头"来识别小说中的人物所具有的优点和美德，然后鼓励学生在日常生活中加以使用。对照组学校的校长和老师在为期 4 天的"安慰剂"课程静修期间接受了培训，在此期间，他们学习了如何教授营养学、心理学和人体解剖学。

在 15 个月的课程结束后，我们对学生们的幸福感和标准化考试成绩进行了测量，之后又在 12 个月后再次对这两项进行了测量。在实验组学校里，学生的幸福感有了提升，比对照组学校明显高出很多。最重要的是，我们通过对全国性考试进行衡量，发现实验组学校学生的成绩提高了，并且一直保持了更高的水平。我们还发现，学生们的投入和毅力是治疗的主要优势 [12]。

不丹的所有学校随后都采用了这一课程。

阿德勒的下一个目标是他的祖国墨西哥。哈利斯科州（Jalisco）的州长发起了一系列项目来构建幸福，墨西哥教育部与我们一起合作，并随机分配，对积极教育进行了对照研究。我们有 70 所学校，总共 68 762 名学生。阿德勒和墨西哥教育部修改了不丹的课程。该课程的内容包括了来自不丹课程的 10 个相同的要素。

我们团队的成员通过使用培训手册，培训了 35 名墨西哥培训讲师，每位培训讲师都拥有心理学和教育学的背景，我们指导他们如何传授这些生活技能，以及如何将这些技能融入课程之中。这 35 名培训讲师将继续为 35 所学校的校长和老师讲授此类内容，他们都是被随机选择的。这些培训讲师还会为另外 35 所对照组学校的校长和老师讲授关于营养学、心理学和人体解剖学的知识。

15 个月后，来自实验组学校的孩子比那些在对照组学校的孩子的幸福感和标准化考试成绩都要高出很多。这再一次证明，更多的投入和更强的毅力似乎是提升成绩的主要因素。这次培训的学术影响在某种程度上要小于不丹，这可能是因为在我们经验丰富的培训师和实际授课的教师之间，多了一个额外的培训 [13]。

后来，阿德勒还与世界银行合作，来到了秘鲁，这次有 694 所学校和 694 153 名学生。这次的课程设计参考了墨西哥和不丹的情况，课程与墨西哥的一致。然而，又增加了一次培训。宾大的培训讲师培训了 28 名秘鲁老师，他们随后培训了当地的 590 名老师，这些当地老师再去培训 694 所学校的校长和老师。

15 个月后，经过测量，该课程确实提升了学生的幸福感和学习成绩。学生的投入和毅力再一次发挥了作用，由于加上了另一层的稀释作用，课程对学业成绩的影响虽然非常重要，却变小了 [14]。

改变世界的教育体系是令人望而生畏的。教师和校长在他们已经传授的知识上投入了大量的资金，教师学会则固守着几乎不可能实现变革的政策。我和阿德勒反复听到的反对意见是，学校是在为学生进入大学和职场修路铺桥。任何向学生讲授幸福的课程，都不得不取代已经存在的一些实用课程。学校只有那么多课时，而教育经费还不足以支撑已经存在的课程。因此，让学生更快乐这门课程或许可以从传统的学科中剔除出去。阿德勒的数据足以令人信服，它表明那些幸福感更高的年轻人在学术课程中同样表现得更为优异。他们在学校的投入度更高，对学业也更加投入。我认为学生之所以有这样的表现，是因为教授积极心理学的教师也重新焕发了活力，这使得学生更容易参与其中。

我认为，**成绩的提高是积极教育的一个颇受欢迎的副产品。但是，不管它对成功的影响如何，拥有更多幸福感都是每个年轻人与生俱来的权利，而且我们能够也理应教给更多人。**我相信，积极心理学的未来，很大程度将取决于积极教育这个支点。

第 23 章

中央情报局：我绝不会帮助使用酷刑（2002）

> 海军组建了一支强大的医疗队伍。特别值得一提的是，它邀请了塞利格曼教授来到关塔那摩。这位执业医生是一位社会名流，因对抑郁症的研究而闻名遐迩。他那些关于乐观和自信的著作是全球畅销书。正是他监督了把人类当作试验品的实验……在塞利格曼教授的指导下，美国的刑讯专家对每一种强制手段都进行了实验和完善。
>
> ——蒂里·梅桑（Thierry Meyssan），《关塔那摩背后的秘密》（The Secret Behind Guantanamo），伏尔泰网，2010 年

“作为美国酷刑的精神之父，您有什么样的感受？”一封匿名邮件这样写道。那是 2015 年夏末凉爽的一天，我和曼迪带着孩子们在参观费城艺术博物馆。如果问我看到邮件有什么样的感受，我可以说就像肚子被一拳击中，让我一下子瘫倒在一张长凳上。

不像本章开篇那劈头盖脸般的狂言乱语一般，这封邮件很伤人。我永远不会提倡或教唆使用酷刑。我认为我活着的目的是提升全人类的幸福感，而且我毕生都在努力减少世界上的无助感。所以，当我捂着肚子从长凳上站立起来时，我决定用一章的篇幅来讲述究竟发生了什么。

当我的科学研究受到批评时，我已经能坦然自若地去面对，不再针锋相对，因

为批评使人进步，科学研究也如此。但以上这种批评与我的科学研究无关，它关乎人身和道德的攻击，而且并不属实，所以这将是唯一一章会让读者感受到我在自卫的章节。

我简述一下所发生的一切：2002 年春天，美国中央情报局的詹姆斯·米切尔（James Mitchell）、布鲁斯·杰森（Bruce Jessen）和柯克·哈伯德（Kirk Hubbard）找到我，询问有关习得性无助的研究如何帮助被俘获的美国人抵抗、逃避酷刑和审讯。他们从来没有问过如何对被拘留者运用习得性无助的理论，也从来没有提到过对囚犯进行审讯。米切尔和杰森后来创建了一个强化的审讯程序，而媒体错误地报道了他们的一些残酷审讯手段是基于习得性无助理论而来的。在所有与此相关的开发过程中，我根本没有参与其中，并且我深感痛心和恐惧，因为残酷的审讯可能会利用科学研究来制造无助和抑郁。

现在我来详细讲讲这段历史。

为白宫献策

我对“9·11”事件的反应，与大多数美国人的反应是一样的。这是自珍珠港事件以来美国领土所遭受的第一次正面攻击，因而我担心这将是全面战争的开始。我能为我的祖国做些什么？我与政府和军队高层并无接触，而且我对恐怖主义知之甚少。然而，我确实在学术界有很强的召集力。我致电我的朋友和资金捐赠人吉姆·霍维，问他是否愿意资助我召集一群学者，就如何对抗极端主义为白宫献计献策。霍维欣然同意了。

就这样，一个由 12 位教授组成的小组，于 2001 年 12 月 15 日和 16 日在我家召开了讨论会。这次会议还有 4 名来自美国情报机构的人到场。我并没有邀请他们，也不知道是谁让他们来的。当时我们主要考虑的是，在这样一个非常时期，我们要主动向白宫献计献策，以此报效祖国。我们讨论的主题是如何赢取反对全球恐怖主义的持久胜利。我本人并没有提出任何建议，我只是担任了小组讨论会的秘书，把其他被邀请者的建议汇编成册。我们把这本建议册递交给了白宫，但关于这次会议或报告，我从来没有收到政府的任何回应。

这4名情报人员做了自我介绍，他们是来自联邦调查局的斯蒂文 · 邦德（Steven Band）和斯蒂文 · 艾特尔（Steven Etter），以及来自中央情报局的哈伯德和米切尔，但他们在会上一言未发。我没有和他们有过任何实质的交谈，除了在一次休息的时候，米切尔热情地告诉我他多么赞赏我的工作，而这大概也就说了30秒。他没有再细说，但他的话仍给我留下了很深的印象，那天晚上我还很自豪地告诉了曼迪。

在整个小组讨论会期间，没有人提到过审讯和酷刑，也没有提到被拘留者。

有些冷酷无情的批评者把这次会议称为酷刑计划的"雾之起源"，并认为我是同谋者[1]。但这样的结论毫无根据，我只不过与米切尔和哈伯德共处一室两天而已。

2008年，作家简 · 迈耶（Jane Mayer）首次指控我协助过酷刑。

> 塞利格曼教授的否认，实际上为心理学在中央情报局的"特殊"审讯项目中所发挥的作用新增了一个相当有趣的事实。在撰写《黑暗的一面》（*The Dark Side*）这本书时，我采访过他。2002年4月，他在圣迭戈海军的SERE学校①有过三个小时的发言。某种程度上而言，这是一场带有神秘色彩的会议，是由美国中央情报局行为科学部的负责人举办的。
>
> ……看起来，塞利格曼承认他参加了中央情报局的一个秘密高层会议，该会议在海军的某所学校举办，无法对公众披露具体信息，因为它运行着一个秘密的计划，那就是模拟酷刑……
>
> 塞利格曼教授说，他不知道为什么他会从宾夕法尼亚州大学的学术岗位上被招进来，突然出现在这次中央情报局的活动中。他只是在这个活动中出现了三个小时，讲述了狗在遭受可怕的电击后如何放弃所有的希望，并变得顺从起来。关于中央情报局为什么想要知道这一点，他说他从来没有问过。但不知何故，我所了解到的就是这些。塞利格曼教授确实知道，在他的听众中，有两位心理学家随后很快成了中央情报局"强化"审讯项目的关键顾问：米切尔和杰森。所以，塞利格曼教授肯定和他们有过一些

① 指生存（Survival）、躲避（Evasion）、抵抗（Resistance）、逃脱（Escape）。受训者在这种训练中要学会在极端条件下，靠雨水、树叶、野草和昆虫活下来，保持战斗力。这种学校隶属于各国的特种部队，受训者大多为高中生。——编者注

接触，因为他知道他们就在那些听众当中。他和他们交流了吗？他们都说了些什么呢？

……那么，塞利格曼是否协助了美国的酷刑项目？因为我要谨慎行事，所以在《黑暗的一面》中，我没有这么提问，只是重述了他那次神秘访问 SERE 学校的事实[2]。

迈耶没有“重述事实”，她对我的“采访”是真假参半的。2007 年 12 月，在她的《黑暗的一面》一书出版前几个月，我们用电子邮件交流过一次[3]。我在 2007 年 12 月 21 日给她发了邮件，并且还写道：“我可以通过电子邮件回答您一些问题。”

迈耶回复了邮件，写道：“我很快就会给您发几个问题。我跟别人约了个午餐，等我回来后，我会给您发一封电子邮件。再一次感谢您的帮助。”

迈耶此后再也没有给我写邮件了，所以我从来没有接受过任何实质性的采访。对于我和她之间的沟通，我留有完整的记录（我一直小心翼翼地把所有关于这些事情的采访都记录下来，以备不时之需）。她所说的“塞利格曼教授说，他不知道为什么会从宾夕法尼亚大学的学术岗位上被招进来，突然出现在这次中央情报局的活动中”，这个论述完全没有事实依据。

以下是我在 2002 年和之后与中央情报局打交道的事实。

习得性无助理论与强化审讯计划

2002 年 2 月中旬，杰森作为“联合士兵救援署”（JPRA）的代表，邀请我在 SERE 社区的年度会议上发表演讲。他寄来了一堆文件，内容是关于美国的军队是如何接受训练、抵抗审讯，并在囚禁中生存下来的。4 月，他请求来拜访我，以便讨论发言内容，同时签署“美国国防部高级 SERE 心理学家”的任命书。

与中央情报局工作人员的两次碰面都是在我家里。我对第一次碰面记忆犹新，但对第二次没有什么印象了。第一次碰面时，哈伯德和一名女律师（我想不起她的名字了）来到我家，我们大概谈了两个小时。他们详细地了解了习得性无助理论（过程、概论、时间过程、免疫、生物学和治疗）。我仔细看了所有材料。他们告诉我，他们感兴趣的是，对无助感的了解或许可以帮助美国士兵在被俘后抵抗和逃避酷刑与审讯。他们建议我把这个话题作为我在 JPRA 的演讲主题，那场活动将在圣迭戈的海军基地举行。

第二次碰面可能是在 2002 年 4 月末。我不得不求助其他人来证明这件事确实发生过。这次碰面也是在我家，中央情报局来访的人有哈伯德、米切尔和杰森。我已经绞尽了脑汁，想要回忆 10 年前这次碰面的细节，但我实在想不起来了。我的记事簿上也没有留下任何记录。我在本章披露的所有事件中，这是我唯一记不起来的事情。因此，为了弄清楚这第二次碰面以及在碰面时所发生的事情，我不得不依赖外部资源。

格雷格 · 布洛什（Greg Bloche）是乔治敦大学的法学教授，他曾经采访过中央情报局的一位消息来源人士，这个人证实了在 2002 年春天的某个时候有过这样一次碰面，并说我“在帮助他们方面，有一种典型的回避冲突方法”[4]。我认为消息来源人士是哈伯德，因为他也证实了有这么一次碰面。戴维 · 霍夫曼（David Hoffman）也向 APA 递交了自己的报告[5]。2015 年，APA 理事会使用霍夫曼的报告作为对 APA 在强化审讯项目中所扮演角色的“独立调查”报告。

2015 年，霍夫曼在准备报告时，曾通过电子邮件问过我是否有过这次碰面。以下是我发给他的邮件内容。

> 我一直对哈伯德、米切尔和杰森在 2002 年 4 月的拜访感到困惑，因为我完全想不起来发生过这件事。所以我给哈伯德写了信，并把我最近与您的所有往来邮件也转发给了他，让他指出有无错误描述。以下是他的回答：“我仔细看了您给霍夫曼的回复。我很高兴我不是唯一的一个人，咱们的记忆力都不如自己想象得那般好！我相信您所有的回答都是准确的，除了这么几件事。2002 年 4 月 3 日，我们在你家第二次碰面，当时米切尔、杰森和我都来了，目的是邀请您在 2002 年 5 月即将召开的 JPRA 会议上讨论积极心理学，您对此也表示同意。正如您所指出的，就我所知，在这次碰面期间，我们从未与您讨论任何关于审讯的内容。（划线标注是我的话。）我和米切尔可以证实这一点。另外，我在 2002 年 4 月 3 日的确送给了您一个玻璃花瓶。此物价值可能不到 50 美元，因为是我付的钱，这是

我送给您的私人礼物，而不是中央情报局给您的礼物。”

所以我推测，一定有过这样的一次碰面和这样一份礼物，即使我想不明白哈伯德为什么会这样做。对我来说，最重要的是，哈伯德和米切尔都证实了“在这次碰面期间，我们从未与您讨论任何关于审讯方面的内容”。

尽管我对这次碰面没有什么印象，但我认为它发生的原因是杰森曾提出让我在那个日期与他碰面；哈伯德和米切尔告诉过霍夫曼有过这样一次会面，我想不出他们有什么撒谎的理由；我记得只见过米切尔两次，也只见过杰森两次：第一次见米切尔是 2001 年 12 月在我家里，第二次据推测应该是 2002 年 4 月；第一次见杰森是 2002 年 5 月 17 日的 JPRA 会议上，第二次据推测也应该是 2002 年 4 月在我家里。（2002 年年初，在我家里的那次碰面，米切尔和杰森都没来，而且我认为米切尔并没有参加 JPRA 会议。）

杰弗里·凯（Jeffrey Kaye）是一位心理学家和反对酷刑的活动家，他认为我没能记住这次碰面恰好成了我掩盖事实的证据[6]。对我来说，记住这次碰面和谈论的内容应该能帮助我洗脱罪名，而且也会很简单，但其实我对此一点印象也没有。

那么，我在这次碰面时说了些什么呢？

我估计，我应该又通篇审阅了相同的材料，即关于习得性无助的研究文献，与之前曾和哈伯德还有那位律师一起讨论过的内容一样，并在 5 月的 JPRA 会议上也如法炮制。一般情况下，我都是概述在实验室中诱导无助感产生的过程，对其他实验室设置的概括，何时是暂时性无助，何时是永久性无助，如何对无助进行免疫，无助的神经生物学，以及如何治愈无助。

我敢肯定，他们没有提到被拘留者、对被拘留者的审讯，或者对囚犯使用习得性无助理论。如果他们提到了这些内容，我一定会记得起来，而且会记忆深刻。哈伯德和米切尔向霍夫曼作证：“在这次碰面期间，我们从未与您讨论任何关于审讯方面的内容。”我和哈伯德以及那位律师在 4 月的谈话和在 JPRA 会议上的发言，完全是关于习得性无助理论如何帮助被俘的美国人，而不是关于在被拘留者身上使用习得性无助理论。我的动机完全是为了帮助被俘的美国人。

以下是霍夫曼的报告中对我所起作用的总结。

> 结合了塞利格曼、哈伯德和米切尔的陈述，目前看来，哈伯德曾在塞利格曼家见过塞利格曼两次：一次是与米切尔和杰森一起，还有一次是和另外两位中央情报局的心理学家或律师一起。在这两次碰面中，主要内容是讨论习得性无助理论（至少在一次碰面中曾有过详细的讨论），之后塞利格曼被邀请到圣迭戈的一个 SERE 会议上讨论习得性无助。证据表明，米切尔对于将习得性无助理论应用到对不配合的被拘留者的审讯上非常感兴趣。哈伯德和米切尔说，他们从来没有和塞利格曼讨论过审讯方面的内容，也没有向他提供过关于审讯项目的信息。塞利格曼对此表示认可，并说他认为他们对习得性无助的兴趣与让通过 SERE 项目训练的被俘美国士兵拒绝在审讯中提供信息[7]。

2002 年 5 月 17 日，按照约定，我在圣迭戈海军基地做了一场三个小时的演讲，听众大约有 100 人，据我猜测，他们应该都来自美国国防部。我详细地谈到了关于习得性无助的科学文献，以及被俘的美国士兵如何运用这方面的知识来抵抗酷刑和逃避审讯。我惊讶地发现，除了我的这场演讲，我不能参加其他场次的研讨会，因为我没有得到安全许可。

我在圣迭戈的演讲是无偿的，但是 JPRA 报销了我的机票费和住宿费。哈伯德坐在观众席，我认为杰森也在。我不记得是否在那里见到了米切尔。在我开始演讲之前，哈伯德和我，还有那位女律师，一起在科罗纳多酒店吃过一顿午餐。我们的谈话内容是，习得性无助教给了被俘的美国人抵抗、逃避折磨与审讯的方法，但我们没有提到被拘留者。

2016 年，塔姆辛 · 肖（Tamsin Shaw）在《纽约书评》（*New York Review of Books*）对我进行恶意攻击。她写道："尽管还不确定塞利格曼与中央情报局的牵连到底有多深，但是哈伯德于 2004 年发的一封电子邮件中，表达了对塞利格曼在'过去 4 年'给予帮助的感激之情。"[8]

在 2002 年 5 月 17 日发表演讲后，我是否还与中央情报局有联系？

这个问题首先由詹姆斯 · 莱森（James Risen）提出，他是《纽约时报》的著名记者，出版了著作《不惜一切代价》（*Pay Any Brice*）[9]，正是这本书让 APA 委托霍夫曼出一份报告。莱森询问了我关于在哈伯德给斯科特·格尔维尔（Scott Gerwehr）的电子邮件中，他对我表达感激之情的相关事宜。以下是我与莱森的往来电子邮件，始于 2012 年 12 月 12 日。

> 您好，塞利格曼先生。我终于快完成我的书稿了，去年我曾就此书稿联系过您。我正在写一章关于审讯政策和心理健康职业方面的内容，作为本章的一部分，我曾调查了兰德公司的一位研究人员，他叫斯科特·格尔维尔，我认为您可能认识他。他于 2008 年去世，我获得了许多他在从事欺骗识别研究时所发出的或收到的电子邮件，这些大多是他与中央情报局和其他政府机构合作的合同。我对这些邮件的主要兴趣不是格尔维尔曾做了些什么，而是这些邮件似乎让我们得以一睹在小布什执政的时代，在情报界进进出出的这些行为科学专业人士的人脉网络。其中有些邮件和您有关，有一封邮件尤为特别，这引起了我的注意。这是一封由中央情报局的柯克·哈伯德在 2004 年 3 月写给格尔维尔和其他人的电子邮件。在邮件中，他写道："我的办公室主任甚至不会给我报销大约 100 美元的费用，这是我为马丁·塞利格曼的 5 个孩子买带有中央情报局标志的 T 恤和棒球帽的钱！在过去的 4 年里，他帮了我们很多忙，所以我认为这是我能做的最起码的事情。但是，不，这些都是我自掏腰包！人们想知道我为什么会这么愤世嫉俗！"这是一封相当普通的邮件，但我想问问您，关于哈伯德所言，您在过去的几年里一直在帮助中央情报局的事。我对此尤为震惊，因为您之前告诉过我，您与中央情报局的审讯计划毫无关系。所以我想知道您是否和该机构在其他事务上还有合作？

我于同一天回复了莱森，以下是电子邮件的文本。

> 我对格尔维尔先生没有任何印象。我既没有收到给孩子们的帽子或 T 恤，也没有收到任何来自中央情报局的感谢信物。柯克·哈伯德可能提到的唯一一件事，应该是我在 2002 年 5 月在圣迭戈的演讲（就我所知，这个活动是由 SERE 赞助，而不是由中央情报局赞助的）。我记得我和哈伯德在科罗纳多酒店一起共进过午餐。那次午餐气氛很好，我向他详细介绍

> 了我对习得性无助的研究工作，包括在美国士兵和外交官抵抗囚禁的情况下的习得性无助的研究。又或者，他指的是 2001 年 12 月在我家的那次碰面会议（那次碰面会议谈及的内容与审讯毫无瓜葛）。那次的碰面会议，他的确也参加了。我们之间的所有沟通都很顺畅。你可以去问哈伯德他都说了些什么。在小布什执政的时代，我从未为中央情报局工作过，在审讯方面如此，在其他任何事情上也如此。也许这么说你不信，但你就不能让中央情报局来验证一下这件事情吗？

第二天，我给哈伯德发了电子邮件，请他为莱森核实一下以上内容。哈伯德在 2012 年 12 月 14 日回复了我，以下是电子邮件的文本。

> 是的，以下的内容与我的记忆一致。我没有为您的孩子买过任何的帽子或 T 恤，因为我很反感我们办公室主任不给我报销的行为，而且可悲的是，我身居低位，没钱给孩子们买礼物。在圣迭戈举行的 SERE 会议并没有得到中央情报局的任何赞助。我可以证实您从未为中央情报局工作过。

因此，正如肖所评论的，“还不确定塞利格曼与中央情报局的牵连到底有多深”，是因为根本就没有任何证据。自 2002 年 5 月 17 日的 JPRA 会议之后，我与哈伯德、米切尔、杰森、那位女律师、中央情报局或其他相关机构再无其他深入互动。

据说，米切尔和杰森的“强化审讯”计划基于他们对习得性无助理论的研究。米切尔对此表示否认，并在 2016 年 12 月 9 日给我发了一封电子邮件，提及他的《强化审讯》（*Enhanced Interrogation*）一书[10]。他说道：“这是中央情报局第一次允许我对外公布，我的方法不是基于习得性无助理论。”在我看来，习得性无助与该审讯计划并无关联。正如媒体所描述的[11]，强化审讯包括殴打、剥夺睡眠、水刑和一系列残酷手段。这是一些古老的野蛮行为，其影响与习得性无助是不同的。习得性无助是指无论你做什么，坏的（或好的）事件都会继续发生，它的决定性特征是，你所做的一切都无关紧要。相比之下，在这样的审讯中所隐含的是，如果囚犯说出真相，暴行就会停止，这也正是米切尔在书中描述的内容。

此外，我有资格说我从未目睹过任何一场审讯；对于审讯方面的文献，我也一无所知。我认为审讯的目的是得到真相。审讯者和被审讯者都有讨价还价的机会：如果被审讯者说出真相，他将得到更好的待遇，如减刑、获得更好的食物或更多的睡眠。相反，习得性无助基于这样一种信念：被审讯者做任何事都没用，无论是说出真相、撒谎、保持沉默，还是说出审讯者想听的话，都不会改变事情的发展。因此，使用强化审讯来造成习得性无助是毫无意义的。这一结果将让囚犯相信，即使自己说出真相也没什么用，于是他会变得更加被动和沮丧。

撇开以上内容，塔姆辛·肖暗示，我本应预见中央情报局会恶意利用我的习得性无助理论。

> 马丁·塞利格曼一再强调他是酷刑的反对者。他在信中告诉我们，他强烈反对酷刑。哪怕发现自己身陷美国近代史上可怕事件的中心，即美国政府对阿布格莱布监狱、关塔那摩湾拘留营和中央情报局黑狱的囚犯施以酷刑，他也坚持认为自己毫不知情。然而，由于他是这一事件的中心，在开始设计酷刑的那一刻，他与中央情报局的酷刑设计者有过直接接触，所以一些明确的问题将可能由一个宣称自己是酷刑反对者的人提出来[12]。

认为我“身处这一可怕事件的中心”，这纯粹是肖的凭空想象，我甚至丝毫没有参与其中。但是，作为一名酷刑的反对者，我理应问米切尔或杰森，“明确的问题”是什么呢？

2002 年年初，JPRA 和中央情报局找到我，向我了解我所知道的习得性无助理论，以便帮助训练士兵和外交官在被俘时抵抗酷刑和审讯。整个讨论都是围绕如何帮助美国人，审讯和对被拘留者施予酷刑从未被提及。无须多言，我希望永远不会发生战争，希望永远不会有可怕的酷刑。但是，由于这个世界仍然是一个危险之地，我们必须面对可怕的现实，那就是我们的士兵可能会遭受严刑拷打。这并不意味着我认为应该折磨我们的敌人。出于道德和现实两方面的原因，我坚决反对这样做。然而，我是一个有爱国之心的美国人，我渴望在国家急需帮助的时候能够报效祖国，正因为如此，我才回答了米切尔或杰森提出的那些浮于表面的问题。

肖希望我能预见这些人可能会利用我的理论对被拘留者进行残酷的审讯和折磨，但我的确没有往这方面想。如果不是事后诸葛亮，再加上关于国防部的阴谋论，我也不会想到这些。

肖认为我在2002年初面对中央情报局时，没能拒绝给他们提供帮助是一种道德缺失。她认为心理学家理应更好地预见他们所说和所写的有可能被滥用这一点。

她的谴责颇具讽刺意味，于是也让我有了自己的结论。

我一直为自己的行为和品质所遭受的无情攻击而备感困惑。尽管重复的调查和大量的证据表明我并不是同谋，但我帮助设计和实施酷刑计划的论调始终存在。在攻击者的眼中，一切皆已确定无疑。

这就是我推测他人对我的攻击仍在继续的原因。

“9·11”事件后，立即有人请我帮助被俘的美国士兵逃避和抵抗酷刑，我欣然应允了，我预见的可能后果是这些士兵遭受的痛苦减少了。但是一群有组织的反战积极分子并不关心真正的事实或者我的初衷。由塔姆辛·肖、杰弗里·凯、罗伊·埃德尔松（Roy Eidelson）、布赖恩特·韦尔奇（Bryant Welch）等控制的“道德心理学联盟”，终于迎来了一个千载难逢的机会来指控一位著名的科学家兼APA前主席，罪名是他协助和教唆了对被拘留者实施酷刑。我推测，他们希望利用我的案例来推进他们的议程：削弱心理学家帮助美国军队的意愿。虽然我没有预见一些人可能会把我的理论应用在某些可怕的事情上，但我相信这些反战积极分子预见了他们对我恶意中伤的后果。在未来，当政府官员合法地要求人们为美利坚合众国服务时，年轻的心理学家将更有可能回绝，以免因为知识被滥用而给自己造成类似的伤害。

对APA的指控

2015年，这个道德心理学联盟取得了更大的成功。他们发动了一场“政变”，试图接管APA。

在过去的50年里，APA有三个相互重叠的选区。资格最老的和最受尊敬的基本都是科学家。但到了20世纪70年代，独立治疗师在数量上超过了科学家，而在这次“政变”中，APA的治理权也落到了他们身上。我在1998年担任APA主席时，治疗师和科学家之间的交火有过短暂的停息，两派共享着权力。

但总有第三个选民群体，他们并不那么引人注目，这就是社会活动家。事实上，许多治疗师和科学家都认同彼此的理想。我也如此，尤其是在种族和性别问题上。从广义上讲，社会活动家的议程是“人权”。心理学家在政治上是左派，一个主要的因素是心理学家肩负的使命值得称赞，即帮助那些陷入困境、受压迫、需要支持和保护的人。因此，APA 无疑一直在倡导平权行动、妇女问题以及保护同性恋权利等，并为此投入了重要的资源。但是，社会活动家，尤其是最左翼的反战积极分子，总是让位于治疗师、科学家，甚至是温和的社会活动家。

所有这一切都在 2015 年发生了改变。詹姆斯·莱森在《不惜一切代价》一书中指控 APA 在小布什政府的强化审讯项目中与政府沆瀣一气。这一指控登上了《纽约时报》的头版。《纽约时报》对安分守己的心理学进行了抨击，我的天哪！在那一时刻，APA 被视为小布什政府的傀儡，成了反战积极分子用来策划政权更迭的道德高地。他们宣布进入紧急状态，并要求对 APA 与小布什政府的“勾结”进行调查。在主席娜丁·卡斯洛（Nadine Kaslow）和当选主席苏珊·麦克丹尼尔（Susan McDaniel）领导下，董事会同意了这一要求。他们花费了 450 万美元，聘请芝加哥的民主党检察官戴维·霍夫曼对这件事情进行了独立调查。霍夫曼经常询问反战积极分子，但没有询问过被告，而且还让前者提前看到了那份报告。2015 年 7 月，在那些“被点名”的被告可以为自己辩护之前，“未知”的一派就早早地将霍夫曼的报告泄露给了《纽约时报》。那些“被点名”的人（我不是其中之一）从来没有得到被承诺的回应和纠正的权利。霍夫曼的报告被解读为 APA 与美国国防部“勾结”以认可酷刑，而 APA 的“支持”则是出于对国防部合约和拨款的渴望。APA 的管理方式以及几位前任主席纷纷受到了谴责。令我宽慰的是，哈伯德和米切尔的证词似乎为我开脱了。几天之内，APA 的高层要么被解雇，要么辞职。作为 APA 主席，卡斯洛则向全国发表了道歉声明。

> 在霍夫曼报告中所描述的行动、政策和受政府影响而缺乏的独立性，都代表着我们未能达到我们的核心价值观的要求。我们对随之而来的行为和后果深感遗憾，并为此道歉。我们的成员、我们的职业和我们的组织期望而且理应变得更好[13]。

APA 承诺要重新审视自身的行为，并更加认真地对待人权问题。最终，心理学家被永远禁止参与国防部的审讯工作。

自 2000 年以来，我与 APA 的关系就不那么深了，所以我不完全了解华盛顿特区所发生的事情。但是作为这份报告的读者和随之而来的正反两方激烈争论的观看者[14]，我认为 APA 与国防部"串通"，以钱为动机实施酷刑的说法，是经不起推敲的。APA 的治理向着反战积极分子的方向发展，这一点却坐实了。同样的一伙人，他们不实地指控我帮助和教唆了酷刑，而且正如我们将在下一章看到的，反对对美国士兵进行精神复原力训练是霍夫曼事件的核心，这并不是巧合。在我写这部分内容的时候，那些"被点名"的人已经起诉了 APA 和霍夫曼的恶意诽谤[15]。原告声称，霍夫曼、卡斯洛和麦克丹尼尔与斯蒂芬 · 索尔茨（Stephen Soldz）、史蒂文 · 赖斯纳（Steven Reisner）以及反战心理学会勾结，并故意对他人进行诽谤。霍夫曼从反战积极分子中学到的东西可从他对我提出的问题窥见一斑。例如，"描述一下你从 2001 年 9 月 11 日到 2008 年 12 月期间，从政府那里得到的所有有价值的东西。请列出从柯克 · 哈伯德和詹姆斯 · 米切尔那里收到的所有礼物，包括任何花瓶和带有中央情报局标志的随身物品"。这场政变和法律诉讼的结果，以及谁将控制 APA 一亿美元的预算并领导 10 万名成员，这一切都让人疑窦丛生。

有一件事是毋庸置疑的。反战积极分子已经让 APA 许多成员吓得要命了。心理学家，包括那些科学家、治疗师和温和的社会活动家已经明白，与政府合作，尤其是与国防部合作，会给一个人的职业生涯带来多么大的风险。正是这样的合作导致了反战积极分子的诽谤。我相信，逐渐削弱心理学家帮助政府的意愿，是反战积极分子的基本意图。

我们不知道未来会怎样，但是我坚信，时逢举棋不定之际，我们应该勇于犯错，出手相助自己的祖国。

第 24 章

军队：打造一支心理健康的军队（2008—2017）

士兵全面健康计划

长桌的两头各坐着一位准将，两位还都是女性。坐在桌子中间的，是一群两星和三星的将军，他们都是男性。这时，一位四星美国陆军参谋长走了进来。每个人都起立致敬，而我，唯一的老百姓，也笨拙地站了起来。乔治·凯西（George Casey）将军坐在正中间，正对着我。那是 2008 年 12 月，伊拉克战火正酣。美国总统小布什一边虚情假意地赞扬，一边将凯西将军从一线调回五角大楼，让戴维·彼得雷乌斯（David Petraeus）将军接替凯西将军。彼得雷乌斯的增兵策略看起来稳住了阵脚，但精神疾病困扰着军队的士兵，因此我被邀请到了五角大楼。

“自杀、吸毒、创伤后应激障碍、恐慌、抑郁、离婚，”凯西将军开始发话了，他字斟句酌，但话语里暗含着一种怀疑，“积极心理学是如何看待这一切的，塞利格曼博士？”

“人类对殊死搏斗这种可怕事件的反应呈正态分布，长官，”我开口了，条件反射地使用了我在奥尔巴尼男子学院童子军营学到的敬语，“您刚刚只描述了正态分布曲线的左边，也就是人们的生活被毁的情况。但是绝大多数人都具有复原力，这意味着他们在战斗中经历了一段艰难的时期，而几个月后，经过生理和心理治疗，他们又会恢复到战斗之前的状态。”

“更重要但很少宣传的是，”我一边继续说，一边把目光转到了一位没有左腿的少将身上，“是创伤后成长，它位于正态分布曲线的右边。那些士兵在战斗中经历了一段可怕的时光，但一年后，通过我们的生理和心理治疗，他们变得比之前更强大。军队不是医院，当然，您应该继续花费数十亿美元来帮助那些生活被毁掉的人，但我建议，长官，把整个曲线向右移动，将重点放在创伤后成长上。”

“这些将军都已经了解过了，塞利格曼博士。”凯西将军回复我。我已经从他们随身携带的书中看到了我的最新作品，他们都做了预习工作。“我打算建立一支心理与身体都强健的军队。我们已经阅读了你关于积极教育的著作。我们知道，你教授老师复原力和积极心理学的技能，你也发现了那些经过这种培训的年轻人更不容易抑郁、幸福感更高。这就是军队的作风。我们的军队里有 4 万名教师。”

“真的吗，长官？”

“就是那些军士长们，”他笃定地说着，并立即下达命令，“我希望由军士长来传授复原力和积极心理学的知识，这样他们就能给 130 万名士兵授课了。从今天开始，我们将在整个美国军队中讲授复原力和积极心理学的知识。我要建立一支心理与身体都强健的军队。为了实现这一目标，我想请你和一位准将一起工作，塞利格曼博士。”

我瞥了一眼洛丽 · 萨顿（Loree Sutton），她是陆军首席精神病学家，坐在桌子的左侧。我听说过她的一些事情：据说她把希腊悲剧运用起来，那些心理受到创伤的士兵便是她的演员，她让这些士兵敞开心扉，倾诉他们隐藏的情感。这和我所运用的干预疗法不一样。但让我宽慰的是，凯西将军用手指了指桌子的右侧。

“塞利格曼博士，这位是伦达 · 科尔纳姆（Rhonda Cornum）。科尔纳姆是陆军的首席泌尿科专家，我希望你和她一起工作，构建士兵全面健康计划（Comprehensive Soldier Fittness，CSF）。在 60 天内向我报告进展。”

“我很高兴能和一位著名的神经学家合作，长官。”我回答道。

“是泌尿专家。”科尔纳姆纠正道。就这样，我开启了人生中意义最为深远的一次合作。

建立一支心理健康的军队

两天后，科尔纳姆开着她的休闲旅行车，从五角大楼来到了我在宾大积极心理学中心的办公室，我们开始商讨工作计划。她身高近 1.6 米，体重约 45 公斤，一头棕色短发，身形小巧却矫健，穿着一身不好看的军队迷彩服。

科尔纳姆话不多，但很会说话，言简意赅。当我想找的专家太多时，她会提醒我“物极必反”。当我推荐一位上尉时，她会说“他需要被观察一段时间”。她是唯一一位荣获“紫心勋章”的女将军，曾在战斗中负过伤。

创建一支心理健康的军队需要做两件事。第一，我们需要一个衡量心理健康的标准，而不是通常所说的不健康的衡量标准；这要考虑精神疾病、违纪、药物滥用、重罪、被开除等内容。我们需要良好的衡量标准，对一名士兵的幸福感、复原力、性格优势、社会支持、目标感、成长和积极情绪，即一名士兵生活的积极面进行衡量，因为 CSF 的明确目标是增强所有士兵的幸福感，而不仅仅是减少负面情绪。第二，我们需要一项培养幸福感和复原力的计划，这是一项将整个军队推向位于正态曲线右边的计划，即创伤后成长。

2008 年圣诞节前，我们在我的办公室召开了一次会议。当时我染上了流感，因此在我讲完开场白之后，他们没给我安排太多的工作。克里斯托弗・彼得森和卡尔・卡斯特罗（Carl Castro）上校一起主持了这次会议。朴兰淑（Nansook Park）是彼得森的得力助手，做了大量的工作，是此次工作的主力。他们从各种各样的人格清单中提取出最好的名目，构建了一个包括 120 项内容的全面评估工具（Global Assessment Tool，GAT），并立即开始了试点工作。

“开始报告吧。”凯西将军指示道。还是那张餐桌，还是那些将军，那是 2009 年 2 月中旬，我刚刚从澳大利亚回到美国，之前给 GGS 的老师讲授了积极心理学，还在倒着时差。

“我们开发了一份调查问卷，以评估士兵的幸福状况、复原力、性格优势以及常见的财务赤字和问题，”科尔纳姆说，“我们先期对一万名士兵进行了试点测试，长官。”实际上，她说的是一万名试点测试对象。

“干得好，科尔纳姆将军。那么你和马丁接下来有什么打算，以便让士兵掌握复原力和积极心理学？”

“我们想要进行一项试点研究，这包括数百名军士长和5万名士兵。”科尔纳姆回复道。她和我已经详细地讨论了这个问题，并决定缓慢而谨慎地推进下去。“每一位军士长都将教授50名士兵复原力，然后在接下来的一年里，我们将收集数据——”

“我们正处于战争之中，科尔纳姆将军，”凯西将军打断了她的发言，“我不想要试点研究，我想让你们在整个军队中教授复原力与积极心理学。”

“开始行动吧，士兵！”他一边说着，一边离开了桌子。我们赶紧起立。

于是，科尔纳姆和我有了三项艰巨的任务。第一项任务是为100多万名士兵创建一种可行的复原力和幸福感测试，这也是我们正在进行的。第二项任务是在缺乏严肃的试点工作的情况下，为士兵制定干预措施，训练他们的复原力。第三项任务是在战争中衡量士兵是否真的有了更强的复原力。

卡伦 · 莱维奇被招来参与干预的工作。莱维奇一直在向数百名老师传授有关复原力和积极心理学的知识。军士长的确也是老师，不过是另一种意义上的老师。我们该如何修改之前在和平时期培训老师的普通手册，以用于培训战争中的军士长呢？

我们需要将我们通过培训普通老师所学到的知识与在伊拉克和阿富汗冲锋陷阵的士兵的问题结合起来。于是，莱维奇把两个团队合并在了一起：第一个团队由我们5位培训普通教师的资深老师组成，第二个团队由战士组成，从上校到下士，所有的人都曾在前线服役。我们之前制作了大量的手册来培训学校的老师，而现在我们做了修改，把使用对象改为军士长。在一个为期8天的培训学校老师的项目中，我们会先教老师在自己的生活中使用复原力和积极心理学的技能，然后教他们如何向学生传授这些技能。所以，我们计划先教会军士长使用这些技能，然后再研究如何向士兵传授这些技能。

我们对士兵和普通百姓所面临的问题的相似性感到惊讶。在为军队重做手册之前，我们假设新材料主要与交火、路边炸弹袭击、敌人以及无辜平民有关。例如，如果你最好的朋友刚刚牺牲了，你怎么能保持复原力呢？

但我们很快就停止了这种老套路。

"这是战争史上的第一次士兵们拥有手机，"一名少校提醒我们，"在一场战斗打响之前，一个忧心忡忡的二等兵可能会给他在圣路易斯的女朋友打电话，他们可能会大吵一架。对那些有自杀企图或创伤后应激障碍的士兵而言，回到美国遇到的麻烦与在伊拉克战场上的战火同样严重。"

因此，当为训练军士长撰写新手册时，我们结合了军营生活和普通家庭生活的例子。举个例子，有一个纠正灾难化想法的练习，即把灾难性的解读转变为更现实的解读。这项名为"正确对待"的练习，旨在减少因对坏事进行灾难性的解读所引发的恐慌和焦虑。

以军营生活为例：

> 你和你的小分队准备外出巡逻。离出发时间还有 20 分钟，可你队里的一个士兵迟迟没有露面。
>
> 第一步是列出最坏的结果：
>
> - 他中暑了；
> - 他可能已经死了；
> - 这是我的错，我将在监狱里度过余生。
>
> 第二步是列出最好的结果：
>
> - 他正在打盹儿；
> - 他在百米之外，几分钟后就会到这里。
>
> 第三步是列出最有可能的结果：
>
> - 他迷路了；

- 他正在搭顺风车回来；
- 我不得不报告他没到的事情，上尉肯定会把我臭骂一顿。

现在制订一个计划来应对最有可能的结果：

- 找出最后见过他的人；
- 派一辆车和几个人一起去找他。

以普通生活为例：

在美国的深夜时间，你给女朋友打电话，但她没有接。

最坏的结果：

- 她去和其他男人约会了；
- 她有新恋情了；
- 一切都结束了。

最好的结果：

- 她睡着了，没有听到电话铃响；
- 她在她母亲家里过夜。

最有可能的结果：

- 她和朋友出去喝酒了；
- 她对其他男人动心了。

现在制订一个计划来应对最有可能的结果：

- 列出一个关于你们两人有多么孤独的互相理解的脚本；
- 和你最好的朋友一起排练。

这本手册一上来就列举了一系列类似的复原力，或者说是意志力的练习。练习就占用了整个项目的前两三天。在接下来的两天里，军士长（其中有 20% 的女性）学会了识别自己的显著优点，以及他们组里的士兵的优点，接着学会了对各种优点进行配置以执行实际任务。最后，我们教授了“建立牢固的关系”，这是一种系统地灌输领导力的版本。举个例子，我们教过如何给予有效表扬。当你意识到某人的优点并给予表扬的时候，我们建议说出他的带来良好结果的具体优势、策略、努力或技能。说出这些优势，需要做到以下三件事：表明你真的在认真观察，表明真实可靠性，确保连续胜出。

我们对几百名军士长进行的试验性项目取得了成功，经过数月的谈判之后，美国陆军和宾大签订了一份价值 3 000 万美元的合同，在接下来的三年里，宾大负责为陆军培训数千名军士长和其他士官。我个人则分文不收。

因此，每个月大约有 180 名军士长来宾大的喜来登酒店，参加一个为期 9 天的培训项目。在写到这里的时候，我们已经训练了 4 万多名军士长。他们不扭捏害羞，与我们那些彬彬有礼、受过良好训练的教师相比，他们更坦率、直接。这些军士长通常是黑人或西班牙裔，他们出生在艰苦的城市社区，都在伊拉克或阿富汗执行过多次英勇的任务。他们久经沙场，说话做事直来直去。

我必须承认，参加了 50 年的教职员工会议，我还没有遇到可以托付生命的老师。但在执行这项任务的过程中，我遇到了许多值得把生命托付给他们的军士长。

下面我来介绍一下这一项目取得的成果。军士长的反应充满了戏剧性，并且更切中要害。在最初的第一个小时，他们身体后倾，有的面无表情，有的如吮吸了柠檬一般。他们当时一定在想，我们奉命而来，可这都是些什么乱七八糟的心理呓语啊？在第一个小时结束的时候，他们身体前倾，变得兴致盎然。到最后一天结束时，他们中四分之三的人自愿成为教练员培训师，希望学习下一阶段的教学内容。他们对整个项目的平均评分是 4.9 分，满分是 5 分，评论大多是“这是我从军 20 年以来上过的最好的一门课程”。

军士长曾多次告诉我们，这些技能是“可以救命的”，但我猜测，真正发挥作用的是他们的家庭。

一天早上，我早早地来到喜来登酒店吃早餐。一位军士长坐下来与我共进早餐，他是我在前一天认识的，当时我们教授了用积极的建设性态度回应良好的事件。“我迫不及待地想告诉您，昨天晚上下课后真的发生了一件很酷的事情，长官，”他情不自禁地说道，“我给家里打了个电话，我儿子接的，他特别激动。他在比赛中击出了一个全垒打，取得了胜利。我们聊了大概 5 分钟，然后他说：‘爸爸，这真的是你吗？’”

这些技能可以在战场上发挥作用，但对人们的家庭生活同样有用。一位中士告诉过我，如果年轻的时候学过这门课，那么他就能挽救自己的婚姻了。

我们曾计划仔细收集这个项目的数据，通过使用未经治疗的控制组来判断是否有效。我们最初设计的是对训练予以部署，这样 1 万名士兵就能够得到复原力训练，而有 1 万名士兵的控制小组则不会受到这一训练。但战争的现实不允许我们这样做。军士长们对这门课非常肯定，以至于将军们加快了这一部署进程，直接去掉了控制组。所以，我们精心设计的实验化为乌有。与此同时，军方决定在加州的蒙特雷（Monterey）建立一个巨大的电子数据库，并且首次至少有 30 个数据仓，之前的数据都是分离的、无法分析的，大约 100 多万名士兵的数据被合并到“个人事件数据环境”（Person-Event Data Environment）中。这成了民用和军事医学研究的国家宝藏，你将在接下来的章节中了解到更多关于它在科学发现方面所发挥的作用。

在缺乏对照实验的情况下，保罗 · 莱斯特（Paul Lester）少校和他的统计团队竭尽全力，获得了部署前后的数据，从而更好地了解经过复原力训练的士兵是否真的有更好的表现。

通过查看相关士兵的心理状况数据，莱斯特少校发现，经过复原力训练的士兵（$n = 6\,739$）在情绪健康、积极应对、乐观方面有了很大的改善；在纠正对坏事的灾难化解读方面，他们也比没有经过复原力训练的士兵（$n = 3\,218$）有了显著下降[1]。

由于这些都是自我报告的数据，莱斯特少校领导的团队继续对精神疾病的诊断进行研究。值得注意的是，接受了复原力训练的士兵，很少会患创伤后应激障碍、焦虑症和抑郁症，并且药物滥用率也降低了一半[2]。根据这些发现，陆军宣布该项目是“有效的”，并将其在全军范围内制度化[3]。现在，这个项目可以提供给士兵本人及其家属使用。

一开始，我告诉过将军们，我想把这个项目转移给军队，而不是让军队依赖我和宾大。因此，我们每个月都会挑出最熟练的士官来成为教练员。再接下来，他们向遍布世界各地的陆军基地的军士长传授复原力训练。到目前为止，我们至少有

500 名训练有素的教练员，其中大部分是军士长。

招致严厉的批评

考虑到取得了这些成功，我对该项目所招致的严厉批评感到愕然。不过，我对那些提出批评的人并不感到惊讶。他们始终是同一伙人，即指责我为中央情报局设计了强化审讯计划的人。以下是他们的批评和我的回答。

“该项目不应该执行，如果执行了，也应该做得更缓慢一些。”根据埃德尔松、马克·菲力舒克（Marc Pilisuk）以及索尔茨的说法，“这是极不寻常的。对于这样一个庞大而又重要的干预项目，如果不先在经过严格控制的条件下进行仔细、随机、受控的实验，就不能令人信服它具有效性”[4]。

科尔纳姆将军和我曾提议首先对 5 000 名士兵进行一项大型的试点研究，但是参谋长否决了我们的提议。在他看来，一项试点研究需要花费数年的时间，而且结果公布的时间太晚，这样无法帮助在伊拉克和阿富汗的士兵。然而，我们对初高中学生重复进行了 21 次实验[5]，并不存在埃德尔松、菲力舒克和索尔茨所说的之前没有进行过任何复原力实验的情况。我们相信，凯西将军做了明智的选择：相比于纸上谈兵或者姗姗来迟的项目，一个合理可行的项目更能发挥作用。

伦达·科尔纳姆准将、我和陆军参谋长乔治·凯西（从左至右）在 CSF 会议上。
Photo courtesy of Rhonda Cornum.

“这个项目没有发挥作用，简直就是在浪费钱。”美国医学研究中心在其报告《预防服役人员及其家属的心理障碍》（Preventing Psychological Disorders in Service Members and Their Families）[6]中说道：“最近，另一个内部的非同级评审报告对 7 230 名士兵的心理健康诊断结果进行了检测，这些士兵在‘掌握复原力培训’（Master Resiliency Training, MRT）启动之前（2010 年 10 月）已经接受了 GAT 测试，大约在 6 个月以后（2011 年 4 月）再次接受测试……结果显示……那些接受干预治疗的人并无任何诊断的差异性。”

这是一个惊人的错误。以下是在那份报告中对 7 230 名士兵进行精神障碍诊断的报告内容：

> 1. 在启动 MRT 的情况下，士兵滥用药物的诊断发生率为 1.16%；而在非训练情况下，药物滥用的诊断发生率为 2.85%。MRT 使药物滥用率降低了一多半。
>
> 预计有 100 万名士兵（当时陆军有 110 万名士兵）参与了培训，这相当于只有 11 600 人，而不是 28 500 人滥用药物，这之间相差了 16 900 人。如果每个人花费 2 万美元的费用（这个治疗金额是瞎编的，但实际花费可能远比这个金额高），那 MRT 就相当于为军队节省了 3.4 亿美元，更不用说大规模地减少士兵的痛苦了。
>
> 2. 在启动 MRT 的情况下，4.44% 的士兵被诊断为创伤后应激障碍、惊恐障碍或抑郁症；在非训练情况下，5.07% 的人被诊断为以上疾病。在 100 万名士兵中，预计有 44 400 个病例发生在 MRT 情况下，50 700 个病例发生在非训练情况下。这之间相差了 6 300 个病例。如果每个人的治疗都要花费 2 万美元（再说一遍，这是我编的，但是一个很保守的数字），那 MRT 将为军队节省 1.25 亿美元，更不用说减少了士兵的痛苦。

“CSF 是缺乏职业道德的。”埃德尔松、菲力舒克以及索尔茨写道：“没有证据表明，CSF 曾接受过一个独立的伦理审查委员会的初步审查。这尤其令人不安，因为该计划包括了一条内容，即所有美国士兵都必须接受该计划。放弃知情同意保护权严重违反了第二次世界大战后，为防止再次出现纳粹医生的暴行而制定的《纽伦堡法典》（*The Nuremberg Code*）。”[7]

以下是军方对国会人员就此指责所做出的回应，也是我想说的。

> 根据《美国陆军条例》70-25，“研究”的定义是：“一种旨在发展或促进广义知识的系统调查。该术语不包括军事人员的个人或团体训练，如战斗准备、有效性、熟练程度或体能训练。”由于 CSF 是一种支持和影响所有士兵的训练项目，而且没有明确的意图去生成广义的知识，因而该项目不符合研究的定义。
>
> CSF 有着与训练项目相同的地位，即要求所有士兵参加有关如何识别自杀和性骚扰的迹象、如何进行晨练、如何在被俘时抵抗，或者为什么在开车时要系安全带等方面的课程。这些项目不需要知情同意。

“CSF 伤害了士兵。”根据埃德尔松、菲力舒克以及索尔茨的说法，“然而，还有其他一些令人担忧的可能，如精神损害，士兵面临的挑战和后果是实施、未能阻止、目睹或了解那些违背道德信念和期望的行为。例如，复原力训练会伤害士兵，让他们更愿意参与战斗，而这会对他们的心理健康产生不良影响。CSF 缺失帮助士兵努力解决其职责中涉及的深刻伦理困境的内容，比如为促进国家发展而进行杀戮”[8]。

另外，一位名为布鲁斯·莱文（Bruce Levine）的博客写手在他列出的十大最严重的精神病学和心理学滥用榜上，CSF 排名第六[9]。为什么？因为它破坏了“美国军人对军工联合体的抵抗”。他写道：“在这个项目中，一位军士长被要求带着他筋疲力尽的士兵去执行另一项艰巨的任务，一开始军士长很生气，并抱怨说‘这不公平’。但在角色扮演中，‘复原力训练’要求他重新诠释这一命令，并将之作为一种赞美。”

以下是 CSF 办公室在回应国会对这些指控的质询时所做出的陈述。

> 这篇文章的作者表达了对 CSF 训练可能会造成伤害的担忧。目前的数据分析表明，不存在 CSF 会造成伤害的证据（2011 年，CSF 办公室）。这些批评人士想要一个能让军人反对美国外交政策、违抗命令、避免战斗的项目，而 CSF 与上述任何一种方式都没有关系。结果显示，那些参与 CSF 训练的士兵有了以下改变：
>
> - 有了更强的情绪适应能力；

- 有了更强的适应性；
- 面对逆境时，不再常用灾难性思维思考；
- 更频繁地运用自己的核心性格优势；
- 有了更好的应对技巧；
- 更乐观；
- 认为军队更能对他们家庭的需求予以支持。

"CSF 是对塞利格曼协助中央情报局酷刑计划的奖励。"莱文写道：

> 一名心理学家因其研究成果被用于构建美国对恐怖分子实施酷刑的计划，获得了一份价值 3 100 万美元的无投标合同，为美国军人提供"复原力训练"。
>
> 马克 · 本杰明（Mark Benjamin）曾报道过，宾夕法尼亚大学心理学家马丁 · 塞利格曼的研究"构成了小布什政府酷刑项目的心理基础"。
>
> 2010 年 2 月，陆军将"唯一供应商"合同授予了宾夕法尼亚大学，以此进行复原力训练，或换而言之，教育士兵如何更好地应对多重作战之旅的心理压力。该大学的积极心理学中心由著名心理学家马丁 · 塞利格曼管理，目前该中心正在进行复原力训练[10]。

这明确暗示，CSF 是一种邪恶的奖励，因为我涉嫌帮助构建了强化审讯项目。但我并没有协助或教唆过任何审讯项目，所以不可能得到这样的"奖励"。我的研究工作也不是基于习得性无助，而且这一理论与强化审讯项目的基础也相去甚远。能够帮助美国军队、使士兵更有复原力一直是我个人和职业生涯的高峰之一，我认为这种指责是不公正的，并且是带有侮辱性的。

以下是实际情况。宾夕法尼亚大学收到了一份价值为 3 100 万美元的唯一供应商合同，为美国陆军士兵提供复原力和积极心理学方面的培训。这份合同之所以没有竞标，是因为除了宾大，没有其他已知的实体参与竞争。而且，陆军参谋长凯西将军认为此项培训迫在眉睫，希望这样一个项目能够尽可能快地帮助士兵。我认为军方决定将该合同作为唯一供应商合同，主要有以下原因：

- 在复原力培训方面，宾大是唯一一个进行了广泛培训并发表了诸多同级评审研究的知名实体机构；
- 在复原力培训方面，宾大是唯一一个拥有丰富经验的知名实体机构；
- 军队了解到没有其他任何可以与宾大竞争的实体；
- 凯西将军希望这个项目赶快进行。

陆军的此次合同与宾大谈判了好几个月，并且从来没有提到过我之前可能在国防部或情报部门做过的工作（我并没有从事过这样的工作）。

我与中央情报局或其他任何相关组织签订的唯一一份合同是在 20 世纪 80 年代初，分析世界各国领导人的乐观和悲观程度。除此之外，我从来没有和任何情报机构或任何其他相关的公立或私人机构签订过合同，也从来没有做过任何安全调查。

几乎所有的批评都来自那些反对美国外交政策和反对美国对中东进行军事干预的人。所以在结束这一章时，我必须说两点。

第一，在对 CSF 的批评中，援引《纽伦堡法典》、纳粹医生和违反伦理的行为是蓄意、恶毒的。这样的指控毫无根据，对那些想在这段艰难时期帮助士兵和政府的心理学家产生了寒蝉效应[①]。有人会自问我是否会被指控违反道德规范，并因此打消为国家服务的念头。我想鼓励科学家和心理健康从业者伸出手来帮助我们的政府，并希望他们不要被这种欺诈性策略吓住。

第二，这些批评人士指责我“盲目爱国”。但实际上，我的爱国主义一点也不盲目：我把美国视为给予我亲人的一座避难所，当时，他们在欧洲被迫害甚至死去，在这座避难所里，我的子孙后代才能茁壮成长。我把美国军队视为矗立在我和纳粹毒气室之间的那道坚实的墙，因此我把和军士长们、将军们相处的时光视为我一生中最充实的日子。

---

① 寒蝉效应着重涉及个人思想、言论、集会等核心价值和自由权利的社会存在及其影响。或专指人民因惧怕遭受国家刑罚，或是无力承受所必将面对的预期耗损，而放弃行使其正当权利，进而导致公共事务乏人关心。——编者注

第 25 章

身体健康：乐观会带来健康和幸福（2007—2017）

积极健康项目

2007 年，时值保罗·塔里尼（Paul Tarini）拜访我之际，我开始寻找预防身体疾病的保护性因素。塔里尼管理着罗伯特·伍德·约翰逊基金会（Robert Wood Johnson Foundation）的先锋投资组合，该基金会是美国医学研究的主要私人投资方。

“基金会很欣赏您在心理健康方面所做的事情，塞利格曼博士。通过大量的数据，您曾质疑过，心理健康不仅指没有精神疾病，它应该还包括积极情绪、意义和投入。那什么是身体健康呢？”保罗措辞讲究地问我，“它是否仅指没有身体疾病，还是说有其他层面的意思呢？我们希望您能构建一个积极健康的领域、一个探索保护性因素的领域。”

我特别喜欢这样的工作，不过至少需要两盏熠熠生辉的“灯”来更好地吸引人们的注意力。我已经找到一盏灯了——彼得森。我们两个重新分析现有的研究，探索在风险因素之上的保护性因素。至于另外一盏灯，我希望他是一位世界级的心血管流行病学家，因为心脏病似乎是寻找保护性心理因素的一个初始区域。

“谁是世界级的心血管流行病学家？”我问吉姆·马克斯（Jim Marks），他是罗伯特·伍德·约翰逊基金会的执行副总裁。

“那只能是达尔文·拉巴尔特。”他毫不犹豫地回答道。

达尔文·拉巴尔特！我与他早就失去了联系，他是威尔逊馆的创始人，也是我就读于普林斯顿大学时的偶像。自毕业后，我一直没有见过他，只是默默地崇拜他。如今知道了，拉巴尔特毕生的事业是根治心脏病，并且他相信预防是解决问题的根本方法，越早预防，疗效越好。在我的一生中，心血管医学已经将美国心脏病发作和中风的死亡风险降低了近一半，而拉巴尔特的使命是将其减少到零。他相信“原始预防”的作用，即从妊娠期开始就积极保健。我邀请拉巴尔特加入积极健康项目，他欣然同意了。我对 50 年前他为普林斯顿大学所做的贡献表达了赞美之情，他对此非常感激。至此，我找齐了自己需要的人。

我们共同拟定了使命宣言：

> 积极健康通过确定预测健康和疾病的因素，并超越传统的风险因素来确定健康资产。
>
> 例如，生物健康资产可能包括高心率变异性、高水平的高密度脂蛋白和心肺耐力。
>
> 主观健康资产可能包括积极情绪、生活满意度、希望、乐观、有意义和目的感。
>
> 功能性健康资产可能包括亲密的朋友和家庭成员，稳定的婚姻，有意义的工作，参与一个社会团体，以及完成工作、组建家庭和扮演社会角色的能力。
>
> 健康资产本身是可取的，但研究已明确表明其与生物资产的相关性，并表明了功能性健康资产对整体健康的重要性。仍有待确定的是，主观健康资产是否以及如何有助于生成与健康相关的结果，包括长寿、发病率、生活质量调整后的剩余寿命、疾病发作时的预后、卫生服务利用和成本[1]。

彼得森与哈佛大学公共卫生学院的年轻教授劳拉·库布赞斯基（Laura Kubzansky），还有埃里克·金（Eric Kim）、朱莉·贝姆（Julie Boehm）一起，对主观健康资产进行了分析。关于心脏病，学术界不乏充分且长期的研究，但这些研究主要探究消极层面，测量的几乎都是风险因素，比如抑郁、离婚、失业、焦虑、敌意等。这些研究忽略了生活中美好的事物，但实际上，到处都能找到积极的保护性因素。

有 6 项研究符合我们对优秀科学标准的评判，其中包含一些最基本的积极因素，于是我们对此进行了深入分析。我们经过重新分析后发现，这些都揭示了迄今为止被掩盖起来的保护性因素。

白厅二级定群研究（The Whitehall Ⅱ Cohort）发现[2]，乐观和情绪活力能够在一定程度上持续降低患冠心病的风险。该研究还发现，这两项保护性因素对工作、家庭、性生活和自我满意度的影响是显而易见的，但对爱情、休闲或生活标准则没有影响。

我们重新分析了标准化衰老研究，从而发现了，高度的自我调节能力比较低的自我调节能力更能降低非致命性心肌梗死和因冠心病而死亡的风险。

我们重新分析了健康和退休研究，从而发现，在两年内对 6 044 名成年人进行的随访中，更强烈的乐观情绪预示着患中风的概率会降低 10%。即使对人口统计学、行为学、生物学和心理学的中风风险因素进行了充分调整，乐观情绪的影响依旧特别显著。

我们重新分析了健康和退休研究中的其他变量，从而发现，有 1 546 名心血管疾病患者，由于抱有坚定的生活目标，他们的心脏病发作的风险降低了 21%——因为有坚定的生活目标让他们对心理和生理的风险因素进行了有效控制。

这只是一个开始。在重新分析的过程中，库布赞斯基和贝姆持续回顾了所有关于乐观和心脏病的主要研究，并在《心理学公报》(*Psychological Bulletin*）发表了一篇具有里程碑意义的文章[3]。这些研究得出了一个令人叹服的结论：**悲观情绪是心血管疾病的一个巨大风险因素，乐观情绪则是一个巨大保护因素。**

以下是一项具有代表性且做得很好的研究：妇女健康倡议。该研究对 97 000 名女性进行了为期 8 年的跟踪调查，她们在研究启动之初均身体健康。与常见的那种严谨的流行病学研究一样，该项研究一开始就调查了年龄、种族、受教育程度、宗教信仰、健康、体重、酒精、吸烟、血压和胆固醇。乐观情绪是通过被广泛认可的生活取向测试（Life Orientation Test）[4] 来测量的，这个测试中一共有 10 个简单的问题，比如“在不确定的情况下，我通常期望拥有最好的结果”，以及“如果事情可能出错，就一定会出错”。重要的是，抑郁症状也保持了恒定，因为悲观可能源于抑郁症。结果发现，最乐观的人比最悲观的人因冠心病而死亡的概率低了 30%，而且死亡率下降的趋势始终贯穿于整个乐观情绪的连续统一体中。这表明乐观情绪起到了保护作用，悲观情绪则对身体造成了伤害。在控制了所有其他危险因素，包括抑郁症状的情况下，这一点是确凿无疑的 [5]。

我们知道，乐观主义者较少吸烟，其抑郁程度较低，也比悲观主义者更快乐，而这些研究表明，在预防心脏病方面，乐观是最重要的一点。

在下一章，我会介绍“憧憬”的理念，这是一种普遍存在的想象未来的可能性的心理活动。乐观一种对未来抱有积极憧憬的心理倾向，悲观则是一种对未来抱有消极预期的倾向。憧憬和想象每天会占用我们很多的时间。就像强烈的外部事件会引发心血管疾病一样，憧憬也可能会产生同样的效果。引发焦虑、愤怒和悲伤的事件会导致明显的交感神经活动，使人难以放松，从长远来看，这些状态会对心脏造成伤害。而带来愉快、放松、有所成就的事件则会改善副交感神经活动和良性的迷走神经张力，这对心脏大有裨益。同样的道理也适用于对未来的想象：悲观主义者消极地想象未来，在愤怒、焦虑和悲伤中来回切换，这类情绪使其有患心脏疾病的风险；乐观主义者则沉浸在对未来的积极憧憬中，于是他们拥有健康的心脏。如果每天都这样效果就会累积起来。

如果这诠释了乐观情绪如何对心脏有益，悲观情绪又是如何对心脏有害的，那么一种成本效益极高的干预方法就随之而来了，就如宾大对士兵和孩子所进行的复原力训练，以及塔伊布 · 拉希德在积极心理治疗中所做的工作一样，只要把心血管患者的悲观情绪转化为乐观情绪就可以了。事实上，最近的一项针对伊朗人的研究就是这样做的 [6]。列扎 · 尼克拉汗（Reza Nikrahan）及其同事为 69 位冠心病患者进行了为期 6 周的积极心理学干预治疗，并对他们进行了 15 周的跟踪观察，主要观察其冠状动脉生物标记：与对照组相比，他们发现这一组的皮质醇反应更好，这是心脏健康的标志。在此之前，从未有人把预防死亡作为治疗结果。

考虑到乐观情绪保护作用的范围（远大于不吸烟的作用）、不同研究的一致性（每个单项研究都表明乐观情绪可以起到保护作用），以及悲观主义能在多大程度上转向乐观主义，我一直都在提倡一项关于培养乐观情绪用于预防心血管疾病和死亡的重要研究。不过，我还没有通过第一垒的位置，而积极健康的理念也无法渗透到传统医学思维和传统期刊上，这是我科学生涯中最令人沮丧的一个障碍。

我们的论文遭一些极有声望的医学期刊拒绝的概率已经接近 80%。我从中看到了一个双重标准：但凡带有积极心理保护因素的研究都会被断然拒绝，那些否认积极心理保护因素的研究则会被认可并得以传播发行。最近有一个来自《柳叶刀》（*Lancet*）的例子，《柳叶刀》是一家声望极高的期刊，我们提交的每篇论文都被它拒之门外。

一篇内容极为充实的科学文献讲述了一则令人信服的案例：幸福的人更长寿[7]，并且幸福对人的寿命有着积极影响。在心理学期刊上，大量的细致研究都记录了这一点，几乎没有什么例外。2016 年，《柳叶刀》大肆宣扬了一篇文章，名为“幸福与否对死亡率没有直接影响”（Happiness and Unhappiness Have No Direct Effect on Mortality）[8]。研究人员声称，在一项对 719 671 名英国女性进行的长达 10 年的跟踪调查中，31 531 名女性死亡。据报道，一旦在统计上剔除了自我报告的健康状况不佳的情况，那么自我报告的不幸福并不能预测谁会死亡。因此文章总结说，自我报告的健康状况不佳预示着死亡，而不幸福并不意味着死亡的风险会变高。

“哦，天哪！”我想记者如果打来电话让我对此进行评论，我会这么回答。难道以前所有的研究都是错的吗？不。对所有的女性来说，《柳叶刀》的研究做得很差劲。我尽可能不带任何偏见地看待这份研究报告，并且坚信，没有任何一家严谨的心理学期刊能够接受这样的研究报告。在一项共有 316 个项目的调查中，作者只提出了一个关于不幸福的问题。在询问了数百个关于药物、饮食和健康的问题之后，不幸福的问题位于第 306 项（有 40 万名女性在回答这个问题之前就已经放弃作答了）。那些回答“不幸福”和“当前健康状况糟糕”的女性，她们的平均年龄是 59 岁。我有绝佳的理由相信，不幸福会影响那些 59 岁的人来报告自己的健康状况不佳，而且这种不幸福会伴随她们一生，当然，不幸福也给她们带来了更糟糕的睡眠、更少的锻炼、更频繁的吸烟以及孤独感。生命的前 59 年已经强烈地影响了她们对健康状况的自我评估，而且评估的结果的确不佳。三位杰出的心理学家联名发表了一篇批评评论，其中总结道："我们相信，《柳叶刀》研究报告的作者所发现的并非幸福是否和长寿有关，而是如果把幸福如何影响她们前 60 年的健康状况给删除了，如果删除了影响健康的关键路径，比如社会支持、吸烟和身体质量指数，那么一项关于幸福的问题能否预测健康的中年女性寿命会缩短呢？"[9]

所以，在这里，我想公开地对这些主流的医学期刊抱怨一番。

心理学家在医学科学领域是不受欢迎的闯入者。医学的主导思想是，心理因素不会导致医学结果，或医学结果仅通过生物过程来实现，即便心理因素是已知的、已被测量的，而生物因素完全未知。这就创造了一个离奇的双重标准。研究表明，不幸福和悲观会导致死亡，甚至是更多的死亡，而幸福和乐观可以预防死亡；可根据我们的经验，想要在最好的医学期刊上发表心理学论文几乎不可能，那些否认心理因素的效果的草率研究论文则能轻而易举地发表。

总有一天，我们会发现幸福、乐观、活力以及它们如何影响身体的未知的生物学关联性。在下一章，我提到了一个有希望做到这一点的人。然而现在，我们应该知道如何衡量和改变这些心理状态，让其朝着好的方向发展。现在应该有众多的项目致力于增强医学患者的乐观、快乐和活力。

我认为，医学文献中的双重标准以每年数百万人的生命为代价压制了这一切。

积极心理学遭遇两大重创

截至 2011 年，我们从现有的风险因素文献中提取并重新分析了极少数保护性的积极内容。我们将它们与心血管疾病联系起来，而保护性因素具有令人惊讶的预测性。但现在又出现了一个新的问题：如果对成千上万的健康人群进行一项纵向研究，以判断健康状况和疾病，以及保护性因素的综合作用，情况会不会好得多？

出乎意料的是，美国军队决定构建这样的平台。它将人员和医疗记录合并到一个巨大的系统中，即"个人事件数据环境"（Person-Event Data Environment, PDE）。这对国防部来说是一个巨大的进步，因为之前至少已经有 30 个独立的数据中心，彼此几乎无法互相访问。不同的数据库包括了所有的医疗、晋升、自杀、犯罪、获奖、受伤、年度评估、嘉奖、家庭暴力事件等的记录，但彼此都没有关联在一起。克里斯托弗·彼得森和卡尔·卡斯特罗在2009年开发的GAT就是基于一个数据库，其中包含100多万名军人心理保护因素的数据（如优势和幸福感）和心理风险因素的数据。如果我们能够访问PDE，就不再需要通过以往的研究来寻找答案。例如，一名拥有强烈意义感的士兵，在接受了外科手术后能否更快地恢复，有效控制受伤的严重程度；或者小题大做的士兵是否容易患上创伤后应激障碍，进而影响控制抑郁和战斗强度。我们可以通过询问最佳健康等问题状况以及如何保持健康等问题来定义“最健康的士兵”。这项数据以及其他更多的数据都存储在PDE中，等待着科学家进行分析。

我们抓住了时机。陆军、宾大和罗伯特·伍德·约翰逊基金会都将PDE视为国家的一项财富，认为这对解答医学和科学问题来说都是一个前所未有的资源。该基金会在普林斯顿大学总部召开了一次会议，美国陆军军医局局长搭乘直升机参会。伦达·科尔纳姆、达尔文·拉巴尔特和我也驱车前往会场。积极心理学中心、美国陆军和罗伯特·伍德·约翰逊基金会共同发起了一个新项目，在PDE中采集这些唾手可得的数据，然后搭建一个基础设施平台，这样一来，民间的科学家和军事科学家就可以在PDE这个平台上探究其他问题。

这个项目的启动带给了我们很多值得庆祝的东西，也带来了很多值得讨论的内容，所以我们计划在2012年10月9日至10日召开一个指导委员会会议。没多久，悲剧发生了。在出发去会场前，彼得森突然去世了，很可能是因为心脏病发作。

我失去了最好的朋友和最亲密的同事，这也是积极心理学遭受的第一重毁灭性打击。在接下来的几周里，我一言未发。三周后，在积极心理学峰会上，在我致悼词之际，我一度哑然失声，我的学生不得不替我做了接下来的工作。

事实上，我一生中最美好的时光就是和彼得森一起，我们彼此尊重，枝叶相持。

2012年12月，积极心理学遭受了第二次毁灭性打击。雷·福勒，我的挚友，也是我成年后唯一的导师，在APA担任了15年的CEO后，解甲归田。他曾扭转了APA的局面，它的财务状况和入会资格也从未像现在这样好过。这是一个拥有16万名会员的机构，有着多达 1 亿美元的盈余。现在，福勒把精力转向了积极健康项目。

福勒决定全情投入到积极健康项目上。2008 年，他在 GGS 发表了长达一个小时的演讲，把锻炼加进心理保护性因素，这也改变了我的观念。他在演讲中提到，每天步行一万步有益于心血管健康。这个讲座本身有点枯燥乏味，列举了大量数据，但是第二天，我们很多人都去买了计步器。从那以后，我几乎每天都步行一万步。从 APA 卸任后，福勒成了当时我们成立的国际积极心理协会的高级政治顾问，与此同时，他还加入了罗伯特 · 伍德 · 约翰逊基金会“积极健康”专项资金的指导委员会。他的目标是把积极心理学和积极健康纳入医学院的课程，他还为内科医生开设了一门新课程。

福勒的身材保持得很好，他是 APA 马拉松 60 岁以上小组的常胜冠军。他谦虚地说，他能赢是因为竞争对手每年都在减少。在阿库马尔，除了步行和忙得不可开交的时候，他总是第一个跳进水里游泳和潜水的人，我们则像小鹅一样跟在他的后面。

2012 年，曼迪和我曾计划飞到圣迭戈去庆祝福勒的 82 岁生日，但他的妻子桑迪告诉我们，福勒刚得了一次严重的中风。他像我的父亲一样，半身不遂了，从此以后，福勒再也没有开口说过话。我试着和他在电话里交谈，但毫无效果。如同面对我父亲时一般，我害怕得不得了，没能去看望他。2015 年，福勒去世了。

彼得森和福勒都是人格理论学家，他们应该会对接下来发生的一切倍感欣慰，但我很遗憾不能亲口告诉他们了。

积极心理学结合大数据

“谷歌时代精神 2010”，在亚利桑那州天堂谷的一家高档酒店举行的这场会议聚集了谷歌的高层人员和他们最富有的客户——摩托罗拉、时代华纳和美捷步。会场里有很多玛格丽塔酒，放着喧嚣的音乐，令人惊讶的是，参会人士都非常年轻。虽然作为一位长者，我与这里格格不入，但我是主讲嘉宾。在我的演讲之前，一位极为悲观的经济学家预测了全球经济的崩溃以及可怕的未来。与此相反，我谴责了自我实现的悲观主义，并预言了人类的进步。

我之所以出现在这里，是因为我有了一个创意：我想用谷歌地图来进行测试。我希望能以成本低廉且便捷的方式衡量这个世界的幸福状况。

我一生都在使用调查问卷，但当涉及我真正想知道的事情时，这些问卷所起的作用就很有限了。比方说，我想知道你觉得自己的生活是否有意义。但直到最近，我唯一拥有的工具就是直截了当地发问，1 分代表“没有意义”，10 分代表“非常有意义”。我可以用不同的方式问同样的问题（例如，“你有多少个目标”）来增强“可靠性”，但会存在效度的问题，即对方说的不属实。以下是调查问卷存在的几个问题：

- 你可能会撒谎；
- 你可能会察觉到我提出的假设是什么（例如，抑郁的人没有什么意义感，特别是当一个抑郁清单后面紧跟着一道有关意义的问题时），所以你可能会从回答的状态中抽身出来加以确认或否定它；
- 你可能会在乎自己的面子；
- 你可能会不回答，然后离开——这种情况经常发生；
- 你可能不明白“生命中的意义”是什么意思；
- 调查问卷没有考虑到回答者的主观能动性。

如果我想知道你的“个性”，那就更糟糕了。例如，如果我想知道你是否是个外向的人，我会问“你喜欢参加聚会吗”和“你会和陌生人交谈吗”。这些问题都受制于上述问题，但被认为是有关人格的“事实真相”。

这些问题的术语是，问卷是“反应性的”和“侵入性的”，而不是自发的和低调的。了解事实的更好的方式是了解你脑子里想的是什么，以及你整天对自己说的话。新的社交媒体为此打开了一扇窗，终于有更好的办法了。

“旧金山湾区的人们有多幸福？旧金山的居民比伯克利的居民更快乐吗？”我问谷歌地图的首席程序员。

“我真的不知道。”他说。

“让我们想想办法吧，”我一边说着，一边列出大约 20 个关于幸福的词，比如幸福、快乐、欢欣、满足、微笑、高兴、阳光等，“你能用谷歌搜索引擎，并通过定位来精确找到这些与幸福有关的词的使用频率吗？”

第二天早上，他递给我一张彩色的湾区地图，并告诉我：“我半夜就起床干活了，数据都在这里。红色是使用有关‘幸福’的词最多的区域，蓝色则是使用最少的区域。”

我们向谷歌的 CEO 拉里·佩奇（Larry Page）展示了这些结果，他对此表示了祝福。然而，我与谷歌的合作非常短暂，因为他们坚持只能使用搜索引擎，而不能从谷歌邮箱中提取词汇。可是，人们使用搜索引擎搜索“幸福”或“爱”时，和搜索“咳嗽”或“流感”时的感觉是不一样的，这通常是因为他们没有得到幸福或爱，而不是因为他们已获得了幸福或爱。

于是，我把大数据作为一种更好的方法，用来衡量人们的心理状态和特征。首先，我邀请莱尔·昂加尔（Lyle Ungar）加入。昂加尔是一名计算机科学教授和数学天才，他对心理学知之甚多且钟爱有加。他不从过时的必要充分条件的角度来看一个词的意义，如单身汉被定义为未婚男子。相反，他希望弄清一个词在社交媒体上具体是怎样使用的。他梳理了数以百万计的推文，寻找与“单身汉”共同出现的词语，发现在左右两方最多会有 5 个词语。在我看来，昂加尔已经很好地量化了维特根斯坦的革命性见解，即一个词的意义是它在语言中的使用[13]。昂加尔迫切地想要展开合作，并对如何通过挖掘大数据来衡量幸福和人格有深刻的见解。

我们又聘请了计算机语言学家安德鲁·施瓦茨（Andrew Schwartz），他作为博士后来管理这个项目。之后，我们又找到了约翰尼斯·艾希施泰特（Johannes Eichstaedt）。艾希施泰特是一位杰出人才，也是一位年轻的通才，对物理、数学、语言学、神经科学和心理学都很了解。2011 年，他取得了应用积极心理学的硕士学位，并被宾夕法尼亚大学心理学院录取为博士生。

在施瓦茨的带领下，这个研究团队申请到了一笔资金，用于绘制世界幸福地图，并在 2014 年获得了 380 万美元的资金支持。数据源源不断地涌进来，这让我相信我们开创了一个崭新的心理测量的世界，这个新世界可以完善并可能取代调查问卷。让我们一起看一下吧。

图 25-1 展示了一个词汇云，它源于 40 000 名女性的脸书。词汇字号越大，表明出现的频率越高。

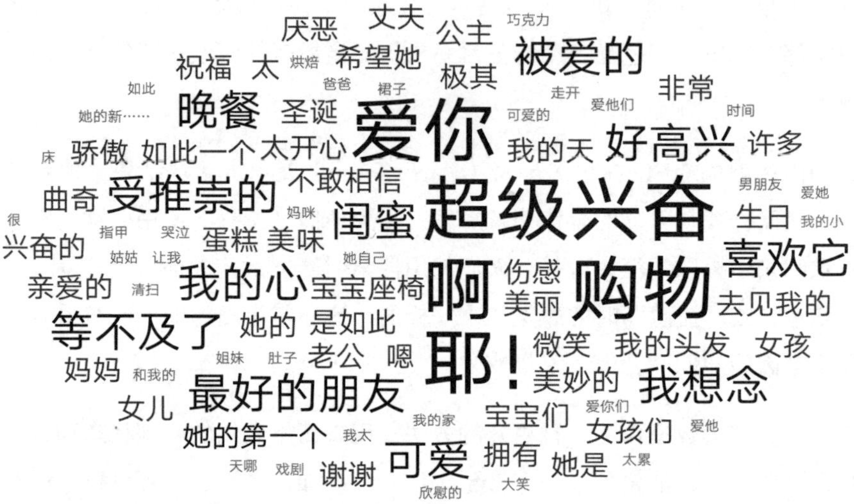

图 25-1 女性的词汇云

图 25-2 显示的是 40 000 名男性的词汇云。

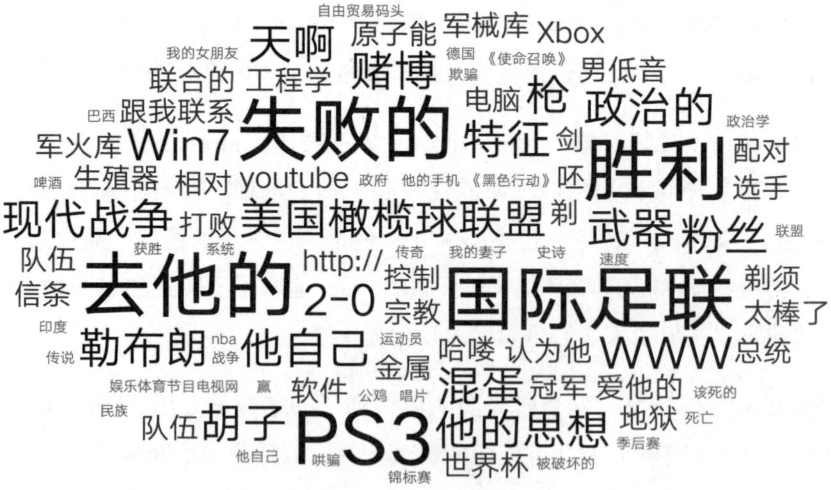

图 25-2 男性的词汇云

是的，这就是男人的真实想法。

仅随意地看脸书或推特（Twitter），我们对作者性别的判断正确率是 92%。当我第一次看到性别词汇云的时候，我错愕不已，感觉自己仿佛正凝视着男人和女人的大脑额叶。还从来没有哪种人格测试能给我这样的启发。这让人格本身去往何处了呢？毕竟，人格给了我们一个预测个人想法或行为的便捷的方法。

图 25-3 是修订过的“神经病患者”和“非神经病患者”人群的词汇云。

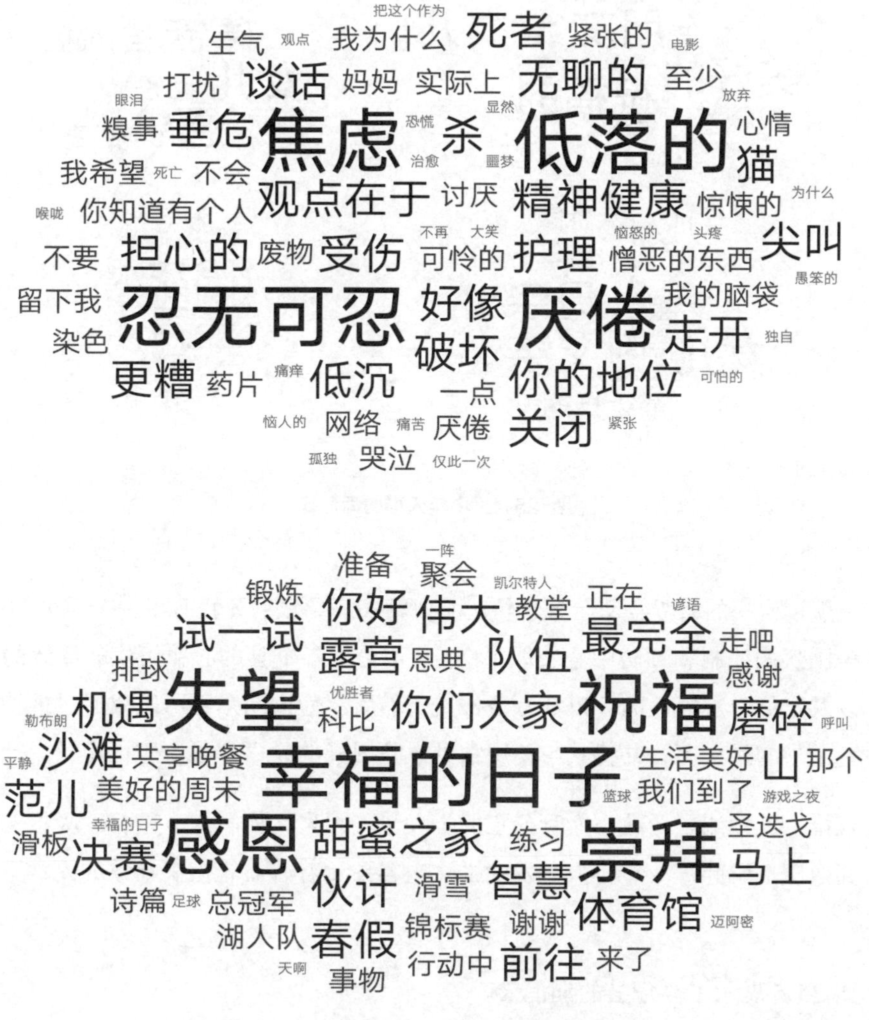

图 25-3　神经病患者和非神经病患者的词汇云

第二张词汇云是情绪高度稳定的写照，即心理健康和满怀幸福感。事实到底是什么呢？它是来自“神经病患者”人格测试的结果，还是来自这个图片中最热门的词汇云？

图 25-4 展示了中年人群的词汇云，计算机的统计数据能够轻易发现人们谈论的主题。

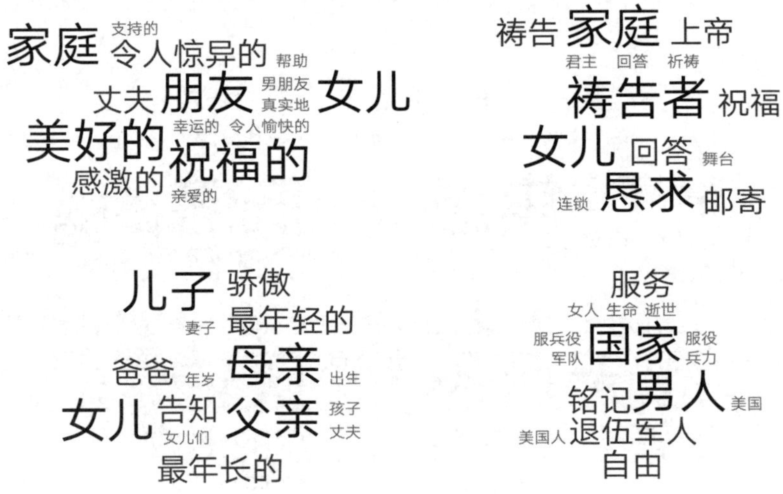

家庭 支持的 令人惊异的 帮助
丈夫 朋友 男朋友 真实地 女儿
美好的 幸运的 令人愉快的 祝福的
感激的 亲爱的

祷告 家庭 上帝
君主 回答 祈祷
祷告者 祝福
女儿 回答 舞台
连锁 恳求 邮寄

儿子 骄傲
妻子 最年轻的
爸爸 年岁 母亲 出生
女儿 告知 父亲 孩子
女儿们 丈夫
最年长的

服务
女人 生命 逝世
服兵役 国家 服役
军队 兵力
铭记 男人 美国
美国人 退伍军人
自由

图 25-4　中年人群的词汇云

在就读研一的时候，艾希施泰特对心血管疾病导致的死亡有了一个重大发现[14]。他从美国疾病控制和预防中心获取了 2010 年美国各个县的心血管疾病导致的死亡率，以及定位于发报地的 8 200 万条推文。然后，他询问是否可以仅通过推特语言预测一个县的死亡率，并将其与使用常见风险因素的死亡率预测进行比较。

仅推特就预测了导致心血管死亡的十大风险因素，如收入、教育、吸烟、糖尿病、高血压、肥胖等。年轻人所发的推文内容预示着心血管疾病导致的死亡率高达 67%。

图 25-5 展示了高危县的词汇云。

图 25-5　高危县的词汇云

图 25-6 是一般县的词汇云。

图 25-6　一般县的词汇云

这仅代表词汇与患病的相关性，但能否说一定具有因果关系呢？你脑袋里的那些话是否会在整整一天的时间内对你的心血管系统产生恶性或良性影响？如果是的，那么请改变你的所思所想、所言所行、所写所做，因为这可能是让你身体健康的捷径。

我们对积极健康的探索揭示了一些保护性因素，这些因素告诉我们，健康实际上不仅仅是没有疾病，它还包括其他层面的东西。意外的是，对保护性因素的探索为我们打开了一个新的思维窗口——**也许你每天对自己说的那些话，就已经决定了你的身体健康与否。**

第五部分

展望：从无助到希望的变革

The Hope Circuit

憧憬未来的能力

是人类独一无二的特征。

我们不是受过去驱动，

而是被未来召唤。

第 26 章

人类，永远不会停止憧憬未来（2008—2016）

自从积极心理学创建以来，传统心理学对现在和过去的强调始终困扰着我。最初，我对传统心理学忽视了积极方面感到不解。传统心理学试图消除错误，或者试图从没有错误的地方推导出正确的东西，或者完全忽略了正确的东西。积极心理学纠正了这种不平衡的状态。但我还质疑对未来的看法。传统心理学告诉我们，我们是过去和现在的生物，而这反过来又会产生未来。心理学通常是研究一个人的记忆、过去、动机、知觉和现在。对于预测一个人的未来直接从了解他的过去和现在入手，我真是感到莫名其妙。

这真的对我的精神生活造成了不太好的影响，因为我不太会追忆过去，我对现在也不怎么有如沐春风的感觉。停在现在的时间太短暂了，我无法尽情地留居在此。我宁愿花大把的时间想象未来，一遍又一遍地推演未来可能的情景。年纪越大，我花在憧憬未来上的时间就越多。

人类这个物种的名字也让我感到困惑。智人的意思是“有智慧的人”或“正在认知的人”，但与“能人”“手巧之人”“直立人”“正直的人”相比，“智人”这个名字不是一种描述，而是一种我们无法达成的渴望。什么是我们做得好而其他物种做不好的？语言、制造、杀戮、理性、伤害、合作，诸如这些事情看似是人类独有的，但是当我们仔细观察其他哺乳动物、鸟类，甚至群居昆虫时，人类的独特性就消失了。因此，和哈佛大学社会心理学教授丹尼尔·吉尔伯特（Daniel Gilbert）

一样[1]，我认为，**人类无与伦比的想象未来的能力，即憧憬的能力，是属于我们这个物种的独一无二的特征。**

我们憧憬未来的能力是独一无二的，这种能力可能最终会使渴望变为现实。因此，我们其实应该被命名为“计划人”，即“憧憬未来的人类”[2]。

这促进了对心理科学的前沿和中心的憧憬。在传统观点中，如果你想知道我将来会做什么，原则上你大概需要知道以下 4 件事：我的过去、我的基因组成、目前的刺激因素、我现在的动力和动机。精神分析、行为主义以及大多数认知心理学都认同这个观点，但我不认同。我一直致力于研究能动性，从习得性无助开始，在思考憧憬的过程中，能动性成了我关注的焦点。这是困扰了我 50 年的传统心理学中最大的盲点：它忽略了人类的能动性及其特有的支点，即一种使过去和现在得以新陈代谢从而创造未来，并在可能的未来中做出选择的思维。

憧憬与积极心理学

如果没有憧憬，积极心理学就不会存在。

2008 年，我和罗伊·鲍迈斯特第一次提出了这个概念。我们当时正一同研究心理能量，这是另一个被心理学领域严重忽视的课题。由于心理学领域摒弃了弗洛伊德有关情感生活中的液压理论，于是心理能量无人问津。鲍迈斯特用复苏的能量来解释其有关巧克力曲奇的发现，这个发现令人难忘。被试坐在一盘新鲜出炉的巧克力曲奇前，但被告知只能吃萝卜，一块曲奇都不能吃。在经过了抵制这种难以忍受的诱惑之后，被试在完成需要尝试和坚持的任务时表现得非常差[3]。他们的心理能量被耗尽了。鲍迈斯特和我反复讨论了意识会消耗能量的观点，然后我们决定应该尝试测量一下相关的数据。

鲍迈斯特认为意识是用来想象未来的可能性的，比如想象因为吃了一块巧克力曲奇而感到内疚。我非常欣赏他的这个想法。与此同时，鲍迈斯特在《心理学评论》期刊上发表了一篇学术文章，提出了一个观点，即意识会短暂地出现一会儿，然后马上被其他杂七杂八的事情吞噬得一干二净[4]。

2010 年 10 月，克里斯托弗·彼得森和朴兰淑把“幸福”作为密歇根大学当年的主题。校园里到处都是有关幸福的横幅，我也受邀在“泰纳讲演”（Tanner Lecture）上发表了关于积极心理学的演讲。午餐的时候，我遇到了钱德拉·斯普里达（Chandra Sripada），他是哲学和精神病学的助理教授，后来成了一名神经学家。我以前从来没有遇到任何一个人像他那样，可以把哲学、精神病学、神经科学和心理学结合在一起，他是一位博学的全才。

斯普里达对我从来没有听说过“默认网络”感到震惊，并且让我看到了有关一条大脑回路的奇妙发现，因为这很可能是大脑对未来进行模拟的方式。

“针对一项特定的外部任务，比如心算或字谜游戏，必须至少有一千项关于大脑的研究。”我们在自助餐厅吃完饭后，斯普里达说道，“但你必须有一个休息的时间来进行对比。在休息期间，你告诉被试，只躺在那里，什么也不要做。”

我点了点头。

“与心算相关的大脑回路是相当嘈杂的，它不是一个死胡同，而是一个混乱的信号和噪声搜索过程。但是，在休息时点亮的回路是一致和可靠的，所以它被称为‘默认回路’，那就是大脑在休息时所默认的东西。现在该讲到令人震惊之处了。休息不代表大脑里一片安宁。当你要求被试想象未来时，这个默认回路也会被激活。”[5]

我灵光一闪：这个回路一定模拟了鲍迈斯特和我对意识的想法。

那天晚上，密歇根大学的哲学和心理学教授一起聚餐。我就坐在彼得·雷尔顿（Peter Railton）旁边，他是一位著名的道德哲学家。雷尔顿告诉我，他在研究欲望，他说欲望是为未来塑造一种积极的形象，代表着被未来召唤，而不是受过去驱动。说到这里时，我被叫走说了几句话。之后，我想起了莫顿·怀特（Morton White）[6]未曾实现的承诺：哲学应该在某一天重新拥抱它被丢弃的孤儿——心理学。

“我们都在口头上支持跨学科的工作，”我说，“让我们围着房间走一圈，说说今天我们会做些什么与众不同的事情。雷尔顿和我计划联手写一篇文章，主题是如何被未来召唤，而不是受过去驱动。”

尽管这是雷尔顿第一次听闻我们的项目，但这个项目在几天之后便启动了。雷尔顿和斯普里达给我发了几篇文章让我阅读，在两周内，我发给了他们第一版的草稿，之后进行了 20 多次修改，最终集结成稿[7]，也就是《憧憬未来的人类》（*Homo Prospectus*）一书[8]。我承认了自己对传统心理学持怀疑态度，并认为，**让人类生活更加美好的心理学框架是把未来视为前沿和中心的学科框架。**

关于新的心理学应该从哪里起步，我给出了我的建议。传统心理学的决定论是不切实际的，因为所有的科学都依靠统计数据。任何科学都不一定是正确的，甚至连三个球碰撞的结果这样"简单"的问题也只能以统计结果近似而告终。了解基因、过去和现在的刺激因素，即使是达到了统计渐近线（想象它达到了之前从未匹及的 99% 的精确度），也无法推导出一个人在某个时间会做什么事。因此，探索一个人对未来的期望、计划和愿望通常比询问这个人过去所做的事情更有意义。例如，如果你想知道下周六晚上我要做什么，那最好直接问我下周六晚上打算做什么，而不是问我上周六晚上和以前的周六晚上都做了什么。

我首次开始尝试研究"意识是什么"。能动性存在于人类的意识。能动性包括对未来进行模拟并做出决定，它是对未来的憧憬、期望、选择、决定、偏好、欲望，而且自由意志是憧憬的全部过程体现。也许所有这一切都发生在默认网络中。

我的底线是，**人类的行为受未来召唤，行为会受到过去影响，但不是被过去驱使。**这一切对雷尔顿而言似乎是相当幼稚的，也似乎与实战型神经学家斯普里达没有任何瓜葛。就这样，他们开始重新整理并修正这些想法，使之更具学术风格并拥有复杂的呈现形式。

第一稿的撰写工作开始了，我们反反复复地修改着草稿。最后，我们把这篇文章送到了心理学的主要理论期刊《心理学评论》。那里的编辑告诉我，这是他担任编辑以来读过的最有趣的一篇文章，但还不够理论化。接着，我们把文章送到了《心理学公报》。那里的编辑也说，这是他担任编辑以来读过的最有趣的文章之一，但没有详尽的参考文献。再接着，我们把文章寄给了《心理科学透视》（*Perspectives on Psychological Science*），这也是一家权威期刊。那里的编辑说，如果投稿的文章真的足够好，她本人就可以做主予以发表，我们的这篇文章的确够好，所以被发表了。

与罗伊·鲍迈斯特、彼得·雷尔顿和钱德拉·斯普里达一起度过的几周时光，犹如重新回到了研究生时期。
Photo courtesy of Mandy Seligman.

彼得·雷尔顿正在给钱德拉·斯普里达、马丁·塞利格曼和罗伊·鲍迈斯特讲授道德现实主义。

与鲍迈斯特、斯普里达和雷尔顿一起度过的几周时光，犹如重新回到了研究生时期，但我们研究的是一个全新的学科。本章接下来的内容，是把我学到的一部分内容分享给大家，以及告诉大家是什么让我希望自己可以重回 21 岁。

如果感知不是指对现在和当下的感觉，而是指一种对未来期望的有益幻觉，那会是什么情形呢？我们对视觉的理解与所学知识完全相悖。大脑的视觉系统是一个柱状结构，这一结构的底部几乎到了视网膜所在的位置。然后，下一个层级将获得一个更为抽象的版本，抽象则会一直深入顶层。最上面的层级是极为抽象的，它包含用于检测诸如表格、篮球这样的实体的模式。然而，奇怪的是，从顶部向下的连接数量是从底部向上连接数量的 10 倍。

这是为什么呢？

我们的眼睛每秒钟跳三次，但世界是不变的。自上而下传递给低层级的指令解释了这种稳定性。有一个实验，研究者让被试看一个视频并计算传球次数。视频里的人围成圈在传篮球，一只大猩猩突然穿过画面中央。但一半的被试没有看到大猩猩。最上面的层级告诉下面的层级，这是篮球：放大与篮球相关的元素，而抑制了大猩猩的元素。① **我们所看见的并不是真实投映在眼球上的东西，而是我们内心期望看到的一种幻觉，这是一种对未来的映射**[9]。

如果记忆装载的不是电影画面和照片，而是一种与未来紧密相关的可能性的变化集合，那会是什么情形呢？在写这本书的过程中，我惊讶于自己的记忆如此不完整。我决定先写，然后再核实。我已经写了很多关于各种主题的文章，如果让我读最初写的内容，我会感到厌烦，对读者来说也远远不够新颖。因此，当我最终着手核对事实时，通过查看记事簿、文章、书籍、电子邮件并询问还在世的证人，我发现了许多令人不安的错误。例如，罗伯特·凯泽坚持认为，当年我们在赛道上绕圈驾驶的是一辆 1947 年产的紫色雪佛兰汽车，而不是 1948 年产的绿色福特汽车。那辆车的价格是 35 美元，而不是 50 美元。可时至今日，那辆绿色福特汽车仍然能非常清晰地浮现在我眼前。

我并没有患上阿尔茨海默病，这只是一个关于记忆的残酷事实。乌尔里克·奈塞尔把这一事实与他对“挑战者号”失事②的研究联系在了一起。在“挑战者号”悲剧发生后的 24 小时，他在心理学导论课上让学生们写下那时正在何处、做什么以及听到这个消息时的感受。两年半之后，学生们回答了同样的问题，并表示对自己的回答有充分的自信。然而，前后的回答有着天壤之别，只有四分之一的学生还记得填写的第一份问卷的内容。尽管记忆有缺失，但许多学生依然坚信自己错误的

① 人们总是凭直觉认为，自己所见和所感受到的都是真实的，但该实验推翻了这种认知。想了解有关该实验的更多内容，推荐阅读《看不见的大猩猩》，该书的中文简体字版已由湛庐引进，并由北京联合出版公司于 2016 年出版。——编者注

② 1986 年 1 月 28 日，美国正式使用的第二架航天飞机挑战者号在升空后 73 秒时，爆炸解体坠毁。机上的 7 名宇航员都在该次事故中丧生。——编者注

回忆正确无误[10]。

也许记忆的易错性不是一个缺陷，而是一个重要的特征。**记忆的错误，即我们对过去记忆的挪用和混淆，或许能使我们从过去吸取不同的教训，而这些教训对于打造一个更好的未来是不可或缺的。**

如果自由意志与意愿无关，那会是什么情形呢？憧憬的关键是我们不断地想象未来的可能性，无论我们有多喜欢或多不喜欢，每一个场景都有它的价值。斯普里达的以下这番话最终把我完全说服了。

> 我相信自由意志哲学理论的正确形式，它是一种“甄别符号”的理论。思考一下，是什么让法拉利跑得这么快。把踩油门作为法拉利跑得快的理由是毫无逻辑的。虽然踩下油门可以让法拉利以每小时 160 公里的速度行驶，但这样的解释没有切中问题的要害。毕竟，不管开什么样的车，不管是不是法拉利，都必须踩油门。是什么让法拉利跑得快，这个问题实际是在问法拉利有什么特别之处，使它比其他汽车跑得更快。恰当的回答，既不是说踩油门，也不是说车轮螺母的紧固性，或火花塞没有被腐蚀，或法拉利跑得快所必需的其他一切，而是必须说出法拉利跑得快的显著基础。也就是说，应该说法拉利的引擎，特别是它的大小、功率或者独特的技艺。自由意志的哲学问题是相似的。在实现自由所必需的所有属性和品质中，什么是使人类或其他生物获得自由的独特标志？

这个标志是我们的想象范围。与其他物种不同的是，人类想象的未来是可以一直不断延伸的。它可以延伸很长时间，甚至可以延伸至整个一生；它可以延伸到复序列——线性的和分支的；它可以延伸到假设和反设事实——如果生命不依赖碳呢？如果维京人有火药呢？

因此，**我们自由的范围，就是我们想象的范围。**

意愿几乎是不可见的。我们只能用最高的效价来设想这个场景。我们对于如何计算效价这一点仍然未知，但对于自由意志的未来研究，它是一个恰当的主题。

为什么我们会有感受？这是关于意识的疑难问题[11]，因为它是……好吧，这真是太难了。机器不需要感觉任何东西，就可以完美地完成工作。呆板的乌龟按部就班，缓慢前行，一旦精力不足就会回到它的巢穴继续休养。它不需要体验何为疲惫，何为思乡心切。我们的主观经验世界是什么呢？哪一种更贴近我们的特性？这其中又增加了什么呢？

以下是大约最近几秒钟内，在我脑海中浮现的各种相互矛盾的场景。

- 我可以上网打会儿桥牌。谁可能有空呢？马克通常在这个时候吃午饭。彼得现在在中国，可能要睡觉了，但也有可能有空。他们总出错牌。不管怎样，我最近在桥牌上浪费了大把的时间。
- 我可以去帮曼迪给卡莉和珍妮讲一些关于丝绸之路的故事。我对亚洲的了解并不多，但是孩子们会喜欢的，我今天还没怎么跟她们相处呢。曼迪可能会觉得我这样做有些唐突，居然准备了这么一堂课。
- 我可以自己做午饭。冰箱里还有一些摩洛哥鸡肉。不过，这顿饭的热量太高了。仅仅 5 个小时后，我和朋友马上要在餐厅共进晚餐。但我只能点三道菜。也许这是曼迪为孩子们的晚餐准备的鸡肉。
- 我可以继续写这篇该死的文章。但是，在思考一些强制性的反事实心理模拟案例时，我遇到了困难。也许打会儿桥牌会对我有所帮助。但这是一个相当不错的案例，也许我应该继续钻研。何苦呢？我也没有交稿的压力。如果我不加快进度的话，彼得 · 雷尔顿会很失望。
- 所有的郁金香球茎都需要培植。我可以在去餐厅之前做这件事。现在温度很好，但土壤湿度太高了。即使天气很冷，郁金香也可以栽种，不要着急。不过，它们可能会腐烂，我今天已经举重 20 分钟了，但我可以呼吸一下新鲜空气。这能让我平静下来，尤其是在我和院长争吵后。

请注意，这些模拟的场景非常多维，并且看起来差异也很大。因与马克在桥牌上一争高下而开心不已，或是因郁金香球茎腐烂而徒增烦恼，抑或是在 6 个月后因欣赏到鲜艳的郁金香花而心满意足；或是对摩洛哥鸡肉的无比期盼，抑或是因没有完成锻炼而心怀愧疚，这些七情六欲究竟是如何产生的呢？主观感受是大脑对价值判断的通用货币，并且它可以让我们对未来的可能性做出比较。生动的有意识的模拟能力可以为比较提供一条最终的通用路径。还有一种真正的约束，我们必须经常快速地做出决定，我们可以用对主观感受的响应来对未来的可能性进行比较。

我们同样还需要对现在和未来的可能性进行比较，而这一点是隐藏于感觉中的。你走进酒馆，手握自己的工资，而你必须把现在喝酒的乐趣与接下来跟妻子的争吵以及整个周末都要睡在沙发上的痛苦做比较。这些憧憬也都隐藏于感觉之中，这让我们可以直接将现在与未来进行比较，并将未来的不同可能性进行比较。

创造力与年龄

我从与鲍迈斯特、雷尔顿和斯普里达共事当中学到的最后一件事，与创造力本身，以及创造力如何随年龄增长而变化有关，我对这个话题尤为关注。

创造力能随着年龄增长而增加吗？创造力运用了一种精妙的憧憬：想象一些独创的、令人惊讶的、有用的东西，而这些东西不能与感觉相提并论。研究明确表明，随着年龄的增长，人类的创造力会减弱。

我想起了 1975 年在牛津的事情。我受邀参加唐纳德·布罗德本特举办的晚宴。杰尔姆·布鲁纳是另一位受邀嘉宾。这次并非一个社交聊天的聚会，也没有人会意识到这次聚会的独特性，当时我提出了一个自己非常好奇的话题。在我 32 岁的时候，我担心自己已经到达了人生巅峰，而且很多研究表明，30 多岁是科学创造力的全盛时期。我对与我共进晚餐的这两位名人的履历还是有所了解的。布罗德本特大约 50 岁，在我这个年龄的时候，他完成了有关双耳分听（dichotic listening）的伟大研究。布鲁纳那时差不多 60 岁了，他在 30 岁出头的时候做了大量的研究，刷新了之前 25 年的所有数据。说实话，我对他们自那以后所做的工作并没有多深的印象了。

“今晚能与二位对话是我的荣幸，”我说道，“我是您二位的粉丝，对您二位之前的研究颇为了解。请您二位诚实地告诉我，您在什么年纪最具创造力？”

“就是现在！”他俩齐声道。

当我最近向 90 多岁的亚伦·T. 贝克提出同样的问题时，他的回答也是一样的。而且，我问自己这个问题时，我的回答也是一样——“就是现在”。我不知道我们是否都有一种良性的、防御性的幻想。

创造力可能会在以后的生活中不断增强，这与数据不符。许多研究表明，创造力在职业生涯开始的一二十年里达到顶峰，在数学和诗歌方面出现得最早，紧随其后的是科学、历史和哲学[12]。

我可以亲自证明以下症状是衰老造成的伤害[13]：

- 行动变得迟缓，神经传导速度明显降低；
- 变得健忘，记忆力更差；
- 容易感觉疲惫，精力下降；
- 变得固执，坚信自己的看法；
- 变得平庸，创意减少[14]。

等一等，创意，即发散性思维，减少了吗？这难道不是结束讨论了吗？创造力需要创意，创意需要憧憬，憧憬又需要想象力。用腊肠铺路虽然是很有创意的想法，但毫无用处。**创造力需要的不仅是创意，还有有效性，以及清楚谁将利用这个想法，即观众。**“观众”可以指字面意义的观众，但通常指的是学术界的学科“守门人”。

年龄的增长会带来什么益处，从而能弥补这些损失呢？

第一，年龄增长会带来知识的增加。虽然我已经遗忘了很多，但总体上，我现在知道的知识更多了。例如，我知道如何使用大数据来代替调查问卷这种过时的方式，也知道为什么默认网络可能是一种想象力网络。

我不仅了解了更多我自己所在学科的事实，知识面也更广了。有一次，我带着珍妮和卡莉去参观美国原住民博物馆。在听到由哥伦布的水手们携带的欧洲病菌几乎摧毁了当地的加勒比人的时候，只有 7 岁的珍妮问道：“为什么欧洲的水手没有因为加勒比人的疾病而死亡呢？”这个问题的答案与十字路口有关。15 世纪的欧洲位于诸多文明的十字路口，各种各样的商人、士兵和奴隶所携带的病菌种类繁多，穿梭于欧洲各地。瘟疫磨炼了欧洲人的免疫系统，那些幸存下来的人抵抗力强大，并把自己的免疫基因传递给了下一代。相反，加勒比印第安人的血统比较单一，并没有遭遇过瘟疫，所以也没有强大的免疫系统，因此他们被摧毁了。

不仅是免疫系统蓬勃发展，创意也是如此。十字路口思维是常识，同时也是创造力的基础。生理学家贾雷德·戴蒙德（Jared Diamond）指出，与澳大利亚原住民相比，塔斯马尼亚原住民在认知方面处于劣势。塔斯马尼亚岛（Tasmania）被几乎无法通行的塔斯曼海峡（Tasman Strait）切断，然而，地理位置并不能阻隔横贯澳大利亚的贸易。结果，澳大利亚人所使用工具的复杂性在 2 000 年里不断提升，而塔斯马尼亚人所使用工具的复杂性却日益降低[15]。**创造力不仅使工具更加先进，也带来了不同的思维方式，使看似无关的概念建立了联系。**

十字路口思维意味着多样性。如果经验只是对相同事件的重复，那么它就不会有什么用处。大约在 40 年前，我参加了一个教师会议，弗兰克·欧文当时是我们部门的元老，他发言道："我在这方面有 20 年的经验。"一位年轻的助理教授回复说："欧文博士，所谓 20 年的经验只不过是有着 20 次的一年经验。"

第二，年龄增长让人更有可能在获取知识方面找到捷径。

牛顿和苹果的故事显然是真实的，但与我们在学校学到的那个版本不同。在瘟疫肆虐年代的一天晚上，牛顿坐在桌子前，一个苹果摆在桌面上，月亮在苹果后面升起，占据着同样的视觉空间。牛顿想知道，让月球在轨道上运动的力是否同样能把苹果拽到地面上[16]。牛顿是一个天才。此处真正令人惊奇的是，他能以一种恰如其分的完美方式来感知苹果和月亮，从而得出了万有引力定律。

牛顿 20 岁刚出头就有了这样的思维，他是如何做到的呢？人们常说，牛顿是一个天才，但这一说法又引出了另一个谜团：天才是如何缔造的？安杰拉·达克沃思解开了天才的神秘面纱[17]。天才是指获得技能的速度比常人快的人。牛顿能比其他人更快地吸收信息，他拥有基于知识的捷径，能够更快地获取知识。

我认为对牛顿的另一种解释是关于经验的，也就是捷径。我的猜测是，牛顿之所以是一名天才，是源于他对物理学和数学的不断思考，而这一漫长的"学习时间"创造了捷径，这条捷径让他看到了苹果与月亮之间的关系。

尽管我肯定成不了牛顿，但在对心理问题的反复思考中，我也拥有一条巨大的纵横交错的捷径，从而使我能够轻松自如地驰骋其中。牛顿在 22 岁的时候拥有了这样的能力，我则花费了数十年才得以搭建这样的能力。

举个例子，我过去习惯逐字逐句地研读期刊文章，这样做相当辛苦。而现在，我只是一扫而过，因为我可以推断整篇文章所包含的海量内容。我知道，如果鲍勃·雷斯科拉来写文章的话，我就不用担心控制组的适当性了。这些捷径节省了我很多时间，让我可以把时间更好地用在其他地方。

第三，年龄增长让“积极启发式方法”（heuristics）的准则更趋于完善。许多指导准则都是关于什么不该做，这是一种消极的启发式方法，它只是告诉你该如何规避错误。“近因”就是这样的一种准则：如果你有一段长久的友谊因为尖酸刻薄的话而告终，相对于一段刚刚结束的劣质的友谊，你会低估那段长久的友谊的价值。如果用消极的启发式方法来讲述心理学，那情况就会是这样的：

- 如果这个理论包含“自尊、自我效能、自我价值、自我同情”等，那就紧紧抓住你的钱包；
- 如果你需要复杂的统计数据才能看到结果，那请再三考虑；
- 如果一篇文章的结尾是“需要更多的研究”，那就请持怀疑态度；
- 如果有“定性研究”或“焦点小组”出现，那请停止阅读。

在日常生活中，我常常采用消极的启发式方法：不做超出自己能力范围的承诺，从不冷嘲热讽，反复检查自己的工作，从不迟到，在心怀疑虑时坚持原则。以上是我在生活中贯彻的“你不应该”的内容。

但在启发式方法的背景下，我要反复强调一个事实：没把事情做错并不等于把事情做对。积极的启发式方法比消极的启发式方法更重要，而且随着年龄的增长，这些启发式方法可能会日趋完善。

想象一下：发表一场没有语法错误的演讲；或者写一本回忆录，字里行间皆无谎言谬论；或者做了一顿不至于难以下咽的饭菜；或者证明一个定理，其中每个论述都无差错；或者弹奏一首贝多芬的钢琴奏鸣曲，没有弹错任何音符；或者主持一场会议，每个参会人员都谦恭有礼。所有的一切都不能保证这会是一场技惊四座的演讲、一本令人爱不释手的好书、一顿饕餮盛宴、一段完美无缺的论证、一场精彩绝伦的演出，或者一场圆满的会议。

与“你不应该”相反，“你应该”形式的指导准则是创造善良、正义、美和真理，而不仅仅是消除凶恶、错误、丑陋或谬误。发现积极的启发式方法比找到避免错误的捷径困难许多，而且与消极的启发式方法不同，积极的启发式方法是创造力的核心。

把积极的启发式方法的指导准则都列举出来远远超出了我的能力范围，不过，以下是我运用在心理学中的方法。

- 一个好的理论会产生令人惊讶的、违反直觉的预测。例如，把抑郁当作一种失败的预测，这比纠正过去和现在的错误信念更有效。
- 从一件能提炼出观念的奇闻逸事入手，例如“蛋黄酱曾经是我最喜欢的酱汁”，然后再用实验和理论的细节来挑战读者。
- 深入探讨最基本的假设并发问，如果它是谬论，那么接下来会发生什么。例如，如果童年创伤只对成年人的性格有轻微影响，将会怎样呢？那么，青春期可能是一个关键时刻，它会决定我们将成为什么样的人，所以在这个时期进行干预比在童年时期进行干预更有效。
- 好的科学故事会告诉读者，自己认为是错误的东西其实是正确的，或者自己认为是正确的东西其实是错误的。

第四，年龄增长能够让人有更敏锐的受众意识，以抵消损失。创造力需要准确的评估，也就是评估最开始的和令人惊讶的想法将会是有用的，并且是被相关受众期望的[18]。在艺术和商业领域，“受众”指的是字面意义上的意思，在学术领域，“受众”指的是那些有权决定哪些贡献具有创造性的“把关者”。例如，牛顿在 23 岁的时候就拥有一种异常敏锐的受众感。他在家里度过了两个瘟疫之年，完成了三篇论文：一篇关于光学，一篇关于微积分，另一篇关于万有引力。他的受众是他的导师艾萨克·巴罗（Isaac Barrow）爵士。

在关于创造力的写作方面也有一个例子，说明了受众的重要性。创造力是一个老生常谈的话题，几乎万事万物都与它有关。而如果你想发表一篇关于创造力的文章，那么有一个好办法是先把草稿寄给迪安 · 西蒙顿（Dean Simonton）、迈克、特蕾莎 · M. 阿马比尔（Teresa M. Amabile）和霍华德 · 加德纳（Howard Gardner）[①]，然后耐心地等待他们的评论。如果可能的话，你可以引用他们的研究成果，并仔细阅读他们的著作。我不得不惭愧地说一下，在我热切地转至下一份研究工作时，我没能做到这一点。理查德 · 所罗门比我做得好很多，他总是先把草稿寄给把关者，一边获得了哈罗德 · 施洛斯贝格的庇护，另一边获得了沃尔特 · S. 亨特的支持，他们对每一句话都进行了评论。可以说，所罗门有着很了不起的受众意识。

好的“标准”的科学是比把关者领先半步，并且学术期刊也是这样认为的。虽然通常这让文章读起来索然无味，但它们提供了进步的基石。相反，那些比把关者领先两步的学术文章通常会被视为另类而被拒之门外。所以，如果你想在标准的科学领域取得成功，那只需领先一小步。当然，为了保持自尊，你偶尔也要冒险写些领先一步或一步半的论文。

我曾问别人，如果我们不是被当下驱动，而是被未来吸引，会是什么样。那人对我很是怜惜，鼓励我去追寻未来。在接下来的 5 年里，我与雷尔顿、鲍迈斯特和斯普里达共同把“憧憬”这个课题摆在了面前，并将其作为研究重点，它阐明了存在于心理学和神经科学领域的几个重大问题，而这些问题在过去和现在决定未来的框架中是不为人知的：**意识成了人类对未来憧憬的过程；默认网络成了想象力网络；主观性成了我们用来比较未来情景的通用货币；意志的自由成了我们设想情景的范围；创造力成了原创和令人惊讶的憧憬以及敏锐的受众意识的结合体，这意味着创造力可以随着年龄的增长而增加，并且我们在任何年龄段都可以获得教诲。**

尽管下面这个故事可能是一个传说，但我想以此结束本章。

> 1995 年 11 月 18 日，小提琴家伊扎克 · 帕尔曼（Itzhak Perlman）走上了舞台，这是在纽约林肯中心的埃弗里 · 菲舍尔音乐厅（Avery Fisher

① 多元智能理论之父、哈佛大学教育学家，其著作《多元智能新视野》充分显示了对个性的尊重和理解，充满了对个体无限潜力的认可。该书的中文简体字版已由湛庐引进，并由浙江人民出版社于 2017 年出版。——编者注

Hall）举办的一场音乐会。如果你亲临过帕尔曼的音乐会就会知道，对他来说，登上舞台极为不易。帕尔曼小时候患有小儿麻痹症，所以他的两条腿都绑着支架，只能拄着两根拐杖行走。

帕尔曼一步一步地在舞台上挪动，这是一个令人难忘的场景。帕尔曼艰难，而又不失威严地挪动着，最后来到了座椅边。他慢慢坐下，先是把拐杖放在地板上，然后解开腿上支架的扣子，一只脚往后拉，另一只脚向前伸。做完这些之后，帕尔曼弯下身子，拿起小提琴，转向指挥颔首示意。演奏开始了……

但这一次出了问题。就在帕尔曼刚演奏了前几个小节的时候，小提琴的一根弦突然断了。琴弦断裂的声音如同一声枪响，在菲舍尔大厅里回荡。毫无疑问，这样的声响也意味着……

帕尔曼停了一会儿，他闭上了眼睛，接着示意指挥重新开始。乐队又重新开始了，帕尔曼从刚才停顿的地方继续演奏起来，充满了激情、力量和纯洁。

当然，任何人都知道，用三根琴弦来演奏一首交响乐曲是不可能的。但那天晚上，帕尔曼拒绝接受这一点。你可以看到，在他的脑海里，他不断地进行调制、改变、重组。在某一时刻，他好像在解构琴弦，从琴弦之中发出前所未有的新声音。

当帕尔曼结束演奏的时候，大厅里一片寂静，这种寂静令人敬畏。之后，观众们纷纷起立，欢呼喝彩。演出大厅的每个角落里都爆发出热烈的掌声。人们全体起立，尖叫着，欢呼着，尽自己所能表达着有多么感激他所做的一切。

帕尔曼微笑着，擦去额头上的汗水，举起他的琴弓，示意人们安静下来，接着他发言了，没有一丝的自吹自擂，而是以一种安静、忧郁、虔诚的语气说道："大家知道，有些时候，艺术家的任务是，无论命运留给我们什么，我们都要奏出最美妙的乐曲。"[19]

第 27 章

大脑中的希望回路（2016）

20 世纪 60 年代末，在宾夕法尼亚大学取得博士学位后，史蒂夫·梅尔和我走上了完全相反的方向。我将习得性无助理论向外延伸，把它的应用范围逐步扩大到人类抑郁、身体疾病、心理治疗、学校、企业、军队，以及人类未来的繁荣。梅尔则向内延展，转变了研究领域，成了一名神经学家，专门研究老鼠的大脑回路如何影响其行为。直到 20 世纪 90 年代，他才重新开始研究无助。在他重新出山之际，他改变了一切。

1968 年，梅尔在伊利诺伊大学心理学系担任助理教授。他的教学风格非常怪异，却赢得了本科生教学奖。他不授课，只回答问题。我曾遇到德高望重的学习理论家格雷格·金布尔（Greg Kimble），当时他告诉我，他正在科罗拉多大学博尔德分校组建一个新的院系。他问我是否感兴趣。那时我刚刚在宾夕法尼亚大学获得终身教职，之后再没有另觅他职。我记得梅尔酷爱户外活动，所以我告诉格雷格："去问问史蒂夫·梅尔吧。"金布尔真照做了，于是梅尔离开了伊利诺伊州，去了科罗拉多的山区，把余生都放在了那里：周末徒步旅行、骑自行车，穿越于连绵起伏的大山之中。梅尔脱胎换骨，不再是一个松弛无力的城市居民，甚至 70 多岁了，他依旧有着如模特一般的挺拔身材和健硕肌肉，这真是让我自惭形秽。

在我们的研究领域，梅尔有了重要的发现，而且这一发现彻底改变了习得性无助理论。他证明了我们之前所假设的因果关系是错误的，并非无助是习得的，而是控制感是习得的。他发现了生成和预防无助感的大脑回路，它们的功能与我们多年前所预期的大不相同。梅尔发现这一点的过程可能很专业，但这是神经科学领域我所知道的最漂亮的事例，因此请读者允许我一一细说。本章主要是我以一名仰慕者的身份细说这个故事。我研究积极心理学的时间长达数年，所以尤为清楚梅尔的发现具有多么深远的意义。

先来说一下习得性无助理论最初是怎么说的，以及 50 年前我们发现了什么。习得性无助理论基本上是说，动物们了解到自己所做的一切都无关紧要，所以认为未来所做的一切也都无关紧要。这种无助的预期削弱了在未来逃避坏事件的努力。我们的证据来自三元设计：第一阶段，第一组（ESC）动物会受到可逃避的电击；第二组（INESC）动物会受到与第一组一模一样的电击，但是不管它们做什么尝试，电击都不会停止；第三组（零）动物不会受到电击。第二阶段，在接受了第一个阶段实验的 24 小时后，所有动物被放置在一个穿梭箱里。结果证明，第二组的大多数动物都不能躲避穿梭箱中的电击，它们只是被动地躺在那里。相反，第一组和第三组的几乎所有动物都学会了在穿梭箱中躲避电击。

当然，梅尔很想知道老鼠的大脑会做出什么反应，但是直到 20 世纪 90 年代，可以对大脑回路进行仔细研究的技术才发展起来。梅尔当时不知道从哪里着手，于是从第一组动物被动的行为和加重的焦虑开始进行推理。无助的老鼠表现出停止战斗和逃跑、恐慌感上升，而在 20 世纪 90 年代，人们就已经了解了与这些表现有关的大脑结构：背侧中脑导水管周围的灰质控制战斗或逃跑，杏仁核控制恐慌。这样看来，第二组的老鼠抑制了背侧中脑导水管周围灰质的功能，并扩大了杏仁核的功能。

还有一个结构，中缝背核（dorsal raphe nucleus，DRN），对两者都有作用——抑制一个，增强另一个。它通过释放 5- 羟色胺来达到这一目的，这反过来又导致了杏仁核的 5- 羟色胺和背侧中脑导水管周围灰质的释放。于是，个体就产生了被动性和恐慌。

考虑到非神经学专业的读者，下面我会简化并让各位大致了解一下关于大脑的知识，以便了解梅尔是如何做到这一点的。你需要记住两个专业名词，一个是中缝背核，另一个是 5- 羟色胺，因为直接激活 DRN 并使其释放 5- 羟色胺会产生与受到不可躲避的电击一样的效果：恐慌、抑制战斗或逃跑的反应。

因此，梅尔推断，如果不可躲避的电击会激活 DRN 中含有 5- 羟色胺的神经元，进而导致杏仁核和背侧中脑导水管周围灰质释放 5- 羟色胺，那么 DRN 可能是第二组动物产生习得性无助的关键。不过，这一点只有在可躲避的电击不会激活 DRN 的情况下才成立。

看到这里，弄明白了吗？如果没有，那就放慢阅读速度，重新读一下前一段的内容吧。

梅尔的团队随后证实了这一点：**不可躲避的电击能激活 DRN 中含有 5- 羟色胺的神经元，完全相同的可躲避的电击则不能**[1]。

然而，要经受住科学的审视，仅有这些发现是不够的。不可躲避的电击激活了 DRN 中含有 5- 羟色胺的神经元，并不意味着这个过程是无助感产生的必要条件或充分条件。所以接下来，梅尔证明了 DRN 的激活是无助感产生的充分必要条件。换句话说，激活 DRN 总是会让个体产生无助感，除此之外别的因素都不会。

为了证明这一点，梅尔设计了一个实验：他通过对 DRN 进行损伤或注射药物，阻断了不可逃避的电击对 DRN 的激活。在实验中，老鼠没有产生常见的被动行为和恐慌感。也就是说，接受不可逃避的电击，但 DRN 没有被激活的老鼠，没有表现出无助感。借这个实验，梅尔证明了 DRN 的激活对无助感产生的必要性。

梅尔还证实了 DRN 激活的充分性。他向 DRN 注射能激活含有 5- 羟色胺的神经元的药物，结果老鼠产生了与受到不可逃避的电击时一样的被动行为和恐慌感。也就是说，没有受到电击，但 DRN 被激活的老鼠，也表现出了无助感。

因此，DRN 的激活是产生被动性和恐慌感的必要充分条件。

稍微停一下。如果你对上述论述持怀疑态度，那请再重头读一遍。

到目前为止，梅尔的实验只显示了习得性无助行为背后的大脑化学反应。但是现在一个新的问题出现了，我们在 1964 年就曾忽略这个问题，因为当时的神经科学还未得到深入发展：为什么只有当电击不可躲避时，DRN 才会做出反应？一种可能性是，DRN 检测到电击是不可躲避的。然而，DRN 是一个微小的脑干结构（老鼠这个结构可能有 2 万～ 3 万个细胞，人体这个结构有 15 万个细胞），因此它不太可能有检测是否受控制的能力。下一种可能性是，在不可躲避的电击中，DRN 接收到更强的刺激输入，从而带来的更多激活。但事实证明并非如此。

如果老鼠没有习得无助，那么只有一个明显的可能：无助是对长时间电击的一种自然、非习得、默认的反应。反过来，这也意味着控制必须在大脑皮层的上部被习得，而这种习得必须关闭 DRN，从而中止无助感的产生。换言之，无助不是习得的，控制才是习得的。梅尔验证并证实了这一理论。通过进一步的实验，他找到了位于内侧前额叶皮层（MPFC）的真正路径，这是我们多年前曾观察到的变化的动因。**MPFC-DRN 回路是习得性无助的关键，它并没有教老鼠习得无助感，而是它们习得了控制。**

梅尔通过用化学方法开启或关闭这一回路证明了上述结论。他先教一组老鼠通过转动一只轮子来逃脱。老鼠做得很好，即使是当 MPFC-DRN 回路被关闭时也一样。但是，在之后的穿梭箱实验中，它们又表现出了无助感。相反，对于另一组老鼠，他先让老鼠怎么转轮子都无法逃脱，进而让它们变得被动和无助。之后，他用化学方法打开 MPFC-DRN 回路，结果老鼠在之后的穿梭箱实验中并没有表现出无助感[3]。

创建一条传送控制信息用以关闭 DRN 的新回路，需要新的蛋白质的生成，而梅尔的研究团队则证明了，在受到可躲避的电击之后，如果阻断 MPFC 中新蛋白质的合成，那么，老鼠之后也会出现无助感[4]。也就是说，即使被试尽力控制，但只要 MPFC 被激活，老鼠也会变得无助，除非合成新的蛋白质。这种特殊的蛋白质被称为可塑性蛋白质，是受到可躲避电击后在 MPFC 中合成的[5]。所以梅尔得出结论，在经历了可躲避电击的几个小时内，MPFC-DRN 回路被修改了，而这一修改后的回路对于预测未来的电击是否可控至关重要。

请牢牢记住这个新形成的 MPFC-DRN 回路。它到底是什么呢？

梅尔的发现颠覆了习得性无助理论。无助不是习得的，只有控制是习得的。这是否意味着我们之前的理论是错误的？关于最初的习得性无助理论，哪些内容是正确的，哪些内容又是错误的呢？

正如最初的习得性无助理论所宣称的那样，生物体确实习得了控制的维度，而这个维度是至关重要的。然而，这个维度检测和习得的是控制的存在，而不是控制的缺失。这并不是说动物生来就是无助的，但确实意味着当面对持续的负面经历时，它们会变得无助。连续几天出现的被动性和恐慌感是对长期的厌恶刺激的一种非习得性反应。这意味着无助不是习得的，而是某种哺乳动物对不良事件的默认反应。不过，梅尔已经证明了对控制的学习中止了这个默认的过程，他发现了一个战胜无助的回路。

很显然，这对我们 50 年前所提出的理论进行了一次重大的修正。当时，我们发现在经历了不可躲避的电击后，狗无法学会从穿梭箱逃脱，而那些经历了可躲避电击的狗后来可以正常地逃脱。我们提出的观点，是关于狗、老鼠和人类对什么最有适应性的猜测。我们推断积极应对是最佳选择，因为这可以将不良事件的影响最小化，所以我们假设生物体最初期望控制电击并试图逃脱。如果应激源被证明是无法控制的，那么生物体就会认识到这一点，并预期它在未来也是正确的，而这种对不可控性的预期会逐渐破坏生物体的努力和尝试。然而，神经学领域的数据并不支持这一点。相反，控制的存在才是有效成分，抑制了生物体默认的放弃的选择。

如果从进化的角度考虑，也许这种违反直觉的安排更合理。对于我们的祖先来说，威胁会触发防御反应，而这些反应会消耗能量。如果反应不成功，就会关闭防御反应，并保存能量以维持生存，比如改变免疫系统以更好地对抗可能发生的感染或受伤。原始生物，如爬行动物，没有感知器官来探测远距离的威胁，也没有对控制进行复杂响应的配置。对于原始生物来说，糟糕的事件通常是无法控制的，因此原始生物不需要机制来检测其可控性。因此，防御反应的成功可能与现存威胁持续时间的长短有关，如果持续时间较长，那么生物体就会自动适应被动性和保存能量的行为，同时将能量转移到对威胁的生理调整上。重要的是，5- 羟色胺很早就演化出来了，而且从一开始就参与改变能量流的平衡。

随着生物体在进化过程中愈发复杂，它们开始能在一定距离之外发现和识别威胁，所以发展出了丰富的行为和认知能力来控制威胁。即使面对长期的威胁，控制也是有可能的。所以，当控制发挥作用时，由持续的威胁引发的被动性和其他能量调整应该关闭。

因此，当高级哺乳动物遇到威胁时，就会发生这样的事情。首先，防御反应发生，激活 DRN。如果威胁持续的时间足够长，就会释放 5- 羟色胺，如果 5- 羟色胺的水平达到某个阈值，自愿尝试的动机就会消失，能量流也会发生变化。然而，对控制的检测会关闭 DRN，于是生物体会继续进行尝试。此外，当控制存在时，MPFC-DRN 回路的可塑性会让生物体习得对坏事件做出反应，就好像它们是可以逃避的，从而延长了尝试的时间。这就是专业运动员、士兵和飞行员能够在压力下保持冷静的原因。当其他人感到恐慌和震惊时，他们的大脑会察觉并预期可以控制。

简而言之，控制是进化史上一个相对较新的适应过程。我们之前的实验显示了它的强大之处，梅尔的实验则准确地展示了它在大脑中所处的位置。

这里有两个主要结论。**第一，高等生物体对长期不良事件的默认反应是无助和重度焦虑。第二，更高级的皮质过程（cortical process）抑制了这种默认的无助感，能够缓冲但不能战胜 DRN 默认的被动性。**

这描绘了一幅源自无助感的神经系统图，与人类发展路径相匹配。我们生来是无助的，并且在婴儿和学步期的很长时间内都是不成熟的。事实上，这种走向成熟的过程可能对人类这个物种所取得的成功起到了至关重要的作用。也许在这段时间里，我们逐渐学会了越来越多的控制。重要的是，在生命早期习得控制权的老鼠，在之后受到不可躲避的电击时会抵抗无助感的产生，而这正是 MPFC-DRN 回路的激活带来的影响[6]。也许通过这个回路，早期的控制经验使我们能够在以后的生活中免受不可控事件的伤害。但我仍然想知道，这个至关重要的回路究竟暗含一种什么样的心理过程。

这一切对治疗都具有重大影响。试图消除创伤的疗法不太可能奏效，创伤将会一直存在着。如果一味地执着于过去的创伤和现在的痛苦，不强调对美好未来的规划，那么治疗可能徒劳无用。想一下那些让患者回顾过去的创伤，以便深入了解病因或者让其进行宣泄的治疗方法吧。这一回路表明，仅仅面对、理解和重新体验创伤并不能取得多大的效果。这种面对过去的艰苦战斗不仅是心理动力学疗法的方式，在流行的认知行为疗法中也很常见。对沉思的讨论；对记忆偏差的讨论，比如选择性过滤（患者只注意到了某件事情的消极层面而忽略了积极层面）、行为链条分析（患者观看导致暴饮暴食的所有步骤，并思考这些步骤是如何让自己沦落成这样的），这些都属于针对现在的治疗方法，而不是针对未来的。一名娴熟的、有经验的治疗师能够引导患者通过这些有关过去和现在的练习改变未来的行为，更好地认识过去不良反应的触发条件，从而在未来规避这些触发条件；或者深入地了解灾难化，从而可以学习如何变得乐观。因此，**能够围绕创伤、明确地创建目标、缓冲病情，并把过去和现在作为规划更美好未来的工具，这样的疗法更有可能获得成功。**

这个回路暗示着：我们将来或许可以通过直接打开 MPFC-DRN 回路或直接关闭 DRN 来治疗抑郁症。当然，梅尔的发现是关于老鼠的。但是人类与其有非常相似的结构。现在，我们还没有什么技术来识别人类大脑中的这个回路，也没有办法通过药物或经颅磁力刺激或光遗传学（利用光来刺激神经元）来开启或关闭这个回路。但是那一天很快就会到来，人类的抑郁症很可能会被治愈。

寿命足够长，并能在一个充满活力的科学世界发现自己的错误是很令人欣慰的。无助感不像我们最初想的那样是习得的，而是哺乳动物对长时间的不良事件的一种默认反应。然而，对人类来说，最重要的是，人类有大脑皮层，它能让人在不良事件中习得控制权。我们可以认识并告诉他人未来的不良事件是可以控制的，而这将缓解我们的无助感和焦虑感。

这一发现意义深远。但直到一个漫长而奇怪的夜晚，我才完全领悟了这个回路究竟是怎么回事。

我花了一年多的时间仔细研究梅尔的数据。我们在《心理学评论》上发表了一篇文章[7]，但我依旧困惑不已。我觉得 MPFC-DRN 回路有重要的意义，即便是在进化史上也有重大的意义，远超梅尔的想象，但我无法确切道出个中缘由。

在 6 月 10 日，我因病去了医院。我的脊椎上有一个囊肿，这让我走路都很困难。一年前我也发生过类似的情况，切除囊肿的手术让我在病床上躺了将近一个月。后来，我康复了。这一次，我又进行了手术。午夜之后，我从全身麻醉中苏醒过来。一切都很好，但医生建议我卧床几天。凌晨 1 点，曼迪让我上床睡觉。

3 个小时后，我突然从睡梦中醒来，完全清醒了。我的第一个想法是，我明白 MPFC-DRN 回路是怎么回事了。这是一个希望回路。所有这一切突然而至。我还不知道具体的细节，但我清楚我是对的，然后我冲到楼下给梅尔写了一封电子邮件。我在早上 5 点 35 分开始写，5 点 57 分写完。当我刚要点击发送键的那一刻，我所在的那个镇突然全部断电了。

我脑海中出现了电影《梦幻之地》（*Field of Dreams*）中的一个场景。主人公告诉他的妻子："当大自然的原始力量告诉你要做些什么时，谨慎的做法就是不要对细节吹毛求疵。"

这次手术、顿悟、MPFC-DRN 的神秘以及停电让我感受很深，但我确信：大脑中的确存在一个希望回路。

第 28 章

让心理学成为建构幸福的学科

在我的一生中，心理学发生了以下变化：第一，心理学摒弃了行为主义并提高了对认知的重视程度；第二，心理学把研究重点从痛苦转向幸福；第三，心理学终于认真对待进化论和大脑；第四，心理学从对过去的痴迷转向研究大脑如何思考未来。

但是认知心理学有多重要呢？进化心理学有多重要呢？积极心理学有多重要呢？一种憧憬未来的心理学有多重要呢？一个希望回路有多重要呢？

我在这些转变中又能起到多大的作用呢？

这些都是传记无法回避的问题。在大多数时候，我的回答都是“不大”。这其中的任何一项都可能只是科学和文化进步的一小步，它们要么很快被遗忘，要么被下一波浪潮超越，或者遇到最好的情况，被加上适当的脚注，吸纳到科学进程的下一个步骤当中。即便没有我的参与，它们也可能发生，只是会发生得稍晚一点。任何一个现实的人都可能对自己的研究成果抱有类似的想法，不值得用一章的篇幅来回应这种老生常谈的观点。

但是……

在这样一个真正美好的时代，我认为这些思想对未来至关重要，并且我所起到的作用同样至关重要。本章讲述的是我身处美好时代的信念：第一，我认可自己所起到的作用以及我个人在生活中是如何改变了自己的人生；第二，我认为发生在心理学领域的这些变化对人类长远的未来非常重要。

我在心理学发展中的作用

2014 年 5 月，在第 50 届大学同学聚会上，我参加了一个由普林斯顿大学知名校友组成的座谈会，讨论的主题是“职业轨迹”。

《纽约时报》的一位专栏作家说道：“我写过关于烹饪的文章，感觉真的很好，于是写了更多关于食物的有趣故事。”

一位流行音乐家说道：“观众们都很喜欢我演奏的班卓琴曲，所以我把自己的一生都奉献给了布鲁斯音乐。”

他们众口一词，都是“我尝试过这个……它让我感觉很好，所以我做了更多”或者“我尝试过那个……但人们不喜欢这样，所以我放弃了”，因此，他们被自己的喜好、各种评论以及来自内外部的奖励和惩罚吹得东游西窜，就这样走上了自己的职业道路。

“我不是这样的，”我说道，“我是被召唤的。”

被未来召唤的信念是一种常见的人类经验。盖洛普公司曾做过调查，询问美国人是否曾“因深刻的宗教体验或觉醒而改变自己的人生方向”，41% 的人认为这个论述“完全适用于自己”，并且 30% ～ 40% 的人认为自己肩负着一种使命[1]。我便是他们其中一员。那时我大约 30 岁，是一名刚在宾夕法尼亚大学获得终身教职的动物实验心理学家，同时也是一名彻头彻尾的学习理论家。我的老师贝克曾警告过我，如果我坚定不移地继续走这条路，那就是在浪费生命。后来，一个神圣的梦想震撼了我，改变了我的人生轨迹。

在我的整个科学生涯中，我一直关注着梦想和顿悟。1964 年秋天，当我第一次看到实验中无助的狗时，我几乎“洞察”了这一发现所隐含的意义以及它未来的发展走向，尽管它耗费了我 50 年的时间，并且最终被新型的神经科学证实。

积极心理学也如出一辙。2002 年残冬的一天，华盛顿下着冬雨，寒冷刺骨，我和戴维 · 拉森（David Larson）刚参加完一场会议，我们两人撑着一把伞在林肯纪念堂附近散步。大约两周后，拉森突然过世，享年 54 岁。我之前与拉森并不相识，在华盛顿的那天，我告诉他，我很钦佩他在 NIMH 担任高管时所采取的大胆举措。拉森创立了一个分支机构，用来探究健康与灵性的关系，这个课题与 NIMH 通常推进的研究课题相去甚远。经过艰苦的鏖战，拉森最终赢得了资金支持，虽然没有太多的钱投入到这个项目中，但在当时，一个涉及其他治疗领域的项目能够得到政府的资助确实是一个突破。

“你是怎么想到这个主意的？”我问道。

“我什么也没有想，马丁，”拉森回答道，“我是被召唤去做这件事的。你和积极心理学又是怎样的？”

“我也是被召唤去做这件事的。”

为什么是我？为什么不是阿尔伯特 · 班杜拉、理查德 · S. 拉扎勒斯、朱利安 · 罗特或埃德 · 迪纳？这些科学家都曾对生活的积极方面进行了卓有成效的研究，他们中的任何一个人都可能邀请其他的科学家和实践者率先建立积极心理学。

我曾是 APA 主席，它是最具影响力的讲坛之一，那时正需要一个变革性的主题，这是一个关键。我本人从研究无助、沮丧、恐慌等糟糕的事情中脱离出来，这也是一个关键。我可以洞见并说出缺失的部分，即积极的一面，因为它与我之前研究的东西形成了鲜明的对比。不像我的同事那样纯粹地钻研学术，在过去的 20 年里，我一直努力倡导将心理学应用到现实世界。

积极心理学只有一个大纲，而没有一个总体规划。决定竞选 APA 主席并不是深思熟虑的结果。电影《2001：太空漫游》（*2001: A Space Odyssey*）中有一个反复出现的画面，一个胎儿漂浮在地球上，这个画面在某种程度上推动了积极心理学的创建。1998 年 1 月初，我与迈克和福勒一起勾勒了这个新领域实现蓬勃发展所需的要素：资金、公正的领导者以及年轻人。我们并没有为此四处奔波，就集齐了这些要素：大西洋慈善基金会、吉姆 · 霍维、盖洛普公司和尼尔 · 迈耶森都来找我，而不是我去找他们。罗伯特 · 诺齐克、克里斯托弗 · 彼得森、埃德·迪纳、凯瑟琳·H. 贾米森和乔治·韦兰特纷纷主动加入。芭芭拉·弗雷德里克森、乔纳森·海特、劳拉·金、索尼娅·柳博米尔斯基、詹姆斯·帕维尔斯基和其他十几位才华横溢的年轻科学家都纷纷响应了这个召唤，主动加入。

对于憧憬的研究，罗伊·鲍迈斯特认为意识是用于对未来进行想象，钱德拉·斯普里达揭示了默认网络，而我甚至都没有征询彼得·雷尔顿的意见，就冲动地宣布我们会联手写一篇有关憧憬未来的文章。

最后，就是希望回路。我想不起自己到底是怎么将它一步步拼凑起来的，但确定的是，它是在全身麻醉和停电中突然涌现的。与其他东西相比，它更为神秘和超自然。

对于积极心理学的历史沿革，与其将它描述成计划的执行和落实，不如把它形容为行星的排列。我在正确的时间做了正确的演讲，但奇怪的是，我总是没有完全准备好。在第一次讲述妮基与我的对话，在发表 APA 主席就职演讲中，以及在许多其他场合的发言，我都没有做准备，就是直接脱口而出。

那么，我扮演的角色是什么呢？“传播媒介”、“催化剂”和“吸引物”，这些词逐一浮现在我的脑海，但我更愿意认为自己是一个“天才”。正如我提到的，在桥牌领域，有些专业级高手就是天才，牌在他们的手中自如地翻飞，而他们自己也解释不了为什么这么出牌，但他们总是正确的。彼得·麦迪逊很早就发现我具有这个特点，后来我也意识到了这点：在心理学领域中，我总是能提出好的创意，这就是一名天才所具备的特质。担任 APA 主席以后，我成了天才的激励者，并且拥有了非凡的领袖魅力。

在桥牌中，纸牌自如地在天才的手中翻飞。他们娴熟的技艺只是长期练习再加上足够多的天赋的结果，仅此而已，没有什么更高深的力量。我不打算在人生道路上祈求获得一种更高深的力量，但我还是说出了这些话。

你一定会留意到本书的主题：我的人生轨迹和心理学本身的发展轨迹如同两条平行线，相辅相成。我自 1964 年第一次发现习得性无助，一直到 2018 年，心理学已经摒弃了蒙蔽它的前提。心理学不再仅仅是一门关于痛苦的学科，它也是关于幸福的。心理学不再漠视物竞天择，不再不加批判地接受决定论，它还关系到健康和自由的成年人在可能的未来当中如何抱有希望、如何计划和如何做出选择。心理学不再相信意识仅仅是昙花一现的，它承认，有意识的想法会导致悲伤、恐惧和愤怒，也能产生快乐和希望。简而言之，心理学不再忽略那些使生命有意义的一切。

我也做到了。从 1967 年我获得第一个学术职称到如今，我是如何做到这些改变的呢？这些改变与心理学领域的改变是如何同时发生的呢？

我仍然是一个老派的知识分子，我一直关注那些重大的问题。但是时至今日，我冒险探究的问题变得越来越大、越来越难了，这些问题都关乎创造力和想象力，关乎人类的幸福和未来，关乎命运，关乎时间旅行[2]。

我不再是一个坚定的怀疑论者。虽然我仍然坚定地站在捍卫者的阵营里，但我认为怀疑论被高估了。科学有它的验证者，即那些致力于确认或否定他人观点的人，但是科学也需要质疑者，即那些能够在正确的时间提出正确的问题，随后指出答案大致方向的人。这些人有可能是天才。我现在对科学本身还持怀疑态度。虽然人类的心智器官已经进化到可以解决生存和繁殖的问题，但还没有进化到能够获知真理或感知最终的现实的地步。人类仅能获知真理的最小一角。

如今，我依旧有迫切感。我希望能够百事百成，而且我仍然抄近道、走捷径。我仍然全神贯注于自己的思考，并且几乎时时刻刻都在研究心理学。但我不知道接下来会发生什么，如果有的话，那么我会更乐于去润色和修改。

我不再雄心勃勃了。我更在意未曾获得的奖项和荣誉，而不是已经获得的。但这是凌晨 4 点的烦恼，还不至于称之为苦恼或折磨。在还是一名本科生的时候，我的抱负是成为像维特根斯坦一样的哲学家，被忠实的学生和追随者包围。这样的梦想实际上已经成真了，而且这大大降低了我对获奖的渴望。从理论上说，这是一种令人愉悦的状态，但它主要具有实际意义，因为它使我的工作更有可能对下一代人产生影响。

我也获得了一定的领袖魅力。有时，我的公开演讲会得到观众们的起立喝彩，他们甚至饱含热泪，这一切都令我惊讶。作为一名曾经的年轻心理学家，我会认为自己的热情具有感染力。现在，这些关于心理学的理念本身就很令人鼓舞。但到了 70 多岁的年纪，我开始担心痴呆症状的侵袭。我现在平均每周要花 30 分钟努力想我把车停在了哪里。我 30 多岁的时候，60 多岁的理查德 · 所罗门和我定下了一个秘密协议。

“马丁，”所罗门喝了一口苏格兰威士忌，开口说道，“我担心自己开始胡言乱语，担心我的讲座不再具有前瞻性。患上痴呆症最可悲的是，判断力会随着能力的衰退而同步恶化。所以，作为我的学生和如今亲密的同事，我希望你向我保证，如果这种情况开始发生在我身上，你要告诉我，之后我会闭上嘴，然后退休。”

所罗门在 1995 年去世，享年 77 岁，那时我还没能履行对他的承诺。但如果真有那么一天，我会履行自己的诺言，所以现在我需要找到一位年轻的同事来为我做出承诺。

我现在是一名领军者。我不再事事以自我为中心，而是更关注其他人。而在年少之际，我奉行的是自我提升的原则。现在，这被认为具有创造力。我看到了周围同事和学生的长处，所以我可以更好地引导他们去实现自己的目标。我有能力指明有远大发展前景的新科学的发展方向，而且可以招募到合适的团队成员。

我不再消极。实际上，我相当积极乐观。我现在问的问题都是关于什么是生活中最好的：积极情绪、意义、人类的进步、美德以及欣欣向荣的长远未来。我依然挑剔，但比以前好多了。我从不打压别人。我不会经常感到沮丧或焦虑，除非发生了不好的事。我现在的满足感更强烈了。我的 PERMA 评分非常高：在 1 ～ 10 的范围内，我对自己的评价是积极情绪得分是 6 分，投入度得分是 10 分，人际关系得分是 6 分，意义感得分是 10 分，成就感得分是 10 分。如果我在 1967 年就编制好了 PERMA 评分表，我所有的分数应该都要低很多。可以说，我现在很积极乐观，对于未来满怀希望。

我的家庭生活美满幸福。曼迪带给我快乐，并激励我钻研学术。我在家里工作，每天都和曼迪还有孩子们待在一起，他们对我来说就是阳光。我最小的孩子珍妮让我的每一天都非常快乐。大约 8 年前，我的一位佛教僧侣朋友向贝克和我传授仁爱之心。他让我们想象一个我们深爱的人，然后把这种感觉向外扩展。那时 5 岁的珍妮碰巧走进了房间，这使我的冥想变得很简单。就这样，我发现仁爱冥想发挥了作用。而贝克则认为这些都是废话。

我个人生活的变化和心理学的变化是相互交织的。二者都从绝望升华到希望，从黑暗穿过阴霾走向了光明。而这恰是本书的主题。

此外，这个世界也变得更加美好了。

珍妮 · 埃玛 · 塞利格曼（Jenny Emma Seligman）。

Photo courtesy of Mandy Seligman.

卡莉和珍妮。

Photo courtesy of Mandy Seligman.

致　谢

这是我写过的最简单的致谢，因为这本书里的人物都是我想要感谢的。此外，关于撰写这本书本身，有几个人我想列出来：理查德·派因，他读过一部分草稿，告诉我只有我才能写好自己的故事。萨姆·休斯（Sam Hughes）撰写了最初的章节，为我后续的创作打下了良好的开端。休斯在初期阅读了一些草稿，提出了一些意见，并敦促我赶快写完。我的姐姐贝丝和姐夫杰里读了几份草稿。贝丝说姐夫在阅读时偶尔会大笑起来，她自己则更正了许多错误，弥补了我残缺的记忆。丹·希罗、罗伯特·凯泽、道格·诺思、保罗·莫纳科、肯·库登（Ken Kudon）、艾伦·库莱因（Alan Klein）和乔纳森·戈登给我寄了很多资料，更正了我对学生时代的回忆。

我的大女儿阿曼达是一位历史学家，在编辑方面也很有能力。她阅读了两份完整的草稿，并给予了我鼓励和有益的评价。

乔治·韦兰特读了开头部分，认为非常完美，为我加油鼓劲，希望我在日后遇到困难时能够继续无畏地走下去。塞尼亚·梅敏（Senia Maymin）、斯科特·考夫曼（Scott Kaufman）、贝蒂·休·弗劳尔斯（Betty Sue Flowers）、希瑞·琼斯和玛莎·斯托特（Martha Stout，她建议我一个字也不要改）也一样。

珍妮特 · 艾尔斯坦（Jeanette Elstein）和彼得 · 舒尔曼在收集和编辑本书照片时提供了很大的帮助。我的编辑本 · 亚当斯（Ben Adams）也做出了很大的贡献，我总是给他出难题，但他毫不气馁，高质量地完成了我布置给他的任务。我的文字编辑珍 · 凯兰（Jen Kelland）告诉我，读这本书让她想起了自己为什么热爱这份工作，而这让她轻松地完成了校对 400 多页稿子的工作。

我的挚爱曼迪把书里的每个字都读了好几遍，还提供了很多照片，在创作这本书上她给了我极大的支持。

注释与参考文献

第 1 章　童年：我是父母的乐观主义宣言（1942—1955）

1. E. Abbott, *Flatland* (London: Seeley, 1884).

2. S. Freud, *New Introductory Lectures on Psychoanalysis*, trans. James Strachey (Oxford, UK: W. W. Norton, 1965), 202.

第 2 章　青春：阶层割裂下的无助与自卑（1955—1960）

1. M. Seligman, D. Chirot, and J. Albert, "Graduation," *Fish and Pumpkin* 22 (1960): 5。这是我唯一发表过的诗。

第 3 章　普林斯顿求学生涯：沦为悲观主义者（1960—1964）

1. A. Whitehead and B. Russell, *Principia mathematica* (Cambridge: Cambridge University Press, 1910).

2. L. Wittgenstein, *Tractatus logico-philosophicus* (London: Kegan Paul, 1922).

3. D. Edmonds and J. Eidinow, *Wittgenstein's Poker: The Story of a Ten-Minute Argument Between Two Great Philosophers* (New York: Perennial, 2002).

4. M. E. P. Seligman and B. A. Campbell, "Effect of Intensity and Duration of Punishment on Extinction of an Avoidance Response," *Journal of Comparative and Physiological Psychology* 59 (1965): 295–297.

5. Alessandra Stanley, "Poet Told All; Therapist Provides the Record," *New York Times*, July 15, 1991, http:// www.nytimes.com/1991/07/15/books/poet-told-all-therapist-provides-the-record.html.
安妮·塞克斯顿（Anne Sexton）写了一首感人的开篇诗：

你，马丁博士，从
早餐走向疯狂。八月末，
我快速通过防腐通道，
那里的活死人还在说
要用他们的骨头来
抵抗治疗。

6. 彼得在 20 世纪 80 年代告诉我，他烧掉了这本书，也烧掉了他花了很多精力编纂的其他人生故事。他关心的是我们的隐私，但像安妮 · 塞克斯顿一样，我希望他能保留我的隐私。

第 4 章　心理学界最轰动的闹剧（1964）

1. W. James, "Does Consciousness Exist?," *Journal of Philosophy, Psychology, and Scientific Methods* 1 (1904): 477–491.
2. I. P. Pavlov, *Lectures on Conditioned Reflexes: Twenty-Five Years of Objective Study of the Higher Nervous Activity*, trans. W. Horsley Gantt with G. Volbroth (New York: International Publishers, 1928).
3. D. Coon, "Eponymy, Obscurity, Twitmyer, and Pavlov," *Journal of the History of the Behavioral Sciences* 18 (1982): 255–262.
4. J. B. Watson, "Psychology as the Behaviorist Views It," *Psychological Review* 20 (1913): 158–177.
5. E. L. Thorndike, "Some Experiments on Animal Intelligence," *Science* 7 (1898), 813–818.

第 5 章　对习得性无助的研究（1964—1967）

1. J. B. Overmier and R. C. Leaf, "Effects of Discriminative Pavlovian Fear Conditioning upon Previously or Subsequently Acquired Avoidance Responding," *Journal of Comparative and Physiological Psychology* 60 (1965): 213–217.
2. B. F. Skinner, *Verbal Behavior* (Boston, MA: Copley, 1957).
3. N. Chomsky, "A Review of B. F. Skinner's Verbal Behavior," *Language* 35 (1959): 26–54.
4. U. Neisser, *Cognitive Psychology* (Appleton, WI: Appleton-Century-Crofts, 1966).
5. M. Seligman and S. Maier, "Failure to Escape Traumatic Shock," *Journal of Experimental Psychology* 74 (1967): 1–9.
6. Seligman and Maier, "Failure to Escape Traumatic Shock," *Journal of Experimental Psychology* 74 (1967): 1–9.
7. S. Maier, M. Seligman, and R. Solomon, "Pavlovian Fear Conditioning and Learned Helplessness," in *Punishment*, ed. B. A. Campbell and R. M. Church. New York: Appleton-Century- Crofts, 1969 (299–343).
8. M. E. P. Seligman, S. F. Maier, and J. Geer, "The Alleviation of Learned Helplessness in Dogs," *Journal of Abnormal Psychology* 73 (1968): 256–262.
9. P. Singer, *The Expanding Circle: Ethics and Sociobiology* (New York: Farrar, Straus and Giroux, 1981).
10. M. A. Visintainer, J. R. Volpicelli, and M. E. P. Seligman, "Tumor Rejection in Rats After Inescapable or Escapable Shock," *Science* 216 (1982): 437–439.

第 6 章　迈向临床心理学的第一步（1967）

1. For a history, see M. Seligman, E. Walker, and D. Rosenhan, *Abnormal Psychology*, 4th ed. (New York: Norton, 2001).

2. S. Freud, "Analysis of a Phobia of a Five-Year-Old Boy," in *Case Histories* 1, Pelican Freud Library, Vol. 8, (Harmondsworth, UK: Pelican, 1977; orig.1909), 169–306.

3. J. Wolpe, *Psychotherapy by Reciprocal Inhibition* (Stanford, CA: Stanford University Press, 1958).

4. S. Maier, "Failure to Escape Traumatic Electric Shock: Incompatible Skeletal-Motor Responses or Learned Helplessness?," *Learning and Motivation* 1 (1970): 157–169.

第 7 章　康奈尔大学：创造力的孵化器（1967—1969）

1. I. Pavlov, *Conditioned Reflexes and Psychiatry* (New York: International Publishers, 1941).

2. N. R. F. Maier, *Frustration* (Ann Arbor: University of Michigan Press, 1949).

3. J. Garcia and R. Koelling, "Relation of Cue to Consequence in Avoidance Learning," *Psychonomic Science* 4 (1966): 123–124.

4. J. Watson, *Behaviorism*, rev. ed. (Chicago: University of Chicago Press, 1930).

5. 书中与我的学生和他人的对话都是重构的。它们在时间和地点的细节上可能并不准确，主要目的是尽可能地捕捉事件的要点和说话者的性格特点。

6. M. Seligman and J. Hager, *The Biological Boundaries of Learning* (Appleton, WI: Appleton-Century-Crofts, 1972). M. Seligman, "On the Generality of the Laws of Learning," *Psychological Review* 77 (1970): 406–417.

7. T. Kuhn, *The Structure of Scientific Revolutions* (Chicago: University of Chicago Press, 1962).

8. M. E. P. Seligman and D. Groves, "Non-transient Learned Helplessness," *Psychonomic Science* 19 (1970): 191–192.

9. A. Jensen, "How Much Can We Boost IQ and Achievement," *Harvard Educational Review* 39 (1969): 1–123.

第 8 章　宾夕法尼亚大学：确立精神病学的研究方向（1970—1972）

1. A. T. Beck, *Depression* (New York: Hoeber, 1967).

2. A. T. Beck et al., *Cognitive Therapy of Depression* (New York: Guilford, 1979).

3. M. E. P. Seligman, "Depression and Learned Helplessness," in *The Psychology of Depression: Contemporary Theory and Research*, ed. R. J. Friedman and M. M. Katz (New York: Winston-Wiley, 1974).

4. M. E. P. Seligman, "On the Generality of the Laws of Learning," *Psychological*

Review 77 (1970): 406–418.
5. 最终都合并到了 R. Rescorla, "Pavlovian Conditioning: It's Not What You Think It Is," *American Psychologist* 43 (1988): 151–160。
6. M. E. P. Seligman, "Phobias and Preparedness," *Behavior Therapy* 2 (1971): 307–320.

第 9 章　实验心理学：声名远扬，但无法用于现实生活（1972）

1. J. Weiss, "Effects of Coping Responses on Stress," *Journal of Comparative and Physiological Psychology* 65 (1968): 251–260.
2. J. V. Brady, "Ulcers in Executive Monkeys," *Scientific American* 199 (1958): 95–100.
3. J. L. Kavanau, "Behavior of Captive White-Footed Mice," *Science* 155 (1967): 1623–1639.
4. R. White, "Motivation Reconsidered: The Concept of Competence," *Psychological Review* 66 (1959): 297–333.
5. J. Rotter, "Generalized Expectancies for Internal Versus External Control of Reinforcement," *Psychological Monographs* 80 (1966): 1–28.
6. A. Bandura, "Self-Efficacy: Toward a Unifying Theory of Behavioral Change," *Psychological Review* 84 (1977): 191–215.
7. R. Lazarus, J. Averill, and E. Opton, "The Psychology of Coping: Issues of Research and Assessment," in *Coping and Adaptation*, ed. G. V. Coehlo, D. Hamburg, and J. Adams, (New York: Basic Books, 1974), 249–315.
8. S. Maier and M. Seligman, "Learned Helplessness: Theory and Evidence," *Journal of Experimental Psychology: General* 105 (1976): 3–46.
9. 请参考史蒂夫 · 梅尔和马丁 · 塞利格曼的《习得性无助》。但是请记住，当你读到第 26 章时，你会发现实验中的狗和老鼠并没有在创伤中习得无助感，而动物和人可以。在更温和的环境下，"他们没有控制能力"这一事实在非创伤性实验中得到了证明。
10. D. Hiroto and M. Seligman, "Generality of Learned Helplessness in Man," *Journal of Personality and Social Psychology* 31 (1975): 311–327.

第 10 章　声域：认识自己，接纳自己（1973—1974）

1. 琼 · 奥利弗 · 戈德史密斯（Joan Oliver Goldsmith）的精彩小书《我们怎能不唱歌：音乐和激情的生活》（*How Can We Keep from Singing: Music and the Passionate Life*）里有一章名为"声域"，我从中获得了启发。
2. R. Solomon and L. Turner, "Discriminative Classical Conditioning in Dogs Paralyzed by Curare Can Later Control Discriminative Avoidance Responses in the Normal State," *Psychological Review* 69 (1962): 202–219.
3. F. Irwin and W. Smith, "Value, Cost,

and Information as Determiners of Decision," *Journal of Experimental Psychology* 54 (1957): 229–232.

4. *American Psychological Association Publication Manual* (Washington, DC: American Psychological Association Press, 2010).

5. R. Rescorla and R. Solomon, "Two-Process Learning Theory: Relationships Between Pavlovian Conditioning and Instrumental Learning," *Psychological Review* 74 (1967): 151–187.

6. M. Seligman and J. Johnston, "A Cognitive Theory of Avoidance Learning," in *Contemporary Approaches to Conditioning and Learning*, ed. F. J. McGuigan and D. B. Lumsden, (Washington, DC: Winston and Sons, 1973), 69–110.

7. R. Solomon, L. Kamin, and L. Wynne, "Traumatic Avoidance Learning: The Outcomes of Several Extinction Procedures with Dogs." *Journal of Abnormal and Social Psychology* 48 (1953): 291–302.

8. R. Rescorla, "Pavlovian Conditioning: It's Not What You Think It Is," *American Psychologist* 43 (1988): 151–160.

第 11 章　英格兰：到一流学府学习临床心理学（1975）

1. H. Eysenck, obituary of Michel Gauquelin, *Independent*, June 20, 1991.

2. I. Marks, *Fears and Phobias* (New York: Academic Press, 1969).

3. A. Ohman et al., "The Premise of Equipotentiality in Human Classical Conditioning: Conditioned Electrodermal Responses to Potentially Phobic Stimuli," *Journal of Experimental Psychology: General* 105 (1976): 313–337.

4. S. Rachman and M. Seligman, "Unprepared Phobias: Be Prepared," *Behaviour Research and Therapy* 14 (1976): 333–338.

5. J. Durac, *A Matter of Taste* (London: Deutsch & Co, 1975).

6. S. J. Rachman, "*A Matter of Taste*: J. Durac," *Behaviour Research and Therapy* 14 (1975): 94.

7. M. Seligman, *Helplessness: On Depression, Development, and Death* (San Francisco: W. H. Freeman, 1975).

第 12 章　高级研究中心：研究痛苦，更要研究幸福（1978—1979）

1. J. Rotter, "Generalized Expectancies for Internal Versus External Control of Reinforcement," *Psychological Monographs* 80 (1966): 1–28.

2. B. Weiner, " 'Spontaneous' Causal Thinking," *Psychological Bulletin* 97 (1985): 74–84.

3. L. Abramson, M. Seligman, and J. Teasdale, "Learned Helplessness in Humans: Critique and Reformulation," *Journal of Abnormal Psychology* 87 (1978): 49–74.

4. L. Wittgenstein, *Tractatus Logico-Philosophicus* (New York: Harcourt Brace, 1922).

5. L. Wittgenstein, *Philosophical Investigations* (Lanham, MD: Rowman & Littlefield, 1953).

6. 详情可参阅 M. Seligman, E. Walker, and D. Rosenhan, *Abnormal Psychology*, 4th ed. (New York: Norton, 2001)。

7. G. Vaillant, *Adaptation to Life* (Boston: Little, Brown, 1977).

8. W. Mischel, E. Ebbesen, and Raskoff A. Zeiss, "Cognitive and Attentional Mechanisms in Delay of Gratification," *Journal of Personality and Social Psychology* 21 (1972): 204–218.

第 13 章　抑郁症：精神健康远比没有罹患精神疾病更重要

1. 因为原件丢失了，所以我只记得大概的内容。

2. C. Peterson et al., "The Attributional Style Questionnaire," *Cognitive Therapy and Research* 6 (1982): 287–300。关于 ASQ 工作的信息可参考 C. Peterson and M. Seligman, "Causal Explanations as a Risk Factor for Depression: Theory and Evidence," *Psychological Review* 91 (1984): 347–374。

3. C. Peterson and M. Seligman, "Content Analysis of Verbatim Explanations: The CAVE Technique for Assessing Explanatory Style" (unpublished paper, 1984).

4. M. Seligman et al., "Depressive Attributional Style," *Journal of Abnormal Psychology* 88 (1979): 242–247.

5. M. Seligman et al., "Attributional Style and Depressive Symptoms Among Children," *Journal of Abnormal Psychology* 93 (1984): 235–238.

6. "Mission," National Institute of Mental Health, accessed September 4, 2017, http:// www.nih.gov/about-nih/what-we-do/nih-almanac/national-institute-mental-health-nimh.

7. C. Peterson, L. Luborsky, and M. Seligman, "Attributions and Depressive Mood Shifts: A Case Study Using the Symptom-Context Method," *Journal of Abnormal Psychology* 92 (1983): 96–103.

8. C. Raps et al., "Attributional Style Among Depressed Patients," *Journal of Abnormal Psychology* 91 (1982): 102–103.

9. C. Peterson and M. Seligman, "Content Analysis of Verbatim Explanations."

10. G. Metalsky et al., "Attributional Styles and Life Events in the Classroom: Vulnerability and Invulnerability to Depressive Mood Reactions," *Journal of Personality and Social Psychology* 43 (1982): 612–617.

11. M. E. P. Seligman and G. Elder, "Learned Helplessness and Life-Span Development," In *Human Development and the Life Course: Multidisciplinary Per-*

spectives, ed. A. Sorenson, F. Weinert, L. Sherrod (Hillsdale, NJ: Erlbaum, 1985), 377–427.

12. L. Alloy and L. Abramson, "Judgment of Contingency in Depressed and Nondepressed Students: Sadder but Wiser?," *Journal of Experimental Psychology: General* 108 (1979): 441–485.

第 14 章　临床心理学：只有将心理学应用到人身上才有意义（1980—1983）

1. M. E. P. Seligman et al., "Explanatory Style as a Mechanism of Disappointing Athletic Performance," *Psychological Science* 1 (1990): 143–146.

2. M. Visintainer, J. Volpicelli, and M. Seligman, "Tumor Rejection in Rats After Inescapable or Escapable Shock," *Science* 216 (1982): 437–439.

第 15 章　曼迪，一生挚爱（1988—　）

1. M. McCarthy, "The Thin Ideal, Depression and Eating Disorders in Women," *Behaviour Research and Therapy* 28 (1990): 205–215.

2. 为了对从康拉德·洛伦茨到约翰·鲍尔比（John Bowlby）到玛丽·安斯沃思（Mary Ainsworth）的依恋理论的起源和发展进行回顾，参考 I. Bretherton, "The Origins of Attachment Theory: John Bowlby and Mary Ainsworth," *Developmental Psychology* 28 (1992): 759–775。

3. P. Brickman, D. Coates, and R. Janoff-Bulman, "Lottery Winners and Accident Victims: Is Happiness Relative?," *Journal of Personality and Social Psychology* 36 (1978): 917–927.

第 16 章　活出最乐观的自己（1989—1993）

1. M. Seligman, *Learned Optimism* (New York: Knopf, 1990).

2. M. Sandmaier, "Don't Worry, Be Happy," *New York Times Book Review*, January 20, 1991.

3. M. Seligman et al., *The Optimistic Child* (Boston: Houghton-Mifflin, 1996).

4. M. Seligman, *What You Can Change and What You Can't* (New York: Knopf, 1994).

5. M. Seligman, "The Effectiveness of Psychotherapy: The Consumer Reports Study," *American Psychologist* 50 (1995): 965–974. M. Seligman, "Science as an Ally of Practice," *American Psychologist* 51 (1996): 1072–1079.

第 17 章　当选美国心理协会主席（1995—1999）

1. P. Nathan and J. Gorman, eds., *A Guide to Treatments That Work* (New York: Oxford University Press, 1998).

第 18 章　创建积极心理学（1998—2001）

1. 题外话：迈克是成吉思汗的直系后裔，他的姓氏源自匈牙利的家族。

2. D. Clifton and P. Nelson, *Soar with Your Strengths* (New York: Dell, 1992).

3. D. Chirot and M. Seligman, eds., *Ethnopolitical Warfare: Causes, Consequences,*

and Possible Solutions (Washington, DC: APA books, 2001).

第 19 章　优势与美德：召唤人性中的善良天使（2000—2004）

1. 想了解干草市场广场暴乱的细节及其对社会科学的启示，参考 B. Kuklick, *Churchmen and Philosophers* (New Haven, CT: Yale University Press, 1985), esp. chapter 15。

2. G. Allport, "Personality and Character," *Psychological Bulletin* 18 (1921): 441–455.

3. C. Peterson and M. Seligman, *Character Strengths and Virtues* (Washington, DC: APA Press and New York: Oxford University Press, 2004).

4. 你可以在"真实的幸福"网站上免费下载。

第 21 章　积极心理学的进步和批评（2001—2011）

1. "Master of Applied Positive Psychology," University of Pennsylvania, http://www.sas.upenn.edu/lps/graduate/mapp (accessed September 4, 2017).

2. E. Diener and M. E. P. Seligman, "Beyond Money: Toward an Economy of Well-being," *Psychological Science in the Public Interest* 5 (2004): 1–31.

3. M. Seligman, *Authentic Happiness* (New York: Free Press, 2002).

4. 我要感谢来自 friends-of-PP list-serve 的朱迪 · 克林斯（Judy Krings），感谢她想出了一个引人注目的首字母缩写词 PERMA，并慷慨地允许我使用它。

5. M. Seligman, *Flourish* (New York: Free press, 2011).

6. C. Wallis, "The New Science of Happiness," *Time*, January 9, 2005.

7. M. Seligman, A. Parks, and T. Rashid, "Positive Psychotherapy," *American Psychologist* 61 (2006): 774–788.

8. 39 项积极干预研究的荟萃分析，可见 L. Boller et al., "Positive Psychology Interventions: A Meta-analysis of Randomized Controlled Studies," *BMC Public Health* 13 (2013): 119。关于最新分析，也可参阅 C. Chaves et al. "A Comparative Study on the Efficacy of a Positive Psychology Intervention and a Cognitive Behavioral Therapy for Clinical Depression," *Cognitive Therapy and Research* 41 (2016): 1–17。

9. J. Boehm and L. Kubzansky, "The Heart's Content: The Association Between Positive Psychological Well-being and Cardiovascular Health," *Psychological Bulletin* 138 (2012): 655–691.

10. L. Harker and D. Keltner, "Expressions of Positive Emotion in Women's College Yearbook Pictures and Their Relationship to Personality and Life Outcomes Across Adulthood," *Journal of Personality and Social Psychology* 80 (2001): 112–124.

11. D. Schkade and D. Kahneman, "Does Living in California Make People Happy?," *Psychological Science* 9 (1998):

340–346.
12. M. E. P. Seligman et al., "Positive Psychology Progress: Empirical Validation of Interventions," *American Psychologist* 60 (2005): 410–421.
13. V. Huta and R. Ryan, "Pursuing Pleasure or Virtue: The Differential and Overlapping Well-being Benefits of Hedonic and Eudaimonic Motives," *Happiness Studies* 11 (2010): 735–762.
14. A. L. Duckworth and M. E. P. Seligman, "Self-discipline Outdoes IQ in Predicting Academic Performance of Adolescents," *Psychological Science* 16 (2006): 939–944.
15. E. Diener and M. E. P. Seligman, "Very Happy People," *Psychological Science* 13 (2002): 81–84.
16. M. Csikszentmihalyi, *Finding Flow* (New York: Basic Books, 1997).
17. B. Fredrickson et al., "A Functional Genomic Perspective on Human Well-being," *PNAS* 110 (2013): 13684–13689.
18. S. Oishi, S. Kesebir, and E. Diener, "Income Inequality and Happiness," *Psychological Science* 22 (2011): 1095–1100.
19. P. Taylor, C. Funk, and P. Craighill, "Are We Happy Yet?," *Pew Research Center*, February 13, 2006.
20. R. Davidson, *The Emotional Life of Your Brain* (New York: Penguin, 2012).
21. M. Seligman and M. Csikszentmihalyi, "Positive Psychology: An Introduction," *American Psychologist* 35 (2000): 5–14.
22. A. Waterman, "The Humanistic Psychology–Positive Psychology Divide: Contrasts in Philosophical Foundations," *American Psychologist* 68 (2013): 124–133.
23. C. Spielberger and L. DeNike, "Awareness in Verbal Conditioning," *Journal of Personality* 30 (Supplement 3) (1962): 73–101.
24. D. Kahneman, *Thinking, Fast and Slow* (New York: Farrar, Straus, and Giroux, 2011).
25. M. Nussbaum, "Human Functioning and Social Justice: In Defense of Aristotelian Essentialism," *Political Theory* 20 (1992): 202–246. A. Sen *Commodities and Capabilities* (Amsterdam: North-Holland, 1985).
26. J. Henrich, S. J. Heine, and A. Norenzayan, "The Weirdest People in the World?," *Behavioral and Brain Sciences* 33 (2010): 61–135.
27. A. Delle Fave, *Cross-cultural Advancements in Positive Psychology* (New York: Springer, 2010). T. Lomas, "Positive Cross-cultural Psychology: Exploring Similarity and Difference in Constructions and Experiences of Wellbeing," *International Journal of Wellbeing* 5, no. 4 (2015): 60–77. P. Wong, "Cross-cultural Positive Psychology," *Encyclopedia of Cross-cultur-*

al Psychology, ed. K. Keith. Oxford, UK: Wiley Blackwell Publishers, 2013.

28. B. Stevenson and J. Wolfers, "Economic Growth and Subjective Well-being: Reassessing the Easterlin Paradox," *Brookings Papers on Economic Activity* 39 (2008): 1–102.

29. B. Ehrenreich, *Bright-Sided: How the Relentless Promotion of Positive Thinking Has Undermined America* (New York: Holt, 2009).

30. B. Ehrenreich, "Pathologies of Hope," *Harper's Magazine*, February 1, 2007.

31. "Positive Psychology Associations," IPPA, http://www.ippanetwork.org/associations (accessed September 4, 2017).

32. 我推荐史蒂芬 · 平克的《人性中的善良天使》(*The Better Angels of Our Nature*)和约翰 · 诺伯格（Johan Norberg）的《进程》(*Progress*)。

33. R. Wright, *Nonzero: The Logic of Human Destiny* (New York: Pantheon, 2000).

34. S. Taylor et al., "Biobehavioral Responses to Stress in Females: Tend-and-Befriend, not Fight-or-Flight," *Psychological Review* 107 (2000): 411–429.

第 22 章　积极教育：教出乐观的孩子（1992—　）

1. S. Nolen-Hoeksema, J. Girgus, and M. Seligman, "Predictors and Consequences of Childhood Depressive Symptoms," *Journal of Abnormal Psychology* 101 (1992): 405–422.

2. M. Seligman et al., *The Optimistic Child* (Boston: Houghton-Mifflin, 1995).

3. J. Horowitz and J. Garber, "The Prevention of Depressive Symptoms in Children and Adolescents: A Meta- analytic Review," *Journal of Consulting and Clinical Psychology* 74 (2006): 401–415。S. Brunwasser, J. Gillham, and E. Kim, "A Meta-analytic Review of the Penn Resiliency Program's Effect on Depressive Symptoms," *Journal of Consulting and Clinical Psychology* 77 (2009): 1042–1054。至于一些不太重要的研究结果，可见 A. Bastounis et al., "The Effectiveness of the Penn Resiliency Programme (PRP) and Its Adapted Versions in Reducing Depression and Anxiety and Improving Explanatory Style: A Systematic Review and Meta- analysis," *Journal of Adolescence* 52 (2016): 37–48。

4. A. L. Duckworth and M. E. P. Seligman, "Self-discipline Outdoes IQ in Predicting Academic Performance of Adolescents," *Psychological Science* 16 (2005): 939–944.

5. M. Norrish, *Positive Education: The Geelong Grammar School Journey* (Oxford: Oxford University Press, 2015).

6. R. Layard and D. Clark, *Thrive* (London:

Penguin, 2014).
7. “Girls First | Bihar, India,” CorStone, http://corstone.org/girls-first-bihar-india (accessed September 4, 2017).
8. M. White and S. Murray, *Evidence-Based Approaches to Positive Education* (New York: Springer, 2016).
9. D. Cooperrider and D. Whitney, *Appreciative Inquiry* (San Francisco: Berrett-Koehler, 2005).
10. “PESA: Updates from Positive Education Schools Association,” *IPEN*, May 29, 2015, http://www.ipositive-education.net/pesa-updates-from-positive-education-schools-association.
11. M. Seligman, *Building a State of Well-Being* (Adelaide: Department of Premier and Cabinet, 2013).
12. A. Adler, Teaching Life Skills Increases Well-being and Academic Performance: Evidence from Bhutan, Mexico, and Peru (PhD diss., University of Pennsylvania, 2016).
13. Adler, Teaching Life Skills.
14. Adler, Teaching Life Skills.

第 23 章　中央情报局：我绝不会帮助使用酷刑（2002）

1. J. Kaye, “NYT Misses Full Story on Mitchell-Jessen,” *Firedoglake*, August 13, 2009.
2. J. Mayer, “Mayer on Seligman,” *Atlantic*, July 17, 2008.
3. See J. Mayer, *The Dark Side* (New York: Doubleday, 2008). See also J. Mayer, “The Experiment,” *New Yorker*, July 11, 2005.
4. G. Bloche, *The Hippocratic Myth: Why Doctors Are Under Pressure to Ration Care* (New York: St. Martin’s Press, 2011).
5. D. Hoffman et al., “Report to the Special Committee of the Board of Directors of the American Psychological Association: Independent Review Relating to APA Ethics Guidelines, National Security Interrogations, and Torture,” APA, 2015, http://www.apa.org/independent–review/APA-FINAL-Report-7.2.15.pdf .
6. J. Kaye, “Top US Psychologist Allegedly Met with James Mitchell in Days Before Zubaydah Torture,” *Firedoglake*, December 8, 2013.
7. Hoffman Report to the American Psychological Association, 2015, 48–49.
8. T. Shaw, “Learned Helplessness and Torture: An Exchange,” *New York Review of Books*, April 7, 2016.
9. J. Risen, *Pay Any Price: Greed, Power and Endless War* (Boston: Houghton, 2014).
10. J. Mitchell, *Enhanced Interrogation* (New York: Penguin, 2016).
11. 具体细节可见 M. Apuzzo, S. Fink, and J. Risen, “How U.S. Torture Left Legacy of Damaged Minds,” *New York Times*, October 9, 2016。

12. Shaw, "Learned Helplessness."
13. "Press Release and Recommended Actions: Independent Review Cites Collusion Among APA Individuals and Defense Department Officials in Policy on Interrogation Techniques," APA, July 10, 2015, http://www.apa.org/news/press/releases/2015/07/independent-review-release .aspx .
14. "Information and Resources Regarding the 'Hoffman Report' Independent Review," Division 19, http://www.division19students.org/hoffman-report.html (accessed September 4, 2017).
15. Electronically filed, Court of Common Pleas, February 16, 2017, 12:31:28 p.m., Case Number: 2017 CV 00839 Docket ID: 30555815, Gregory A. Brush, Clerk of Courts, Montgomery County, Ohio.

第 24 章　军队：打造一支心理健康的军队（2008—2017）

1. P. Lester et al., "The Comprehensive Soldier Fitness Program Evaluation: Report Number 3: Longitudinal Analysis of the Impact of Master Resilience Training on Self-Reported Resilience and Physical Health," University of Nebraska, Lincoln, 2011, http://digitalcommons.unl.edu/cgi/viewcontent.cgi?article=1009&context=pdharms .
2. P. Harms et al., "The Comprehensive Soldier and Family Fitness Evaluation: Report Number 4. Evaluation of Resilience Training and Mental and Behavioral Health Outcomes," University of Nebraska, Lincoln, 2013, http://digitalcommons.unl.edu/pdharms/10.
3. D. Vergun, "Study Concludes Master Resilience Training Effective," Army.mil, January 24, 2012.
4. R. Eidelson, M. Pilisuk, and S. Soldz, "The Dark Side of Comprehensive Soldier Fitness," *The Psysr Blog*, April 5, 2011, http://www.psysr.org/blog/2011/04/05/the-dark-side-of-comprehensive-soldier-fitness.
5. S. M. Brunwasser, J. E. Gillham, and E. S. Kim, "A Meta-analytic Review of the Penn Resiliency Program's Effect on Depressive Symptoms," *Journal of Consulting and Clinical Psychology* 77 (2009): 1042–1054.
6. L. Denning, M. Meisnere, and K. Warner, *Preventing Psychological Disorders in Service Members and Their Families: An Assessment of Programs* (Washington, DC: Institute of Medicine. National Academies Press, 2014).
7. Eidelson, Pilisuk, and Soldz, "The Dark Side of Comprehensive Soldier Fitness."
8. Eidelson, Pilisuk, and Soldz, "The Dark Side of Comprehensive Soldier

Fitness."

9. B. Levine, "10 of the Worst Abuses of the Psychiatric and Psychological Professions in American History," *Alternet*, September 24, 2015, https://www.alternet.org/news-amp-politics/10-worst-abuses-psychiatric-and-psychological-professions-american-history .

10. D. Tencer, Global Research, October 14, 2010.

第 25 章　身体健康：乐观会带来健康和幸福（2007—2017）

1. M. Seligman et al., "Positive Health and Health Assets: Re-analysis of Longitudinal Datasets," *Positive Health*, 2012, http://positivehealthresearch.org/sites/positivehealthresearch.org/files/PH Whitepaper Layout Web.pdf .

2. J. Boehm et al., "A Prospective Study of Positive Psychological Wellbeing and Coronary Heart Disease," *Health Psychology* 30 (2011): 259–267.

3. J. Boehm and L. Kubzansky, "The Heart's Content: The Association Between Positive Psychological Well- being and Cardiovascular Health," *Psychological Bulletin* 138 (2012): 655–691.

4. C. S. Carver, M. F. Scheier, and S. C. Segerstrom, "Optimism," *Clinical Psychology Review* 30 (2010): 879–889.

5. H. Tindle et al., "Optimism, Cynical Hostility, and Incident Coronary Heart Disease and Mortality in the Women's Health Initiative," *Circulation* 118 (2009): 1145–1146. I reviewed all these studies in M. Seligman, Flourish (New York: Free Press, 2011).

6. G. Nikrahan et al., "Effects of Positive Psychology Interventions on Risk Biomarkers in Coronary Patients: A Randomized, Wait-List Controlled Pilot Trial," *Psychosomatics* 57 (2016): 359–368.

7. E. Diener and M. Chan, "Happy People Live Longer: Subjective Well-being Contributes to Health and Longevity," *Applied Psychology: Health and Well-Being* 3 (2011): 1–43.

8. B. Liu et al., "Does Happiness Itself Directly Effect Mortality? The Prospective UK Million Women Study," *The Lancet* 387 (2015): 874–881.

9. E. Diener, S. Pressman, and S. Lyubomirsky, "Can 1 Million Women Be Wrong About Happiness and Health?" *Los Angeles Times*, December 17, 2015.

10. N. Park and M. E. Seligman, "Christopher M. Peterson (1950–2012)," *American Psychologist* 68, no. 5 (2013): 403.

11. G. H. Hardy, *A Mathematician's Apology* (Cambridge: Cambridge University Press, 1967).

12. D. Buettner, *Blue Zones* (New York: National Geographic, 2008).

13. L. Wittgenstein, *Philosophical Investigations* (Oxford: Blackwell, 1953), 43.

14. J. C. Eichstaedt et al., "Psychological Language on Twitter Predicts County-Level Heart Disease Mortality," *Psychological Science* 26 (2014): 159–169.

第 26 章　人类，永远不会停止憧憬未来（2008—2016）

1. D. Gilbert, *Stumbling on Happiness* (New York: Knopf, 2008).

2. 正确的拉丁语应该是 Homo prospiciens。但现在要把书名改过来已经来不及了。

3. R. Baumeister et al., "Ego Depletion: Is the Active Self a Limited Resource?," *Journal of Personality and Social Psychology* 74 (1998): 1252–1265.

4. R. Baumeister and E. Masicampo, "Conscious Thought Is for Facilitating Social and Cultural Interactions: How Mental Simulations Serve the Animal-Cultural Interface," *Psychological Review* 117 (2010): 945–971.

5. M. E. Raichle et al., "A Default Mode of Brain Function," *Proceedings of the National Academy of Sciences* 98 (2001): 676–682. R. L. Buckner, J. R. Andrews-Hanna, and D. L. Schacter, "The Brain's Default Network: Anatomy, Function, and Relevance to Disease," *Annals of the New York Academy of Sciences* 1124 (2008): 1–38. R. Buckner and D. Carroll, "Self-projection and the Brain," *Trends in Cognitive Science* 11 (2007): 49–57.

6. M. White, *Toward Reunion in Philosophy* (Cambridge, MA: Harvard University Press, 1956).

7. M. Seligman et al., "Navigating into the Future or Driven by the Past," *Perspectives on Psychological Science* 8 (2013): 119–141.

8. M. Seligman et al., *Homo prospectus* (New York: Oxford, 2016).

9. J. Hawkins and S. Blakeslee, *On Intelligence* (New York: Times Books, 2004).

10. U. Neisser and N. Harsch, "Phantom Flashbulbs: False Recognitions of Hearing the News about *Challenger*," in *Affect and Accuracy in Recall: Studies of "Flashbulb" Memories*, ed. E. Winograd and U. Neisser, 9–31 (New York: Cambridge University Press, 1992).

11. D. Chalmers, "Facing Up to the Problem of Consciousness," *Journal of Consciousness Studies* 2 (1995): 200–219.

12. H. Zuckerman, *Scientific Elite: Nobel Laureates in the U.S.* (New York: Free Press, 1977).

13. T. Salthouse, *A Theory of Cognitive Aging* (New York: Elsevier, 1985).

14. R. R. McCrae, D. Arenberg, and P. T. Costa, "Declines in Divergent Thinking with Age: Cross-sectional, Longitudinal, and Cross-sequential Analyses," *Psychology and Aging* 2 (1987): 130–137.

15. J. Diamond, *Guns, Germs, and Steel: The Fate of Human Societies* (New York: W.

W. Norton, 1997).
16. J. Gleick, *Isaac Newton* (New York: Vintage, 2004).
17. A. Duckworth, J. Eichstaedt, and L. Ungar, "The Mechanics of Human Achievement," *Social and Personality Psychology Compass* 9 (2015): 353–369.
18. M. Csikszentmihalyi, *Creativity: Flow and the Psychology of Discovery and Invention* (New York: HarperCollins, 1996).
19. J. Riemer, "Perlman Makes His Music the Hard Way," *Houston Chronicle*, February 10, 2001.

第 27 章　大脑中的希望回路（2016）

1. R. Grahn et al., "Blockade of Alpha1 Adrenoreceptors in the Dorsal Raphe Nucleus Prevents Enhanced Conditioned Fear and Impaired Escape Performance Following Uncontrollable Stressor Exposure in Rats," *Behavioural Brain Research* 134 (2002): 387–392.
2. 关于更多细节可参考 S. Maier and M. Seligman, "Learned Helplessness Revisited Fifty Years Later: Insights from Neuroscience," *Psychological Review* 123 (2016): 349–367。
3. M. Baratta et al., "Selective Activation of Dorsal Raphe Nucleus-Projecting Neurons in the Ventral Medial Prefrontal Cortex by Controllable Stress," *European Journal of Neuroscience* 30 (2009): 1111–1116.
4. J. Amat et al., "Prior Experience with Behavioral Control over Stress Blocks the Behavioral Effects of Later Uncontrollable Stress: Role of the Ventral Medial Prefrontal Cortex," *Journal of Neuroscience* 26 (2006): 13264–13272.
5. J. Christianson et al., "Learned Stressor Resistance Requires Extracellular Signal-Regulated Kinase in the Prefrontal Cortex," *Frontiers in Behavioral Neuroscience* 8 (2014): 348.
6. Amat et al., "Prior Experience with Behavioral Control over Stress."
7. Maier and Seligman, "Learned Helplessness Revisited Fifty Years Later."
8. M. White and A. Murray, eds., *Evidence-Based Approaches in Positive Education: Implementing a Strategic Framework for Well-being in Schools* (New York: Springer, 2015).

第 28 章　让心理学成为建构幸福的学科

1. "Religious Awakenings Bolster Americans' Faith," *Gallup*, January 14, 2003, http://www.gallup.com/poll/7582/religious-awakenings-bolster-americans-faith.aspx. R. Duffy and W. Sedlacek, "What Is Most Important to Student's Long-Term Career Choices: Analyzing 10-Year Trends and Group Differences," *Journal of Career Development* 34 (2007): 149–163. A. Wrzesniewski et al., "Jobs, Careers,

and Callings: People's Relation to Their Work," *Journal of Research in Personality* 31 (1997): 21–33.

2. M. E. P. Seligman, "Introduction: How Are We Called into The Future?," in *Being Called: Scientific, Secular, and Sacred Perspectives*, ed. D. B. Yaden et al., xvii–xxvi (Santa Barbara, CA: Praeger, 2015). M. Seligman, "God Comes at the End," *Spirituality in Clinical Practice* 1 (2014): 67–70. See chapter 9 of M. E. P. Seligman et al., *Homo prospectus* (New York: Oxford University Press, 2016).

3. R. Layard, "Promoting Secular Ethics," in *World Happiness Report Update* 2016, ed. J. F. Helliwell, R. Layard, and J. Sachs (New York: UN Sustainable Development Solutions Network, 2016), http://worldhappiness.report/ed/2016。我基本同意这篇文章的观点，除了一点：莱亚德认为，幸福，主观的幸福，是世俗伦理目标的统一衡量标准。我相信，PERMA 要素所包含的内容更广泛，结合了客观和主观的衡量标准，是通往幸福的道路。

4. 对于质疑者，我必须再次推荐你们去读约翰 · 诺伯格的《进程》。

译者后记

追求幸福的相伴

西藏巴嘎平原上，冈仁波齐峰高昂着头颅，神圣、庄严，俯视人间。沿着冈仁波齐峰自西向东，便可翻越卓玛拉山口，此地海拔 5 650 米，空气稀薄，苍穹如盖。我正行走在这路上，湛庐文化编辑的微信留言似随风而来，告诉我《塞利格曼自传》中文版即将出版发行。这是一个美好的上午，幸福的气息弥漫漂浮，这是 2020 年 9 月 15 日的 11 时。

《塞利格曼自传》是美国宾夕法尼亚大学心理学系教授马丁・塞利格曼的著作，由湛庐文化出版发行，而我有幸作为此书的译者，历时两年完成此书的翻译工作。

马丁・塞利格曼学术生涯的起点并不是积极心理学，他最早的研究课题是习得性无助。为课题设计的实验中，一条狗被关在箱内遭受电击，无论干什么，狗都逃脱不了电击，最终这条狗产生了一种心态，就是所谓的习得性无助。无论怎么样努力，都没有任何效果，由此而产生的无助感——这是对习得性无助严格一点的定义。推狗及人，人一旦陷入这种习得性无助的境遇，便可预见到一生的沦陷和无望。

是真的全无希望吗？真的绝无可能摆脱这种无助的状况吗？塞利格曼给出了救赎之道，他的建议是，要给狗一个机会，给它做对一件事就可以逃脱出来的机会。

这样，狗就会产生一种主动积极的心态，他称之为习得性乐观。从这项研究中，塞利格曼得出了一个基本结论，只要用积极心理学引导人类积极向上，一个美好的社会就触手可及。他认为，心理学在以往的研究中只关注负面心理，现在则是时候换一个方向了，该去研究积极心理学了。

21 世纪应该是积极心理学的世纪，这是塞利格曼当选 APA 主席后提出的重要观点。确实如塞利格曼所言，在近 20 年的时间里，积极心理学的影响在全球不断扩大。

塞利格曼认为积极心理学要研究三件事情：第一，研究人类的幸福是怎么回事，它与生活满意度、幸福感有什么关系；第二，研究个人健康心理特质的培养；第三，研究如何使这个社会变得更加幸福，更加有道德、有文化、有理想。

在翻译《塞利格曼自传》的过程中，我同时坚守着一份自己创设的事业。创业不易，路途上挑战诸多，谁都免不了常感身心俱疲，无助无望。

作为一名创业者，我是幸运的，历经坎坷总算小有成果；作为一名译者，我又是幸福的，可以在翻译《塞利格曼自传》时了解积极心理学，学会用希望的目光看待生活。

有人认为人类的命运无非如西西弗斯一般，推巨石上山，滚下来，推上去，又滚落，再推上去，徒劳往复，终此一生，到头不过一片虚无。

同样的石头，在积极心理学家的理解中，就成了美好的事物。人们的命运，确乎只是不断往上，不断推石头，免不了滑下来，过程虽然往复，却并非徒劳。在我们仅有的这一生中，便是推石头，也可以与幸福相伴，那有形的石头并不重要，最重要的石头，是我们积极的心理，是我们的追求，我们必须在这一生中活出灿烂，活出美好，活出意义感。

卓玛拉山口，海拔 5 650 米，我已徒步翻越。在冈仁波齐峰的俯视下，一片光明，我之所欲，只是不断向上，去刷新我人生的新高度。在那稀薄空气之中，时间蜷缩静止，而我再度体验到心流，这里呈现于读者，分享共勉：

- 全神贯注：注意力集中；
- 物我两忘：自我意识、空间意识、时间意识的暂时性消失；
- 驾轻就熟：对活动有完全的掌控和把握；
- 点滴入心：感受过程，体验活动的精准回馈；
- 酣畅淋漓：发自内心的主动，积极参与活动。

古往今来，人类生生世世，编织着梦想与希冀。凝视苍穹，星空闪烁，似在诉说，如先人祈福的呢喃和虔诚的祷告；幸福的相伴是如此真实，而追求的路途又如此遥远，因为那是心中不灭的希望，是浮于现实之上的繁华与绚烂。希望《塞利格曼自传》可以传递希望，散播光明，给读者们带来积极向上的动力。

衷心感谢湛庐文化各位老师，感谢各位老师在翻译此书过程中所给予我的信任、指导和帮助。

衷心感谢我的挚友朱玮，百忙之中对译稿提出了诸多宝贵的修改建议。

书中难免有错漏之处，敬请各位专家和读者批评指正。

愿积极向上的心永在，愿幸福时时相伴。

庞雁
西藏阿里地区巴嘎乡
2020 年 9 月 19 日凌晨

未来，属于终身学习者

我这辈子遇到的聪明人（来自各行各业的聪明人）没有不每天阅读的——没有，一个都没有。巴菲特读书之多，我读书之多，可能会让你感到吃惊。孩子们都笑话我。他们觉得我是一本长了两条腿的书。

——查理·芒格

互联网改变了信息连接的方式；指数型技术在迅速颠覆着现有的商业世界；人工智能已经开始抢占人类的工作岗位……

未来，到底需要什么样的人才？

改变命运唯一的策略是你要变成终身学习者。未来世界将不再需要单一的技能型人才，而是需要具备完善的知识结构、极强逻辑思考力和高感知力的复合型人才。优秀的人往往通过阅读建立足够强大的抽象思维能力，获得异于众人的思考和整合能力。未来，将属于终身学习者！而阅读必定和终身学习形影不离。

很多人读书，追求的是干货，寻求的是立刻行之有效的解决方案。其实这是一种留在舒适区的阅读方法。在这个充满不确定性的年代，答案不会简单地出现在书里，因为生活根本就没有标准确切的答案，你也不能期望过去的经验能解决未来的问题。

湛庐阅读App：与最聪明的人共同进化

有人常常把成本支出的焦点放在书价上，把读完一本书当作阅读的终结。其实不然。

时间是读者付出的最大阅读成本

怎么读是读者面临的最大阅读障碍

“读书破万卷”不仅仅在“万”，更重要的是在“破”！

现在，我们构建了全新的“湛庐阅读”App。它将成为你“破万卷”的新居所。在这里：

- 不用考虑读什么，你可以便捷找到纸书、有声书和各种声音产品；
- 你可以学会怎么读，你将发现集泛读、通读、精读于一体的阅读解决方案；
- 你会与作者、译者、专家、推荐人和阅读教练相遇，他们是优质思想的发源地；
- 你会与优秀的读者和终身学习者为伍，他们对阅读和学习有着持久的热情和源源不绝的内驱力。

从单一到复合，从知道到精通，从理解到创造，湛庐希望建立一个“与最聪明的人共同进化”的社区，成为人类先进思想交汇的聚集地，与你共同迎接未来。

与此同时，我们希望能够重新定义你的学习场景，让你随时随地收获有内容、有价值的思想，通过阅读实现终身学习。这是我们的使命和价值。

湛庐阅读App玩转指南

湛庐阅读App结构图：

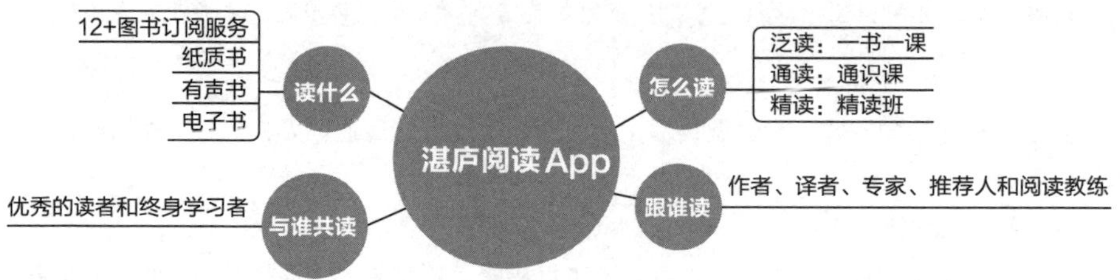

三步玩转湛庐阅读App：

App获取方式：

安卓用户前往各大应用市场、苹果用户前往App Store直接下载"湛庐阅读"App，与最聪明的人共同进化！

使用App扫一扫功能，
遇见书里书外更大的世界！

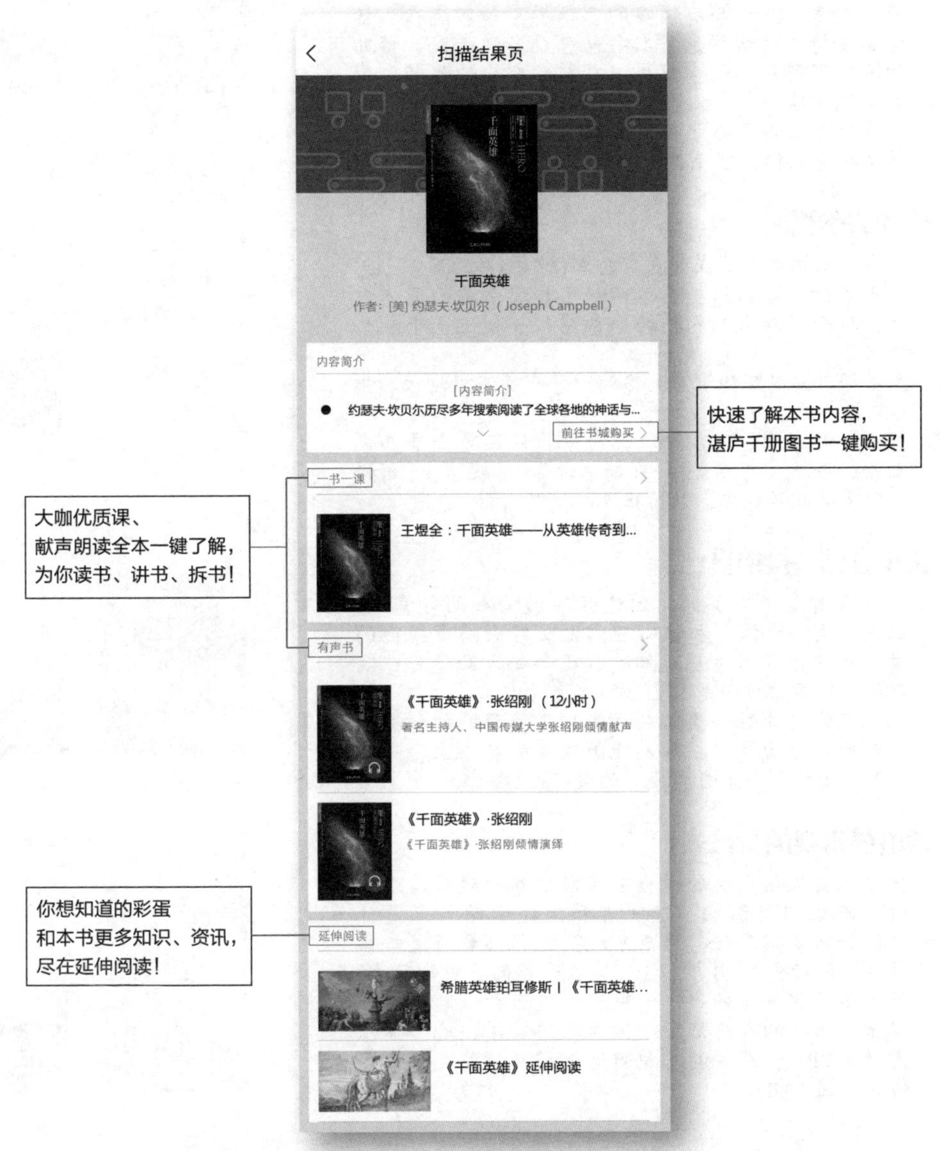

湛庐CHEERS

延伸阅读

《真实的幸福》

- ◎ 塞利格曼的幸福课是哈佛大学听课人数最多的课程，该书更是提升幸福感不可不读的心理学经典。
- ◎ 什么是幸福？谁会有很多的幸福感？如何能在生活中建立持久的幸福感？本书包含众多的测试，帮助你深入了解自己的幸福感以及自己突出的优势，最终实现幸福、有意义的人生。
- ◎ 清华大学心理学系主任、加州大学伯克利分校心理学系终身教授彭凯平倾力推荐。

使用“湛庐阅读”App，“扫一扫”获取本书更多精彩内容。

ISBN 978-7-5722-0605-4

《持续的幸福》

- ◎ 书中的幸福理念是在《真实的幸福》一书的基础上扩充而来的。塞利格曼具体阐释了构建幸福的具体方法，从而帮助提升人们的幸福感，并创造一个和平的世界。
- ◎ 本书译者赵昱鲲师承塞利格曼，著有《消极时代的积极人生》。
- ◎ 杨澜、林正刚、彭凯平、苏德中、任俊等众多知名人士，以及《自然》《科克斯书评》《旁观者》《新科学家》等众多媒体，倾情推荐。

使用“湛庐阅读”App，“扫一扫”获取本书更多精彩内容。

ISBN 978-7-213-05127-2

《认识自己，接纳自己》

- ◎ 每个人都是不完美的，但这并不影响人们与家人、朋友、同事交流。积极心理学之父塞利格曼用他的幸福观让你可以清楚地知道自己哪些方面是可以改变的，而哪些方面是自己必须接受的。
- ◎ 从改变的可能性和生物局限性出发，帮助你把有限的时间和精力集中在那些能够改变的特性上，并在此基础上找到一条自我提升的最有效途径。

使用“湛庐阅读”App，“扫一扫”获取本书更多精彩内容。

ISBN 978-7-5722-0655-9

《活出最乐观的自己》

- ◎ 什么因素促使人类的性格分为悲观和乐观？二者会对人产生何种影响？悲观者和乐观者的特点是什么？如何变得乐观，远离悲观？塞利格曼通过本书提供了风行全球20年、上百万人受益的乐观学习法。
- ◎ 乐观不是你一个的事，乐观会营造出顺风顺水的小宇宙。乐观的人将好运归因为人格特质、能力等永久性的因素，悲观的人把好运看成与情绪、努力等暂时性因素相关。

使用“湛庐阅读”App，“扫一扫”获取本书更多精彩内容。

ISBN 978-7-5470-1107-2

The Hope Circuit

浙江省版权局
著作权合同登记号
图字:11-2020-263号

图书在版编目(CIP)数据

塞利格曼自传 /(美)马丁·塞利格曼著 ; 庞雁译
. -- 杭州 : 浙江教育出版社, 2020.12(2025.1重印)
ISBN 978-7-5722-0879-9

Ⅰ. ①塞… Ⅱ. ①马… ②庞… Ⅲ. ①马丁·塞利格曼—回忆录 Ⅳ. ①K837.125.1

中国版本图书馆CIP数据核字(2020)第198241号

上架指导:心理学 / 传记

塞利格曼自传
SAILIGEMAN ZIZHUAN
[美] 马丁·塞利格曼 著
庞雁 译

责任编辑:刘晋苏
文字编辑:洪 滔 姚 璐
美术编辑:韩 波
封面设计:ablackcover.com
责任校对:高露露
责任印务:曹雨辰

出版发行:浙江教育出版社(杭州市环城北路177号)
印 刷:天津中印联印务有限公司
开 本:710mm ×965mm 1/16　插 页:1
印 张:22.75　字 数:426 千字
版 次:2020 年 12 月第 1 版　印 次:2025 年 1 月第 4 次印刷
书 号:ISBN 978-7-5722-0879-9　定 价:89.90 元

如发现印装质量问题,影响阅读,请致电 010-56676359 联系调换。